2022 湖州统计年鉴

HUZHOU STATISTICAL YEARBOOK

湖 州 市 统 计 局
国家统计局湖州调查队 编

中国统计出版社
China Statistics Press

图书在版编目（CIP）数据

湖州统计年鉴. 2022 = Huzhou Statistical Yearbook 2022 / 湖州市统计局, 国家统计局湖州调查队编. -- 北京 : 中国统计出版社, 2022.10
ISBN 978-7-5037-9996-9

Ⅰ. ①湖… Ⅱ. ①湖… ②国… Ⅲ. ①统计资料—湖州—2022—年鉴 Ⅳ. ①C832.553-54

中国版本图书馆CIP数据核字（2022）第180587号

湖州统计年鉴2022

作　　者/ 湖州市统计局　国家统计局湖州调查队
责任编辑/ 钟　钰
装帧设计/ 湖州吴兴立达数码快印有限公司
出版发行/ 中国统计出版社有限公司
地　　址/ 北京市丰台区西三环南路甲6号　邮政编码/ 100073
电　　话/ 邮购（010）63376909　书店（010）68783171
网　　址/ http://www.zgtjcbs.com
印　　刷/ 湖州吴兴立达数码快印有限公司
经　　销/ 新华书店
开　　本/ 890mm × 1240mm　1/16
字　　数/ 616.5千字
印　　张/ 27　彩页 0.25
版　　别/ 2022年10月第1版
版　　次/ 2022年10月第1次印刷
定　　价/ 300.00元

如有印装差错，由本社发行部调换。

编 辑 说 明

一、《湖州统计年鉴2022》是一本信息密集、资料翔实的资料性年刊。它通过大量的统计数据全面系统地记载了湖州经济和社会发展情况以及改革开放以来取得的新进展、新成就。

二、全书内容共分综合，人口、劳动力、职工人数、基本单位，农林牧渔业、工业、能源、用水，交通运输、邮政、电信，固定资产投资、建筑业，国内贸易、外资、外贸、旅游，财政、金融、保险、证券，职工工资、居民生活、物价，科技、教育、文艺、体育、卫生、广电，城建、环保、水利、气象、林业、民政福利、社保、公积金、治安、档案、技术监督，全省分市县、长三角城市主要经济指标等共12个篇章。为便于读者使用，每篇章后附有主要统计指标解释。

三、本年鉴收录的数据以2021年为主，增列了历年来我市部分重要指标的统计数据，部分指标增列了主要年份数据，以满足不同的需要。主要行业统计范围：①规模以上工业，年主营业务收入2000万元及以上的工业法人单位；②限额以上批发和零售业，年主营业务收入2000万元及以上的批发业、年主营业务收入500万元及以上的零售业法人单位；③限额以上住宿和餐饮业，年主营业务收入200万元及以上住宿和餐饮业法人单位；④固定资产投资，计划总投资500万元及以上项目和全部房地产开发投资；⑤房地产开发经营业包括全部房地产开发经营业法人单位。

四、本年鉴对以往发布的数据资料重新予以核实，对部分数据作了调整，凡与本年鉴有出入的，均以本年鉴为准。

五、本年鉴中“#”表示其中项，“空格”表示无该项指标数据或数据不详，“…”表示数据不足该表最小单位数。

六、本年鉴涉及吴兴区的统计指标分两种口径，请注意区别：一是包括全区整个区域范围的大口径，即包括南太湖新区，年鉴中一般以“吴兴区”表示；二是不包括南太湖新区的小口径，年鉴中一般以“吴兴”表示。

在《湖州统计年鉴》编辑过程中我们得到了各级领导和有关部门的大力支持与协助，在此表示衷心的感谢！同时，我们殷切期望社会各界继续给予支持并欢迎提出宝贵意见。

目　录

一、综 合

二、人口、劳动力、职工人数、基本单位

三、农林牧渔业

四、工业、能源、用水

五、交通运输、邮政、电信

六、固定资产投资、建筑业

七、国内贸易、外资、外贸、旅游

八、财政、金融、保险、证券

九、职工工资、居民生活、物价

十、科技、教育、文艺、 体育、卫生、广电

十一、城建、环保、水利、气象、林业、民政福利、社保、公积金、治安、档案、技术监督

十二、长三角城市主要经济指标

一、综合

1-1 地理位置

四 周	位 置
东经	119° 14’–120° 29’
北纬	30° 22’–31° 11’
东西长度	126 公里
南北宽度	90 公里
四邻	东接江苏省苏州（吴江）市、本省嘉兴（桐乡）市；
	南连本省杭州（余杭）市；
	西邻安徽省广德、宁国两县；
	北靠江苏省宜兴市和太湖；与苏州、无锡隔湖相望。

1-2 行政区划

地 区	乡（个）	镇（个）	街道（个）	居委会（个）	村委会（个）	土地面积（平方公里）	户籍人口（万人）	人口密度（人/平方公里）
全 市	6	38	28	296	916	5820	268.50	461
吴兴区	1	5	13	69	146	863	44.93	521
南浔区		8	2	34	211	702	48.64	693
德清县		8	5	37	137	938	44.30	472
长兴县	2	9	4	69	206	1431	63.75	445
安吉县	3	8	4	41	168	1886	47.43	252
△市 区	1	13	15	149	405	1565	113.01	722

1-3 主要年份国民经济主要指标

指　标	单位	1980年	1990年	2000年	2010年	2015年	2016年	2017年	2018年	2019年	2020年	2021年
年末总人口	万人	223.90	245.28	255.79	259.98	263.71	264.84	266.14	267.06	267.57	268.06	268.50
#非农业人口	万人	32.27	43.66	65.56	82.90							
年末从业人员数	万人	124.83	150.55	157.50	179.92	184.48	187.11	188.93	191.50	193.90	198.35	198.35
生产总值	亿元	12.23	54.99	325.23	1385.48	2223.06	2391.14	2607.86	2881.21	3122.27	3201.41	3201.41
第一产业增加值	亿元	4.91	18.85	44.64	104.22	122.60	124.22	125.75	128.37	134.11	140.54	140.54
第二产业增加值	亿元	4.92	24.14	175.45	797.74	1180.73	1250.24	1360.86	1491.53	1599.62	1587.58	1587.58
#工业增加值	亿元	4.32	21.38	153.80	716.62	1050.03	1111.95	1195.92	1321.42	1421.22	1420.13	1420.13
第三产业增加值	亿元	2.39	12.00	105.13	483.51	919.72	1016.68	1121.25	1261.32	1388.55	1473.29	1473.29
人均GDP（按户籍人口计算）	元	548	2247	12733	53375	84287	90478	98227	108072	116801	119538	119538
人均GDP（按常住人口计算）	元				48241	72530	76836	82254	89215	94816	95579	95579
农林牧渔业总产值	亿元	7.29	29.05	86.94	176.32	213.44	214.48	213.86	216.42	226.61	238.94	238.94
全社会用电量	亿千瓦时	6.53	15.77	41.72	140.15	198.91	222.20	244.33	274.80	295.02	302.23	302.23
#工业用电量	亿千瓦时	4.27	13.11	30.59	108.23	151.16	165.73	182.16	203.47	215.51	217.68	217.68
客运量	万人	1537	3078	6675	9964	6047	5006	5261	5340	5645	3542	643
客运周转量	亿人公里	3.86	9.71	26.75	33.29	20.91	17.87	17.17	18.48	19.32	10.60	7.20
货运量	万吨	1088	3142	6541	18108	13565	14526	16756	18783	21002	19743	22372
货物周转量	亿吨公里	12.76	26.92	61.12	213.46	146.73	152.78	176.35	186.58	199.55	199.62	225.60
财政总收入	亿元	1.75	5.03	21.06	172.35	327.82	360.89	408.89	490.71	540.55	582.09	683.80
#地方财政收入	亿元			9.89	97.27	191.31	211.18	237.43	287.10	316.07	336.56	413.50
地方财政支出	亿元	0.61	2.54	13.25	127.12	273.74	288.62	325.02	397.54	466.87	484.42	524.50
金融机构年末人民币存款余额	亿元	3.40	24.23	268.87	1789.70	3034.64	3476.80	3963.05	4514.08	5163.75	5856.70	6722.99
#住户存款	亿元	1.07	18.42	160.28	818.37	1548.15	1744.76	1904.64	2121.37	2444.97	2784.70	3102.05
金融机构年末人民币贷款余额	亿元	3.36	24.65	192.52	1419.97	2509.83	2740.36	3266.82	3871.53	4818.46	5923.47	7186.05

1-3 主要年份国民经济主要指标

续1

指 标	单位	1980年	1990年	2000年	2010年	2015年	2016年	2017年	2018年	2019年	2020年	2021年
全社会固定资产投资	亿元	0.87	11.75	109.34	719.98	1402.64	1592.18	1730.98				
社会消费品零售总额	亿元	5.35	21.32	149.18	516.09	963.92	1068.86	1188.15	1297.24	1409.94	1424.43	1556.18
合同外资	亿美元		0.03	1.23	20.37	16.63	21.32	23.60	34.01	48.32	39.25	54.71
实到外资	亿美元		0.02	0.82	9.19	9.42	10.01	10.53	12.71	18.99	12.06	12.14
进出口总额	亿美元			6.93	69.28	102.07	102.22	113.95	134.19	136.34	163.34	230.70
#出口额	亿美元			4.63	58.61	88.55	90.16	100.56	116.83	121.60	147.98	209.85
市区商品零售物价指数	%		102.4	99.7	104.1	99.6	100.5	101.4	102.3	102.9	101.4	103.2
市区居民消费价格指数	%		102.9	101.4	104.0	101.0	101.6	101.8	102.2	103.0	102.3	102.1
城镇居民人均可支配收入	元		1988	8684	25668	42238	45794	49934	54393	59028	61743	67983
农村居民人均纯收入	元	343	1270	4335	13288	24410	26508	28999	31767	34803	37244	41303
普通高校在校学生数	人	1067	956	3991	24768	26947	26668	26383	26941	28834	33770	37405
普通中专在校学生数	人	750	3040	7759	11886	11726	11894	11880	11496	10639	10973	11383
普通中学在校学生数	万人	9.54	7.15	12.92	14.63	11.64	11.09	11.25	11.43	11.62	11.69	11.95
小学在校学生数	万人	27.18	19.44	21.6	16.01	15.58	15.79	16.03	16.66	17.28	18.07	18.88
卫生机构数	个	432	492	392	1321	1377	1391	1393	1460	1506	1496	1596
#医院、卫生院	个	167	158	143	125	124	146	149	151	157	157	149
床位数	张	6789	7395	7487	10129	13568	14113	15669	16873	18276	18420	20087
#医院、卫生院	张	6080	7005	7377	9639	13254	12836	14370	15532	16925	17080	19258
卫生技术人员	人	6074	7201	8634	15973	20556	21407	22762	24660	25830	27120	29008
#医师医士	人	2249	3092	4106	5871	7370	7619	8080	8847	9422	9851	10988
职工工资总额	亿元	1.61	6.24	20.05	128.78	258.60	285.34	305.71	330.65	380.97	428.21	511.39
职工平均工资	元	741	2275	9806	36485	60454	64384	71388	80513	89631	70712	106718

注：城镇居民人均可支配收入，2004年起为全市口径，以前年份为市区口径；规上工业，2010年及以前为500万元及以上，2011年起为2000万元及以上；职工工资，2008-2019年为在岗职工工资口径，2020年为规上单位口径；固定资产投资，2011年起为500万元以上；因户籍制度改革，2015年起取消农业和非农划分口径；根据人民银行总行调整，2015年起城乡居民储蓄变更为住户存款。

1-4 主要年份湖州的一天

指 标	单位	2005 年	2010 年	2013 年	2014 年	2015 年	2016 年	2017 年	2018 年	2019 年	2020 年	2021 年
生产总值	万元	17613	37958	52898	57094	60906	65511	71448	78937	85546	87710	99859
#工业增加值	万元	8590	19633	25775	27712	28768	30464	32765	36203	38961	38908	38961
农林牧渔业总产值	万元	2906	4831	5835	5792	5848	5876	5859	5929	6209	6546	6915
社会消费品零售总额	万元	6514	14140	20992	23868	26409	29284	32552	35541	38628	39026	42636
财政总收入	万元	2034	4722	7443	8102	8981	9887	11203	13444	14810	15948	18734
#一般公共预算收入	万元	1089	2665	4237	4598	5241	5786	6505	7866	8659	9221	11329
一般公共预算支出	万元	1208	3483	5414	6153	7500	7907	8905	10892	12791	13272	14370
进出口总额	万美元	622	1898	2612	2737	2810	2801	3122	3676	3735	4475	8698
#出口	万美元	547	1606	2216	2413	2439	2470	2755	3201	3331	4054	7850
合同外资	万美元	463	558	461	431	456	584	647	932	1324	1075	1499
实到外资	万美元	178	252	290	270	258	274	289	348	520	330	333
全社会固定资产投资	万元	9944	19725	29316	34053	38429	43621	47424				
#工业性投入	万元	6089	11493	14477	15606	16785	18576	19633				
房地产开发	万元	1892	3921	7333	9390	8860	7513	8251				
商品房竣工面积	平方米	6221	8577	6653	12438	6959	12140	26537				
商品房销售面积	平方米	6808	11282	8452	8355	10932	15261	20381	22164	22569	24552	24103
客运周转量	万人公里	806	912	777	607	573	490	470	506	529	290	197
货物周转量	万吨公里	4178	5848	5540	3927	4020	4186	4831	5112	5467	5469	6181
保险业务收入	万元	428	1135	1618	1732	1803	2153	2479	2757	3134	3499	3134
通信业务收入	万元	486	715	866	846	857	893	987	999	1050	1118	1050
结婚登记	对	45	57	69	61	58	56	55	51	46	43	40
离婚登记	对	9	14	18	17	17	20	22	21	21	20	12

注：2011 年起固定资产投资为 500 万元以上投资。

1-5 历年湖州的人均水平（一）

（按户籍人口计算）

年　份	生产总值（GDP）	在岗职工平均工资	城镇居民可支配收入	农村居民可支配收入	住户本外币	#人民币
1978						
1979						
1980						
1981						
1982						
1983	701	796		422		108
1984	837	924		549		134
1985	1072	1167		629		187
1986	1264	1366		701		268
1987	1485	1498		824		343
1988	1877	1839		1104		395
1989	2049	2048		1210		549
1990	2247	2275		1270		751
1991	2460	2440		1250		942
1992	3235	2923		1406		1173
1993	5101	4028		1741		1442
1994	7222	5442		2393		2023
1995	8569	6267		3052		2742
1996	9836	6777		3440		3523
1997	10602	7287		3648		4315
1998	11393	7536		3865		5299
1999	11769	8416		4011		5896
2000	12733	9806		4335		6266
2001	14170	12307		4695		7096
2002	15463	16019		5052		8350
2003	17887	19250		5536	10435	10147
2004	21475	21477		6380	11482	11222
2005	24977	23488	15375	7288	13053	12848
2006	29414	25674	17503	8333	15200	15004
2007	34537	28053	19663	9536	16187	16058
2008	39981	31455	21604	10751	20974	20853
2009	46190	33843	23280	11745	26559	26429
2010	53375	36485	25668	13288	31606	31478
2011	60627	41107	29367	15381	36562	36415
2012	66922	45933	32987	17188	41426	41260
2013	73712	51075	36220	19044	47384	47193
2014	79196	55972	38959	22404	52120	51934
2015	84287	60454	42238	24410	58987	31405
2016	90478	64384	45794	26508	66304	65879
2017	98227	71388	49934	28999	72299	71915
2018	108072	80513	54393	31767	79955	79571
2019	116801	89631	59028	34803	91834	91464
2020	119538	70712	61743	37244	104259	103884
2021	135862	106718	67983	41303	116241	115628

注：在岗职工平均工资口径：2007 年及以前年份为单位职工，2008 年开始为城镇以上单位，2020 年为规上单位口径；“医院床位数”“卫技人员数”“医生数”三项指标为每万人；农村居民纯收入 2014 年起变更为农村居民可支配收入；根据人民银行总行调整，2015 年起城乡居民储蓄变更为住户存款。

1-5 历年湖州的人均水平（二）

（按户籍人口计算）

年份	医院床位数	卫技人员数	#医生数	财政总收入（元）	#地方财政收入	#税收收入	财政支出（元）
1978			9	73			22
1979			9	74			24
1980			10	79			27
1981			10	84			23
1982			11	97			25
1983	26	29	11	106			32
1984	27	29	11	113			46
1985	27	28	10	146			52
1986	28	28	10	158			70
1987	28	28	10	173			70
1988	28	28	13	183			86
1989	29	28	13	202			96
1990	29	29	13	206			104
1991	29	30	13	212			115
1992	29	30	13	225			123
1993	30	31	13	302	115		166
1994	30	32	14	337	137		194
1995	30	32	15	380	157	158	223
1996	30	34	16	418	170		254
1997	32	34	16	476	184		280
1998	31	33	15	559	228		331
1999	29	33	16	620	278		408
2000	29	34	16	825	387	420	519
2001	29	34	16	1151	638		751
2002	30	34	15	1501	725	750	948
2003	31	37	17	1993	983	969	1186
2004	32	38	17	2428	1254	1087	1421
2005	34	42	18	2884	1544	1427	1713
2006	35	47	19	3561	1932	1711	2170
2007	35	49	20	4424	2392	2183	2669
2008	34	54	20	5182	2774	2609	3348
2009	36	59	22	5667	3091	2898	4192
2010	37	61	23	6640	3747	3593	4897
2011	40	62	23	8410	4688	4491	5824
2012	42	68	24	9451	5304	5063	6413
2013	45	69	25	10371	5905	5538	7544
2014	44	72	26	11238	6378	5941	8534
2015	50	78	28	12429	7254	6419	10379
2016	53	81	29	13656	7991	6911	10921
2017	53	86	31	15401	8943	7625	12242
2018	58	92	33	18406	10769	9035	14912
2019	63	97	35	20221	11824	10127	17465
2020	69	101	37	21715	12555	11674	18072
2021	70	108	40	25533	15440	14174	19584

1-5 历年湖州的人均水平（三）

（按户籍人口计算）

年份	全社会用电量（千瓦时）	#工业用	#生活用	固定资产投资额（元）	社会消费品零售总额（元）	进出口总额（美元）	#出口	实到外资（美元）
1978				27	148			
1979				31	189			
1980				39	240			
1981				44	265			
1982				54	273			1
1983				102	299			
1984				154	350			0
1985	465			231	481			0
1986	579	455	29	320	571			2
1987	649	513	37	423	661			2
1988	680	531	47	504	827			1
1989	667	523	45	464	886			1
1990	702	536	57	480	871			1
1991	782	600	63	533	964	12	11	1
1992	874	683	68	995	1138	19	18	7
1993	1015	799	73	1831	1684	64	51	14
1994	1164	898	88	2324	2555	88	61	20
1995	1248	964	103	2876	3416	122	81	26
1996	1311	996	134	3152	3964	124	89	22
1997	1275	960	132	3302	4414	121	98	24
1998	1283	927	145	3698	4859	112	94	20
1999	1373	1003	158	3777	5303	142	107	24
2000	1633	1198	192	4281	5840	271	181	32
2001	1783	1325	209	5667	6214	292	225	82
2002	2092	1601	228	7386	6655	346	276	140
2003	2533	1934	285	9610	7097	474	394	209
2004	2873	2338	255	12750	8097	661	563	238
2005	3312	2666	306	14101	9265	882	775	253
2006	3719	2980	360	15801	10689	1168	1035	294
2007	4155	3312	400	17776	12496	1654	1426	327
2008	4357	3411	456	20484	14985	2165	1899	311
2009	4754	3701	508	24579	17099	1867	1575	313
2010	5399	4169	593	27737	19882	2669	2258	354
2011	6048	4705	637	30888	23411	3325	2824	361
2012	6349	4843	736	37162	26946	3345	2832	393
2013	6984	5256	845	40851	29252	3639	3088	404
2014	7282	5616	750	47235	33108	3796	3346	374
2015	7542	5731	815	53188	36552	3870	3358	357
2016	8408	6271	991	60117	40358	3860	3404	378
2017	9203	6861	1059	65358	44862	4302	3797	397
2018	10308	7632	1177		48658	5025	4375	477
2019	11026	8062	1253		52744	5101	4549	710
2020	11275	8121	1331		53139	6094	5521	450
2021	12882	9271	1430		58107	8629	7850	453

1-6　湖州占全省比重

指　标	单位	湖州市	占浙江省%
年末户籍人口	万人	268.50	5.3
生产总值	亿元	3644.87	5.0
#第一产业增加值	亿元	148.59	6.7
第二产业增加值	亿元	1865.03	6.0
第三产业增加值	亿元	1631.25	4.1
财政总收入	亿元	683.80	4.7
#地方财政收入	亿元	413.50	5.0
财政支出	亿元	524.50	4.8
社会消费品零售总额	亿元	1556.20	5.3
外贸出口	亿元	1356.20	4.5
实到外资	亿美元	12.14	6.6
工业用电量	亿千瓦时	248.30	6.6
金融机构年末本外币存款余额	亿元	6862.30	4.0
#住户存款	亿元	3113.10	4.6
金融机构年末本外币贷款余额	亿元	7203.60	4.3

1-7 历年分县区生产总值

单位：万元

年 份	全 市	吴兴区			南浔区	德清县	长兴县	安吉县	△市区
			吴兴	南太湖新区					
1978	88828					14188	17680	13223	43737
1979	111903					17943	23254	15841	54865
1980	122262					19146	24812	17209	61095
1981	137237					21680	28618	20529	66410
1982	153716					24454	33675	21580	74007
1983	160436					25513	34452	22001	78470
1984	192316					30908	39339	26244	95825
1985	248121					42961	51788	32372	120989
1986	295964					53087	61324	35607	145946
1987	351864					63380	70804	41809	175868
1988	449892					85319	106250	53238	205085
1989	497157					90581	118218	56072	232286
1990	549910					99023	121214	60616	269057
1991	605189					106094	132685	72079	294331
1992	800391					134372	175989	99536	382610
1993	1268238					209235	276481	156002	598465
1994	1806522					316327	404725	231026	821548
1995	2157554					354300	485170	298133	985756
1996	2494399					399261	530480	348700	1167320
1997	2698764					434772	574957	384676	1246047
1998	2901967					471274	610327	420179	1344473
1999	3000455					504800	634644	435973	1393828
2000	3252262					558414	671610	480489	1515243
2001	3629457					635865	750529	520567	1693981
2002	3970650					724836	837040	578377	1845086
2003	4595432					831860	970728	662696	2139931
2004	5518809	1570653	1178787	391866	995678	1018826	1154711	769304	2566332
2005	6428892	1820154	1351597	468557	1169465	1193177	1340146	889588	2989619
2006	7581084	2146102	1571580	574523	1356908	1390193	1605402	1028686	3503011
2007	8905035	2514375	1822293	692082	1594811	1652489	1903990	1219393	4109186
2008	10321040	2890365	2122847	767517	1872057	1914427	2211697	1463494	4762422
2009	11955476	3562652	2662437	900215	2073184	2154089	2464633	1676729	5635835
2010	13854758	4058120	3006381	1051740	2372557	2507360	2928573	1970204	6430677
2011	15794028	4605649	3388335	1217314	2670927	2870896	3400376	2263506	7276576
2012	17481084	5154138	3805613	1348525	2866166	3185282	3783886	2537999	8020304
2013	19307769	5680081	4172048	1508033	3084438	3503968	4200660	2819267	8764519
2014	20839466	6131904	4535606	1596299	3314162	3727332	4588106	2933442	9446066
2015	22230569	6644158	4967769	1676389	3491822	3924638	4844385	3241748	10135980
2016	23911367	7173072	5394005	1779068	3638668	4169233	5265441	3487537	10811741
2017	26078618	8005388	6006524	1998864	3876938	4517416	5781493	3903684	11882325
2018	28812134	8895384	6689499	2205885	4264716	4943400	6376176	4332491	13160100
2019	31222746	9640140	7269786	2370354	4587944	5360992	6929609	4707257	14228084
2020	32014061	10016315	7527509	2488806	4678302	5441498	7023938	4870578	14694695
2021	36448677	11355509	8531814	2823695	5289539	6155412	8013851	5663299	16647257

注：从2019年开始取消开发区，新设南太湖新区。

1-8　历年分县区生产总值增长速度

（按可比价格计算）　　　　单位：%

年　份	全　市	吴兴区	吴兴	南太湖新　区	南浔区	德清县	长兴县	安吉县	△市区
1979	17.4					17.0	23.2	13.7	16.4
1980	8.4					5.2	0.1	6.2	11.0
1981	7.5					13.5	5.7	10.1	5.8
1982	10.7					10.2	19.5	0.4	9.4
1983	3.3					3.8	–0.5	5.5	5.1
1984	18.1					18.1	15.8	19.5	18.9
1985	20.1					30.2	16.1	15.9	20.1
1986	13.1					18.1	13.1	9.7	13.2
1987	8.9					9.7	9.2	8.2	9.0
1988	5.6					3.6	20.1	10.9	1.1
1989	2.5					–1.0	4.3	–4.0	4.4
1990	5.4					6.0	3.4	1.0	7.1
1991	8.5					8.6	9.7	14.0	9.2
1992	22.7					25.3	23.2	29.2	30.2
1993	27.6					23.9	36.4	31.9	25.4
1994	19.8					26.3	20.0	26.3	18.4
1995	10.0					5.1	9.9	17.0	10.1
1996	13.5					10.7	5.3	15.1	16.9
1997	8.4					9.3	7.0	10.3	7.0
1998	9.4					10.5	10.5	10.3	9.5
1999	7.4					10.4	8.3	7.5	7.8
2000	9.6					11.2	10.8	10.2	9.6
2001	10.7					12.4	11.6	8.1	10.5
2002	11.6					12.2	12.8	11.8	10.1
2003	13.8					15.2	15.5	13.7	14.5
2004	14.9					17.3	15.9	12.3	15.2
2005	13.6	13.0	12.3	15.2	14.8	13.6	12.9	13.0	13.7
2006	13.8	14.0	12.6	17.9	11.6	12.2	15.6	12.0	13.1
2007	14.0	13.9	12.8	17.0	13.7	15.3	15.2	15.0	13.9
2008	10.4	9.5	10.7	6.4	11.4	10.3	10.5	14.5	10.3
2009	10.5	21.6	23.6	16.1	11.0	11.9	11.3	12.8	9.8
2010	12.2	7.4	6.7	9.4	8.1	10.1	12.0	11.5	11.7
2011	10.7	7.1	6.5	8.7	6.6	8.4	11.6	10.8	10.9
2012	9.8	11.9	12.5	10.2	7.7	11.2	11.2	10.2	8.4
2013	9.0	10.2	10.0	10.7	8.8	11.3	10.6	11.0	8.7
2014	8.4	8.3	8.8	7.1	8.0	6.9	8.8	8.0	8.2
2015	8.3	9.8	11.0	6.5	6.7	6.3	7.9	8.9	8.8
2016	7.6	8.6	9.7	5.2	3.6	6.4	8.2	9.1	7.1
2017	8.5	10.2	10.5	9.3	7.5	7.4	8.2	9.9	8.9
2018	8.2	8.4	8.3	8.6	7.6	8.0	8.5	8.3	8.2
2019	7.9	7.7	7.8	7.5	7.3	8.3	8.2	7.8	7.6
2020	3.3	3.5	3.3	3.9	3.3	2.7	2.6	4.3	3.6
2021	9.5	9.7	9.7	9.5	8.5	8.7	9.5	10.8	9.3

1-9　历年分县区生产总值发展指数

（以 1978 年为 100）

年　份	全　市	吴兴区	吴兴	南太湖新　区	南浔区	德清县	长兴县	安吉县	△市区
1978	100.0					100.0	100.0	100.0	100.0
1979	117.4					117.0	123.2	113.7	116.4
1980	127.2					123.1	123.3	120.7	129.2
1981	136.8					139.7	130.3	132.9	136.7
1982	151.4					153.9	155.7	133.5	149.6
1983	156.4					159.8	154.9	140.8	157.1
1984	184.6					188.7	179.4	168.3	186.9
1985	221.7					245.7	208.3	195.0	224.4
1986	250.7					290.2	235.5	214.0	254.0
1987	273.0					318.3	257.1	231.5	276.9
1988	288.3					329.8	308.9	256.7	280.0
1989	295.5					326.5	322.1	246.5	292.5
1990	311.3					346.1	333.1	248.9	313.3
1991	337.8					375.8	365.3	283.8	342.0
1992	414.3					470.7	450.1	366.6	445.4
1993	528.5					583.1	613.9	483.5	558.3
1994	633.4					736.5	736.7	610.8	661.1
1995	696.5					774.0	809.7	714.6	728.2
1996	790.2					857.2	852.5	822.4	851.4
1997	856.5					936.7	912.5	906.9	910.6
1998	936.8					1035.0	1007.8	1000.0	996.9
1999	1006.4					1142.5	1091.5	1074.8	1074.3
2000	1103.2					1271.0	1209.0	1184.2	1177.9
2001	1220.9					1428.0	1349.0	1280.1	1301.7
2002	1362.3					1602.4	1521.7	1431.7	1433.4
2003	1550.9					1846.2	1757.7	1627.8	1642.0
2004	1782.4	100.0	100.0	100.0	100.0	2166.4	2037.9	1827.4	1891.6
2005	2025.4	113.0	112.3	115.2	114.8	2461.4	2300.5	2065.4	2150.5
2006	2304.5	128.8	126.5	135.8	128.1	2760.6	2659.4	2312.8	2432.4
2007	2626.7	146.7	142.7	158.9	145.7	3182.0	3062.8	2659.6	2769.9
2008	2900.1	160.7	157.9	169.1	162.3	3510.1	3383.7	3045.2	3054.8
2009	3204.4	195.4	195.2	196.3	180.2	3928.1	3764.8	3433.6	3353.6
2010	3594.0	209.9	208.3	214.8	194.8	4326.2	4214.9	3828.4	3745.4
2011	3980.4	224.7	221.8	233.5	207.7	4688.3	4702.1	4241.9	4153.9
2012	4371.8	251.4	249.5	257.2	223.8	5211.8	5230.0	4676.5	4502.8
2013	4766.3	277.0	274.5	284.6	243.5	5802.1	5783.4	5188.8	4894.0
2014	5164.6	300.1	298.5	304.8	262.9	6200.5	6291.3	5603.9	5295.9
2015	5592.9	329.6	331.4	324.5	280.5	6590.8	6786.1	6102.7	5759.9
2016	6017.0	357.8	363.6	341.2	290.5	7010.1	7342.1	6658.0	6168.7
2017	6530.4	394.2	401.6	372.8	312.3	7527.6	7941.7	7319.2	6717.6
2018	7064.4	427.3	435.1	404.9	336.2	8128.9	8615.3	7929.5	7265.4
2019	7619.2	460.0	469.2	435.2	360.7	8806.1	9324.0	8551.3	7820.6
2020	7867.3	476.1	484.4	452.2	372.5	9043.8	9562.9	8921.2	8102.2
2021	8614.5	522.2	531.6	495.3	404.2	9834.9	10475.7	9887.1	8856.9

1-10 历年分县区人均生产总值

单位：元

年 份	全 市		吴兴区			南浔区	德清县	长兴县	安吉县	△市区
	按户籍	按常住		吴兴	南太湖新 区					
1978	402						394	333	336	473
1979	504						496	435	400	590
1980	548						528	461	434	654
1981	610						591	527	514	707
1982	677						659	614	536	781
1983	701						682	624	541	822
1984	837						823	710	639	1000
1985	1072						1140	919	786	1257
1986	1264						1397	1064	855	1506
1987	1485						1648	1214	993	1795
1988	1877						2202	1800	1263	2067
1989	2049						2298	1984	1305	2308
1990	2247						2491	2029	1398	2642
1991	2460						2656	2216	1621	2871
1992	3235						3340	2920	2281	3714
1993	5101						5173	4566	3539	5779
1994	7222						7752	6704	5218	7883
1995	8569						8588	7993	6706	9403
1996	9836						9678	8603	7791	11061
1997	10602						10366	9316	8580	11730
1998	11393						11191	9923	9385	12647
1999	11769						11954	10309	9750	13097
2000	12733						13191	10882	10741	14208
2001	14170	13520					15003	12137	11630	15808
2002	15463	14714					17105	13512	12899	17147
2003	17887	16920					19637	15648	14788	19869
2004	21475	20164	26968	24318	40121	19674	24109	18616	17181	23803
2005	24977	23323	31106	28121	44834	23100	28116	21630	19752	27691
2006	29414	27290	36508	33275	49719	26914	32777	25997	22632	32401
2007	34537	31792	42580	38976	56288	31726	38888	30899	26822	37937
2008	39981	36593	48753	45498	60779	37381	44881	35847	32249	43908
2009	46190	42104	59920	57357	69047	41522	50371	39802	36764	51924
2010	53375	48241	67992	64985	78354	47592	58414	47099	43075	59142
2011	60627	54154	76727	73183	88683	53584	66633	54443	49347	66693
2012	66922	59158	85392	82104	96270	57559	73708	60443	55224	73286
2013	73712	64574	93534	90417	103398	62920	80682	66989	61201	79860
2014	79196	68823	100187	98709	104639	67522	85391	72902	63381	85650
2015	84287	72530	107823	108158	106841	71212	89808	76897	69868	91600
2016	90478	76836	115681	117944	109323	74439	95187	83458	74982	97501
2017	98227	82254	128146	131893	118065	79225	102622	91272	83530	106657
2018	108072	89215	141545	147687	125694	86924	111867	100343	92258	117598
2019	116801	94816	152702	161398	131047	93471	121085	108811	99853	126793
2020	119632	95653	157720	167583	133886	95573	122788	110181	103841	130663
2021	135862	107534	177282	190047	147375	108457	138903	125687	119533	147551

注：分县区人均 GDP 按户籍人口计算。

1-11 历年分县区人均生产总值增长速度

（按可比价格计算） 单位：%

三 份	全 市		吴兴区			南浔区	德清县	长兴县	安吉县	△市区
	按户籍	按常住		吴兴	南太湖新 区					
1979	16.9						16.8	22.5		16.0
1980	6.4						4.7	–0.7		19.7
1981	6.5						12.5	4.8		–3.1
1982	9.9						99.0	18.3		8.4
1983	2.3						2.2	–1.3		4.3
1984	17.4						–35.1	15.5		18.5
1985	19.0						29.7	14.1	15.1	19.6
1986	11.7						17.1	9.6	8.5	12.4
1987	7.7						8.4	8.8	7.0	7.7
1988	4.4						2.3	18.8	–4.9	0.3
1989	1.2						–2.2	3.2	–0.1	2.5
1990	4.5						5.1	3.1	13.2	5.9
1991	8.1						8.0	9.4	28.5	8.4
1992	22.3						24.4	22.4	35.5	29.6
1993	27.7						23.2	35.7	30.6	24.7
1994	19.2						25.2	20.4	25.8	17.7
1995	9.3						4.0	9.3	16.5	9.5
1996	13.0						10.7	3.6	14.3	16.1
1997	8.1						7.5	6.9	10.1	6.3
1998	9.4						10.0	10.8	10.4	9.4
1999	7.4						10.1	8.2	7.6	7.6
2000	9.4						11.0	10.5	10.1	9.4
2001	10.4						12.2	11.4	8.0	10.0
2002	11.3	11.0					12.2	12.6	11.6	9.7
2003	13.8	13.1					15.3	15.3	13.8	14.4
2004	14.9	14.0					17.3	15.9	12.3	15.0
2005	13.5	12.8	12.4	13.2	15.9	14.8	13.4	13.5	12.4	13.5
2006	13.6	12.9	13.5	14.6	6.1	12.0	12.2	15.9	11.0	12.9
2007	13.9	13.0	13.4	14.0	27.9	14.0	15.2	15.5	15.0	13.7
2008	10.3	9.6	9.1	10.9	20.4	11.5	9.9	10.5	14.7	10.1
2009	10.2	9.8	21.3	24.3	6.0	11.5	11.5	11.0	12.2	9.7
2010	11.8	10.9	7.0	7.1	15.9	8.2	9.7	11.5	11.2	11.5
2011	10.4	9.1	6.4	6.4	12.1	6.6	8.0	11.1	10.5	10.5
2012	9.5	8.4	11.3	12.4	4.5	7.9	10.8	10.8	10.0	8.1
2013	8.7	7.7	9.5	10.5	13.5	10.5	10.8	10.4	10.2	8.4
2014	7.9	7.0	7.5	9.2	5.3	7.9	6.3	8.5	7.5	7.7
2015	8.0	7.0	9.1	11.1	18.9	6.8	6.1	7.6	8.6	8.4
2016	7.4	6.0	7.9	10.5	8.9	4.1	6.1	8.4	8.8	6.9
2017	8.0	6.5	9.4	10.9	7.3	7.4	6.8	7.9	9.4	8.4
2018	7.7	6.2	7.8	8.9	18.2	7.4	7.5	8.1	7.8	7.7
2019	7.6	5.8	7.3	8.4	4.3	7.2	8.1	8.0	7.4	7.2
2020	3.1	1.5	2.8	3.5	1.1	3.5	2.5	2.5	4.0	3.2
2021	9.3	8.2	8.8	9.8	6.3	9.0	8.8	9.5	10.6	9.0

注：分县区人均 GDP 按户籍人口计算。

1-12 历年分县区人均生产总值发展指数

（以 1978 年为 100）

年份	全市		吴兴区			南浔区	德清县	长兴县	安吉县	△市区
	按户籍	按常住		吴兴	南太湖新区					
1978	100.0						100.0	100.0		100.0
1979	116.9						116.8	122.5		116.0
1980	124.4						122.3	121.7		138.9
1981	132.5						137.7	127.5		134.6
1982	145.6						274.0	150.8		146.0
1983	148.9						279.9	148.9		152.3
1984	174.8						181.7	172.0	100.0	180.4
1985	208.1						235.7	196.3	115.1	215.9
1986	232.4						276.0	215.1	124.9	242.7
1987	250.3						299.1	234.1	133.6	261.4
1988	261.3						306.0	278.0	127.1	262.2
1989	264.5						299.3	287.0	127.0	268.9
1990	276.4						314.5	296.0	143.7	284.7
1991	298.7						339.7	323.9	184.7	308.7
1992	365.4						422.7	396.6	250.2	400.1
1993	466.7						520.8	538.3	326.7	499.0
1994	556.3						652.0	648.0	410.9	587.2
1995	607.9						678.1	708.3	478.8	642.9
1996	687.0						750.7	734.2	547.3	746.7
1997	742.9						807.0	785.0	602.5	793.4
1998	812.9						887.7	870.1	665.3	868.0
1999	872.9						977.3	941.5	716.0	934.3
2000	955.4						1084.8	1040.1	788.5	1022.3
2001	1054.3	100.0					1217.4	1158.7	851.9	1124.4
2002	1173.6	111.0					1366.3	1304.7	951.1	1233.0
2003	1335.3	125.6					1574.7	1504.3	1082.0	1411.1
2004	1534.1	143.1	100.0	100.0	100.0	100.0	1847.3	1743.5	1215.6	1623.4
2005	1740.5	161.5	112.4	113.2	115.9	114.8	2095.7	1979.0	1365.9	1843.1
2006	1977.7	182.3	127.6	129.8	122.9	128.6	2351.8	2292.8	1515.6	2081.7
2007	2253.3	206.1	144.7	147.9	157.2	146.6	2709.0	2647.7	1742.5	2366.2
2008	2484.9	226.0	157.9	164.0	189.4	163.4	2977.0	2926.4	1998.7	2606.0
2009	2738.4	248.1	191.4	203.8	200.7	182.2	3319.0	3248.1	2242.5	2858.9
2010	3062.6	275.1	204.8	218.3	232.6	197.1	3641.8	3622.3	2493.2	3187.3
2011	3379.6	300.0	218.0	232.2	260.7	210.2	3932.1	4023.7	2754.6	3522.9
2012	3702.0	325.2	242.6	260.9	272.4	226.7	4357.6	4460.2	3030.9	3807.1
2013	4024.9	350.4	265.7	288.4	309.2	250.5	4828.9	4922.3	3341.3	4126.2
2014	4341.4	374.9	285.5	314.9	325.6	270.2	5134.7	5340.4	3591.7	4443.2
2015	4690.5	401.1	311.5	349.7	387.3	288.5	5449.7	5747.1	3901.6	4816.4
2016	5036.0	425.0	336.1	386.3	421.7	300.3	5784.5	6229.5	4246.2	5147.5
2017	5440.7	452.7	367.5	428.6	452.4	322.5	6180.4	6719.9	4645.7	5579.4
2018	5861.2	480.8	396.0	466.8	535.0	346.3	6646.7	7263.8	5007.0	6007.4
2019	6304.6	508.6	424.7	506.2	557.9	371.4	7186.7	7843.9	5378.9	6440.0
2020	6497.8	516.3	436.6	524.1	564.0	384.4	7369.7	8036.6	5596.3	6648.3
2021	7102.4	558.6	475.4	575.5	599.2	418.9	8017.5	8804.4	6189.0	7252.6

注：分县区人均 GDP 按户籍人口计算。

1-13 历年分产业生产总值

单位：万元

年 份	生 产 总 值	第一产业增加值	第二产业增加值	#工业增加值	第三产业增加值
1978	88828	40076	32259	27801	16493
1979	111903	55007	37433	32805	19463
1980	122262	49135	49180	43195	23947
1981	137237	58044	51556	45710	27637
1982	153716	67344	55009	48441	31363
1983	160436	65791	60439	54763	34206
1984	192316	75985	76342	69690	39989
1985	248121	82599	110383	101464	55139
1986	295964	96933	134140	123337	64891
1987	351864	115981	160177	147281	75706
1988	449892	161459	196176	181646	92257
1989	497157	160492	225434	198757	111231
1990	549910	188527	241389	213767	119994
1991	605189	184818	283529	250607	136842
1992	800391	205288	404506	352747	190597
1993	1268238	257612	711150	620800	299476
1994	1806522	352022	991492	855293	463007
1995	2157554	403851	1142823	953731	610881
1996	2494399	431833	1347738	1140396	714828
1997	2698764	446769	1473726	1278099	778268
1998	2901967	445099	1587187	1378225	869682
1999	3000455	436996	1631672	1431452	931787
2000	3252262	446423	1754491	1538034	1051347
2001	3629457	467684	1967246	1725275	1194527
2002	3970650	472169	2155215	1882010	1343267
2003	4595432	504063	2454353	2154044	1637017
2004	5518809	584700	3030424	2655095	1903685
2005	6428892	630966	3532468	3135326	2265458
2006	7581084	659011	4334271	3849058	2587802
2007	8905035	711113	5088924	4609467	3104998
2008	10321040	848268	5913379	5333855	3559392
2009	11955476	902588	6988117	6295976	4064772
2010	13854758	1042216	7977421	7166227	4835121
2011	15794028	1162184	8741182	7791869	5890661
2012	17481084	1226473	9622409	8635683	6632202
2013	19307769	1198028	10449921	9407757	7659820
2014	20839466	1203392	11306912	10114750	8329162
2015	22230569	1226044	11807289	10500339	9197235
2016	23911367	1242173	12502441	11119488	10166753
2017	26078618	1257474	13608639	11959209	11212505
2018	28812134	1283706	14915271	13214217	12613158
2019	31222745	1341080	15996153	14212156	13885512
2020	32039027	1410507	15991506	14332392	14637014
2021	36448677	1485885	18650280	16795077	16312512

注：从 2013 年开始三次产业划分标准为 GB/T 4754—2011。

1-14 历年分产业生产总值增长速度

（按可比价格计算） 单位：%

年份	生产总值	第一产业增加值	第二产业增加值	#工业增加值	第三产业增加值
1979	17.4	17.9	16.6	18.7	17.5
1980	8.4	-11.4	29.0	28.8	16.6
1981	7.5	6.2	5.2	6.3	15.0
1982	10.7	14.9	6.3	5.7	11.0
1983	3.3	-5.6	9.5	12.4	9.5
1984	18.1	12.4	26.3	27.3	12.8
1985	20.1	-0.2	35.8	35.9	22.6
1986	13.1	5.3	15.9	15.4	17.5
1987	8.9	5.0	13.8	13.2	2.9
1988	5.6	6.0	5.3	5.1	5.9
1989	2.5	1.2	3.8	4.3	0.9
1990	5.4	6.7	5.6	3.6	3.1
1991	8.5	1.6	12.6	11.2	11.1
1992	22.7	4.0	30.2	29.8	34.1
1993	27.6	1.4	39.6	42.5	32.8
1994	19.8	4.2	20.8	19.2	31.1
1995	10.0	3.1	10.3	8.0	13.9
1996	13.5	2.5	18.4	19.9	11.0
1997	8.4	4.4	10.6	12.7	6.2
1998	9.4	1.0	10.8	10.8	11.2
1999	7.4	0.2	8.1	9.0	9.6
2000	9.6	2.2	10.0	10.3	12.4
2001	10.7	4.7	12.2	12.2	10.6
2002	11.6	2.7	12.6	12.6	13.5
2003	13.8	5.6	15.7	14.0	13.7
2004	14.9	7.3	18.2	18.7	11.9
2005	13.6	4.3	14.7	15.9	14.8
2006	13.8	5.5	16.2	15.5	12.4
2007	14.0	0.5	15.1	16.8	15.8
2008	10.4	7.1	10.7	11.3	10.6
2009	10.5	0.0	15.1	14.4	5.5
2010	12.2	4.6	12.8	13.4	12.6
2011	10.7	3.4	10.4	11.0	12.9
2012	9.8	2.4	10.5	11.0	10.2
2013	9.0	0.5	8.6	8.8	11.1
2014	8.4	0.2	9.2	8.7	8.4
2015	8.3	1.6	6.4	6.2	12.3
2016	7.6	2.2	6.6	7.3	9.5
2017	8.5	2.2	7.6	7.7	10.5
2018	8.2	2.9	8.4	9.9	8.6
2019	7.9	2.8	7.7	8.5	8.5
2020	3.3	2.5	2.0	3.1	4.9
2021	9.5	2.9	10.6	11.4	9.0

1-15 历年分产业生产总值发展指数

（以1978年为100）

年 份	生 产 总 值	第一产业 增 加 值	第二产业 增 加 值	#工业增加值	第三产业 增 加 值
1978	100.0	100.0	100.0	100.0	100.0
1979	117.4	117.9	116.6	118.7	117.5
1980	127.2	104.5	150.4	152.9	137.0
1981	136.8	110.9	158.2	162.5	157.6
1982	151.4	127.5	168.2	171.8	174.9
1983	156.4	120.3	184.2	193.1	191.5
1984	184.6	135.2	232.6	245.8	216.0
1985	221.7	135.0	315.9	334.0	264.8
1986	250.7	142.1	366.1	385.5	311.2
1987	273.0	149.2	416.7	436.4	320.2
1988	288.3	158.2	438.7	458.6	339.1
1989	295.5	160.1	455.4	478.3	342.1
1990	311.3	170.8	480.9	495.6	352.8
1991	337.8	173.5	541.5	551.1	391.9
1992	414.3	180.5	705.0	715.3	525.4
1993	528.5	183.0	984.4	1019.0	698.0
1994	633.3	190.7	1189.6	1214.4	914.8
1995	696.4	196.6	1312.5	1311.7	1041.8
1996	790.2	201.4	1554.1	1572.7	1156.4
1997	856.4	210.3	1719.0	1772.5	1228.5
1998	936.8	212.4	1903.9	1964.4	1365.8
1999	1006.3	212.8	2058.7	2140.8	1497.2
2000	1103.1	217.4	2264.1	2361.6	1682.1
2001	1220.8	227.6	2540.8	2649.2	1860.8
2002	1362.2	233.7	2860.6	2982.3	2111.1
2003	1550.7	246.8	3309.3	3399.7	2401.1
2004	1782.3	264.8	3912.1	4036.4	2686.7
2005	2025.2	276.1	4485.3	4677.9	3084.7
2006	2304.2	291.3	5210.3	5404.2	3466.3
2007	2626.4	292.6	5995.9	6313.8	4012.4
2008	2899.8	313.2	6640.2	7024.8	4438.8
2009	3204.1	313.2	7639.6	8038.1	4682.6
2010	3593.7	327.5	8617.0	9115.8	5273.8
2011	3980.0	338.6	9516.3	10122.5	5951.8
2012	4371.4	346.6	10520.0	11240.0	6556.3
2013	4765.8	348.3	11429.9	12233.5	7284.6
2014	5164.1	349.0	12476.5	13300.4	7895.0
2015	5592.4	354.6	13274.0	14119.1	8863.8
2016	6016.4	362.3	14155.8	15148.6	9706.3
2017	6529.7	370.5	15226.1	16309.2	10728.2
2018	7063.7	381.1	16498.8	17931.0	11647.4
2019	7618.5	392.0	17777.1	19450.5	12640.7
2020	7866.5	401.9	18136.8	20053.4	13260.1
2021	8613.8	413.5	20059.3	22339.5	14453.5

1-16 历年分产业生产总值构成

单位：%

年 份	生 产 总 值	第一产业 增 加 值	第二产业 增 加 值	#工业增加值	第三产业 增 加 值
1978	100.0	45.1	36.3	31.3	18.6
1979	100.0	49.2	33.4	29.3	17.4
1980	100.0	40.2	40.2	35.3	19.6
1981	100.0	42.3	37.6	33.3	20.1
1982	100.0	43.8	35.8	31.5	20.4
1983	100.0	41.0	37.7	34.1	21.3
1984	100.0	39.5	39.7	36.2	20.8
1985	100.0	33.3	44.5	40.9	22.2
1986	100.0	32.8	45.3	41.7	21.9
1987	100.0	33.0	45.5	41.9	21.5
1988	100.0	35.9	43.6	40.4	20.5
1989	100.0	32.3	45.3	40.0	22.4
1990	100.0	34.3	43.9	38.9	21.8
1991	100.0	30.5	46.8	41.4	22.7
1992	100.0	25.6	50.5	44.1	23.8
1993	100.0	20.3	56.1	48.9	23.6
1994	100.0	19.5	54.9	47.3	25.6
1995	100.0	18.7	53.0	44.2	28.3
1996	100.0	17.3	54.0	45.7	28.7
1997	100.0	16.6	54.6	47.4	28.8
1998	100.0	15.3	54.7	47.5	30.0
1999	100.0	14.6	54.3	47.7	31.1
2000	100.0	13.7	53.9	47.3	32.4
2001	100.0	12.9	54.2	47.5	32.9
2002	100.0	11.9	54.3	47.4	33.8
2003	100.0	11.0	53.4	46.9	35.6
2004	100.0	10.6	54.9	48.1	34.5
2005	100.0	9.8	54.9	48.8	35.3
2006	100.0	8.7	57.2	50.8	34.1
2007	100.0	8.0	57.1	51.8	34.9
2008	100.0	8.2	57.3	51.7	34.5
2009	100.0	7.5	58.5	52.7	34.0
2010	100.0	7.5	57.6	51.7	34.9
2011	100.0	7.4	55.3	49.3	37.3
2012	100.0	7.0	55.0	49.4	38.0
2013	100.0	6.2	54.1	48.7	39.7
2014	100.0	5.8	54.2	48.5	40.0
2015	100.0	5.5	53.1	47.2	41.4
2016	100.0	5.2	52.3	46.5	42.5
2017	100.0	4.8	52.2	45.9	43.0
2018	100.0	4.5	51.7	45.9	43.8
2019	100.0	4.3	51.2	45.5	44.5
2020	100.0	4.4	49.9	44.7	45.7
2021	100.0	4.1	51.2	46.1	44.8

1-17 历年市区分产业生产总值

单位：万元

年 份	生产总值	第一产业增加值	第二产业增加值	#工业增加值	第三产业增加值
1978	43737	18345	16495	15213	8897
1979	54865	25507	19075	17793	10283
1980	61095	22795	25594	23327	12706
1981	70910	25334	26220	23898	14856
1982	78505	29830	27643	24857	16534
1983	84717	30346	30292	27564	17832
1984	102414	36562	38583	35304	20680
1985	128854	35321	56792	52173	28876
1986	155929	43084	69861	62844	33001
1987	187012	53513	83841	75480	38514
1988	220314	66099	93720	82170	45266
1989	247452	62921	112979	100170	56386
1990	284189	87532	119050	106264	62475
1991	294331	79614	143921	129119	70796
1992	390494	88001	198979	177959	95630
1993	626520	111191	338615	298301	148658
1994	854444	143124	446941	388091	231482
1995	1019951	166199	520708	450050	298848
1996	1215958	175397	644543	570306	347380
1997	1304359	181247	697663	625979	367138
1998	1400187	180203	755495	670356	408775
1999	1425038	180875	781464	688536	431489
2000	1541749	184518	839411	735750	491313
2001	1722496	195155	932957	818676	565869
2002	1830397	194351	1012625	884871	638110
2003	2130148	208122	1146616	1005262	785194
2004	2566332	238008	1371520	1197333	956804
2005	2989619	251045	1623748	1433518	1114826
2006	3503011	255665	2017653	1780256	1229693
2007	4109186	262171	2390037	2160021	1456977
2008	4762422	326077	2779060	2502612	1657285
2009	5635835	336752	3389792	3065891	1909291
2010	6430677	391905	3732504	3342853	2306269
2011	7276576	433476	4006303	3539872	2836797
2012	8020304	455230	4375166	3892682	3189908
2013	8764519	438866	4652795	4145826	3672858
2014	9446066	422628	5045798	4477016	3977641
2015	10135980	433534	5345781	4714593	4356666
2016	10811741	455205	5537843	4857210	4818693
2017	11882325	452015	6036860	5139031	5393450
2018	13160100	457019	6701010	5796372	6002071
2019	14228084	479714	7237779	6294187	6510591
2020	14696497	492653	7138743	6277198	7065101
2021	16647257	530089	8324735	7319846	7792433

1-18 历年市区分产业生产总值增长速度

（按可比价格计算） 单位：%

年份	生产总值	第一产业增加值	第二产业增加值	#工业增加值	第三产业增加值
1979	16.4	15.9	15.9	17.2	18.5
1980	11.0	-10.6	36.9	34.3	17.1
1981	5.8	4.0	2.6	3.0	15.6
1982	9.4	14.2	5.7	4.4	8.1
1983	5.1	-3.5	11.1	12.7	9.2
1984	18.9	14.6	26.2	27.4	12.6
1985	20.1	-5.3	37.8	38.3	23.7
1986	13.2	1.4	16.3	14.4	20.1
1987	9.0	7.9	14.7	15.1	-2.2
1988	1.1	6.4	-1.1	-2.7	1.1
1989	4.4	2.9	5.0	5.5	4.9
1990	7.1	12.7	5.1	7.6	5.8
1991	9.2	-6.8	19.3	20.3	10.3
1992	30.2	13.1	37.0	37.3	34.7
1993	25.4	3.2	32.4	32.8	30.6
1994	18.4	-0.1	17.5	16.0	33.9
1995	10.1	3.3	11.5	11.5	11.2
1996	16.9	1.3	24.3	26.7	10.6
1997	7.0	3.0	9.5	10.6	3.4
1998	9.5	0.8	11.0	10.1	10.0
1999	7.8	2.4	8.3	7.8	8.7
2000	9.6	2.0	9.9	9.7	12.0
2001	10.5	5.7	11.0	11.3	11.5
2002	10.1	2.2	10.4	10.4	12.5
2003	14.5	5.0	15.4	14.3	16.1
2004	15.2	8.2	17.4	18.1	13.5
2005	13.7	1.8	14.0	14.5	16.2
2006	13.1	3.0	16.4	15.4	10.5
2007	13.9	-5.8	14.8	16.9	16.5
2008	10.3	5.9	10.1	10.5	11.2
2009	9.8	2.6	6.1	6.0	16.5
2010	11.7	3.7	9.9	9.8	15.3
2011	10.9	1.8	8.2	7.7	16.0
2012	8.4	2.3	7.8	8.1	10.1
2013	8.7	0.3	9.2	10.5	9.1
2014	8.2	-3.2	8.7	9.0	8.9
2015	8.8	1.6	7.0	6.7	11.6
2016	7.1	2.3	5.3	5.4	9.4
2017	8.9	1.8	8.8	8.7	9.6
2018	8.2	2.8	8.5	9.9	8.3
2019	7.6	3.6	8.6	9.6	6.9
2020	3.6	2.5	0.7	2.1	7.0
2021	9.3	2.8	10.4	10.8	8.6

1-19 历年市区分产业生产总值发展指数

（以 1978 年为 100）

年 份	生 产 总 值	第一产业 增 加 值	第二产业 增 加 值	#工业增加值	第三产业 增 加 值
1978	100.0	100.0	100.0	100.0	100.0
1979	116.4	115.9	115.9	117.2	118.5
1980	129.2	103.6	158.7	157.4	138.7
1981	136.7	107.7	162.9	162.1	160.4
1982	149.6	123.1	172.2	169.2	173.4
1983	157.1	118.7	191.3	190.7	189.4
1984	186.9	136.0	241.3	242.9	213.2
1985	224.4	128.9	332.5	336.1	263.7
1986	254.0	130.7	386.8	384.6	316.7
1987	276.9	140.9	443.7	442.7	309.7
1988	280.0	150.0	438.8	430.7	313.0
1989	292.5	154.3	460.7	454.6	328.3
1990	313.3	173.9	484.2	489.2	347.4
1991	342.0	162.0	577.5	588.5	383.1
1992	445.4	183.1	791.1	808.2	516.1
1993	558.3	188.9	1047.7	1073.2	674.2
1994	661.1	188.8	1230.8	1244.7	902.4
1995	728.2	195.0	1372.6	1387.3	1003.9
1996	851.4	197.6	1706.5	1758.0	1110.7
1997	910.6	203.5	1868.1	1945.2	1148.3
1998	996.9	205.2	2073.8	2140.9	1262.7
1999	1074.3	210.1	2246.6	2307.4	1372.7
2000	1177.9	214.4	2469.5	2531.4	1537.5
2001	1301.7	226.5	2740.8	2816.8	1715.0
2002	1433.4	231.4	3025.8	3109.1	1928.9
2003	1642.0	243.1	3493.0	3555.2	2240.1
2004	1891.6	263.0	4100.8	4198.6	2542.5
2005	2150.5	267.7	4674.5	4807.0	2954.1
2006	2432.4	275.8	5441.4	5547.6	3264.5
2007	2769.9	259.8	6245.4	6483.8	3802.4
2008	3054.8	275.1	6875.4	7163.8	4227.7
2009	3353.6	282.1	7294.7	7595.2	4925.8
2010	3745.4	292.5	8018.9	8342.7	5678.3
2011	4153.9	297.7	8676.2	8986.5	6586.2
2012	4502.8	304.4	9348.8	9714.3	7253.0
2013	4894.0	305.2	10208.1	10733.4	7914.6
2014	5295.9	295.5	11099.4	11698.9	8619.4
2015	5759.9	300.4	11880.5	12478.2	9617.2
2016	6168.7	307.4	12505.1	13156.0	10522.5
2017	6717.6	312.9	13604.1	14304.5	11537.9
2018	7265.4	321.7	14761.6	15725.3	12490.7
2019	7820.6	333.5	16028.8	17230.9	13352.0
2020	8102.2	341.9	16141.0	17592.8	14286.7
2021	8855.7	351.5	17819.7	19492.8	15515.3

1-20　历年德清县分产业生产总值

单位：万元

年　份	生　产 总　值	第一产业 增加值	第二产业 增加值	#工业增加值	第三产业 增加值
1978	14188	7830	4398		1960
1979	17943	10748	4845		2350
1980	19146	9060	6952		3134
1981	21680	10270	8022		3388
1982	24454	11571	8559		4324
1983	25513	12118	9185		4210
1984	30908	13880	12054		4974
1985	42961	16340	18903		7718
1986	53087	18068	25330		9689
1987	63380	21178	30888		11314
1988	85319	33667	36802		14850
1989	90581	33519	38588		18474
1990	99023	34114	42673		22236
1991	106094	32673	50239		23182
1992	134372	35150	71778	62486	27444
1993	209235	42131	128367	110114	38737
1994	316327	60009	193627	165174	62691
1995	354300	66226	206233	165877	81841
1996	399261	71122	233286	191745	94853
1997	434772	75314	254848	210866	104610
1998	471274	75822	279121	235492	116331
1999	504800	76500	298283	256464	130017
2000	558414	79609	330270	285877	148535
2001	635865	83049	375977	327881	176839
2002	724836	86665	429825	376177	208346
2003	831860	91523	496895	435924	243442
2004	1018826	104331	615220	542511	299275
2005	1193177	109305	716832	645515	367040
2006	1390193	115438	858129	774891	416626
2007	1652489	126062	1016358	933231	510070
2008	1914427	149214	1162304	1060404	602909
2009	2154089	159950	1311625	1202582	682514
2010	2507360	178290	1520741	1401768	808329
2011	2870896	203108	1715489	1587192	952298
2012	3185282	213002	1910120	1778023	1062160
2013	3503968	201118	2066288	1936831	1236562
2014	3727332	200972	2224965	2069272	1301395
2015	3924638	203573	2304932	2124255	1416132
2016	4169233	212971	2432815	2232022	1523448
2017	4517416	217773	2640591	2418013	1659052
2018	4943400	224060	2898724	2647403	1820616
2019	5360992	233729	3099072	2826965	2028191
2020	5441511	250984	3056972	2790258	2133556
2021	6155412	264457	3555603	3256006	2335352

1–21 历年德清县分产业生产总值增长速度

（按可比价格计算）　　　　单位：%

年份	生产总值	第一产业增加值	第二产业增加值	#工业增加值	第三产业增加值
1979	17.0				
1980	5.2				
1981	13.5				
1982	10.2				
1983	3.8				
1984	18.1				
1985	30.2				
1986	18.1				
1987	9.7				
1988	3.6				
1989	-1.0				
1990	6.0	7.9	2.0		14.5
1991	8.6	0.8	18.4		1.5
1992	25.3	13.7	34.0		22.8
1993	23.9	1.8	34.1	34.4	22.8
1994	26.3	6.8	29.2	27.7	38.6
1995	5.1	4.5	2.3	-1.8	14.1
1996	10.7	3.1	13.8	16.2	8.3
1997	9.3	7.2	10.6	11.3	7.1
1998	10.5	2.1	12.4	14.0	11.1
1999	10.4	5.1	10.6	12.5	13.3
2000	11.2	3.2	12.4	12.8	13.0
2001	12.4	4.2	13.8	14.8	13.6
2002	12.2	4.5	13.3	13.7	13.5
2003	15.2	5.0	15.8	16.2	18.5
2004	17.3	9.1	18.8	19.3	17.5
2005	13.6	1.2	14.0	16.3	17.2
2006	12.2	6.7	13.2	13.0	11.7
2007	15.3	0.3	16.0	17.5	18.0
2008	10.3	4.8	9.1	9.3	14.0
2009	11.9	0.0	17.1	18.0	4.8
2010	10.1	4.3	10.0	10.9	11.7
2011	8.4	4.5	8.4	9.3	9.3
2012	11.2	1.9	13.4	14.0	9.0
2013	11.3	-0.1	12.5	13.3	11.2
2014	6.9	-0.6	8.7	8.1	4.5
2015	6.3	0.3	4.8	4.1	10.2
2016	6.4	4.2	6.5	7.1	6.5
2017	7.4	3.1	7.9	8.4	7.2
2018	8.0	3.9	8.4	8.3	7.8
2019	8.3	2.7	7.9	8.5	9.7
2020	2.7	1.7	1.6	2.1	4.5
2021	8.7	2.7	10.0	10.6	7.6

1-22　历年德清县分产业生产总值发展指数

（以 1978 年为 100）

年　份	生　产 总　值	第一产业 增 加 值	第二产业 增 加 值	#工业增加值	第三产业 增 加 值
1978	100.0				
1979	117.0				
1980	123.1				
1981	139.7				
1982	153.9				
1983	159.8				
1984	188.7				
1985	245.7				
1986	290.2				
1987	318.3				
1988	329.8				
1989	326.5	100.0	100.0		100.0
1990	346.1	107.9	102.0		114.5
1991	375.8	108.8	120.7		116.2
1992	470.7	123.7	161.8	100.0	142.6
1993	583.1	125.9	217.0	134.4	175.2
1994	736.5	134.5	280.3	171.6	242.8
1995	774.0	140.6	286.8	168.4	277.0
1996	857.2	144.9	326.4	195.7	299.9
1997	936.7	155.2	361.0	217.9	321.2
1998	1035.0	158.5	405.7	248.3	356.9
1999	1142.5	166.6	448.8	279.3	404.4
2000	1271.0	172.0	504.4	315.1	457.2
2001	1428.0	179.2	573.8	361.8	519.2
2002	1602.4	187.3	650.3	411.3	589.3
2003	1846.2	196.7	753.1	478.0	698.5
2004	2166.4	214.6	894.6	570.1	820.7
2005	2461.4	217.3	1020.3	662.8	961.9
2006	2760.6	231.8	1155.4	748.7	1074.0
2007	3182.0	232.5	1340.5	879.7	1267.7
2008	3510.1	243.5	1462.8	961.1	1444.8
2009	3928.1	243.6	1713.3	1134.2	1514.5
2010	4326.2	254.0	1884.3	1257.4	1691.5
2011	4688.3	265.3	2041.8	1374.9	1848.0
2012	5211.8	270.4	2315.4	1567.8	2013.4
2013	5802.1	270.2	2603.7	1776.7	2239.3
2014	6200.5	268.6	2830.9	1920.5	2339.5
2015	6590.8	269.5	2966.7	1999.5	2578.5
2016	7010.1	281.0	3158.5	2142.3	2746.1
2017	7527.6	289.5	3407.0	2322.2	2944.0
2018	8128.9	300.9	3693.7	2514.8	3174.6
2019	8806.1	309.0	3986.1	2727.3	3484.1
2020	9043.8	314.3	4048.5	2783.7	3640.8
2021	9830.6	322.8	4453.4	3078.8	3917.5

1-23 历年长兴县分产业生产总值

单位：万元

年 份	生 产 总 值	第一产业增加值	第二产业增加值	#工业增加值	第三产业增加值
1978	17680	7994	6372		3314
1979	23254	11409	7760		4085
1980	24812	10192	9530		5090
1981	24118	13328	9304		5986
1982	29177	16227	11050		6398
1983	28205	14140	12666		7646
1984	32750	14930	15878		8531
1985	43934	18235	22585		10968
1986	51341	21571	26716		13037
1987	59663	23486	31769		15549
1988	91021	38355	47028		20867
1989	103052	40391	56197		21630
1990	106082	38179	60856		22179
1991	132685	40216	66682		25787
1992	175989	43316	96115	81210	36558
1993	276481	54792	159165	143317	62524
1994	404725	84147	227482	203810	93096
1995	485170	97625	257482	216753	130063
1996	530480	105992	272140	227854	152348
1997	574957	110044	289530	258445	175383
1998	610327	108672	316461	286207	185194
1999	634644	106241	332602	299291	195801
2000	671610	110737	355332	318424	205541
2001	750529	115595	394918	353943	240016
2002	837040	119672	444469	395791	272899
2003	970728	127903	525528	469689	317297
2004	1154711	141788	631039	562814	381884
2005	1340146	153242	730885	656294	456019
2006	1605402	158962	906099	804899	540341
2007	1903990	174896	1076946	967384	652147
2008	2211697	196731	1277446	1142890	737519
2009	2464633	221080	1397903	1232266	845650
2010	2928573	255665	1679031	1479830	993877
2011	3400376	288423	1900204	1661971	1211749
2012	3783886	304807	2093796	1845123	1385283
2013	4200660	304900	2280484	1992867	1615277
2014	4588106	316510	2527647	2213417	1743949
2015	4844385	319082	2614813	2284126	1910489
2016	5265441	330635	2814337	2471000	2120470
2017	5781493	339415	3033099	2692012	2408979
2018	6376176	334617	3315336	2953566	2726223
2019	6929609	352353	3523563	3149067	3053693
2020	7024106	397680	3476141	3145635	3150285
2021	8013851	412621	4024863	3692128	3576367

1-24 历年长兴县分产业生产总值增长速度

（按可比价格计算） 单位：%

年 份	生 产 总 值	第一产业 增 加 值	第二产业 增 加 值	#工业增加值	第三产业 增 加 值
1979	23.2	27.3	18.5		20.7
1980	0.1	-12.5	9.5		18.2
1981	5.7	3.4	2.5		16.3
1982	19.5	28.0	18.2		5.2
1983	-0.5	-12.7	4.5		19.0
1984	15.8	10.5	26.1		9.0
1985	16.1	1.9	30.2		15.5
1986	13.1	12.3	12.0		12.3
1987	9.2	1.5	15.6		12.1
1988	20.1	9.6	27.8		18.8
1989	4.3	3.0	12.7		-12.4
1990	3.4	-2.5	8.7		-2.6
1991	9.7	2.8	12.2		13.7
1992	23.2	9.9	22.8		44.7
1993	36.4	5.1	45.1	57.7	52.0
1994	20.0	12.3	19.5	18.2	28.5
1995	9.9	3.2	8.5	4.0	18.7
1996	5.3	4.2	5.9	5.6	4.8
1997	7.0	3.8	9.0	14.3	4.6
1998	10.5	0.6	12.0	13.1	13.3
1999	8.3	0.6	9.9	9.5	9.1
2000	10.8	4.9	10.8	10.6	14.0
2001	11.6	4.1	11.0	11.3	16.6
2002	12.8	3.7	14.2	13.8	15.0
2003	15.5	6.3	17.2	18.0	16.8
2004	15.9	8.2	16.1	16.1	18.7
2005	12.9	4.4	13.4	13.8	15.3
2006	15.6	4.8	17.4	15.4	16.4
2007	15.2	3.4	16.6	17.3	16.4
2008	10.5	4.2	12.9	13.6	8.4
2009	11.3	4.8	9.9	8.6	15.1
2010	12.0	4.2	11.3	11.4	14.8
2011	11.6	4.5	9.2	10.6	17.0
2012	11.2	2.7	11.3	12.0	13.1
2013	10.6	1.1	11.4	11.6	11.3
2014	8.8	3.8	9.5	10.2	8.7
2015	7.9	-0.1	6.9	7.2	10.7
2016	8.2	2.1	8.6	9.3	8.7
2017	8.2	2.5	6.0	8.5	11.7
2018	8.5	2.7	8.2	8.7	9.6
2019	8.2	2.9	8.4	9.9	8.6
2020	2.6	3.7	1.5	2.8	3.8
2021	9.5	3.0	9.6	11.3	10.4

1-25 历年长兴县分产业生产总值发展指数

（以 1978 年为 100）

年 份	生 产 总 值	第一产业增加值	第二产业增加值	#工业增加值	第三产业增加值
1978	100.0	100.0	100.0		100.0
1979	123.2	127.3	118.5		120.7
1980	123.3	111.4	129.8		142.7
1981	130.3	115.2	133.1		166.0
1982	155.7	147.5	157.3		174.7
1983	154.9	128.7	164.4		207.9
1984	179.4	142.2	207.3		226.7
1985	208.3	144.9	270.0		261.8
1986	235.5	162.7	302.3		293.9
1987	257.1	165.1	349.6		329.5
1988	308.9	180.9	446.7		391.5
1989	322.1	186.3	503.4		342.8
1990	333.1	181.6	547.2		333.9
1991	365.3	186.7	614.1		379.7
1992	450.1	205.1	754.3	100.0	549.3
1993	613.9	215.6	1094.8	157.7	834.8
1994	736.7	242.0	1308.0	186.5	1072.4
1995	809.7	249.8	1419.8	193.8	1272.6
1996	852.5	260.3	1502.9	204.8	1333.1
1997	912.5	270.2	1637.9	234.2	1394.1
1998	1007.8	271.8	1834.7	264.9	1579.4
1999	1091.5	273.3	2016.3	290.1	1722.6
2000	1209.0	286.7	2233.6	320.8	1963.2
2001	1349.0	298.3	2479.6	356.9	2289.3
2002	1521.7	309.5	2830.5	406.0	2631.7
2003	1757.7	329.1	3316.2	478.9	3073.4
2004	2037.9	356.0	3850.4	556.1	3649.2
2005	2300.5	371.7	4364.8	632.9	4206.4
2006	2659.4	389.5	5123.0	730.4	4896.6
2007	3062.8	402.9	5973.0	856.4	5699.9
2008	3383.7	419.8	6742.3	972.7	6177.3
2009	3764.8	439.9	7409.7	1056.2	7112.7
2010	4214.9	458.3	8245.9	1177.0	8165.3
2011	4702.1	479.2	9005.0	1302.0	9552.6
2012	5230.0	492.0	10018.6	1458.1	10804.1
2013	5783.4	497.2	11161.7	1627.4	12024.0
2014	6291.3	515.9	12217.4	1793.1	13071.8
2015	6786.1	515.5	13054.7	1922.2	14468.8
2016	7342.1	526.4	14175.9	2100.1	15725.2
2017	7941.7	539.7	15032.5	2279.3	17561.4
2018	8615.3	554.4	16272.2	2477.1	19246.2
2019	9319.9	570.3	17632.4	2723.4	20895.3
2020	9558.7	591.5	17893.6	2799.2	21680.2
2021	10466.8	609.3	19611.4	3115.6	23935.0

1-26 历年安吉县分产业生产总值

单位：万元

年 份	生 产 总 值	第一产业增加值	第二产业增加值	#工业增加值	第三产业增加值
1978	13223	5907	4846		2470
1979	15841	7343	5753		2745
1980	17209	7088	7104		3017
1981	20529	9112	7787		3630
1982	21580	9716	7502		4362
1983	22001	9187	8004		4810
1984	26244	10612	9829		5803
1985	32372	12702	12105		7565
1986	35607	14210	12233		9164
1987	41809	17801	13685		10323
1988	53238	23338	17837		12063
1989	56072	23661	17670		14741
1990	60616	28702	18810		13104
1991	72079	32315	22687		17077
1992	99536	39241	39993	33440	20302
1993	156002	50063	72627	57568	33312
1994	231026	65588	106389	83949	59049
1995	298133	74310	137807	107013	86016
1996	348700	79983	167001	129675	101716
1997	384676	81118	189616	151644	113942
1998	420179	82470	204274	165428	133435
1999	435973	81551	206627	170436	147795
2000	480489	83953	223004	183460	173532
2001	520567	86713	247345	203525	186509
2002	578377	88246	273038	223106	217093
2003	662696	92227	311887	258969	258582
2004	769304	100575	364920	304900	303809
2005	889588	116263	441217	380464	332108
2006	1028686	126020	532455	468498	370212
2007	1219393	145597	638679	578493	435117
2008	1463494	176246	769572	702950	517676
2009	1676729	184806	893337	809792	598585
2010	1970204	216883	1037554	942297	715767
2011	2263506	237177	1147389	1042334	878940
2012	2537999	253434	1276607	1167037	1007958
2013	2819267	253145	1396360	1278218	1169761
2014	2933442	257261	1490345	1343093	1185836
2015	3241748	262647	1594729	1439850	1384372
2016	3487537	271309	1701991	1546381	1514237
2017	3903684	262683	1854910	1662022	1786091
2018	4332491	268010	2000182	1816877	2064299
2019	4707257	275284	2113814	1916004	2318159
2020	4908645	269187	2291591	2091324	2347867
2021	5663299	278718	2742416	2524433	2642165

1–27 历年安吉县分产业生产总值增长速度

（按可比价格计算）　　单位：%

年 份	生 产 总 值	第一产业增 加 值	第二产业增 加 值	#工业增加值	第三产业增 加 值
1979	13.7				
1980	6.2				
1981	10.1				
1982	0.4				
1983	5.5				
1984	19.5				
1985	15.9	3.6	19.2		30.6
1986	9.7	9.8	2.3		21.0
1987	8.2	2.9	9.6		12.6
1988	10.9	1.7	14.2		16.9
1989	-4.0	2.9	-12.5		1.6
1990	1.0	-0.6	11.1		-12.1
1991	14.0	6.2	16.5		27.0
1992	29.2	9.3	60.2		22.3
1993	31.9	3.7	54.9	55.0	35.8
1994	26.3	8.3	27.0	25.5	47.5
1995	17.0	0.8	25.2	24.6	17.2
1996	15.1	2.6	21.4	21.8	12.7
1997	10.3	6.0	12.6	14.6	8.6
1998	10.3	3.2	9.4	10.2	17.2
1999	7.5	0.3	6.5	8.0	13.9
2000	10.2	3.0	7.9	7.7	18.4
2001	8.1	3.2	10.6	11.0	7.2
2002	11.8	2.1	11.0	11.3	17.5
2003	13.7	3.8	13.4	14.1	18.1
2004	12.3	5.2	13.2	13.9	13.7
2005	13.0	11.7	18.3	21.7	6.2
2006	12.0	9.5	14.3	15.9	9.8
2007	15.0	9.5	17.5	20.5	13.4
2008	14.5	13.1	14.8	16.8	14.5
2009	12.8	-1.8	20.5	19.9	6.5
2010	11.5	4.7	12.0	12.7	12.8
2011	10.8	2.6	11.1	12.1	12.8
2012	10.2	3.0	9.6	10.1	13.2
2013	11.0	-0.6	12.1	12.4	11.0
2014	8.0	1.4	7.7	7.6	9.1
2015	8.9	2.7	8.6	7.7	12.3
2016	9.1	2.1	6.5	8.3	12.1
2017	9.9	2.0	9.6	8.8	13.4
2018	8.3	0.6	6.2	8.0	11.4
2019	7.8	1.7	6.8	7.3	9.7
2020	4.3	1.4	5.3	5.9	3.8
2021	10.8	2.9	13.5	14.7	9.1

1-28 历年安吉县分产业生产总值发展指数

（以 1978 年为 100）

年份	生产总值	第一产业增加值	第二产业增加值	#工业增加值	第三产业增加值
1978	100.0				
1979	113.7				
1980	120.7				
1981	132.9				
1982	133.5				
1983	140.8				
1984	168.3	100.0	100.0		100.0
1985	195.0	103.6	119.2		130.6
1986	214.0	113.8	121.9		158.0
1987	231.5	117.1	133.6		177.9
1988	256.7	119.0	152.6		208.0
1989	246.5	122.5	133.5		211.3
1990	248.9	121.8	148.4		185.8
1991	283.8	129.3	172.9		235.9
1992	366.6	141.3	276.9	100.0	288.5
1993	483.5	146.6	428.9	155.0	392.0
1994	610.8	158.8	544.7	194.6	578.3
1995	714.6	160.0	681.8	242.4	677.5
1996	822.4	164.2	827.9	295.3	763.4
1997	906.9	174.1	931.9	338.4	828.8
1998	1000.0	179.7	1019.4	372.9	971.2
1999	1074.8	180.3	1086.1	402.9	1105.9
2000	1184.2	185.7	1172.2	433.9	1309.2
2001	1280.1	191.6	1296.7	481.9	1404.0
2002	1431.7	195.6	1439.4	536.3	1649.6
2003	1627.8	203.0	1632.4	611.8	1947.6
2004	1827.4	213.5	1847.3	696.8	2214.4
2005	2065.4	238.4	2184.6	848.3	2352.8
2006	2312.8	261.0	2497.1	983.0	2582.6
2007	2659.6	285.8	2934.5	1184.2	2929.5
2008	3045.2	323.2	3369.1	1383.5	3354.9
2009	3433.6	317.3	4059.0	1658.4	3573.5
2010	3828.4	332.1	4544.7	1869.3	4032.0
2011	4241.9	340.7	5050.9	2096.4	4548.1
2012	4676.5	350.8	5536.2	2308.4	5146.6
2013	5188.8	348.6	6207.0	2595.7	5714.6
2014	5603.9	353.7	6683.8	2793.1	6235.5
2015	6102.7	363.1	7256.3	3008.5	7003.5
2016	6658.0	370.7	7731.0	3259.4	7849.7
2017	7319.2	378.3	8474.7	3546.7	8898.1
2018	7929.5	380.7	9000.4	3831.1	9913.6
2019	8551.3	387.1	9616.8	4110.0	10876.4
2020	8921.2	392.5	10126.0	4352.8	11284.5
2021	9884.7	403.9	11493.0	4992.7	12311.4

1-29 分县区分行业生产总值（一）

单位：万元

指　标	全　市	吴兴区	吴兴	南太湖新　区	南浔区
地区生产总值	**36448677**	**11355509**	**8531814**	**2823695**	**5289539**
第一产业	1485885	245224	222260	22966	282856
第二产业	18650280	5227775	4003116	1224658	3096886
第三产业	16312512	5882510	4306438	1576071	1909797
农、林、牧、渔业	1580680	261556	237062	24495	318263
工业	16795077	4439962	3544828	895133	2879884
建筑业	1861451	792352	458578	333774	217347
交通运输仓储邮政业	901225	275283	81159	194124	47833
批发零售业	4533961	1788735	1480168	308566	418666
批发业	2317207	1030895	876202	154692	204986
零售业	2216754	757840	603966	153874	213680
住宿餐饮业	972778	306819	241359	65460	87005
住宿业	129032	32889	23944	8945	2437
餐饮业	843746	273930	217415	56515	84568
金融业	2915598	935664	661771	273893	490120
房地产业	1897740	798424	657817	140608	221664
其他服务业	4990167	1756714	1169072	587642	608757
营利性服务业	2105098	685526	457733	227793	279826
非营利性服务业	2885069	1071188	711339	359849	328931

1-29　分县区分行业生产总值（二）

单位：万元

指　标	德清县	长兴县	安吉县	△市区
地区生产总值	**6155412**	**8013851**	**5663299**	**16647257**
第一产业	264457	412621	278718	530089
第二产业	3555603	4024863	2742416	8324735
第三产业	2335352	3576367	2642165	7792433
农、林、牧、渔业	288329	426320	284002	582029
工业	3256006	3692128	2524433	7319846
建筑业	300086	333573	218093	1009699
交通运输仓储邮政业	68095	371597	120803	323116
批发零售业	523607	1137070	676291	2207400
批发业	264482	651745	183491	1235880
零售业	259125	485325	492800	971520
住宿餐饮业	155378	272684	144487	393824
住宿业	36011	28363	31556	35326
餐饮业	119367	244321	112931	358498
金融业	500291	526456	463418	1425784
房地产业	293133	290562	329637	1020088
其他服务业	770487	963461	902135	2365471
营利性服务业	251820	463436	462435	965353
非营利性服务业	518667	500024	439700	1400119

1-30 分县区分行业生产总值增长速度（一）

单位：%

指　标	全　市	吴兴区	吴兴	南太湖新 区	南浔区
地区生产总值	**9.5**	**9.7**	**9.7**	**9.5**	**8.5**
第一产业	2.9	3.4	3.4	3.4	2.6
第二产业	10.6	11.1	11.3	10.3	9.4
第三产业	9.0	8.8	8.7	9.1	8.2
农、林、牧、渔业	3.0	3.1	3.2	3.2	3.2
工业	11.4	11.7	12.0	10.7	9.3
建筑业	3.7	7.5	6.2	9.2	10.3
交通运输仓储邮政业	11.6	8.6	9.2	8.4	9.5
批发零售业	12.0	10.3	10.0	11.9	13.2
批发业	8.5	6.8	5.9	12.7	11.6
零售业	15.8	15.5	16.6	11.0	14.8
住宿餐饮业	17.2	19.5	19.6	19.2	6.5
住宿业	12.0	10.0	10.0	10.1	9.5
餐饮业	18.0	20.8	20.8	20.8	6.5
金融业	9.8	9.6	9.6	9.7	9.6
房地产业	2.4	3.9	4.6	0.7	1.1
其他服务业	6.7	7.7	7.1	8.8	6.8
营利性服务业	8.3	8.1	8.4	7.4	10.3
非营利性服务业	5.6	7.2	6.9	7.9	6.0

1-30 分县区分行业生产总值增长速度（二）

单位：%

指　标	德清县	长兴县	安吉县	△市区
地区生产总值	**8.7**	**9.5**	**10.8**	**9.3**
第一产业	2.7	3.0	2.9	2.8
第二产业	10.0	9.6	13.5	10.4
第三产业	7.6	10.4	9.1	8.6
农、林、牧、渔业	3.1	3.0	3.2	2.9
工业	10.6	11.3	14.7	10.8
建筑业	4.2	-6.6	1.0	8.1
交通运输仓储邮政业	11.5	15.2	7.4	8.8
批发零售业	12.4	9.5	18.8	10.8
批发业	9.4	8.4	9.6	7.6
零售业	15.7	11.1	22.7	15.3
住宿餐饮业	19.8	22.9	6.1	16.4
住宿业	13.6	19.7	4.9	10.0
餐饮业	21.8	23.3	6.5	17.1
金融业	10.5	11.6	7.5	9.6
房地产业	-1.2	4.8	4.5	3.3
其他服务业	4.2	7.7	6.0	7.4
营利性服务业	7.6	3.4	11.4	7.5
非营利性服务业	4.5	4.5	4.4	6.9

主要统计指标解释

生产总值 原名称为国内生产总值（英文缩写 GDP），它反映一国（或地区）范围内所有常住单位生产活动的最终成果，它有三种表现形式。

从价值形态看，它是所有常住单位在一定时期内所生产的全部货物和服务的价值超过投入的全部非固定资产货物和服务价值的差额，即所有常住单位的增加值之和，包括农林牧渔业、工业、建筑业、水利管理业、交通运输仓储邮政业、信息传输与计算机服务业、批零贸易业、住宿餐饮业、金融保险业、房地产业、社会服务业、教育文化艺术影视业、卫生体育社会福利业、科学技术研究和综合技术服务业、机关团体等行业部门的生产单位的新创造价值之和。

从收入形态看，它是所有常住单位在一定时期内所创造并分配给常住单位和非常住单位的初次分配收入之和，包括各类报酬收入（工资、奖金、补贴、津贴、福利等）、各类利前税收入（各类流转税及附加、各类规费及附加等）、固定资产折旧和营业盈余收入。

从产品形态看，它是最终使用的货物和服务加上净出口的货物和服务，包括总消费（城乡居民消费、社会消费）、总投资（固定资产形成、存货增加）、出口和进口的差额。

由于国内生产总值只统计核算经济活动的新创造价值部分，它比总产值指标更能确切地反映经济发展的成果；由于国内生产总值是国民经济各部门经济活动成果之和，它比工农业总产值更能全面反映整个国民经济的发展状况。因此，目前国际上一般以国内生产总值及人均水平来反映经济发展情况。国务院在 1992 年决定把衡量国民经济发展规模、速度、结构、效益的核心指标改为国内生产总值指标，并将国内生产总值作为日常考核评价经济运行情况的基础指标。

根据国家统计局 2004 年《关于改进和规范地区 GDP 核算的通知》要求，从 2004 年 1 月 1 日起，今后地区 GDP 的中文名称改为“地区生产总值”，各地区的 GDP 用行政区的名称作定语，再加“生产总值”字样，不再使用“地区国内生产总值”名称。

三次产业 是根据社会生产活动历史发展的顺序对国民经济部分的一种划分。我国将农业划为第一产业，工业和建筑业划为第二产业，其他各业均为第三产业，包括农林牧渔服务业、地质勘探和水利管理业、交通运输、邮电通信仓储业、批发和零售贸易餐饮业、金融保险业、房地产业、社会服务业、卫生体育和社会服务业、教育文化和广播电影电视业、科学研究和综合技术服务业、国家政党机关和社会团体等行业。

当年价格 指报告期的实际价格，如工厂的出厂价格，农产品的收购价格，商业的零售价格等。按当年价格计算，是指一些以货币表现的物量指标，如工农业总产值，国内生产总值等，按照当年的实际价格来计算总量。使用当年价格计算的数字，是为了使国民经济各项指标互相衔接，便于考察当年社会经济效益，便于对生产和流通，生产和分配，生产和消费进行经济核算和综合平衡。

可比价格 指在不同时期的价值指标对比时，扣除了价格变动的因素，以确切表示物量的变化。按可比价格计算有两种方法：一种是直接按产品产量乘以不变价格计算；一种是用物价指数换算。

不变价格 用某一时期的同类产品的平均价格作为固定价格，来计算各个时期的产品价值。新中国成立后，随着工农业产品价格水平的变化，国家统计局先后五次制定了全国统一的工业产品不变价格和农业产品不变价格，1949 年到 1957 年使用 1952 年不变价格，1957 年到 1971 年使用 1957 年不变价格，1971 年到 1981 年使用 1970 年不变价格，1981 年到 1990 年使用 1980 年不变价格，1991 年到 2000 年使用 1990 年不变价格，2001 年到 2005 年使用 2000 年不变价格，2006 年到 2010 年使用 2005 年不变价格，2011 年到 2015 年使用 2010 年不变价格，2016 年起使用 2015 年不变价格。

二、人口、劳动力、职工人数、基本单位

2-1 历年年末户籍户数、人口数

单位：万户、万人

年 份	总户数	总人口	男 性 人 口	女 性 人 口	农 业 人 口	非农业 人 口
1978	53.21	221.46	117.69	103.77	192.12	29.34
1979	53.84	222.51	117.89	104.62	191.56	30.95
1980	54.53	223.90	118.29	105.61	191.63	32.27
1981	55.18	225.76	119.05	106.71	192.44	33.32
1982	56.56	228.18	120.13	108.05	193.23	34.95
1983	58.00	229.40	120.74	108.66	193.93	35.47
1984	58.83	230.00	121.11	108.89	193.91	36.09
1985	62.68	232.99	122.47	110.52	189.26	43.73
1986	64.41	235.47	123.61	111.86	192.16	43.31
1987	66.32	238.27	124.85	113.42	194.76	43.51
1988	68.44	241.15	126.09	115.06	197.22	43.93
1989	69.07	244.07	127.32	116.75	200.11	43.96
1990	70.05	245.28	127.43	117.85	201.62	43.66
1991	71.30	246.76	127.95	118.81	202.81	43.95
1992	73.18	248.02	128.48	119.54	203.00	45.02
1993	73.94	249.37	128.90	120.47	202.71	46.66
1994	74.49	250.95	129.71	121.24	202.07	48.88
1995	75.69	252.63	130.29	122.34	202.60	50.03
1996	76.71	254.56	131.20	123.36	202.74	51.82
1997	77.32	254.58	130.64	123.94	200.38	54.20
1998	79.24	254.81	130.57	124.24	195.83	58.98
1999	79.33	255.07	130.44	124.63	194.51	60.56
2000	79.87	255.79	130.56	125.23	190.23	65.56
2001	80.25	256.49	130.68	125.81	185.53	70.96
2002	80.34	257.05	130.81	126.24	184.84	72.21
2003	80.49	256.78	130.27	126.51	182.31	74.47
2004	82.06	257.21	130.27	126.94	180.84	76.37
2005	82.69	257.58	130.36	127.22	179.77	77.81
2006	83.28	257.89	130.19	127.70	179.48	78.41
2007	83.97	257.80	129.52	128.27	178.19	79.61
2008	84.59	258.50	129.67	128.83	177.75	80.75
2009	85.00	259.17	129.78	129.39	177.33	81.84
2010	84.13	259.98	129.88	130.10	177.08	82.90
2011	85.80	261.05	130.17	130.88	175.88	85.17
2012	85.54	261.38	130.09	131.29	171.92	89.47
2013	85.59	262.49	130.42	132.07	169.59	92.90
2014	85.98	263.78	130.89	132.89	168.94	94.84
2015	86.28	263.71	130.68	133.03		
2016	86.53	264.84	131.08	133.76		
2017	86.74	266.14	131.54	134.60		
2018	87.11	267.06	131.85	135.22		
2019	87.49	267.57	131.95	135.62		
2020	88.01	268.06	132.02	136.04		
2021	88.74	268.50	132.04	136.46		

注：因户籍制度改革，2015 年起取消农业和非农划分口径。

2-2 历年市区年末户籍户数、人口数

单位：万户、万人

年 份	总户数	总人口	男 性 人 口	女 性 人 口	农 业 人 口	非农业 人 口
1978	23.45	92.64	49.02	43.62	77.96	14.68
1979	23.37	93.06	49.20	43.86	77.32	15.74
1980	23.35	93.67	49.44	44.23	77.21	16.46
1981	23.89	94.27	49.65	44.62	77.24	17.03
1982	24.38	95.26	50.12	45.14	77.58	17.68
1983	25.18	95.67	50.29	45.38	77.70	17.97
1984	25.57	96.01	50.56	45.45	77.51	18.50
1985	26.96	96.44	50.74	45.70	75.59	20.85
1986	27.63	97.38	51.16	46.22	76.17	21.21
1987	28.27	98.55	51.59	46.96	77.10	21.45
1988	28.85	99.89	52.15	47.74	78.09	21.80
1989	28.83	101.38	52.74	48.64	79.63	21.75
1990	29.35	102.28	53.00	49.28	80.47	21.81
1991	29.49	102.80	53.13	49.67	80.90	21.90
1992	29.84	103.25	53.18	50.07	80.92	22.33
1993	30.02	103.89	53.46	50.43	80.95	22.94
1994	30.21	104.54	53.71	50.83	80.69	23.85
1995	30.33	105.14	53.83	51.31	80.74	24.40
1996	30.74	105.93	54.13	51.80	80.37	25.56
1997	30.89	106.24	53.98	52.26	79.42	26.82
1998	31.27	106.37	53.91	52.49	76.67	29.70
1999	31.41	106.48	53.90	52.78	75.77	30.71
2000	31.42	106.80	53.88	52.92	75.33	31.47
2001	31.63	107.52	54.09	53.43	73.13	34.39
2002	31.83	107.68	54.11	53.57	72.53	35.15
2003	32.36	107.72	53.99	53.73	63.68	36.95
2004	33.14	107.91	53.99	53.92	68.89	39.02
2005	33.52	108.01	54.00	54.01	67.85	40.16
2006	33.66	108.22	54.05	54.17	67.30	40.92
2007	33.93	108.41	54.09	54.32	66.41	42.00
2008	34.21	108.52	54.10	54.42	65.63	42.88
2009	34.49	108.56	54.03	54.53	65.05	43.51
2010	33.38	108.90	54.07	54.83	64.59	44.31
2011	34.71	109.31	54.17	55.13	63.83	45.48
2012	34.64	109.57	54.16	55.41	62.74	46.83
2013	34.68	109.93	54.28	55.64	62.06	47.87
2014	34.75	110.65	54.55	56.10	61.33	49.32
2015	34.90	110.66	54.47	56.19		
2016	35.00	111.12	54.63	56.49		
2017	35.14	111.70	54.83	56.86		
2018	35.34	112.12	54.98	57.13		
2019	35.57	112.31	55.01	57.31		
2020	35.96	112.64	55.09	57.55		
2021	36.47	113.01	55.16	57.85		

注：因户籍制度改革，2015 年起取消农业和非农划分口径。

2-3 历年全市户籍人口变动情况

年 份	出 生		死 亡		自 然 增长率 （‰）	迁 入 人 口 （人）	迁 出 人 口 （人）	人 口 密 度 （人/平方公里）
	出生人口数（人）	人口出生率（‰）	死亡人口数（人）	人口死亡率（‰）				
1978	26400	11.95	14259	6.46	5.49	34576	34740	381
1979	26756	12.05	13956	6.29	5.76	48321	50044	383
1980	24169	10.83	14045	6.29	4.54	38209	34978	385
1981	34226	15.22	14849	6.60	8.62	38376	38379	388
1982	38155	16.81	14858	6.55	10.26	35697	34746	392
1983	25759	11.26	16205	7.08	4.18	26483	24508	394
1984	20057	8.73	16326	7.11	1.62	25890	26322	395
1985	24092	10.41	15711	6.79	3.62	77650	57442	401
1986	36646	15.60	15705	6.70	8.90	41504	38358	405
1987	40131	16.90	16157	6.80	10.10	39558	33922	410
1988	36584	15.26	16902	7.05	8.21	39421	31697	415
1989	39089	16.11	15796	6.51	9.60	39822	32841	420
1990	38025	15.54	17265	7.06	8.48	25245	25104	422
1991	29458	11.97	16020	6.51	5.46	26644	25508	424
1992	30922	12.50	16966	6.87	5.63	25869	25750	426
1993	28900	11.62	16196	6.51	5.11	22801	21396	429
1994	28902	11.55	16889	6.75	4.80	28716	24753	431
1995	29313	11.64	17506	6.95	4.69	28198	23397	434
1996	29324	11.56	16890	6.66	4.90	74763	67761	438
1997	24654	9.68	16816	6.60	3.08	53004	54927	438
1998	24104	9.46	18183	7.14	2.32	39537	40282	438
1999	20654	8.10	17160	6.73	1.37	99567	100679	438
2000	26710	10.46	19051	7.46	3.00	32712	33991	440
2001	20181	7.88	15101	5.90	1.98	38090	35995	441
2002	18869	7.35	15311	5.96	1.39	33321	31209	442
2003	18557	7.22	19486	7.58	–0.36	36724	38788	441
2004	20876	8.12	17030	6.62	1.49	60211	59125	442
2005	19067	7.40	16856	6.54	0.86	34552	33180	443
2006	19182	7.44	17750	6.88	0.56	31109	29815	443
2007	19432	7.54	17665	6.85	0.69	24921	27746	443
2008	19112	7.40	18634	7.22	0.19	24334	18078	444
2009	19282	7.45	18866	7.29	0.16	21911	15586	445
2010	20428	7.87	20205	7.78	0.09	22363	14517	447
2011	20746	7.96	17694	6.79	1.17	20001	12213	449
2012	24135	9.24	24518	9.39	–0.15	17494	13548	449
2013	23524	8.98	17749	6.78	2.20	24799	18832	451
2014	27916	10.61	18843	7.16	3.45	20357	15428	453
2015	20237	7.67	19166	7.27	0.41	12151	8824	453
2016	24675	9.34	16974	6.42	2.91	12105	8020	455
2017	29073	10.95	21879	8.24	2.71	16501	10642	457
2018	24981	9.37	19966	7.49	1.88	16605	11599	459
2019	23066	8.63	18528	6.93	1.70	13526	12493	460
2020	19650	7.33	18849	7.03	0.30	14717	10669	461
2021	16866	6.29	19319	7.20	–0.91	18794	11919	461

2-4 历年市区户籍人口变动情况

年 份	出 生		死 亡		自 然	迁 入	迁 出	人 口
	出生人口数（人）	人口出生率（‰）	死亡人口数（人）	人口死亡率（‰）	增长率（‰）	人 口（人）	人 口（人）	密 度（人/平方公里）
1978	10005	10.80	7014	7.60	3.20	14576	14594	591
1979	10202	11.00	6609	7.10	3.90	27695	27064	594
1980	9596	10.30	6543	7.00	3.30	17719	15087	598
1981	14018	14.90	7139	7.60	7.30	15521	15030	602
1982	15540	16.40	6824	7.20	9.20	14720	13304	608
1983	10130	10.60	7559	7.90	2.70	9885	8823	611
1984	7344	7.70	7583	7.90	-0.20	12322	11755	613
1985	8657	8.99	7508	7.80	1.19	28618	25485	616
1986	13537	14.00	4346	7.60	6.40	20602	18044	622
1987	16462	16.80	7579	7.70	9.10	14538	10804	629
1988	15846	15.97	7734	7.79	8.18	15643	11260	638
1989	18305	18.19	7418	7.37	10.82	20030	14852	647
1990	16767	16.47	8126	7.98	8.49	6813	4761	653
1991	11349	11.07	7354	7.17	3.90	9321	8354	656
1992	11925	11.58	7839	7.61	3.97	5280	4137	659
1993	11552	11.15	7451	7.19	3.96	6414	4025	663
1994	12301	11.80	8054	7.73	4.07	8477	5384	667
1995	11852	11.31	8158	7.78	3.53	7408	4871	671
1996	11667	11.06	7901	7.49	3.57	9808	5466	676
1997	9087	8.56	7474	7.05	1.51	7700	5158	678
1998	8308	7.81	8147	7.66	0.15	7942	6775	679
1999	7608	7.15	7982	7.50	-0.35	8396	7320	680
2000	10214	9.58	9086	8.52	0.11	8737	7967	682
2001	8746	8.16	7238	6.75	1.41	13854	7993	686
2002	7714	7.17	7743	7.20	-0.03	11273	9505	687
2003	7295	6.77	8798	8.17	-1.40	9975	8968	688
2004	8287	7.68	7685	7.12	0.56	11283	9329	689
2005	7184	6.65	7981	7.39	-0.74	10168	8544	689
2006	7485	6.92	8106	7.49	-0.57	10199	7835	691
2007	7378	6.81	7896	7.29	-0.48	9943	7653	692
2008	7514	6.93	8500	7.84	-0.91	9843	7962	693
2009	7727	7.12	8545	7.88	-0.75	8187	6824	693
2010	8550	7.85	8381	7.70	0.16	10189	5572	695
2011	8865	8.11	8144	7.45	0.66	8220	4749	698
2012	10563	9.65	10327	9.44	0.22	6736	3920	700
2013	10038	9.15	8222	7.49	1.65	6353	4240	702
2014	12769	11.58	8415	7.63	3.95	6942	3582	707
2015	8437	7.62	8710	7.87	-0.25	6160	3871	707
2016	10178	9.18	7750	6.99	2.19	5660	3498	710
2017	12140	10.90	9778	8.78	2.12	8104	4595	714
2018	10189	9.10	8775	7.84	1.26	7707	4899	716
2019	9260	8.25	8530	7.60	0.65	6746	5407	718
2020	8060	7.16	8574	7.61	-0.46	8126	4360	720
2021	6908	6.12	8663	7.68	-1.56	10473	5009	722

2-5 分县区年末户籍人数与人口变动情况

指　标	单位	全　市	±%或千（百）分点	△市区	吴兴区	南浔区	德清县	长兴县	安吉县
总户数	户	887424	0.83	364668	221568	143100	135566	229965	157225
总人口数	人	2684952	0.16	1130083	643641	486442	443041	637494	474334
#乡村人口	人	1264613	-0.30	564294	382095	182199	175352	345675	179292
城镇人口	人	1420339	0.69	565789	261546	304243	267689	291819	295042
#男	人	1320357	0.01	551554	313776	237778	217170	317721	233912
女	人	1364595	0.31	578529	329865	248664	225871	319773	240422
#18岁以下	人	388077	1.23	162306	105984	56322	61789	92151	87952
18-35岁	人	511647	-4.45	214595	123631	90964	84497	124603	87952
35-60岁	人	1059090	0.83	426889	245488	181401	172449	261871	197881
60岁以上	人	726138	2.08	326293	168538	157755	124306	158869	116670
出生人口	人	16866	-14.17	6908	4153	2755	2762	3983	3213
人口出生率	‰	6.29	-1.05	6.11	6.45	5.66	6.23	6.25	6.77
死亡人口	人	19319	2.49	8663	4461	4202	3404	4112	3140
人口死亡率	‰	7.20	0.16	7.67	6.93	8.64	7.68	6.45	6.62
自然增长人口	人	-2453	-406.24	-1755	-308	-1447	-642	-129	73
人口自然增长率	‰	-0.91	-1.21	-1.55	-0.48	-2.97	-1.45	-0.20	0.15
迁入人口	人	18794	27.70	10473	7661	2812	2705	2634	2982
省内迁入	人	4410	4.58	2291	1862	429	697	781	641
省外迁入	人	14384	36.99	8182	5799	2383	2008	1853	2341
迁出人口	人	10119	11.72	5009	3304	1705	2270	2692	1948
迁往省内	人	6842	17.75	3331	2132	1199	1895	2049	1367
迁往省外	人	3277	-1.59	1678	1172	506	375	643	581

注：因户籍制度改革，2015年起取消农业和非农划分口径，改用城镇和乡村人口。

2-6 分县区计划生育情况

单位：人、%

指　标	全　市	吴兴区	南浔区	德清县	长兴县	安吉县	南太湖新　区	△市区
计划生育率	98.43	98.59	98.72	98.19	98.13	98.37	99.03	98.72
女性初婚人数	8338	1414	1489	1307	2212	1404	512	2903
育龄妇女人数	588434	99709	96842	96364	147854	107694	39971	196551
已婚育龄妇女人数	435538	71680	72208	70049	111268	80480	29853	143888
已婚育龄妇女独生子女领证人数	96962	14603	13155	16081	28446	18710	5967	27758
已婚育龄妇女独生子女领证率	22.3	20.4	18.2	23.0	25.6	23.2	20.0	19.3
采取节育措施人数	47270	14883	6351	6808	9129	10099		21234
节育率	10.9	20.8	8.8	9.7	8.2	12.5		14.8

2-7 历年劳动力资源与从业人员数

单位：万人

年 份	劳动力资源总数	从业人员总数	在岗职工人数	国有经济单位	城镇集体经济单位	城镇登记失业人员	城镇登记失业率（%）
1978	141.73	117.95	20.05	13.76	6.29		
1979	143.30	125.60	21.61	14.62	6.99		
1980	143.74	124.83	22.40	15.02	7.38		
1981	145.84	127.56	23.51	15.74	7.77		
1982	148.32	129.94	23.81	16.09	7.72		
1983	150.72	136.77	24.30	16.45	7.85		
1984	151.11	136.04	24.80	15.26	9.52		
1985	153.77	138.88	26.00	15.80	10.17		
1986	156.35	141.64	27.14	16.73	10.38		
1987	158.69	145.75	27.50	17.19	10.25		
1988	161.33	146.55	27.95	17.30	10.55		
1989	163.53	148.00	27.65	17.10	10.38		
1990	166.23	150.55	27.77	17.49	10.06		
1991	164.85	150.51	28.63	17.88	10.32		
1992	163.26	148.95	28.73	18.05	10.06		
1993	166.61	148.72	28.52	18.59	8.96		
1994	179.06	149.75	28.32	18.22	8.86		
1995	179.95	148.38	27.68	17.90	8.56		
1996	181.35	147.70	26.85	17.66	7.57		
1997	181.63	146.21	26.22	17.36	7.31		
1998	185.04	143.74	24.29	15.92	5.54		
1999	188.48	142.70	21.57	13.87	4.31		
2000	210.94	157.50	19.86	12.34	3.38		
2001	213.74	159.59	17.59	9.25	2.35	1.22	4.00
2002	216.58	161.72	15.63	8.54	1.79	1.15	4.20
2003	219.47	163.87	14.49	8.08	1.28	1.05	4.00
2004	222.40	166.06	19.10	8.10	1.75	1.05	3.80
2005	225.37	168.28	23.46	7.69	1.10	1.19	3.80
2006	228.39	170.54	25.72	7.78	1.10	1.23	3.80
2007	231.46	172.83	28.16	7.89	1.13	1.56	3.20
2008	234.58	175.15	30.78	8.24	1.19	1.66	3.30
2009	237.74	177.52	31.94	7.98	1.02	1.65	3.20
2010	240.96	179.92	35.95	8.16	1.29	1.36	3.20
2011	241.41	180.14	38.07	8.19	1.23	1.28	3.05
2012	241.88	180.32	41.17	8.52	1.28	1.31	3.10
2013	242.80	180.90	42.23	8.42	0.96	1.34	3.07
2014	244.06	182.97	42.73	8.50	0.71	1.73	2.98
2015	245.71	184.48	42.76	8.87	0.28	1.68	2.67
2016	247.82	187.11	43.50	9.05	0.27	1.59	2.52
2017	249.51	188.93	42.75	9.08	0.27	1.49	2.22
2018	252.23	191.50	40.96	8.79	0.24	1.71	2.32
2019	254.95	193.90	42.33	9.65	0.16	1.50	1.86
2020	284.36	198.35				1.51	1.50
2021	287.26	199.49				2.58	1.81

注：1.2000 年及以后年份的劳动力资源总数、从业人员数按人口普查常住人口测算；2.2020 年制度调整，在岗职工仅统计四上单位。

2-8 历年全社会从业人员数

单位：万人

年 份	年末从业人数	按三次产业分			三次产业从业人员构成（%）		
		第一产业	第二产业	第三产业	第一产业	第二产业	第三产业
1978	117.95	89.05	19.22	9.68	75.5	16.3	8.2
1979	125.60	92.71	22.19	10.70	73.8	17.7	8.5
1980	124.83	90.25	23.72	10.86	72.3	19.0	8.7
1981	127.56	89.51	25.14	12.91	70.2	19.7	10.1
1982	129.94	91.22	25.57	13.15	70.2	19.7	10.1
1983	136.77	93.63	29.00	14.14	68.5	21.2	10.3
1984	136.04	89.79	31.09	15.16	66.0	22.9	11.1
1985	138.88	78.74	43.61	16.53	56.7	31.4	11.9
1986	141.64	77.28	45.29	19.07	54.6	32.0	13.4
1987	145.75	77.79	47.27	20.69	53.4	32.4	14.2
1988	146.55	76.82	47.98	21.75	52.4	32.7	14.9
1989	148.00	79.71	45.37	22.92	53.9	30.6	15.5
1990	150.55	86.70	43.38	20.47	57.6	28.8	13.6
1991	150.51	84.45	44.67	21.39	56.1	29.7	14.2
1992	148.95	79.94	45.03	23.98	53.7	30.2	16.1
1993	148.72	72.78	50.17	25.77	48.9	33.7	17.4
1994	149.75	68.57	51.88	29.30	45.8	34.6	19.6
1995	148.38	66.48	51.92	29.98	44.8	35.0	20.2
1996	147.70	66.13	50.02	31.55	44.8	33.8	21.4
1997	146.21	66.87	47.58	31.76	45.7	32.6	21.7
1998	143.74	67.31	44.78	31.65	46.8	31.2	22.0
1999	142.70	65.91	43.83	32.96	46.2	30.7	23.1
2000	157.50	62.95	59.38	35.17	40.0	37.7	22.3
2001	159.59	60.96	61.82	36.82	38.2	38.7	23.1
2002	161.72	57.25	65.82	38.65	35.4	40.7	23.9
2003	163.87	54.40	68.99	40.48	33.2	42.1	24.7
2004	166.06	51.81	71.74	42.51	31.2	43.2	25.6
2005	168.28	49.14	74.72	44.46	29.2	44.4	26.4
2006	170.54	46.04	77.59	46.90	27.0	45.5	27.5
2007	172.83	43.21	80.71	48.91	25.0	46.7	28.3
2008	175.15	40.46	83.37	51.32	23.1	47.6	29.3
2009	177.52	36.82	85.74	54.96	20.7	48.3	31.0
2010	179.92	34.75	88.90	56.27	19.3	49.4	31.3
2011	180.14	30.35	90.91	58.88	16.8	50.5	32.7
2012	180.32	25.83	92.01	62.48	14.3	51.0	34.7
2013	180.90	24.95	92.43	63.52	13.8	51.1	35.1
2014	182.97	23.34	94.25	65.38	12.8	51.5	35.7
2015	184.48	22.87	94.73	66.88	12.4	51.3	36.3
2016	187.11	21.98	95.72	69.41	11.7	51.2	37.1
2017	188.93	21.04	95.94	71.95	11.1	50.8	38.1
2018	191.50	21.09	94.28	76.13	11.0	49.2	39.8
2019	193.90	20.56	94.60	78.74	10.6	48.8	40.6
2020	198.35	10.12	99.32	88.91	5.1	50.1	44.8
2021	199.49	10.18	100.68	88.63	5.1	50.5	44.4

注：1.2000 年及以后年份的从业人员数按人口普查常住人口测算；2.2018–2019 年三次产业从业人员数根据四经普调整。

2-9 规上单位年末从业人员

单位：人

行业分类	单位从业人员	#女性	#在岗职工	#劳务派遣人员	#其他从业人员
总　计	**714296**	**236013**	**644429**	**40673**	**29194**
按企业、事业、机关分组					
企业	714296	236013	644429	40673	29194
事业					
机关					
按国民经济行业分组					
农、林、牧、渔业					
采矿业	1605	144	1553	21	31
制造业	444101	168034	416171	23235	4695
电力、热力、燃气及水生产和供应业	5909	1221	5768	118	23
建筑业	143293	15208	119278	6185	17830
批发和零售业	28724	13855	26853	1376	495
交通运输、仓储和邮政业	9306	3017	7972	920	414
住宿和餐饮业	21450	12992	17107	1440	2903
信息传输、软件和信息技术服务业	5167	2030	4712	261	194
金融业					
房地产业	11680	5078	10618	776	286
租赁和商务服务业	26099	7023	20190	4948	961
科学研究、技术服务业	4241	1092	3894	191	156
水利、环境和公共设施管理业	3500	1492	2363	95	1042
居民服务、修理和其他服务业	2035	909	1451	517	67
教育	343	62	319	22	2
卫生和社会工作	2969	2023	2732	181	56
文化、体育和娱乐业	3874	1833	3448	387	39
公共管理、社会保障和社会组织					

2-10 分县区规上单位年末从业人员

单位：人

地 区	单位从业人员	#女性	#在岗职工	#劳务派遣人员	#其他从业人员
全 市	714296	236013	644429	40673	29194
吴兴区	215218	53894	183234	12921	19063
南浔区	99278	32572	91835	5755	1688
德清县	131352	49623	117972	9590	3790
长兴县	140637	50510	129790	8143	2704
安吉县	127811	49414	121598	4264	1949
△市区	314496	86466	275069	18676	20751

2-11 规上单位从业人员平均人数

单位：人

行业分类	单位从业人员	在岗职工	劳务派遣人员	其他从业人员
总　计	**705008**	**635142**	**41052**	**28814**
按企业、事业、机关分组				
企业	705008	635142	41052	28814
事业				
机关				
按国民经济行业分组				
农、林、牧、渔业				
采矿业	1569	1517	26	26
制造业	439206	411490	22753	4963
电力、热力、燃气及水生产和供应业	5882	5701	119	62
建筑业	139955	115566	7282	17107
批发和零售业	28463	26480	1451	532
交通运输、仓储和邮政业	9353	7878	945	530
住宿和餐饮业	22020	17393	1600	3027
信息传输、软件和信息技术服务业	5128	4696	258	174
金融业				
房地产业	12108	11063	755	290
租赁和商务服务业	24785	19471	4590	724
科学研究、技术服务业	4037	3694	187	156
水利、环境和公共设施管理业	3502	2374	86	1042
居民服务、修理和其他服务业	2044	1444	533	67
教育	345	322	21	2
卫生和社会工作	2919	2676	185	58
文化、体育和娱乐业	3692	3377	261	54
公共管理、社会保障和社会组织				

2-12 分县区规上单位在岗职工人数

单位：人

行业分类	全市	吴兴区	南浔区	德清县	长兴县	安吉县	△市区
总　计	**705008**	**212908**	**96726**	**130061**	**137728**	**127585**	**309634**
按企业、事业、机关分组							
企业	705008	212908	96726	130061	137728	127585	309634
事业							
机关							
按国民经济行业分组							
农、林、牧、渔业							
采矿业	1569	762		471	315	21	762
制造业	439206	69423	77798	99097	99255	93633	147221
电力、热力、燃气及水生产和供应业	5882	1359	644	883	2213	783	2003
建筑业	139955	95975	8503	5581	13549	16347	104478
批发和零售业	28463	11829	2352	4852	6093	3337	14181
交通运输、仓储和邮政业	9353	3614	419	1673	2715	932	4033
住宿和餐饮业	22020	9859	1561	3328	4231	3041	11420
信息传输、软件和信息技术服务业	5128	3015	39	1597	241	236	3054
金融业							
房地产业	12108	4289	849	1907	3084	1979	5138
租赁和商务服务业	24785	6622	4174	8533	3698	1758	10796
科学研究、技术服务业	4037	2362	211	506	631	327	2573
水利、环境和公共设施管理业	3502	170	67	884	541	1840	237
居民服务、修理和其他服务业	2044	575	76	257	368	768	651
教育	345	128		217			128
卫生和社会工作	2919	1955			535	429	1955
文化、体育和娱乐业	3692	971	33	275	259	2154	1004
公共管理、社会保障和社会组织							

2-13 分县区法人单位数（一）

行业分类	全市						
	2010年	2016年	2017年	2018年	2019年	2020年	2021年
总计	**22168**	**60229**	**73939**	**80615**	**79056**	**104042**	**120087**
按机构类型分组							
企业	17689	53009	66650	73265	71302	96447	112716
事业	1526	1880	1871	1871	1802	1788	1736
机关	406	454	464	464	463	412	402
社会团体	582	860	835	835	946	952	924
民办非企业单位	271	488	467	467	789	731	726
基金会	1	5	5	5	11	10	10
居委会	238	256	256	256	306	294	260
村委会	1001	1017	1011	1011	996	966	905
农民专业合作社		1447	1523	1584	1273	1269	1256
农村集体经济组织						846	833
其他组织机构	454	813	857	857	1168	327	319
按三次产业分组							
第一产业	601	2651	2854	3051	2118	2428	2653
第二产业	11006	22925	27372	29069	24803	30103	34369
第三产业	10561	34653	43713	48495	52135	71511	83065
按行业门类分组							
农、林、牧、渔业	601	2651	2854	3051	2118	2428	2653
采矿业	275	159	151	155	109	108	105
制造业	10082	21007	24784	26128	21148	24833	27384
电力、燃气及水的生产和供应业	141	284	394	431	295	335	373
建筑业	508	1475	2043	2355	3251	4827	6507
批发和零售业	3051	14688	19080	20578	17885	24897	29916
交通运输、仓储和邮政业	343	1250	1541	1693	2003	2541	2905
住宿和餐饮业	210	1233	1483	1575	1648	2188	2573
信息传输、软件和信息技术服务业	369	1097	1541	1828	2786	5054	6342
金融业	106	258	271	365	264	366	419
房地产业	603	1562	1928	2252	2771	3402	3804
租赁和商务服务业	1083	5317	7247	8563	9907	14519	16520
科学研究和技术服务业	408	1692	2310	2641	3520	5623	6989
水利、环境和公共设施管理业	217	559	626	677	756	993	1130
居民服务、修理和其他服务业	146	788	937	1042	1237	1631	1979
教育	660	1010	1089	1132	1742	2119	2302
卫生和社会工作	322	499	553	582	678	749	827
文化、体育和娱乐业	165	1134	1565	2023	3208	3768	3848
公共管理、社会保障和社会组织	2878	3566	3542	3544	3730	3661	3511

注：1.从2020年起按机构类型分组中农村集体经济组织从其他组织机构中单列出来；2.2020年县区合计数与全市数稍有差异，原因是湖州市所管辖的单位中有几家区划代码不在三县三区。

2-13 分县区法人单位数（二）

行业分类	市区						
	2010年	2016年	2017年	2018年	2019年	2020年	2021年
总　　计	**8604**	**28349**	**36761**	**39825**	**33613**	**45029**	**55150**
按机构类型分组							
企业	6644	25199	33618	36670	30376	41996	52211
事业	675	937	932	933	953	824	805
机关	184	221	223	223	229	201	196
社会团体	238	401	392	392	401	410	402
民办非企业单位	91	222	208	208	303	256	258
基金会		4	4	4	5	4	4
居委会	113	136	136	136	156	151	125
村委会	444	448	447	447	454	448	412
农民专业合作社		469	476	487	306	279	286
农村集体经济组织						309	301
其他组织机构	215	312	325	325	430	151	150
按三次产业分组							
第一产业	168	787	817	872	635	731	833
第二产业	3736	11475	14664	15486	11098	13944	16656
第三产业	4700	16087	21280	23467	21880	30354	37661
按行业门类分组							
农、林、牧、渔业	168	787	817	872	635	731	833
采矿业	30	22	22	24	13	13	16
制造业	3495	10727	13615	14282	9570	11538	13202
电力、燃气及水的生产和供应业	48	99	136	155	91	114	134
建筑业	163	627	891	1025	1424	2279	3304
批发和零售业	1551	7620	10536	11253	8729	12459	15140
交通运输、仓储和邮政业	128	464	575	630	703	932	1144
住宿和餐饮业	80	560	672	711	708	886	1087
信息传输、软件和信息技术服务业	175	566	799	902	882	1727	2477
金融业	62	137	149	236	150	198	220
房地产业	254	617	754	893	956	1305	1632
租赁和商务服务业	373	1877	2755	3172	3042	4636	6412
科学研究和技术服务业	186	724	988	1159	1515	2361	3019
水利、环境和公共设施管理业	59	163	186	204	215	304	370
居民服务、修理和其他服务业	66	346	442	489	563	769	944
教育	248	419	458	481	808	1021	1176
卫生和社会工作	118	190	223	241	289	333	382
文化、体育和娱乐业	65	608	958	1310	1459	1693	2014
公共管理、社会保障和社会组织	1335	1796	1785	1786	1861	1730	1644

2-13　分县区法人单位数（三）

行业分类	吴兴区						
	2010 年	2016 年	2017 年	2018 年	2019 年	2020 年	2021 年
总　　计	**3428**	**15060**	**20969**	**22364**	**15084**	**19504**	**23673**
按机构类型分组							
企业	2685	13686	19588	20979	13785	18281	22490
事业	237	385	383	383	372	313	304
机关	63	80	79	79	72	65	62
社会团体	81	184	180	180	164	176	171
民办非企业单位	47	136	128	128	145	134	135
基金会		1	1	1	3	2	2
居委会	64	77	77	77	82	81	64
村委会	165	167	165	165	158	158	152
农民专业合作社		190	196	200	108	96	97
农村集体经济组织						131	130
其他组织机构	86	154	172	172	195	67	66
按三次产业分组							
第一产业	52	341	363	383	241	271	309
第二产业	1273	6214	8725	8927	4886	6127	7249
第三产业	2103	8505	11881	13054	9957	13106	16115
按行业门类分组							
农、林、牧、渔业	52	341	363	383	241	271	309
采矿业	24	16	17	18	8	7	9
制造业	1139	5833	8201	8336	4360	5284	6082
电力、燃气及水的生产和供应业	12	40	55	61	28	38	45
建筑业	98	325	452	512	490	798	1113
批发和零售业	821	4398	6631	6924	4235	5953	7280
交通运输、仓储和邮政业	57	254	331	360	285	330	391
住宿和餐饮业	34	233	285	308	296	365	483
信息传输、软件和信息技术服务业	58	326	477	538	376	661	953
金融业	31	70	76	78	69	74	79
房地产业	125	292	369	437	426	564	709
租赁和商务服务业	184	1005	1397	1603	1197	1650	2140
科学研究和技术服务业	77	368	479	596	682	941	1214
水利、环境和公共设施管理业	20	85	100	103	81	110	124
居民服务、修理和其他服务业	33	160	201	217	211	308	399
教育	105	206	230	244	388	476	546
卫生和社会工作	50	88	107	113	133	156	181
文化、体育和娱乐业	25	262	448	783	837	828	963
公共管理、社会保障和社会组织	483	758	750	750	741	690	653

2-13 分县区法人单位数（四）

行业分类	南浔区						
	2010年	2016年	2017年	2018年	2019年	2020年	2021年
总　　计	**3639**	**8297**	**9282**	**10279**	**10829**	**14409**	**17569**
按机构类型分组							
企业	2836	7143	8138	9127	9684	13268	16431
事业	283	329	329	330	299	284	284
机关	49	63	63	63	57	55	53
社会团体	81	111	112	112	102	102	101
民办非企业单位	30	49	45	45	88	83	83
基金会		1	1	1	1	1	1
居委会	33	36	36	36	35	35	28
村委会	221	221	222	222	220	220	220
农民专业合作社		244	243	250	169	154	161
农村集体经济组织						144	144
其他组织机构	106	100	93	93	174	63	63
按三次产业分组							
第一产业	104	386	393	423	332	383	444
第二产业	2034	4443	4973	5485	5085	6269	7564
第三产业	1501	3468	3916	4371	5412	7757	9561
按行业门类分组							
农、林、牧、渔业	104	386	393	423	332	383	444
采矿业				1	1	1	1
制造业	1971	4283	4763	5215	4550	5449	6213
电力、燃气及水的生产和供应业	31	53	70	83	45	56	68
建筑业	32	107	140	186	489	763	1282
批发和零售业	413	1599	1874	2064	2418	3452	4261
交通运输、仓储和邮政业	31	112	119	130	286	413	509
住宿和餐饮业	30	115	122	130	147	204	252
信息传输、软件和信息技术服务业	56	45	60	73	144	321	446
金融业	5	17	15	16	19	45	57
房地产业	70	164	176	202	232	339	417
租赁和商务服务业	86	279	337	478	582	840	1076
科学研究和技术服务业	49	71	108	135	285	581	801
水利、环境和公共设施管理业	25	36	41	45	75	114	147
居民服务、修理和其他服务业	11	72	81	95	127	172	210
教育	99	124	133	138	234	324	384
卫生和社会工作	53	67	65	69	81	94	117
文化、体育和娱乐业	23	126	142	152	187	274	311
公共管理、社会保障和社会组织	550	641	643	644	595	584	573

2-13 分县区法人单位数（五）

行业分类	南太湖新区						
	2010 年	2016 年	2017 年	2018 年	2019 年	2020 年	2021 年
总　　计	**1537**	**3969**	**5260**	**5901**	**7700**	**11116**	**13908**
按机构类型分组							
企业	1123	3626	4924	5555	6907	10447	13290
事业	155	116	114	118	282	227	217
机关	72	28	30	34	100	81	81
社会团体	76	40	34	36	135	132	130
民办非企业单位	14	27	26	27	70	39	40
基金会		1	1	1	1	1	1
居委会	16	17	17	17	39	35	33
村委会	58	41	40	40	76	70	40
农民专业合作社		26	27	26	29	29	28
农村集体经济组织						34	27
其他组织机构	23	47	47	47	61	21	21
按三次产业分组							
第一产业	12	36	37	40	62	77	80
第二产业	429	743	885	985	1127	1548	1843
第三产业	1096	3190	4338	4876	6511	9491	11985
按行业门类分组							
农、林、牧、渔业	12	36	37	40	62	77	80
采矿业	6	6	5	5	4	5	6
制造业	385	564	600	672	660	805	907
电力、燃气及水的生产和供应业	5	6	11	11	18	20	21
建筑业	33	167	269	297	445	718	909
批发和零售业	317	1470	1854	2091	2076	3054	3599
交通运输、仓储和邮政业	40	89	115	129	132	189	244
住宿和餐饮业	16	145	185	190	265	317	352
信息传输、软件和信息技术服务业	61	147	216	243	362	745	1078
金融业	26	48	54	136	62	79	84
房地产业	59	126	160	197	298	402	506
租赁和商务服务业	103	491	899	955	1263	2146	3196
科学研究和技术服务业	60	232	346	371	548	839	1004
水利、环境和公共设施管理业	14	26	27	41	59	80	99
居民服务、修理和其他服务业	22	92	134	151	225	289	335
教育	44	48	54	59	186	221	246
卫生和社会工作	15	24	37	43	75	83	84
文化、体育和娱乐业	17	62	72	78	435	591	740
公共管理、社会保障和社会组织	302	190	185	192	525	456	418

2–13　分县区法人单位数（六）

行业分类	德清县						
	2010 年	2016 年	2017 年	2018 年	2019 年	2020 年	2021 年
总　　计	**4826**	**10319**	**11924**	**13062**	**11925**	**14997**	**17438**
按机构类型分组							
企业	4080	9203	10754	11876	10575	13685	16152
事业	296	368	362	362	317	279	269
机关	73	71	74	74	74	67	67
社会团体	97	115	111	111	138	137	130
民办非企业单位	32	76	77	77	138	135	130
基金会	1	1	1	1	4	4	4
居委会	28	30	30	30	32	32	32
村委会	166	151	150	150	139	135	134
农民专业合作社		232	258	273	297	313	313
农村集体经济组织						141	138
其他组织机构	53	72	107	108	211	69	69
按三次产业分组							
第一产业	126	650	703	734	496	522	530
第二产业	2718	4009	4267	4569	4400	4958	5433
第三产业	1982	5660	6954	7759	7029	9517	11475
按行业门类分组							
农、林、牧、渔业	126	650	703	734	496	522	530
采矿业	74	23	20	20	12	12	11
制造业	2523	3649	3820	4057	3900	4269	4599
电力、燃气及水的生产和供应业	22	46	71	82	54	60	67
建筑业	99	291	356	410	434	617	756
批发和零售业	571	1948	2422	2713	2391	3172	3937
交通运输、仓储和邮政业	74	164	191	212	255	345	400
住宿和餐饮业	49	190	231	252	247	305	327
信息传输、软件和信息技术服务业	78	230	325	407	401	563	712
金融业	17	36	38	39	41	50	56
房地产业	96	222	273	320	404	428	469
租赁和商务服务业	238	1287	1713	1943	1182	1799	2106
科学研究和技术服务业	89	387	508	564	618	1197	1661
水利、环境和公共设施管理业	55	98	103	113	143	168	177
居民服务、修理和其他服务业	21	75	89	104	129	154	193
教育	117	178	195	204	267	307	332
卫生和社会工作	90	128	136	140	149	152	164
文化、体育和娱乐业	25	172	187	205	250	364	438
公共管理、社会保障和社会组织	462	545	543	543	552	513	503

2-13 分县区法人单位数（七）

行业分类	长兴县						
	2010 年	2016 年	2017 年	2018 年	2019 年	2020 年	2021 年
总 计	**5337**	**12123**	**14188**	**16029**	**19828**	**26119**	**27725**
按机构类型分组							
企业	4316	10532	12588	14407	18142	24411	26055
事业	271	287	284	283	290	347	340
机关	73	81	89	89	73	70	70
社会团体	150	170	159	159	166	166	164
民办非企业单位	122	127	121	121	187	163	162
基金会					1	1	1
居委会	61	51	51	51	65	64	64
村委会	222	241	237	237	206	202	201
农民专业合作社	82	449	482	504	401	407	387
农村集体经济组织						219	219
其他组织机构	122	185	177	178	297	69	62
按三次产业分组							
第一产业	179	713	763	816	542	611	674
第二产业	2771	3929	4466	4867	5070	6015	6672
第三产业	2387	7481	8959	10346	14216	19493	20379
按行业门类分组							
农、林、牧、渔业	179	713	763	816	542	611	674
采矿业	91	29	30	30	20	17	16
制造业	2450	3524	3886	4190	4059	4593	4800
电力、燃气及水的生产和供应业	38	70	100	106	77	86	91
建筑业	192	306	450	541	914	1319	1765
批发和零售业	630	3162	3700	4026	3926	5487	6496
交通运输、仓储和邮政业	96	489	595	655	770	881	925
住宿和餐饮业	42	184	227	242	309	519	586
信息传输、软件和信息技术服务业	80	176	229	312	1161	2118	2399
金融业	14	71	71	72	42	63	76
房地产业	158	401	500	593	778	940	999
租赁和商务服务业	304	1099	1521	2103	3842	5134	4499
科学研究和技术服务业	73	352	477	559	862	1306	1454
水利、环境和公共设施管理业	51	156	170	187	198	256	287
居民服务、修理和其他服务业	44	226	251	285	354	449	542
教育	181	239	248	255	380	461	476
卫生和社会工作	62	82	88	95	139	144	150
文化、体育和娱乐业	39	180	223	302	815	1036	796
公共管理、社会保障和社会组织	613	664	659	660	640	699	694

2-13　分县区法人单位数（八）

行业分类	安吉县						
	2010 年	2016 年	2017 年	2018 年	2019 年	2020 年	2021 年
总　　计	**3401**	**9438**	**11064**	**11699**	**13689**	**17892**	**19774**
按机构类型分组							
企业	2649	8075	9688	10312	12208	16351	18298
事业	284	288	293	293	242	338	322
机关	76	81	78	78	87	74	69
社会团体	97	174	173	173	241	238	228
民办非企业单位	26	63	61	61	161	177	176
基金会					1	1	1
居委会	36	39	39	39	53	47	39
村委会	169	177	177	177	197	181	158
农民专业合作社		297	307	320	269	270	270
农村集体经济组织						177	175
其他组织机构	64	244	248	246	230	38	38
按三次产业分组							
第一产业	128	501	571	629	445	564	616
第二产业	1781	3512	3974	4147	4235	5184	5608
第三产业	1492	5425	6519	6923	9009	12144	13550
按行业门类分组							
农、林、牧、渔业	128	501	571	629	445	564	616
采矿业	80	85	79	81	64	66	62
制造业	1614	3107	3462	3599	3619	4432	4783
电力、燃气及水的生产和供应业	33	69	87	88	73	75	81
建筑业	54	251	346	379	479	611	682
批发和零售业	299	1958	2422	2586	2839	3778	4343
交通运输、仓储和邮政业	45	133	180	196	275	383	436
住宿和餐饮业	39	299	353	370	384	478	573
信息传输、软件和信息技术服务业	36	125	188	207	342	645	754
金融业	13	14	13	18	31	55	67
房地产业	95	322	401	446	632	729	704
租赁和商务服务业	168	1054	1258	1345	1841	2950	3503
科学研究和技术服务业	60	229	336	359	525	759	855
水利、环境和公共设施管理业	52	142	167	173	200	265	296
居民服务、修理和其他服务业	15	141	155	164	191	259	300
教育	114	174	188	192	287	330	318
卫生和社会工作	52	99	106	106	101	120	131
文化、体育和娱乐业	36	174	197	206	684	675	600
公共管理、社会保障和社会组织	468	561	555	555	677	718	670

主要统计指标解释

人口数 指一定时点全市行政管辖范围内的有生命的个人的总和。年度统计的年末人口数是指 12 月 31 日 24 时常住户口和未落户口的人口数。

性别比 指在总人口或各组年龄组人口中男性人数和女性人数之比。计算公式：

$$性别比=\frac{男性人口数}{女性人口数}\times 100$$

出生率 指一年内平均每千人所出生的人数比例，一般以千分率表示。计算公式：

$$出生率=\frac{全年出生人数}{年平均人数}\times 1000‰$$

出生人数指活产婴儿，即胎儿脱离母体时（不管怀孕月数），有过呼吸或其他生命现象。年平均人数是年初、年末人口数的平均数。

死亡率 指一年内平均每千人所死亡的人数比例，一般以千分率表示。计算公式：

$$死亡率=\frac{全年死亡人数}{年平均人数}\times 1000‰$$

人口自然增长率 指一年内人口自然增长数（出生人数减死亡人数）与平均人数之比例，一般以千分率表示。计算公式：

人口自然增长率=（年内出生人数 － 年内死亡人数）/年平均人数 × 1000‰

或

人口自然增长率=人口出生率 － 人口死亡率

人口密度 指在一定时点一定地区的人口数与该地区的面积之比，即一定时点的单位土地面积上的人口数，通常以每平方公里的居民人数来表示。计算公式：

$$人口密度=\frac{该地区的人口数}{该地区的土地面积数}$$

已婚育龄妇女独生子女领证率 指 15 － 49 岁已婚育龄妇女已领独生子女证的人数同 15 – 49 岁已婚育龄妇女人数之比，一般以千分比表示。计算公式：

已婚育龄妇女独生子女领证率=15 － 49 岁已婚育龄妇女已领独生子女证的人数/15 － 49 岁已婚育龄妇女人数 × 100%

城镇失业人员 指在一定年龄内，有劳动能力，无业而有要求就业并进行待业登记的人员，包括城镇年满 16 周岁至 25 周岁的初、高中毕业生中未能升学、参军的待业青年和年龄在 25 周岁至男 50 岁、女 45 岁以内的其他待业人员。

城镇失业率 是从另一个侧面反映城镇劳动者就业程度的指标。它的计算公式：

城镇失业率 ＝ 城镇失业人员/（城镇从业人员 ＋ 城镇失业人员）× 100%

劳动力资源 指劳动年龄内（16 周岁及以上），有劳动能力，在正常情况下，可能或实际参加社会劳动的人口。

经济活动人口 指劳动力资源中已经或要求参加社会经济活动的人口，各地区的经济活动人口不包括现役军人。

从业人员期末人数 指期末最后一日 24 时在本单位中工作，并取得工资或其他形式劳动报酬的人员数。该指标为时点指标，不包括最后一日当天及以前已经与单位解除劳动合同关系的人员。是在岗职工、劳务派遣人员及其他从业人员之和。从业人员不包括：（1）离开本单位仍保留劳动关系，并定期领取生活费的人员；（2）利用课余时间打工的学生及在本单位实习的各类在校学生；（3）本单位因劳务外包而使用的人员。

在岗职工 指在本单位工作且与本单位签订劳动合同，并由本单位支付工资的人员，以及有工作岗位，但由于学习、病伤产假等原因暂未工作，仍由本单位支付工资的人员。在岗职工还包括：（1）应订立劳动合同而未订立劳动合同人员（如使用的农村户籍人员）；（2）处于试用期人员；（3）编制外招用的人 员；（4）派往外单位工作，但工资仍由本单位发放的人员（如挂职锻炼、外派工作等情况）。在岗职工不包括：（1）本单位使用的且由本单位直接支付工资的劳务派遣人员，应统计在本单位"劳务派遣人员"指标中；（2）本单位因劳务外包而使用的人员，由承包劳务的单位统计为在岗职工。

劳务派遣人员 根据《中华人民共和国劳动合同法》

规定，指与劳务派遣单位签订劳动合同；并被劳务派遣单位派遣到实际用工单位工作；且劳务派遣单位与实际用工单位签订《劳务派遣协议》的人员。注意：无论用工单位是否直接支付劳动报酬，劳务派遣人员均由实际用工单位填报，而劳务派遣单位（派出单位）不填报这些人员。

其他从业人员　指本单位中不能归到在岗职工、劳务派遣人员中的人员。此类人员实际参加本单位生产或工作并从本单位取得相应劳动报酬的人员。具体包括：非全日制人员、聘用的正式离退休人员、兼职人员和第二职业者等，以及在本单位中工作的外籍和港澳台方人员。

人才资源　具体包括在各级国家行政机关和参照公务员制度管理的党政机关、人大、政协机关、法院检察院机关、民主党派和有关群众团体机关依照公务员制度管理的事业单位中工作的公务员；在企业、事业单位和其他非公有制经济组织中从事专业技术工作或专业技术管理工作的人员；在企业、事业单位和其他非公有制经济组织经营管理岗位上工作的人员；在各级机关、事业、企业单位和其他非公有制经济组织中技术工人岗位上工作的技术工人。

经营管理人员（管理人员）　在企业、事业单位和其他非公有制经济组织经营管理岗位上工作的人员。统计对象为企业、事业单位中的单位负责人、部门负责人以及在管理岗位上从事行政业务、行政事务工作的人员（不包括专业技术管理工作人员，专业技术管理工作人员作为专业技术人员统计）。

专业技术人员　专业技术人员指专门从事各种科学研究和专业技术工作的人员。从事本类职业的人员，要求接受过系统的专业教育，具备相应的专业理论知识，并且按规定的标准条件评聘专业技术职务。专业技术人员还包括未聘任专业技术职务，但在专业技术岗位上工作的人员。

三、农林牧渔业

3-1 分县区农业生产条件

指 标	单位	全 市	吴兴区	南浔区	德清县	长兴县	安吉县	△市区
一、农村人口与从业人员								
农村户数	万户	61.87	9.17	11.41	10.17	19.23	11.89	20.58
农村人口	万人	205.52	33.82	42.31	35.54	54.08	39.77	76.13
1.男	万人	101.89	16.55	20.95	17.56	27.06	19.76	37.51
2.女	万人	103.63	17.27	21.35	17.97	27.02	20.02	38.62
农村劳动力资源数	万人	127.95	20.26	24.60	21.62	35.23	26.24	44.87
1.男	万人	66.04	10.46	12.67	11.15	18.20	13.57	23.13
2.女	万人	61.91	9.80	11.94	10.47	17.03	12.67	21.74
农村从业人员	万人	112.54	17.66	20.11	19.59	31.65	23.52	37.77
1.男	万人	58.78	9.22	10.40	10.33	16.35	12.48	19.63
#从事农业	万人	10.39	1.77	2.49	1.83	2.14	2.16	4.26
2.女	万人	53.76	8.43	9.71	9.27	15.31	11.04	18.15
#从事农业	万人	8.00	1.28	1.91	1.35	1.90	1.57	3.19
二、农药使用量	吨	2451	320	506	424	792	409	826
三、农用化肥施用量	-							
按折纯法计算合计	吨	36648	4435	5971	4380	12999	8863	10406
氮 肥	吨	14929	1856	2603	1452	4194	4825	4459
磷 肥	吨	1086	67	270	178	167	403	337
钾 肥	吨	3273	1113	1151	181	317	511	2264
复合肥	吨	17361	1399	1947	2569	8321	3124	3346
四、农用塑料薄膜使用量	吨	5126	1104	1404	694	1428	496	2508
其中：地膜使用量	吨	1334	301	367	162	380	124	668
地膜覆盖面积	亩	52807	16893	16071	7936	9622	2284	32964
五、农用柴油使用量	吨	18669	965	1249	3014	12354	1087	2214
六、农村用电量	万千瓦小时	248155	31880	65755	52437	48526	49557	97636

3-2 历年农林牧渔业产值

单位：万元

年 份	农林牧渔业总 产 值	农 业	林 业	牧 业	渔 业	农林牧渔服务业
1978	59671	41551	3505	12759	1856	
1979	81468	54951	3968	20171	2378	
1980	72947	46493	3853	20157	2444	
1981	83148	55230	4601	20293	3024	
1982	99071	66903	4994	23262	3912	
1983	98091	65147	5142	23207	4595	
1984	116783	76195	6095	27301	7192	
1985	126768	74359	7780	33904	10725	
1986	143284	83946	9036	34660	15642	
1987	177480	98673	12715	46024	20068	
1988	238956	116556	18254	80219	23927	
1989	250670	130145	16329	80829	23367	
1990	290508	150980	21609	86104	31813	
1991	291612	148622	25370	84617	33003	
1992	322593	167635	28044	89690	37224	
1993	419164	229031	41327	97008	51798	
1994	600930	328793	56997	139798	75337	
1995	696477	419251	61144	138417	77665	
1996	745258	445543	72069	133489	94157	
1997	779765	469165	71090	136664	102846	
1998	791775	477564	70748	133789	109674	
1999	793512	462244	81603	127826	121839	
2000	869351	472147	92982	147870	156352	
2001	787560	363043	100105	155741	168671	
2002	804384	371453	107016	144983	180932	
2003	864522	393154	117053	157965	196350	
2004	1020902	461598	127766	215792	215746	
2005	1060754	423333	143564	244826	241377	7654
2006	1137308	454993	150605	265576	257683	8451
2007	1290769	545721	159828	322009	211639	51572
2008	1444510	633944	171037	333720	246169	59640
2009	1530907	676188	188782	338789	264187	62961
2010	1763232	817961	196710	381581	297236	69744
2011	1985207	894007	214079	462146	341034	73941
2012	2084828	936259	231157	458268	379741	79403
2013	2129835	950085	231739	459351	403819	84841
2014	2114043	960387	214668	408522	436838	93628
2015	2134428	971134	217702	341373	505099	99120
2016	2144769	948404	221306	285385	583169	106505
2017	2138636	978978	224235	208547	615664	111212
2018	2164215	989939	218599	183097	655626	116954
2019	2266278	1026845	224019	213805	679911	121698
2020	2389393	1055439	223129	228072	749934	132819
2021	2528370	1094241	219156	214897	858612	141464

注：2016 年、2017 年产值数据根据农业普查作相应调整。

3-3 历年农林牧渔业产值增长速度

（按可比价格计算）　　单位：%

年 份	农林牧渔业总产值	农 业	林 业	牧 业	渔 业	农林牧渔服务业
1979	15.2	11.6	-4.5	33.4	6.9	
1980	-10.6	-15.3	-2.8	-0.1	2.7	
1981	4.6	8.9	9.6	-7.6	13.6	
1982	17.1	19.0	6.8	12.7	27.3	
1983	-5.2	-6.8	-1.5	-4.5	12.4	
1984	14.0	15.1	7.3	9.9	26.7	
1985	2.6	-3.1	10.4	10.6	32.9	
1986	3.4	2.6	-0.6	0.3	25.6	
1987	8.8	3.9	15.9	4.6	53.7	
1988	6.0	0.7	6.6	2.3	19.9	
1989	3.6	12.3	-9.9	1.2	-6.5	
1990	2.3	-1.1	23.2	0.2	14.4	
1991	1.0	-7.3	10.6	-1.1	7.2	
1992	10.0	22.1	0.8	8.6	12.2	
1993	8.8	10.0	21.0	-2.8	20.7	
1994	7.8	10.9	8.2	-1.8	13.5	
1995	7.5	13.2	-1.8	-0.2	4.6	
1996	5.6	9.9	3.7	-4.1	4.0	
1997	7.8	9.1	2.2	8.4	5.0	
1998	3.1	2.4	2.6	5.0	3.4	
1999	3.7	3.0	6.4	-2.5	12.8	
2000	7.1	-1.1	18.7	4.1	29.8	
2001	6.7	0.1	-0.9	7.5	16.9	
2002	5.3	4.9	4.0	2.4	8.1	
2003	5.7	0.1	7.1	4.6	11.9	
2004	8.0	7.4	1.6	16.2	6.2	
2005	5.6	-2.2	5.8	15.6	10.2	
2006	5.6	3.9	5.7	7.4	6.0	10.4
2007	4.5	4.0	1.4	-1.1	12.7	8.1
2008	3.4	6.3	6.7	-6.2	6.0	11.2
2009	3.6	1.0	2.8	6.4	6.7	5.6
2010	3.8	2.8	5.4	2.7	5.3	10.8
2011	3.5	3.2	1.8	4.0	5.0	1.2
2012	2.3	1.3	2.2	-0.2	7.9	5.3
2013	0.6	0.3	2.5	0.3	0.4	4.4
2014	-1.0	0.1	-10.6	-6.5	6.2	8.0
2015	0.6	2.2	1.5	-18.8	14.0	4.8
2016	2.6	1.4	-2.4	2.0	6.6	7.5
2017	0.6	2.5	1.5	-22.3	10.8	6.0
2018	0.7	2.7	1.0	-19.4	4.6	1.4
2019	2.5	2.4	1.7	-6.6	4.9	5.4
2020	2.8	3.4	-2.5	-6.2	5.9	5.4
2021	4.1	2.1	-1.4	14.4	5.4	5.8

3-4 历年农林牧渔业产值发展指数

（以 1978 年为 100）

年 份	农林牧渔业总产值	农 业	林 业	牧 业	渔 业	农林牧渔服务业
1978	100.0	100.0	100.0	100.0	100.0	
1979	115.2	111.6	92.5	133.4	106.9	
1980	103.2	94.5	92.8	133.3	109.8	
1981	107.9	103.0	101.6	123.2	124.7	
1982	126.4	122.6	108.5	138.9	158.7	
1983	119.8	114.3	106.9	132.6	178.3	
1984	136.6	131.6	114.7	145.6	226.0	
1985	140.2	127.6	126.7	161.1	300.4	
1986	145.0	131.0	126.0	161.6	377.4	
1987	157.7	136.1	146.1	169.0	580.2	
1988	167.2	137.1	155.7	172.8	696.0	
1989	173.2	153.9	140.3	174.8	651.1	
1990	177.1	152.3	172.8	175.2	745.0	
1991	178.9	141.2	191.1	173.3	798.7	
1992	196.8	172.5	192.6	188.2	896.3	
1993	214.2	189.8	233.1	183.0	1081.8	
1994	231.0	210.5	252.2	179.7	1227.5	
1995	248.4	238.3	247.7	179.4	1283.8	
1996	262.3	262.1	256.9	172.0	1335.2	
1997	282.7	285.9	262.6	186.4	1401.9	
1998	291.5	292.8	269.4	195.7	1449.6	
1999	302.3	301.6	286.6	190.8	1635.1	
2000	323.8	298.3	340.2	198.6	2122.4	
2001	345.5	298.6	337.1	213.5	2481.1	
2002	363.8	313.2	350.6	218.6	2682.1	
2003	384.5	313.5	375.3	228.7	3001.3	
2004	415.3	336.7	381.3	265.7	3187.4	
2005	438.6	329.3	403.4	307.1	3512.5	100.0
2006	463.2	342.1	426.4	329.8	3723.3	110.4
2007	484.0	355.8	432.4	326.2	4196.2	119.3
2008	500.5	378.2	461.4	306.0	4448.0	132.7
2009	518.5	382.0	474.3	325.6	4746.0	140.1
2010	538.2	392.7	499.9	334.4	4997.5	155.2
2011	556.8	405.4	508.8	347.9	5248.1	157.0
2012	569.6	410.6	519.8	347.1	5660.3	165.3
2013	573.0	412.0	532.6	348.2	5685.2	172.5
2014	567.2	412.4	476.0	325.6	6037.7	186.3
2015	570.6	421.5	483.1	264.4	6883.0	195.3
2016	585.5	427.4	471.5	269.7	7337.2	209.9
2017	589.6	439.0	476.2	217.4	7674.8	212.8
2018	593.7	450.8	481.0	175.2	8027.8	215.8
2019	608.5	460.3	474.3	200.4	8461.3	228.3
2020	633.5	470.0	467.6	229.3	8918.2	241.6
2021	659.5	479.8	461.1	262.3	9399.8	255.6

3-5　分县区农林牧渔业产值

（按现行价格计算）　　　　　　　　　　　　　　单位：万元

行业分类	全　市	吴兴区	南浔区	德清县	长兴县	安吉县	△市区
农林牧渔业总产值	2528370	419526	523242	465133	671896	448572	942769
一、农业产值	1094241	142399	114819	88875	465899	282248	257218
（一）谷物及其他作物	177191	24664	38819	21641	68794	23273	63483
1.谷物	126143	19818	28533	15764	43659	18369	48351
其中：小麦	11687	1795	1576	1186	5376	1754	3370
稻谷	109924	17385	26194	13459	37172	15714	43579
玉米	4527	638	764	1119	1105	901	1402
2.薯类	8089	848	1375	1527	3362	977	2223
其中：马铃薯	1685	178	252	493	576	186	430
3.油料	13441	1473	3325	919	5083	2642	4797
其中：花生	791	2		20	121	649	2
油菜籽	12518	1468	3307	878	4917	1948	4774
4.豆类	9900	1052	1372	2572	3695	1210	2423
其中：大豆	7223	557	1118	1731	3103	714	1675
5.棉花	200		24	170	6		24
6.糖料	341			150	118	73	
7.其他农作物	19076	1475	4190	539	12871	2	5665
（二）蔬菜、食用菌及花卉盆景园艺产品	546378	91872	61072	50123	263710	79601	152944
1.蔬菜（含菜用瓜）	327875	80087	46473	27257	102335	71721	126561
2.食用菌	1740	277	51	695	517	199	328
3.花卉苗木	213885	11318	14547	20826	159514	7680	25865
4.盆景园艺	2879	190		1345	1344		190
（三）水果、坚果、茶、饮料和香料	344553	25476	14864	15669	131459	157086	40340
1.水果	126157	15711	14864	9531	68092	17959	30576
其中：梨	4212	898	209	438	1981	686	1107
柑橘	9249	88	8198	27	889	47	8286

3-5 分县区农林牧渔业产值

续 1　　（按现行价格计算）　　单位：万元

行业分类	全　市	吴兴区	南浔区	德清县	长兴县	安吉县	△市区
2.食用坚果	6817			150	823	5844	
其中：核桃	3429					3429	
板栗	2305			150	137	2018	
3.茶及饮料原料	211579	9764		5988	62544	133283	9764
其中：茶叶	211579	9764		5988	62544	133283	9764
（四）中草药材	26118	387	64	1442	1936	22289	451
二、林业产值	219156	29867	346	53309	45612	90023	30213
（一）林木的培育和种植	6228	787	346	1113	386	3595	1133
（二）竹木采运	74168	6593		9535	8697	49343	6593
（三）林产品	138760	22487		42660	36528	37084	22487
三、牧业产值	214897	40464	72597	43542	38849	19445	113061
（一）牲畜饲养	57133	9161	19721	12209	14076	1966	28882
其中：羊的饲养	53351	9138	19555	8910	13864	1884	28693
（二）猪的饲养	79811	12792	18044	21439	13554	13981	30836
（三）家禽饲养	67024	17891	30085	7197	8787	3063	47977
1.肉禽	49143	13691	25959	2761	3856	2876	39650
2.禽蛋	17881	4200	4126	4437	4931	187	8327
（四）其他畜牧业	10930	620	4746	2697	2432	435	5366
其中：蚕茧	9239	182	4693	2628	1338	398	4875
四、渔业产值	858612	182430	282474	243703	101045	48960	464904
其中：养殖	842570	179737	282474	241015	91600	47743	462211
1.鱼类	586226	110444	226604	174487	58687	16004	337048
2.虾蟹类	169625	48251	47427	29807	35436	8704	95678
3.贝类	2626	228		256	2141	2	228
4.其他	100135	23507	8443	39153	4782	24251	31950
五、农林牧渔专业及辅助性活动产值	141464	24366	53007	35704	20491	7896	77373

3-6 农、林、牧、渔业增加值

单位：万元

年 份	农、林、牧、渔业增加值	农业增加值	林业增加值	牧业增加值	渔业增加值	服务业增加值
2010	1042216	537654	128928	130524	198066	47044
2011	1162184	586113	140371	158664	227227	49809
2012	1226473	612443	151477	157300	251826	53427
2013	1255563	621173	151389	157738	267728	57535
2014	1266123	627355	139987	146854	289196	62731
2015	1292456	629621	140980	122915	332528	66412
2016	1313509	614380	143350	102626	381817	71336
2017	1331938	633991	145231	75105	403147	74464
2018	1362012	645106	141587	67853	429160	78306
2019	1422755	669239	144722	80553	446566	81675
2020	1499646	687875	144147	85928	492557	89139

注：1.农林牧渔业增加值中包括服务业增加值；2.农林牧渔业增加值已与农普数衔接；3.2021 年数据暂未公布。

3-7 历年主要农产品生产

年 份	粮食播种面积（千公顷）	油料播种面积（千公顷）	茶园总面积（公顷）	蚕种饲养数（万张）	年末生猪存栏数（万头）	年末家禽存栏数（万只）	年末羊存栏数（万只）	年末兔存栏数（万只）	蔬菜播种面积（千公顷）	渔业内陆养殖面积（公顷）
1978	279.47	29.35	7180	53.86	116.28		80.60			14153
1979	275.26	31.02	7667	57.64	136.03		93.32			13260
1980	275.37	30.11	7860	63.39	115.64		86.44			13713
1981	271.52	35.09	8100	60.13	106.29		75.92			14087
1982	275.01	33.77	8513	65.81	112.70		67.93			14453
1983	280.94	28.99	8587	58.02	117.51		56.59			14493
1984	281.64	27.29	8540	58.52	108.43		45.42			15720
1985	257.45	37.49	8113	72.14	108.87		34.99			18780
1986	249.09	38.50	8287	81.59	107.07		28.94			21200
1987	253.36	40.01	7640	83.49	94.46		26.23			21207
1988	251.78	41.01	7767	94.11	86.53		24.58			21320
1989	249.13	41.91	7664	108.68	82.26	577.80	25.22	16.55	15.39	20768
1990	251.23	45.39	7576	113.65	76.32	588.90	26.20	16.13	14.57	20135
1991	249.93	46.75	7515	108.88	71.00	593.77	27.07	21.69	13.95	20473
1992	243.00	46.58	7257	110.34	69.25	635.42	27.64	54.28	13.18	20446
1993	209.07	40.86	7157	108.38	62.67	748.22	29.65	40.99	15.31	20986
1994	211.08	41.72	7126	95.54	57.77	837.78	31.57	32.83	16.62	21398
1995	211.46	54.13	7056	93.19	54.02	821.92	34.42	29.13	17.83	21404
1996	221.04	49.16	7092	69.14	50.44	709.24	27.48	26.46	18.68	21359
1997	224.80	46.11	6564	69.04	69.14	733.78	31.91	23.28	19.26	21248
1998	212.39	51.09	6887	76.13	68.76	693.07	32.63	21.73	20.92	21591
1999	204.36	51.39	7091	65.95	67.93	810.24	34.97	18.53	25.08	21194
2000	149.70	58.20	7485	59.61	70.96	827.77	40.55	16.68	28.47	20553
2001	117.49	55.51	8317	64.07	76.27	792.72	40.03	16.29	34.59	20197
2002	115.77	51.55	8168	53.24	78.45	803.67	40.86	15.59	38.00	20516
2003	112.07	44.03	9497	40.62	82.52	996.72	41.72	19.55	40.58	20547
2004	123.07	42.65	11235	45.42	80.89	1319.53	42.52	18.69	38.28	20351
2005	125.29	43.79	10069	45.71	83.98	1700.31	41.48	28.27	37.53	20078
2006	128.95	41.39	12341	49.97	55.25	1828.40	38.04	41.14	37.67	21126
2007	130.51	34.28	14620	49.62	54.71	2065.78	35.94	46.07	37.90	22599
2008	138.36	32.20	15466	40.09	70.45	1830.53	32.36	38.72	36.08	23220
2009	135.00	32.43	16358	29.88	85.81	1841.37	30.48	28.57	37.48	23511
2010	134.57	28.37	17096	29.86	93.28	1876.00	29.10	26.81	36.91	23848
2011	134.01	25.36	18210	31.05	103.16	1820.93	29.46	26.94	37.80	24094
2012	136.14	21.61	18542	27.14	107.94	1749.86	30.07	26.27	36.76	24577
2013	136.09	19.89	17210	24.86	97.06	1683.25	32.57	27.26	36.91	24831
2014	106.43	11.89	22423	20.57	60.45	1465.49	35.60	25.42	37.51	24896
2015	94.87	10.26	22711	15.68	54.22	1469.81	38.04	31.97	37.59	25801
2016	89.64	8.72	23209	14.13	26.75	1046.23	37.73	23.54	37.27	25725
2017	88.65	8.50	24539	11.25	18.75	719.27	32.13	18.58	37.87	34844
2018	78.55	8.60	24696	10.09	19.03	732.89	33.41	19.07	37.94	38458
2019	78.61	10.66	25211	9.01	16.63	833.65	39.34	15.72	38.42	38659
2020	79.11	9.71	26956		28.41	911.31	40.57	12.74	40.48	38439
2021	80.34	10.00	27358.2		27.81	822.12	50.43	10.03	40.74	37319

注：1.2014 年起粮食油数据采用粮食监测调查数据；2.2018 年起粮食采用调查表队核定数据。

3–8 历年主要农产品产量

年份	粮食（吨）	油料（吨）	茶叶（吨）	蚕茧（吨）	猪牛羊肉（吨）	蔬菜（吨）	园林水果（吨）	水产品（吨）	毛竹采伐量（万支）
1978	1221265	30679	3220	15770	30004	38151	6428	17685	2088
1979	1379770	34111	3696	19605	43384	31836	5968	19060	1728
1980	1070035	28646	4175	21580	50435	39100	7448	19395	1446
1981	1142770	47747	4960	21095	43277	102084	3004	21650	1600
1982	1411315	54360	6039	22610	52387	110740	7584	26045	1738
1983	1335095	39782	5590	20485	52330	118368	3802	30090	1613
1984	1459310	42439	5558	22960	51454	124060	4663	36340	1922
1985	1268275	58838	5549	27600	54772	137480	4526	46555	1914
1986	1328137	52979	5949	27705	55090	158801	5070	55995	1846
1987	1276365	62000	6438	31970	52929	187045	5500	61558	2280
1988	1223285	63840	7101	35202	50246	228006	6930	67057	1960
1989	1314192	67828	6503	38227	48337	238751	7360	67372	1959
1990	1357880	74938	5998	38237	48246	218860	7920	70492	1609
1991	1355325	67050	5600	35475	47835	270900	6552	76372	2030
1992	1342554	84016	5337	40981	50059	280600	7834	82010	1962
1993	1299033	71283	6184	34812	48244	342200	10914	89980	2212
1994	1200529	67847	5444	33113	43915	358072	14064	95657	2140
1995	1249861	95788	5484	33120	48795	385067	15990	100730	2439
1996	1296467	93529	5523	23527	47483	373669	18723	110288	2621
1997	1337291	88336	6171	25942	56620	417651	22301	117707	2539
1998	1272181	63524	6475	27735	63292	452722	19916	124636	2637
1999	1164737	103464	7046	23851	65861	538285	23099	125017	2846
2000	953205	117113	7200	21580	71240	647272	31243	135673	2769
2001	806791	109082	7159	25211	78231	741325	39464	143955	2762
2002	821996	81284	7500	21726	83651	869183	43708	151922	2649
2003	790075	79120	7953	17237	94290	919273	53616	166944	2679
2004	874763	92746	8833	19506	98739	908957	61412	172987	3055
2005	822112	91378	8461	18920	107573	895009	69210	178382	3461
2006	912422	84896	8840	22049	79898	901456	70074	190423	3425
2007	869144	76527	9977	20559	82334	887361	74917	212700	3186
2008	926847	72556	11389	17373	91944	848865	82850	227562	3733
2009	914187	71808	11184	13836	108830	859453	90612	239019	3969
2010	901991	61308	10360	13718	111367	852827	95807	250197	4568
2011	902949	57871	10653	14058	115268	855906	119339	264746	5079
2012	899386	47721	10615	13334	118892	855433	120248	283544	5070
2013	905545	44893	10487	11620	124365	802771	126434	292010	5149
2014	737476	29320	10344	9338	105838	845965	132716	305810	5150
2015	669500	24987	10606	7884	76218	845585	136838	360594	5102
2016	629718	18887	10546	7261	78038	872969	135898	383076	4992
2017	625423	19686	10797	5842	45263	912422	135590	423123	5013
2018	518200	21037	10667	5254	30733	914511	136206	464797	5021
2019	518995	25158	10865	4893	28119	930565	133592	507526	4787
2020	525088	24118	11258	4064.5	26645	1015189	142144	532832	4736
2021	527400	24850.6	11775.2	3555	35005	1010088.96	157450.7	557507	4833

注：2016 年后的猪牛羊肉产量根据 2016 年农业普查作相应调整；2014 年后粮食数据采用粮食监测数据；2018 年后粮食数据采用调查队核定数；2018 年后猪牛羊肉产量已调整为调查队数据。

3-9　主要年份农作物播种面积

单位：千公顷

行业分类	1985年	1990年	1995年	2000年	2005年	2010年	2015年	2016年	2017年	2018年	2019年	2020年	2021年
总　计	324.67	322.98	295.53	247.97	224.38	212.18	151.68	143.98	142.88	133.06	135.16	137.05	287.321
一、粮食	257.45	251.23	211.46	149.70	125.29	134.57	94.83	89.64	88.65	78.55	78.61	79.11	80.34
（一）稻谷	204.90	202.37	176.54	104.33	96.38	89.85	63.7	60.93	57.65			51.45	52.43
1.早稻	81.25	80.34	59.17	4.55	0.24	0.08	0	0.04	0.03			0.28	0.77
2.晚稻	123.65	122.03	117.37	99.78	96.16	89.77	63.7	60.90	57.62			51.17	51.63
#单季稻	27.33	26.95	47.81	92.46	93.59	88.70	63.29	60.71	57.21				
（二）小麦	19.51	13.02	9.06	10.25	2.52	15.70	22.51	16.50	16.56			12.64	15.91
（三）大麦	24.87	27.73	12.84	9.06	1.72	3.06	0.85	0.40	0.53				
（四）玉米	0.32	0.45	0.21	1.64	2.20	2.93	2.17	2.41	2.79			3.05	2.57
（五）其他谷物	0.01	0.01	0.01	0.03	0.50	0.38	0.14	0.36	0.37			0.39	0.03
（六）豆类	3.82	3.15	5.56	14.14	15.43	14.63	3.46	5.42	6.77			6.98	5.42
#大豆	2.05	1.64	2.95	8.00	9.23	8.51	2.45	2.67	4.46			5.46	4.21
蚕豆	1.89	1.31	2.05	4.02	3.31	3.26	0.76	2.12	1.65				
（七）薯类	4.02	4.50	7.24	10.25	6.54	8.01	2.04	3.67	3.97			4.59	3.97
二、油料	37.49	45.55	54.31	58.20	43.79	28.37	10.26	8.72	8.45	8.60	10.66	9.71	10.00
#油菜籽	37.39	45.39	54.13	57.72	43.05	27.63	9.76	8.23	7.99	8.23	10.25	9.26	9.68
三、糖料	0.24	0.08	0.15	0.30	0.23	0.10	0.05	0.05	0.04	0.03	0.03	0.03	0.04
四、药材	0.52	0.10	0.27	0.48	1.51	1.36	1.37	1.56	1.57	1.49	1.49	1.64	1.36
五、蔬菜	9.33	14.57	17.83	28.47	37.53	36.91	37.59	37.27	37.87	37.94	38.42	40.48	40.74
六、果用瓜	1.77	1.97	5.61	7.10	6.98	6.19	4.82	4.11	3.92	4.32	3.79	3.95	3.45
#西瓜	1.62	1.66	5.13	6.42	6.16	5.44	3.68	2.96	2.79	2.65	2.38	2.41	2.08
草莓			0.06	0.19	0.11	0.07	0.18	0.21	0.17	0.18	0.20	0.38	0.46
七、花卉苗木			0.01	0.37	8.70	12.45	21.21	22.59	23.03	23.08	23.59		
八、其他农作物	17.87	9.48	5.90	3.72	9.05	4.68	2.76	2.63	2.38	2.13	2.16	2.02	1.76
#绿肥	15.36	7.90	3.83	1.30	0.66	0.46	0.44	0.38	0.35	0.29	0.35		
席草				0.02	0.08	0.09	0.05	0.04	0.03				
饲料草			1.99	0.49	1.65	0.79	0.75	0.55	0.53	0.48	1.35	0.44	0.48

注：1.2018年起粮食数据采用调查队核定数，不分具体品种；2.农作物播种面积根据国家新统计制度不包括花卉苗木面积，已调整。

3-10 分县区农作物播种面积

单位：公顷

行业分类	全 市	吴兴区	南浔区	德清县	长兴县	安吉县	△市区
农作物总面积	137769	21893	27083	15162	48177	25456	48975
一、粮食	80341	11428	17534	9594	28546	13240	28962
㈠谷物	70951	10485	15594	7737	25045	12091	26079
1.稻谷	52432	8019	12769	5825	17165	8654	20788
①早稻	772	75	34	557	72	34	108
②中稻和一季晚稻	51633	7945	12735	5241	17093	8620	20680
③双季晚稻	27			27			
2.小麦	15916	2144	2391	1371	7190	2821	4535
3.玉米	2571	322	415	539	680	616	737
4.其他谷物	32		19	2	10		19
㈡豆类	5423	550	1043	1101	2063	666	1592
1.大豆	4207	289	903	888	1730	397	1192
2.其他豆类	1216	261	140	213	333	269	400
㈢薯类	3967	393	897	756	1438	483	1290
1.马铃薯	1070	133	235	206	367	130	367
2.甘薯	2897	260	662	550	1071	353	923
二、油料	9998	1080	2505	606	3920	1886	3585
1.油菜籽	9676	1077	2489	583	3839	1688	3566
2.花生	198	0		6	43	149	
3.芝麻	115	2	16	17	39	41	19
4.其他	9					9	
三、棉花（皮棉）	88		10	75	3		10
四、生麻							
五、甘蔗	37		0	17	9	11	
六、烟叶（未加工烟草）							
七、中草药材	1361	50	18	75	185	1032	68
八、蔬菜（含菜用瓜）	40738	8136	5829	4387	14113	8273	13965
九、食用菌（干鲜混合）							
十、果用瓜	3449	684	597	406	986	776	1281
1.西 瓜	2084	382	280	251	611	561	661
2.香瓜（甜瓜）	625	128	101	65	206	126	228
3.草莓	463	154	109	57	97	46	263
4.其他	277	21	108	34	71	42	129
十一、其他作物	1758	515	589	1	415	238	1104
#青饲料	478	200	225		33	20	425

注：2018 年起粮食数据采用调查队提供的核定数。

3-11　主要年份农作物产量

单位：吨

行业分类	1985年	1990年	1995年	2000年	2005年	2010年	2015年	2016年	2017年	2018年	2019年	2020年	2021年
一、粮食	1268275	1357880	1249861	953205	822112	901991	669500	629718	625423	518200	518995	525088	527432
（一）稻谷	1111225	1194929	1118247	793978	703556	710489	531247	511640	493818			397926	403790
1.早稻	464267	484890	323921	27939	1408	470		227	206			1501	3747
2.晚稻	646958	710039	794326	756039	702148	710019	531247	511413	493612			396425	400043
#单季稻	156191	154423	349505	709230	683907	702663	528124	510024	490535				
（二）小麦	52313	38835	30408	37182	8604	68638	100018	64556	69539			59662	71250
（三）大麦	72588	91254	44538	32366	6124	12291	3573	1482	2195				
（四）玉米	508	603	731	8621	11411	16351	10810	12576	14159			15616	11545
（五）其他谷物	45	48	51	117	2411	1511	512	1460	1551			1692	126
（六）豆类	7657	4896	12715	39651	46541	48208	11963	17413	21726			22711	13437
#大豆	3326	2542	7045	23089	28321	27899	8630	9419	14547			18333	13437
蚕豆	4251	2315	3920	9801	8887	9948	2389	5739	4828				
（七）薯类	23939	27315	43171	51290	43465	44503	11377	20591	22435			27480	23676
二、油料	58838	74938	95788	117113	91378	61308	24987	18887	19686	21037	25158	24118	24850.6
#油菜籽	58732	74692	95480	116296	89792	59662	23527	17790	18712	20237	24318	23073	24088
三、糖料	8351	5154	5851	13336	10222	3787	1897	1696	1328	1058	934	1102	1754.1
四、药材					7441	7127	7067	8765	9136	8627	9108	9386	8894.7
五、蔬菜	137480	218860	385067	647272	895009	852827	845585	872969	912422	914511	930565	1015189	1010089
六、果用瓜	35843	40789	128916	201609	180403	164948	123500	106824	104407	103659	99419	103681	87670
#西瓜	33583	36971	119293	182946	166243	150163	101106	84401	81226	76853	70398	70641	60172.9
草莓			580	2483	2033	1392	4071	4390	3735	3991	4197	8149	8247.4
七、其他农作物													
#席草				289	237	118	370	285	206				

注：2018 年起粮食数据采用调查队核定数。

3-12 分县区农作物产量

单位：吨

行业分类	全　市	吴兴区	南浔区	德清县	长兴县	安吉县	△市区
一、粮食	527432	78810	122304	60204	184807	81306	201114
㈠谷物	486711	74772	113326	52282	169854	76477	188098
1.稻谷	403790	63810	101112	43641	132444	62783	164922
①早稻	3747	390	176	2587	398	196	566
②中稻和一季晚稻	399858	63420	100936	40869	132046	62587	164356
③双季晚稻	185			185			
2.小麦	71250	9396	10094	6054	34465	11242	19489
3.玉米	11545	1566	2051	2580	2895	2452	3618
4.其他谷物	126		69	8	49		69
㈡豆类	17045	1702	3362	3435	6470	2076	5064
1.大豆	13437	982	2899	2894	5331	1331	3881
2.其他豆类	3608	720	463	541	1139	745	1183
㈢薯类	23676	2336	5617	4486	8484	2753	7953
1.马铃薯	4300	477	1029	696	1559	539	1506
2.甘薯	19376	1859	4588	3791	6924	2214	6447
二、油料	24851	2739	6602	1590	9522	4399	9340
1.油菜籽	24088	2732	6576	1530	9364	3886	9308
2.花生	570	2		23	96	449	2
3.芝麻	182	5	26	36	62	54	30
4.其他	10					10	
三、棉花（皮棉）	124		13	108	3		13
四、生麻							
五、甘蔗	1754		11	732	650	362	11
六、烟叶（未加工烟草）							
七、中草药材	8895	421	60	41	632	7740	482
八、蔬 菜（含菜用瓜）	1010089	212237	129813	91711	389985	186343	342051
九、食用菌（干鲜混合）	1979	238	100	836	564	242	338
十、果用瓜	87670	21180	12197	8256	27824	18214	33376
1.西瓜	60173	14489	5906	5418	19202	15158	20395
2.香瓜（甜瓜）	13381	3297	1978	1274	4811	2022	5275
3.草莓	8247	2625	2117	915	1971	620	4741
4.其他	5868	769	2196	649	1840	414	2965
十一、其他作物							
#青饲料							

注：2018 年起粮食数据采用调查队核定数。

3-13 主要年份农作物单产

单位：公斤 / 公顷

行业分类	1985 年	1990 年	1995 年	2000 年	2005 年	2010 年	2015 年	2016 年	2017 年	2018 年	2019 年	2020 年	2021 年
一、粮食	4926	5400	5911	6367	6562	6703	7057	7025	7055	6597	6602	6638	6565
（一）稻谷	5423	5905	6334	7514	7300	7908	8340	8397	8566			7734	7702
1.早稻	5714	6030	5474	6142	5842	6026		6306	6438			5308	4866
2.晚稻	5232	5820	6768	7577	7137	7909	8340	8398	8567			7747	7748
#单季稻	5715	5730	7310	7671	7308	7922	8344	8401	8575				
（二）小麦	2685	2985	3356	3629	3410	4373	4443	3914	4198			4720	4478
（三）大麦	2925	3285	3469	3574	3571	4010	4184	4163	4157				
（四）玉米	1587	1340	3481	5254	5180	5586	4986	5227	5075			5115	4492
（五）其他谷物	4500	4800	5100	3545	4841	3915	3606	4022	4158			4388	4202
（六）豆类	2004	1554	2287	2805	3017	3295	3454	3215	3209			3253	2479
#大豆	1622	1550	2383	2885	3067	3280	3520	3530	3261			3360	3192
蚕豆	2249	1770	1912	2437	2683	3047	3160	2711	2923				
（七）薯类	5955	6070	5963	5002	6646	5554	5582	5611	5648			5981	5964
二、油料	1569	1650	1764	2012	2087	2161	2434	2166	2331	2446	2361	2483	2486
#油菜籽	1571	1650	1764	2015	2086	2159	2412	2161	2341	2460	2372	2493	2489
三、糖料	34796	64425	39007	44752	43871	36413	36481	34612	32390	34129	32207	35548	47408
四、药材					4921	5221	5143	5637	5819	5790	6109	5709	6536
五、蔬菜	14735	15021	21423	22735	23848	23108	22493	23423	24094	24104	24220	25082	24795
六、果用瓜	20250	20705	22980	28396	25849	26652	25633	25979	26628	23978	26253	26235	25421
#西瓜	20730	22272	23254	28479	27005	27588	27445	28495	29166	29001	29542	29348	28868
草莓			9667	13138	19362	18811	22246	21208	22232	21690	20574	21501	17818
七、其他农作物				12042	2821								
#席草				12042	2821	1326	7872	8143	7923				

注：2018 年起粮食数据采用调查队核定数。

3-14 分县区农作物单产

单位：公斤/公顷

行业分类	全 市	吴兴区	南浔区	德清县	长兴县	安吉县
一、粮食	6565	6896	6975	6275	6474	6141
㈠谷物	6860	7131	7267	6757	6782	6325
1.稻谷	7701	7957	7919	7492	7716	7255
①早稻	4854	5200	5176	4645	5528	5765
②中稻和一季晚稻	7744	7982	7926	7798	7725	7261
③双季晚稻	6852			6852		
2.小麦	4477	4382	4222	4416	4793	3985
3.玉米	4490	4863	4942	4787	4257	3981
4.其他谷物	3938		3632	4000	4900	
㈡豆类	3143	3095	3223	3120	3136	3117
1.大豆	3194	3398	3210	3259	3082	3353
2.其他豆类	2967	2759	3307	2540	3420	2770
㈢薯类	5968	5944	6262	5934	5900	5700
1.马铃薯	4019	3586	4379	3379	4248	4146
2.甘薯	6688	7150	6931	6893	6465	6272
二、油料	2486	2536	2635	2623	2429	2332
1.油菜籽	2489	2537	2642	2624	2439	2302
2.花生	2878	6000		3686	2264	3012
3.芝麻	1591	1824	1612	2184	1590	1325
4.其他	1131					1131
三、棉花（皮棉）	1409		1300	1440	1000	
四、生麻						
五、甘蔗	47408		31800	42213	75000	33919
六、烟叶（未加工烟草）						
七、中草药材	6536	8462	3296	547	3414	7498
八、蔬菜（含菜用瓜）	24795	26086	22270	20903	27633	22525
九、食用菌（干鲜混合）						
十、果用瓜	25421	30955	20423	20341	28233	23475
1.西瓜	28868	37977	21103	21618	31421	27006
2.香瓜（甜瓜）	21424	25848	19662	19659	23356	16088
3.草莓	17818	17065	19467	16073	20331	13347
4.其他	21201	36047	20333	19357	25745	9756
十一、其他作物						
#青饲料						

3-15　主要年份畜牧业生产

指　标	单位	1985 年	1990 年	1995 年	2000 年	2005 年	2010 年	2015 年	2016 年	2017 年	2018 年	2019 年	2020 年	2021 年
年末生猪存栏数	万头	108.87	76.32	54.02	70.96	83.98	93.28	54.22	26.75	18.75	18.8	16.39	28.41	27.81
#能繁殖母猪	万头	6.67	4.15	3.15	3.33	5.12	9.21	4.77	2.38	1.85	1.62	1.77	2.36	2.92
年末羊存栏数	万只	34.99	26.20	34.32	40.55	41.48	29.10	38.04	37.73	32.13	29.74	32.99	40.57	50.43
年末兔存栏数	万只	69.85	16.13	29.13	16.68	28.27	26.81	31.97	23.54	18.58	19.07	15.72	12.74	10.05
年末家禽存栏数	万只	541.61	588.90	821.92	827.77	1700.31	1876.00	1469.81	1046.23	719.27	833.38	944.76	911.31	822.12
生猪出栏数	万头	97.40	86.75	68.80	109.82	159.95	147.25	97.25	94.9	47.85	32.49	28.70	26.61	33.01
羊出栏数	万只	7.11	6.46	17.87	24.82	37.18	30.36	39.86	40.86	41.99	30.90	32.35	36.76	42.68
家禽出栏数	万只	764.02	706.54	1400.64	1402.14	4628.31	4977.16	3649.99	3679.1	2690.56	2311.23	2490.32	2628.95	2986.41
肉产量合计	吨	62396	54930	62634	87679	163965	184554	129790	134361	88314	65255	66106	63267	77207
#猪肉	吨	53678	47021	45153	66402	99737	104680	67973	69429	36180	25150	21913	19938	27198
羊肉	吨	960	1169	3501	4663	7454	6298	7769	8358	8851	5450	6071	6561	7707
禽肉	吨	7624	6639	13686	16305	55826	72483	53130	55908	42606	34126	37595	36388	42302
禽蛋	吨	13067	13176	8558	24178	36908	54203	42608	42080	34327	28950	23859	22463	18173
饲养蚕种	张	721445	136456	931927	596097	457126	298611	156816	141266	112463	100898	90078		
春蚕	张	231720	442430	378522	279168	230017	163316	109743	99019	75383	64567	58711		
夏蚕	张	94227	95583	75926	28740	21520	7841	2322	2067	1660	2208	1688		
秋蚕	张	395498	598443	477479	288189	205589	127454	44751	40180	35420	34123	29679		
蚕茧产量	吨	27600	38237	33120	21580	18920	13718	7884	7261	5842	5254	4893	4065	3555
春茧	吨	11908	18178	16538	11652	11667	8635	5794	5398	4239	3600	3414		
夏茧	吨	3023	2816	2512	1032	783	296	103	118	74	102	83		
秋茧	吨	12669	17243	14070	8896	6470	4787	1985	1746	1529	1552	1396		

注：1.2016 年后的主要畜牧品种根据农业普查作相应调整；2.2018 年后生猪、牛、羊、家禽的存栏、出栏、肉产量已调整这调查队数据。

3-16 分县区畜牧业生产

指　标	单位	全　市	吴兴区	南浔区	德清县	长兴县	安吉县	△市区
年末生猪存栏数	万头	27.81	3.68	5.05	5.64	7.65	5.80	8.72
#能繁殖母猪	万头	2.92	0.32	0.61	0.67	0.70	0.61	0.94
肥猪出栏数	万头	33.01	4.68	6.94	8.73	5.15	7.52	11.62
生猪全年饲养量	万头	60.82	8.36	11.98	14.37	12.80	13.31	20.34
年末牛存栏数	头	2031	25.00		1359.00	483.00	164.00	25.00
牛出栏数	头	667	10.00		188.36	282.96	185.68	10.00
年末羊存栏数	万只	50.43	6.71	19.53	8.55	14.23	1.41	26.24
羊出栏数	万只	42.68	5.02	16.30	7.67	12.12	1.57	21.32
年末家禽存栏数	万羽	822.12	145.95	386.39	92.42	140.99	56.37	532.33
家禽出栏数	万羽	2986.41	531.10	1678.54	237.55	396.51	142.71	2209.64
年末兔存栏数	万只	10.03		5.93	4.07	0.02	0.01	5.93
兔出栏数	万只	12.29		8.11	1.63	0.07	2.48	8.11
肉类产量	吨	77207	11254.40	32345.58	12488.48	12410.01	8708.52	43599.99
#猪肉	吨	27198	3839.32	5838.73	7424.25	3868.58	6227.11	9678.06
羊肉	吨	7707	848.25	2940.32	1423.33	2215.34	279.76	3788.57
禽肉	吨	42302	6566.83	23566.52	3640.90	6326.09	2201.65	30133.36
鸡鸭鹅蛋产量	吨	18173	3497.45	4430.37	3996.54	5764.90	483.74	7927.82

3-17　分县区茶叶和园林水果生产

指　标	单位	全　市	吴兴区	南浔区	德清县	长兴县	安吉县	△市区
茶园总面积	公顷	27358	2465	2	1797	9189	13905	2467
#本年新增面积	公顷	402	241	0	-4	115	50	241
茶叶总产量	吨	11775.2	594.7	0.5	703	6231	4246	595
1.春茶	吨	7926.4	594.7	0.3	647	2950	3734.4	595
2.夏茶	吨	2576.7		0.1	30	2304	242.6	0
3.秋茶	吨	1272.1		0.1	26	977	269	0
果园面积	公顷	9014	756	620	957	5712	970	1376
1.柑桔园	公顷	381	13	261	7	96	4	274
2.梨园	公顷	571	118	28	111	232	82	146
3.桃园	公顷	1425	410	86	118	640	171	496
4.柿子园	公顷	98	8	15	2	36	37	23
5.李子园	公顷	88	2	8	3	41	33	10
6.枇杷园	公顷	525	22	38	438	20	7	60
7.杨梅园	公顷	1614	48	0	96	1256	214	49
8.猕猴桃园	公顷	230	19	4	7	85	116	22
9.葡萄园	公顷	2274	64	129	138	1808	134	193
10.其他果园	公顷	1809	52	51	37	1498	172	103
水果总产量	吨	157450.7	15402.4	12432	11929	104300.2	13387.1	27834.4
1.柑桔	吨	5855.3	210.1	3358.5	79	2099	108.7	3569
(1)柑	吨	4039.1	50	3099.7	5	884.4		3150
(2)桔	吨	1317.4	135.3	255.8	72	745.6	108.7	391
(3)橙	吨	207.3	24.8	0.5		182		25
(4)柚	吨	187.5		2.5	1	184		3
2.梨头	吨	9875	1850.3	562.5	1105	4816	1541.2	2413
3.桃子	吨	27067.7	8009	1650.1	1670	12611	3127.6	9659
4.李子	吨	1078.8	21.2	73.3	29	527	428.3	95
5.杨梅	吨	18105.9	99.4		878	15396	1732.5	99
6.枇杷	吨	6988.5	652.8	371.5	5675	216	73.2	1024
7.柿子	吨	1731.1	60.5	106.2	28	427	1109.4	167
8.葡萄	吨	61634.4	2512.5	2493.3	2235	52304	2089.6	5006
9.猕猴桃	吨	3052.6	407	97	16	946	1586.6	504
10.其他水果	吨	16310.1	1369.5	361.1	136	12962.2	1481.3	1731

3-18　分县区林业生产

指　标	单位	全　市	吴兴区	南浔区	德清县	长兴县	安吉县	△市区
一、人工造林面积	公顷	716	82	78	136	189	231	160
二、年末实有封山育林面积	公顷							
三、四旁（零星）植树	万株	103	8	15	29	1	50	23
四、育苗面积	公顷							
五、森林抚育面积	公顷	919				215	704	
六、主要林产品产量								
1.油茶籽	吨	12	12					12
2.棕片	吨							
3.竹笋干	吨	26513	3970		9373	6032	7138	3970
4.山核桃	吨	415					415	
5.板栗	吨	2758			211	177	2370	
6.白果	吨							
7.箬叶	吨							
8.毛料	吨							
9.竹壳	吨							
10.人造板原料	吨							
11.木本药材	吨							
七、竹木采伐量								
1.商品材采伐	立方米	17150	2795		1787	4560	8008	2795
2.大径竹采伐	万根	4833	511		697	496	3130	511

3-19 分县区渔业生产

指　标	单位	湖州市	吴兴区	南浔区	德清县	长兴县	安吉县	△市区
一、淡水产品产量	吨	557507	105546	197033	160261	73180	21487	302579
1.鱼类	吨	444701	78390	178215	135800	40648	11648	256605
2.甲壳类	吨	45937	12096	14663	8737	7549	2890	26759
#养殖青虾	吨	38921	7003	13830	8736	6481	2872	20833
养殖河蟹	吨	7016	5096	833	1	1068	18	5929
3.贝类	吨	3624	190			3434		190
4.其他	吨	42159	12989	4105	13135	6346	5584	17094
#龟鳖类	吨	25696	6834	1779	11035	648	5400	8613
二、淡水养殖面积	公顷	37319	5956	12302	12155	4865	2041	18258
1.池塘	公顷	37319	5956	12302	12155	4865	2041	18258
2.河沟	公顷							
3.水库	公顷							
三、淡水鱼苗种生产								
1.鱼苗生产	亿尾	135.88	30.00	77.93	26.05		0.90	107.93
2.鱼种生产	吨	19000.23	6980	9739	8.23	2200	60	16719
3.投放鱼种	吨	23742	5835	7917		6450	3540	13752

3-20　分县区农业机械年末拥有量

指　标	单位	全　市	吴兴区	南浔区	德清县	长兴县	安吉县	△市区
农业机械总动力	千瓦	1439067	181576	316972	278524	393795	268201	498548
#柴油机	千瓦	602406	99652	61669	113545	203656	123884	161321
汽油机	千瓦	66928	6324	5693	5443	24366	25101	12018
电动机	千瓦	769734	75600	249609	159536	165773	119216	325209
一、耕作机械动力	千瓦	199848	34056	17728	24762	88309	34993	51784
1.大中型拖拉机	台	1003	114	102	108	455	224	216
2.农用小型拖拉机	台	7471	161	877	1766	3640	1027	1038
二、收获机械总动力	千瓦	83392	9575	6681	5378	44938	16820	16256
1.联合收割机	台	1477	219	160	118	733	247	379
2.机动脱粒（打稻）机	台	90	90					90
三、植保机械动力	千瓦	27257	2805	4511	3500	9083	7358	7316
机动喷雾机	架	7299	240	623	343	2871	3222	863
四、排灌机械动力	千瓦	414265	34277	137957	86364	112470	43197	172234
1.农用水泵	台	88311	6706	20965	24541	25824	10275	28941
2.节水灌溉机械	套	1519	535	179	99	611	95	714
五、农产品加工机械动力	千瓦	59378	7095	11206	8980	16026	16071	18301
1.粮食加工机械		2893	480	841	348	685	539	1321
2.油料加工机械	台	581	52	79	163	177	110	131
六、运输机械动力	千瓦	19873	12161	514	139	2844	4215	12675
1.农用运输车	辆							
2.运输型拖拉机	辆							
七、水产机械动力	千瓦	238478	63329	107623	46785	11859	8882	170952
八、其他农业机械动力	千瓦	122279	2169	10156	54271	51272	4411	12325

3-21 分县区农田水利

指 标	单位	全 市	吴兴区	南浔区	德清县	长兴县	安吉县	△市区
一、有效灌溉面积	千公顷	135.01	20.50	34.86	23.95	33.57	22.13	55.36
二、除涝面积	千公顷	99.18	19.28	27.65	14.09	29.37	8.79	46.93
三、堤防总长度	公里	4305.13	1157.08	529.00	651.43	525.56	1442.06	1686.08
四、堤防保护耕地	千公顷	143.50	34.20	29.44	23.95	31.90	24.01	63.64
五、已建水库	座	155	22		16	35	82	22
六、已建水库总库容	万立方米	89258.71	11157		15299.20	19950.11	42852.40	11157
七、水利资金总投入	万元	463926	60145	47648	60338	142364	42144	111287
1.省及以上补助	万元	91212	6260	4382	15976	43574	11810	9210
2.市县自筹	万元	256279	40592	10133	44362	76250	30334	54608
3.乡镇村自筹	万元							
4.其他	万元	116435	13293	33133		22540		47469

3-22 分乡镇基本情况（一）

地 区	村 民 委员会 （个）	农村常 住人口 （人）	农村从业 人 员 （人）	乡镇一般公 共预算收入 （万元）	乡镇一般公 共预算支出 （万元）
吴兴区					
康山街道	10	4498	2512	7807	7788
仁皇山街道	6	2474	1350	1529	395
滨湖街道	12	18410	8346	23047	23047
龙溪街道	6	20413	9746	3920	4817
杨家埠街道	11	17559	8673	6938	6938
环渚街道	5	10609	5639	27512	9215
织里镇	34	72411	40237	137226	35020
八里店镇	18	36617	20175	202815	25762
妙西镇	15	16510	7977	45834	12604
埭溪镇	20	32028	17084	67919	14595
东林镇	23	31851	19938	13780	6978
道场乡	7	15715	6297	10938	10938
南浔区					
东迁街道	21	48388	23956	114677	13845
旧馆街道	13	20057	8780	18509	8942
南浔镇	32	57635	14909	52857	55285
双林镇	29	50118	24905	36237	17306
练市镇	38	78013	40694	35520	25023
善琏镇	15	23982	10887	9614	12143
菱湖镇	26	62170	32860	26865	22469
和孚镇	22	48513	25620	32840	22275
千金镇	10	20797	11975	4637	7092
石淙镇	7	13396	6556	5261	8192
德清县					
武康街道	2	8947	4705	10256	10256
舞阳街道	11	25824	15236	6712	6712
阜溪街道	6	16575	8927	11833	11833
下渚湖街道	13	22451	12719	16696	7492
康乾街道	5	12890	6941	4267	4267
乾元镇	8	21036	10186	11640	11640
新市镇	19	50842	28004	24105	24105
洛舍镇	6	18186	9055	5097	5097
钟管镇	19	41134	22705	14617	14617
雷甸镇	10	45289	26676	47966	7002
禹越镇	10	29383	16838	6774	6774

3-22 分乡镇基本情况（一）

续 1

地　区	村　民 委员会 （个）	农村常 住人口 （人）	农村从业 人　员 （人）	乡镇一般公 共预算收入 （万元）	乡镇一般公 共预算支出 （万元）
新安镇	11	30597	17846	16800	5530
莫干山镇	17	32201	16091	16452	16331
长兴县					
雉城街道		9905	6148	17670	5384
画溪街道	11	39594	23835	17910	17989
太湖街道	8	46048	25202	5658	5590
龙山街道	4	19758	11047	9977	9933
洪桥镇	21	32622	17250	20020	20020
李家巷镇	12	25696	13978	4035	4325
夹浦镇	13	31501	18896	9914	9914
林城镇	18	55539	31842	14070	10926
虹星桥镇	17	38087	20988	10981	7606
小浦镇	11	24916	13790	17356	5668
和平镇	23	51192	30767	20892	2455
泗安镇	27	62361	42430	35952	19198
煤山镇	24	50323	29641	48437	48106
水口乡	8	19012	11992	14481	14803
吕山乡	9	21917	12063	13585	13258
安吉县					
递铺街道	25	73980	40773	50511	50511
昌硕街道	4	28085	15699	46959	12862
灵峰街道	7	16715	9015	19361	25135
孝源街道	5	10168	4885	18007	16747
鄣吴镇	6	11315	6618	6502	2649
杭垓镇	18	34005	21072	29472	26307
孝丰镇	15	36912	22090	35448	42636
报福镇	10	17605	9298	5100	15111
章村镇	8	14751	12281	3615	2403
天荒坪镇	11	21348	13098	14106	14106
梅溪镇	22	56208	37120	43428	45720
天子湖镇	20	49517	26926	4970	5399
溪龙乡	5	9038	5608	3359	51859
上墅乡	7	12433	7610	5725	5725
山川乡	6	5660	3151	6315	6300

3-23 分乡镇基本情况（二）

地区	茶叶产量（吨）	园林水果产量（吨）	油菜籽种面积（亩）	蔬菜播种面积（亩）
吴兴区				
康山街道	0	47.4	168	161
仁皇山街道	0	250	0	326
滨湖街道	0	34	0	4782
龙溪街道	0	60	0	95
杨家埠街道	9	692	150	2590
环渚街道			10	1145
湖东街道	0	0	0	1118
织里镇	0	2494	2901	22366
八里店镇	0	685	1652	14504
妙西镇	235	6592	2583	8497
埭溪镇	232	1310	1109	9937
东林镇	24	1311	4052	9948
道场乡	79	81	620	7732
高新区	0	1657	3005	38724
南浔区				
东迁街道	0	553	2020	4781
旧馆街道		373	721	3985
南浔镇	0	1965	2120	11054
双林镇	1	1263	3017	11703
练市镇	0	3778	5473	19030
善琏镇	0	435	2535	4714
菱湖镇	0	0	13525	9426
和孚镇		360	1155	12856
千金镇	0	228	3975	7900
石淙镇	0	120	2800	1987
德清县				
武康街道	14	69	50	603
舞阳街道	3	292	723	16859
阜溪街道	230	440	471	4083
下渚湖街道	7	921	788	2655
康乾街道		88	165	611
乾元镇	2	2479	458	8776
新市镇	0	251	1366	7199
洛舍镇	5	213	501	2101
钟管镇	0	414	1405	6448
雷甸镇	0	3315	625	3675

3-23 分乡镇基本情况（二）

续 1

地　区	茶　叶 产　量 （吨）	园林水果 产　量 （吨）	油菜籽 种面积 （亩）	蔬菜播 种面积 （亩）
禹越镇	0	710	670	3763
新安镇	0	566	1003	3078
莫干山镇	440	2114	520	5958
长兴县				
雉城街道			81	202
画溪街道	83	13607	4951	9350
太湖街道	2	2830	1510	6760
龙山街道	80	6289	2600	3436
洪桥镇	4	1619	1060	16982
李家巷镇	22	9232	2190	7121
夹浦镇	77	8876	4327	4899
林城镇	137	7116	9707	23773
虹星桥镇	1	10738	4798	25811
小浦镇	92	3550	5465	6921
和平镇	1650	19560	7365	30495
泗安镇	3724	8324	7712	34235
煤山镇	134	3744	2117	9932
水口乡	219	3630	1250	7882
吕山乡	4	3198	2416	22672
太湖图影旅游度假区	1	239	43	1223
安吉县				
递铺街道	1101	2961	1205	24839
昌硕街道	14	353	0	4792
灵峰街道	148	196	2670	5557
孝源街道	342	80	185	2080
鄣吴镇	100	471	2153	6510
杭垓镇	188	431	3389	9870
孝丰镇	325	619	1563	18660
报福镇	55	289	186	10325
章村镇	117	830	83	5742
天荒坪镇	47	346	639	3896
梅溪镇	476	2136	1706	9753
天子湖镇	700	3869	9600	11893
溪龙乡	510	521	128	1548
上墅乡	115	60	1126	6604
山川乡	9	117	133	2020

主要统计指标解释

农村户数　是指长期（一年以上）居住在农村的住户数，户口不在本地而在本地居住一年及以上的住户也包括在本地农村住户内；有本地户口，但举家外出谋生一年以上的住户，无论是否保留承包耕地都不包括在本地农村住户范围内。不包括乡村地区内的国有经济的机关、团体、学校、事业单位的集体户。

农村人口数　指本行政区域内的以下四部分人口：居住在本行政区域，户口在本行政区域或者户口待定的人口；居住在本行政区域，户口在外县（市），离开户口登记地半年以上的人口；户口在本行政区域，居住在外县（市），离开户口登记地不到半年的人口；户口在本行政区域，居住在港澳台或国外的人口。

农村从业人员　指农村人口中 16 岁以上实际参加生产经营活动并取得实物或货币收入的人员，既包括劳动年龄内经常参加劳动的人员，也包括超过劳动年龄但经常参加劳动的人员。但不包括户口在家的在外学生、现役军人和丧失劳动能力的人，也不包括待业人员和家务劳动者。从业人员年龄为 16 岁以上。

自来水受益村数　是指符合卫生标准，并经公用设施处理的管道输送水。通自来水的村指乡镇行政区域内通自来水的村数。

通有线电视村数　指已开通有线电视线路，并开始使用的行政村。

通宽带村数　指能通过 XDSL、FTTX+LAN、WLAN 等有线和无线方式接入中国互联网的行政村个数。

农作物播种面积　指实际播种或移植有农作物的面积。凡是实际种植有农作物的面积，不论种植在耕地上还是非耕地上的，也不论面积大小，均应包括在内。统计播种面积，按种植一次算一次，但移植作物的，按移植后的面积计算。

粮食产量　统计上分为谷物、豆类、薯类。谷物包括稻谷、小麦、大麦、玉米和其他谷物，均按脱粒晒干后的原粮计算产量；豆类包括大豆、蚕（豌）豆、杂豆，按去豆荚后的干豆计算产量；薯类包括番薯、马铃薯，按 5 公斤鲜薯折 1 公斤粮食计算产量。

茶叶产量　指本年度内生产的全部茶叶产量。包括从成片茶园和零星种植的茶树以及荒芜未垦复的茶树上所采摘的全部产量。不论自食的或出售的，都应统计在内。茶叶的产量按经过初步加工的干毛茶的重量计算。根据制造方法的不同和品质上的差异，将茶叶分为绿茶、青茶、红茶、黑茶、黄茶、白茶、其他茶等。

农业机械总动力　是指主要用于农、林、牧、渔业的各种动力机械的动力总和，包括耕作机械、农用排灌机械、收获机械、植保机械、林业机械、畜牧机械、渔业机械、农产品加工机械、农用运输机械等其他农业机械。

造林面积　指本年度内在荒山、荒地、沙丘等一切可以造林的土地上，采取人工播种、植苗、飞机播种等方法，新植的成片乔木和灌木林，经检察验收，符合“造林技术规程”要求的株数，成活率达 85%以上（1986 年以前成活率按 40%以上计算）的面积。四旁植树在四行以上，连续面积在一亩以上，应统计造林面积内。

牲畜出栏数　是指饲养生产者在一定时期内将饲养的成年畜出售和自宰自食的全部头数。

肉产量　是指当年出栏并已屠宰的畜禽肉产量。即屠宰后除去头蹄下水后带骨的胴体重量。

水产品产量　是指人工养殖并已起捕的水产品和捕捞天然生长的全部水产品总量。

农林牧渔业总产值　是指以货币表现的农林牧渔业全部产品总量，反映一定时期内农林牧渔业生产的总成果和总规模。

农林牧渔业增加值　是指在报告期内农林牧渔业生产单位和农户从事农、林、牧、渔业生产经营活动所提供的最终成果的货币表现。1997 年起，农林牧渔业增加值采用生产法计算，取消分配法计算方法。

四、工业、能源、用水

4-1 分县区规模以上工业总产值

单位：万元

行业分类	全 市	吴兴区			南浔区	德清县	长兴县	安吉县	△市区
			吴兴	南太湖新 区					
规模以上工业	60954314	11828005	8560290	3267715	11627730	12077311	15415234	10006035	23455735
#轻工业	23705214	3815358	2940633	874724	2757739	4176996	7141877	5813244	6573097
重工业	37249100	8012647	5619657	2392991	8869991	7900315	8273357	4192791	16882638
#国有控股企业	4135942	359512	283743	75768	266711	1067621	1690324	751774	626222
#大型企业	11810499	3673449	3415638	257812	884283	1769429	2648802	2834536	4557732
中型企业	14580930	2831191	1705971	1125220	3045357	2391185	4229082	2084115	5876548
小型企业	34562885	5323365	3438681	1884684	7698090	7916697	8537350	5087384	13021455
1. 按登记注册类型分									
内资企业	50371595	9883082	7098192	2784890	10208320	9789966	12614745	7875483	20091401
#国有企业	476919	3146	3146			274343		199430	3146
集体企业	12383				7697	4686			7697
股份合作企业	7997	2236		2236		3605	2156		2236
有限责任公司	8108006	1465141	1157989	307152	536565	1951762	2909134	1245404	2001707
股份有限公司	6294838	1844376	923513	920863	1479859	1116966	599695	1253943	3324235
私营企业	35471452	6568182	5013544	1554639	8184198	6438604	9103761	5176706	14752381
港澳台商投资公司	4184032	1154123	1073726	80397	478482	1311050	578008	662369	1632605
外商投资企业公司	6398687	790800	388372	402428	940929	976294	2222481	1468183	1731729
2. 按国民经济行业分									
采矿业	487255	259212	184467	74745		117564	108384	2095	259212
非金属矿采选业	487255	259212	184467	74745		117564	108384	2095	259212
制造业	57627540	11262326	8113011	3149316	11377952	11451218	14091755	9444289	22640278
农副食品加工业	768217	73653	33536	40117	245614	199928	84297	164725	319266
食品制造业	518147	114453	39794	74659	5196	104591	120792	173116	119649
酒、饮料和精制茶制造业	405773	208770	14988	193782	4784	75513	39758	76948	213554
纺织业	4312714	512239	449299	62940	1093962	503019	2128422	75072	1606201
纺织服装、服饰业	693879	239697	192986	46711	84363	238486	104129	27205	324059
皮革、毛皮、羽毛及其制品和制鞋业	104368	9026	3392	5634	22108	66859	3985	2390	31134
木材加工和木、竹、藤、棕、草制品业	1989138	58116	52145	5971	1233739	287346	89048	320889	1291855
家具制造业	4176166	33500	21740	11760	246936	573795	34711	3287225	280436

4-1 分县区规模以上工业总产值

续 1　　　　单位：万元

行业分类	全 市	吴兴区			南浔区	德清县	长兴县	安吉县	△市区
			吴兴	南太湖新区					
造纸和纸制品业	807805	32954	21180	11775	108388	358048	123713	184701	141342
印刷和记录媒介复制业	269884	62843	25225	37618	53131	88503	56914	8494	115974
文教、工美、体育和娱乐用品制造业	921696	34760	27388	7372	174130	361312	271034	80460	208890
石油、煤炭及其他燃料加工业	141513				16021	17679	98379	9434	16021
化学原料和化学制品制造业	3100768	238540	139167	99373	335790	1231322	871170	423947	574329
医药制造业	1644884	71449	8044	63405	68132	462687	54003	988612	139581
化学纤维制造业	3984078	1812576	1812576		254530	99825	1576771	240376	2067106
橡胶和塑料制品业	1545711	211168	102432	108736	106881	359401	278891	589370	318049
非金属矿物制品业	6220728	753559	428935	324624	926625	1826558	2384375	329611	1680184
黑色金属冶炼和压延加工业	2112964	1421415	796292	625122	391290	210967	48659	40634	1812705
有色金属冶炼和压延加工业	1713721	704085	704085		67600	171215	182532	588289	771685
金属制品业	2826595	302270	253744	48526	1636972	502514	170734	214105	1939242
通用设备制造业	5309688	1049515	626026	423489	1475512	1513085	756238	515339	2525026
专用设备制造业	1893228	943675	807302	136373	77067	448765	354275	69446	1020742
汽车制造业	1608858	249252	40534	208718	32991	255102	748625	322888	282243
铁路、船舶、航空航天和其他运输设备制	90006	17472	17472		6237	50009	9316	6972	23709
电气机械和器材制造业	7695171	1562985	1098724	464261	2595551	804347	2501366	230921	4158536
计算机、通信和其他电子设备制造业	1802559	427090	343184	83907	82437	392535	463716	436780	509527
仪器仪表制造业	241201	32442	18437	14006		63175	140827	4757	32442
其他制造业	139338				8341	130997			8341
废弃资源综合利用业	577722	76078	34383	41695	23629	53636	392795	31585	99707
电力、燃气及水的生产和供应业	2839520	306467	262812	43655	249778	508529	1215095	559650	556245
电力、热力生产和供应业	2223522	84198	61624	22574	156943	391858	1074471	516051	241141
燃气生产和供应业	495672	164707	143626	21081	87387	86499	125522	31558	252094
水的生产和供应业	120325	57563	57563		5448	30172	15102	12041	63011

4-2　分县区规模以上工业单位数

单位：个

指　标	全　市	吴兴区	吴兴	南太湖新　区	南浔区	德清县	长兴县	安吉县	△市区
规模以上工业	4082	620	436	184	1079	875	928	580	1699
#轻工业	1896	251	188	63	427	355	457	406	678
重工业	2186	369	248	121	652	520	471	174	1021
#国有控股企业	72	9	7	2	9	23	20	11	18
#大型企业	40	9	7	2	3	9	6	13	12
中型企业	226	31	22	9	35	53	57	50	66
小型企业	3816	580	407	173	1041	813	865	517	1621
按登记注册类型分									
内资企业	3751	560	407	153	1032	783	846	530	1592
#国有企业	3	1	1			1		1	1
集体企业	2				1	1			1
股份合作企业	3	1		1		1	1		1
有限责任公司	215	50	35	15	27	58	54	26	77
股份有限公司	72	20	14	6	9	16	7	20	29
私营企业	3456	488	357	131	995	706	784	483	1483
港澳台商投资公司	156	19	12	7	26	52	30	29	45
外商投资企业公司	175	41	17	24	21	40	52	21	62

4-3 分县区规模

指　标	全 市	吴兴区	吴兴	南太湖新　区
工业企业单位数（家）	4082	620	436	184
#亏损企业	648	119	79	40
工业总产值（现价）	60954314	11828005	8560290	3267715
产成品	2813984	596013	387226	208787
资产合计	66209403	14681447	10284451	4396996
流动资产合计	39458794	8691767	5842022	2849745
应收帐款	13500822	2704413	1960537	743876
固定资产原价	25938678	5065379	3713504	1351875
本年折旧	1550248	324675	229146	95529
负债合计	37168200	8163111	6096152	2066959
流动负债	33389605	7069016	5231771	1837244
所有者权益	28243063	6441505	4111469	2330036
实收资本	23171918	3079003	2010682	1068321
营业收入	65163705	13340357	9622584	3717773
营业成本	55164354	11417132	8312321	3104811
税金及附加	326436	48491	30616	17875
销售费用	1722636	350158	193768	156390
营业利润	4103801	727275	523671	203604
利润总额	4248167	741418	524615	216803
亏损企业亏损额	530988	84838	52132	32707
利税总额	6060340	1056489	710649	345840
本年应交增值税	1485737	266580	155418	111162
平均用工人数（人）	454605	75095	51744	23351

以上工业主要指标

单位：万元

南浔区	德清县	长兴县	安吉县	△市区
1079	875	928	580	1699
106	163	169	91	225
11627730	12077311	15415234	10006035	23455735
476605	732442	614004	394920	1072618
10679196	12825468	17903601	10119692	25360643
7266746	7561650	10353158	5585473	15958513
2938565	2786299	3302385	1769160	5642978
3470619	4968421	7966837	4467421	8535998
221029	293236	477160	234149	545704
6801813	6523764	10359391	5320122	14964923
6143772	6050248	9525579	4600991	13212788
3841854	6102737	7234845	4622122	10283359
1875968	12696300	3667532	1853115	4954971
12824053	12345760	16301104	10352430	26164410
11274856	10186294	14116331	8169742	22691988
48088	58290	124212	47355	96579
280922	422191	352180	317185	631081
495068	964006	861465	1055988	1222343
515071	1008309	893651	1089719	1256489
112681	44591	238364	50513	197520
812513	1358979	1336656	1495704	1869002
249353	292380	318793	358630	515934
79215	100505	101163	98627	154310

4-4 分行业规模

行业分类	企 业 单位数 （家）	#亏损 企业	营业收入	营业成本
总　　计	**4082**	**648**	**65163705**	**55164354**
采矿业	16	3	472730	255869
非金属矿采选业	16	3	472730	255869
制造业	4000	638	61707585	52201521
农副食品加工业	65	15	808534	731941
食品制造业	46	10	604368	487312
酒、饮料和精制茶制造业	24	12	581413	469520
纺织业	640	101	4760874	4274226
纺织服装、服饰业	96	25	771946	631140
皮革、毛皮、羽毛及其制品和制鞋业	19	10	105126	99796
木材加工和木、竹、藤、棕、草制品业	331	33	2201416	1853092
家具制造业	411	57	4294734	3558632
造纸和纸制品业	67	18	870152	774282
印刷和记录媒介复制业	38	3	280720	242877
文教、工美、体育和娱乐用品制造业	84	10	878001	741933
石油、煤炭及其他燃料加工业	10	1	151537	147587
化学原料和化学制品制造业	216	38	3211109	2619973
医药制造业	48	10	1556335	636714
化学纤维制造业	30	5	4242525	3800303
橡胶和塑料制品业	139	28	1614632	1416146
非金属矿物制品业	361	47	6411817	5137675
黑色金属冶炼和压延加工业	63	4	2227746	1981111
有色金属冶炼和压延加工业	57	5	1912744	1792779
金属制品业	198	25	3314571	2957117
通用设备制造业	359	56	5666950	4530797
专用设备制造业	153	22	2086837	1670103
汽车制造业	105	20	1662451	1421645
铁路、船舶、航空航天和其他运输设备制	12	1	87558	72365
电气机械和器材制造业	276	61	8423817	7635852
计算机、通信和其他电子设备制造业	92	15	1847970	1508200
仪器仪表制造业	31	4	243564	187108
其他制造业	6		148070	124890
废弃资源综合利用业	21	1	729472	692368
电力、燃气及水的生产和供应业	66	7	2983390	2706965
电力、热力生产和供应业	45	6	2338848	2142143
燃气生产和供应业	9		512762	449688
水的生产和供应业	12	1	131779	115134

以上工业主要指标

单位：万元

利税总额	利润总额	全部从业人员年平均人数（人）	资产总计	负债合计	应付账款	产成品存货
6060340	**4248167**	**454605**	**66209403**	**37168200**	**9757108**	**3695484**
151134	111148	1802	771541	457368	33511	4644
151134	111148	1802	771541	457368	33511	4644
5658790	3956851	445915	60331580	33943999	9513132	3690078
38299	24220	5472	659026	405260	102431	49422
37991	17370	5279	845109	474575	69845	40450
51120	36140	4466	811562	411736	100054	22499
224010	120194	48047	4456169	3125433	803776	348624
44941	19842	13103	1000954	566867	115515	74110
702	-2511	1407	120508	85500	20265	11746
300851	228353	20596	2179460	1312613	270151	143342
367584	212507	66159	3619078	2083873	769335	273174
53828	26410	5590	819587	421691	117902	31947
16618	9167	2781	250281	166062	41233	7299
64193	37256	11048	849259	527002	204864	109451
-204	-2939	209	55370	48009	9040	5041
300836	229061	16674	2945748	1411421	356843	188417
779160	645155	10137	2052728	685695	149997	89752
258589	174695	15458	3431278	1927094	361387	188930
90308	50040	14563	1462901	956046	260678	72406
896639	638193	31744	6148129	3561372	1383836	315675
175867	118717	6947	1586898	559568	138923	105897
50006	29414	7561	975025	651474	111302	74490
210861	150559	18332	2136110	1095102	282045	159855
642841	482656	43422	6702665	3567458	1137641	428728
212322	166478	14124	2544221	1474586	446890	179158
81329	41445	15880	2902565	1707059	550792	84686
6012	4195	1320	94059	63710	18696	6742
431572	280755	41983	8409388	4850048	1208675	439696
191158	164783	17200	2111836	1074028	321565	155975
28176	18941	2950	313420	181721	52412	26095
19477	13986	1751	118546	29701	14730	37590
79732	18812	1513	709608	512070	91326	17264
250417	180168	6888	5106282	2766833	210465	763
167386	108000	4721	3801509	1963352	165384	26
59875	54053	841	314498	125035	12263	693
23156	18116	1326	990275	678445	32818	44

4-5 市区分行业规模

行业分类	企业单位数（家）	#亏损企业	营业收入	营业成本
总　计	**1699**	**225**	**26164410**	**22691988**
采矿业	7	1	245081	96423
非金属矿采选业	7	1	245081	96423
制造业	1667	223	25300267	22077615
农副食品加工业	33	7	338842	310828
食品制造业	22	5	149168	123943
酒、饮料和精制茶制造业	7	2	388881	303445
纺织业	255	36	2034748	1829276
纺织服装、服饰业	67	15	370969	300282
皮革、毛皮、羽毛及其制品和制鞋业	10	3	32132	30066
木材加工和木、竹、藤、棕、草制品业	271	21	1399572	1219230
家具制造业	98	5	296062	261548
造纸和纸制品业	17	4	142142	130426
印刷和记录媒介复制业	15	1	120878	102979
文教、工美、体育和娱乐用品制造业	31	3	215959	184262
石油、煤炭及其他燃料加工业	6		16384	14249
化学原料和化学制品制造业	74	16	589293	494774
医药制造业	13	3	142383	94451
化学纤维制造业	10	3	2263380	2045850
橡胶和塑料制品业	41	8	338185	292718
非金属矿物制品业	111	14	1719557	1486399
黑色金属冶炼和压延加工业	32	2	1907692	1691325
有色金属冶炼和压延加工业	37	4	895185	823785
金属制品业	75	10	2412789	2196493
通用设备制造业	180	22	2762752	2214690
专用设备制造业	42	5	1172320	936421
汽车制造业	26	6	293156	243076
铁路、船舶、航空航天和其他运输设备制	3		24279	19164
电气机械和器材制造业	131	21	4464907	4053385
计算机、通信和其他电子设备制造业	38	6	516008	402405
仪器仪表制造业	7	1	27794	20058
其他制造业	3		10761	9247
废弃资源综合利用业	11		245138	240072
电力、燃气及水的生产和供应业	25	1	619062	517950
电力、热力生产和供应业	17	1	291564	212868
燃气生产和供应业	3		261027	239654
水的生产和供应业	5		66471	65427

以上工业主要指标

单位：万元

利税总额	利润总额	全部从业人员年平均人数（人）	资产总计	负债合计	应付账款	产成品存货
1869002	**1256489**	**154310**	**25360643**	**14964923**	**3725678**	**1335557**
106298	90162	961	447440	170170	24926	1399
106298	90162	961	447440	170170	24926	1399
1662644	1080467	151286	23187214	13789097	3620246	1334133
15357	11447	1753	195059	130943	23940	14731
-6169	-12719	1815	498837	311910	20739	7675
43406	33694	2622	544637	253111	46049	2986
108593	60233	20139	1934404	1468346	468457	112615
22962	10646	6520	525638	313368	50495	42157
1535	266	444	46494	38106	4364	6395
97910	53284	12675	1280672	916860	208147	94313
16071	8555	4133	225688	156400	42661	11898
3829	1167	939	89985	77401	20175	2344
7801	4130	1263	115059	77825	22575	4915
13925	6585	2976	205880	135486	48252	9937
831	419	87	7923	6175	3600	202
39446	24615	3161	491041	271538	91797	23393
21965	15165	1569	237669	141787	12505	11605
95946	48559	7279	2290081	1454926	269044	65045
26509	17636	3149	341557	189633	49748	18598
134491	72814	8074	1681668	1169785	461540	106261
160495	108935	5241	1417611	464533	118974	87169
24225	14518	5300	647104	441615	61299	34977
142766	110263	8877	1359261	658671	159348	111981
272399	188820	20596	3067202	1875313	578242	112287
121901	103803	5218	1301041	770932	265006	107930
10966	5011	3234	398260	231678	82984	26474
2159	1472	422	31837	21669	5335	484
169168	121335	16863	3297146	1707343	320539	282653
71066	61186	5698	761248	369637	137144	23712
2171	931	498	32288	23839	10132	4730
971	341	233	13948	9139	3648	181
35822	4194	358	138731	99862	33121	5891
100061	85860	2063	1725988	1005656	80507	26
63900	54117	842	830097	495170	54536	26
25733	23563	453	167352	55981	4490	
10428	8180	768	728540	454505	21481	

4-6 分县区

行业分类	全 市	吴兴区	吴兴
规模以上工业	**11686706**	**2258544**	**1547650**
#轻工业	4862430	728007	539706
重工业	6824276	1530537	1007943
#国有控股企业	876738	81416	58027
#大型企业	2968177	680132	603936
中型企业	2773446	484380	265540
小型企业	5945083	1094032	678174
1. 按登记注册类型分			
内资企业	8977352	1831339	1251564
#国有企业	51888	382	382
集体企业	1317		
股份合作企业	1735	513	
有限责任公司	1407852	224611	159945
股份有限公司	1386062	358900	157540
私营企业	6128499	1246934	933697
港澳台商投资公司	797785	224927	202158
外商投资企业公司	1911570	202278	93928
2. 按国民经济行业分			
非金属矿采选业	205631	145898	114732
农副食品加工业	97813	6128	5445
食品制造业	110457	15890	-576
酒、饮料和精制茶制造业	101120	69794	2702
纺织业	737559	80527	69839
纺织服装、服饰业	168995	65607	56754
皮革、毛皮、羽毛及其制品和制鞋业	10346	1297	781
木材加工和木、竹、藤、棕、草制品业	376667	9751	9197

规模以上工业增加值

单位：万元

南太湖新区	南浔区	德清县	长兴县	安吉县	△市区
710894	**1751499**	**2399207**	**2629359**	**2648096**	**401004**
188301	435642	921187	1038900	1738694	116365
522594	1315857	1478021	1590459	909402	284639
23389	62874	160115	356814	215519	14429
76196	354311	443447	342565	1147723	103444
218840	341609	674971	774126	498360	82599
415858	1055580	1280789	1512668	1002013	214961
579775	1426612	1890665	2123853	1704884	325795
		26414		25092	38
	738	579			74
513		939	284		51
64666	107567	321444	491103	263127	33218
201360	215088	367786	104205	340083	57399
313237	1103219	1173503	1528261	1076582	235015
22770	36957	287851	104473	143578	26188
108350	287931	220692	401034	799635	49021
31166		27679	32009	45	14590
683	26371	20052	5875	39388	3250
16465	695	27357	26317	40199	1658
67091	953	8748	5493	16133	7075
10688	233215	93043	310162	20612	31374
8853	19416	50786	26231	6955	8502
516	2403	6018	262	366	370
554	201383	82959	12120	70456	21113

4-6 分县区

续 1

行业分类	全 市	吴兴区	吴兴
家具制造业	936552	5075	3102
造纸和纸制品业	117130	3699	1392
印刷和记录媒介复制业	45819	15039	7519
文教、工美、体育和娱乐用品制造业	164657	6243	3892
石油、煤炭及其他燃料加工业	3804		
化学原料和化学制品制造业	531567	43747	28741
医药制造业	923159	29260	2155
化学纤维制造业	621951	320797	320797
橡胶和塑料制品业	296411	48163	24798
非金属矿物制品业	1336997	111290	62750
黑色金属冶炼和压延加工业	298981	217773	99265
有色金属冶炼和压延加工业	183574	114336	114336
金属制品业	429718	43533	36676
通用设备制造业	1252771	218218	130486
专用设备制造业	424235	215797	163696
汽车制造业	321807	55355	7809
铁路、船舶、航空航天和其他运输设备制	17801	4435	4435
电气机械和器材制造业	825724	192862	123178
计算机、通信和其他电子设备制造业	400509	119472	96111
仪器仪表制造业	58637	6813	2261
其他制造业	36245		
废弃资源综合利用业	87493	28558	9704
电力、热力生产和供应业	448402	32975	26172
燃气生产和供应业	70485	11951	6885
水的生产和供应业	37579	12618	12618

规模以上工业增加值

单位：万元

南太湖新区	南浔区	德清县	长兴县	安吉县	△市区
1973	42098	144721	10230	734429	4717
2307	9830	54318	18506	30777	1353
7520	6716	15411	6884	1769	2175
2352	33250	66645	43287	15232	3949
	1643	1097	-1315	2378	164
15007	41470	257617	113909	74824	8522
27105	15416	182352	15562	680569	4468
	-16091	20805	248717	47723	30471
23365	13863	71479	38675	124230	6203
48540	137951	282080	726320	79357	24924
118509	47681	18614	6666	8246	26545
	8516	8399	26928	25395	12285
6857	205323	112668	25149	43047	24886
87732	382462	376341	154179	121572	60068
52101	2734	81640	93986	30078	21853
47546	11365	61040	122593	71453	6672
	1177	9249	1147	1794	561
69685	199403	87791	287928	57741	39227
23362	16837	79965	66559	117675	13631
4553		14887	36256	681	681
	3011	33234			301
18853	4087	5396	44102	5350	3264
6803	79431	75871	93594	166531	11241
5066	14043	13251	21418	9822	2599
	4849	7697	9142	3273	1747

4-7　历年用电量

单位：万千瓦时

年　份	全社会用电量	#工业用	#生活用
1985	107664		
1986	135564	106662	6723
1987	153659	121400	8755
1988	163114	127225	11170
1989	161713	126892	10933
1990	171657	131059	13981
1991	192423	147540	15525
1992	216113	168870	16826
1993	252546	198828	18216
1994	291188	224568	22013
1995	314227	242686	25839
1996	332478	252565	33956
1997	324470	244365	33640
1998	326830	236014	36816
1999	350158	255710	40205
2000	417195	305879	49020
2001	456715	339371	53444
2002	537115	411035	58616
2003	650805	496811	73186
2004	738340	600771	65523
2005	852577	686208	78854
2006	958520	768034	92786
2007	1071456	854017	103262
2008	1124869	880668	117752
2009	1230579	957912	131528
2010	1401547	1082265	153957
2011	1575608	1225725	165939
2012	1658389	1265020	192151
2013	1829435	1376855	221431
2014	1916143	1477791	197405
2015	1989124	1511607	214835
2016	2221981	1657306	261872
2017	2443329	1821630	281239
2018	2748017	2034719	313856
2019	2950204	2155129	335026
2020	3022255	2176807	356770
2021	3450180	2482510	382960

4-8 分县区供电量、用电量

单位：万千瓦时

行业分类	全　市	吴兴区	南浔区	长兴县	德清县	安吉县
供 电 量						
售 电 量	3300535	618215	514344	930964	583239	428179
线损电量	3200905	601147	499162	909494	568717	414977
线损率（%）	3.02	2.76	2.95	2.31	2.49	3.08
最高负荷（万千瓦）	620	138	87	147	99	76.11
全社会用电总计	**3450180**	**827923**	**555330**	**979410**	**618420**	**451072**
A、全行业用电合计	3067296	717048	497235	903036	557609	374342
第一产业	36946	5951	12685	2420	14010	1880
第二产业	2551119	529816	431915	821176	450322	299866
第三产业	479231	181281	52635	79440	93278	72597
B、城乡居民生活用电合计	382884	110876	58095	76374	60810	76730
城镇居民	186964	87831	13522	32022	23723	29866
乡村居民	195920	23045	44573	44352	37087	46864
全行业用电分类	**3067296**	**717048**	**497235**	**903036**	**557609**	**374342**
一、农、林、牧、渔业	52235	8836	21183	4174	15349	2693
1.农业	15845	2129	8070	1039	3485	1121
2.林业	598	359	33	105	32	69
3.畜牧业	2971	417	675	673	896	310
4.渔业	17532	3046	3906	604	9597	379
5.农、林、牧、渔专业及辅助性活动	15290	2885	8498	1754	1339	814
二、工业	2482776	508595	421503	809061	436873	288719
（一）采矿业	19752	9762	138	4295	3443	2114
1.煤炭开采和洗选业	1	0	0	0	0	1
2.石油和天然气开采业	20	20	0	0	0	0
3.黑色金属矿采选业	0	0	0	0	0	0
4.有色金属矿采选业	67	67	0	0	0	0
5.非金属矿采选业	16642	8065	137	4289	3392	759
6.其他采矿活动	3023	1611	1	6	51	1354
（二）制造业	2271449	461255	386544	765827	397732	260091
1.农副食品加工业	18393	2779	5162	2624	4523	3305
2.食品制造业	19586	4566	2112	2998	3197	6713
3.酒、饮料及精制茶制造业	4392	499	185	909	1111	1688
4.烟草制品业	0	0	0			0
5.纺织业	535565	63762	115560	282599	50556	23088
6.纺织服装、服饰业	69598	52124	3882	7414	4705	1474
7.皮革、毛皮、羽毛及其制品和制鞋业	8184	408	3262	1924	1105	1485
8.木材加工和木、竹、藤、棕、草制品业	97084	2035	47234	6391	10597	30825
9.家具制造业	53234	1205	7648	4178	6465	33739
10.造纸和纸制品业	41367	310	1086	2046	15348	22578
11.印刷和记录媒介复制业	7210	1449	865	1003	1839	2055
12.文教、工美、体育和娱乐用品制造业	10580	370	494	2733	5149	1834
13.石油、煤炭及其他燃料加工业	2759	274	1276	77	526	606
14.化学原料和化学制品制造业	68230	5232	5404	9232	42718	5644
15.医药制造业	22847	4884	996	1981	6662	8323
16.化学纤维制造业	216225	116468	29973	59720	2668	7396
17.橡胶和塑料制品业	99751	11886	5989	21578	27365	32932
18.非金属矿物制品业	284776	16701	34748	141735	66109	25483

4-8 分县区供电量、用电量

续 1　　　　　　　　　　　　　　　　　　　　　　　　　　单位：万千瓦时

行业分类	全　市	吴兴区	南浔区	长兴县	德清县	安吉县
19.黑色金属冶炼和压延加工业	61577	33440	21284	956	5772	124
20.有色金属冶炼和压延加工业	42904	24383	3496	5107	5208	4710
21.金属制品业	157744	22147	26669	15363	79774	13792
22.通用设备制造业	74662	27316	17211	11313	13424	5398
23.专用设备制造业	27911	5376	1562	12571	4281	4121
24.汽车制造业	29275	2438	1968	17331	2116	5423
25.铁路.船舶.航空航天和其他运输设备制造业	8922	2712	279	2070	3407	454
26.电气机械和器材制造业	220289	33063	37124	130230	13448	6424
27.计算机、通信和其他电子设备制造业	40811	10809	6284	10691	7358	5670
28.仪器仪表制造业	2714	1130	82	522	846	134
29.其他制造业	33744	11447	3565	9884	8218	630
30.废弃资源综合利用业	10339	1876	1050	526	3099	3788
31.金属制品、机械和设备修理业	778	166	94	122	140	257
（三）电力、热力、燃气及水生产和供应业	191575	37578	34822	38938	35698	26514
1.电力、热力生产和供应业	160501	30298	29809	28786	31772	21811
2.燃气生产和供应业	953	121	478	138	82	134
3.水的生产和供应业	30120	7158	4534	10014	3845	4569
三、建筑业	69122	21387	10505	12237	13589	11404
1.房屋建筑业	5973	1091	255	3154	84	1391
2.土木工程建筑业	51506	19463	9510	5723	9139	7670
3.建筑安装业	336	174	55	32	46	28
4.建筑装饰、装修和其他建筑业	11307	659	685	3328	4320	2315
四、交通运输、仓储和邮政业	51037	24770	2570	9681	8175	5841
1.铁路运输业	24029	14732	191	2895	2849	3362
2.道路运输业	12056	5529	1579	1337	2233	1378
3.水上运输业	292	100	40	30	0	122
4.航空运输业	137	0	3	0	134	0
5.管道运输业	4046	9	0	4036	1	0
6.多式联运和运输代理业	1269	319	14	603	161	172
7.装卸搬运和仓储业	8476	3720	707	694	2638	717
8.邮政业	732	361	36	86	159	89
五、信息传输、软件和信息技术服务业	53668	14467	3659	4940	25533	5069
1.电信、广播电视和卫星传输服务	18217	8310	1931	4393	493	3090
2.互联网和相关服务	32364	3793	1638	517	24711	1704
3.软件和信息技术服务业	3087	2363	90	30	330	274
六、批发和零售业	112229	46904	11800	20699	16926	15900
七、住宿和餐饮业	52834	11460	5342	12615	9817	13601
八、金融业	9281	2788	963	960	3243	1327
九、房地产业	38927	19546	4055	5918	3959	5449
十、租赁和商务服务业	17574	8444	2686	2252	3245	947
十一、公共服务及管理组织	127614	49852	12970	20499	20899	23394
1.科学研究和技术服务业	6285	3052	141	723	963	1407
2.水利、环境和公共设施管理业	28193	9329	3356	3854	6023	5631
3.居民服务、修理和其他服务业	8247	3016	1321	1518	1210	1182
4.教育、文化、体育和娱乐业	33784	12863	2631	5915	6011	6364
5.卫生和社会工作	24019	10836	2085	4288	3159	3652
6.公共管理和社会组织、国际组织	27085	10756	3436	4201	3534	5159

4-9 历年主要能源消费量

年 份	原 煤（万吨）	焦 炭（吨）	汽 油（吨）	柴 油（吨）	燃料油（吨）	电 力（亿千瓦时）
1990	140.53	21009	12025	14966	13727	6.37
1991	163.36	13562	14763	17601	18611	8.87
1992	213.34	9938	15895	24772	15921	9.21
1993	262.75	13430	16698	37547	12002	10.95
1994	282.74	15776	15867	17227	11550	12.00
1995	283.23	13825	14369	20815	12707	14.40
1996	294.47	11236	14531	17366	9119	14.56
1997	266.01	12072	13330	20698	5748	12.74
1998	334.97	16263	7012	22746	11860	20.02
1999	412.79	14392	5860	24811	12555	32.48
2000	457.23	12750	4984	16875	6258	43.98
2001	461.54	13533	4450	21210	6816	55.50
2002	525.94	12390	12071	30676	13201	64.25
2003	703.12	10318	5764	42716	19305	74.35
2004	728.22	9295	4268	40851	21289	66.77
2005	841.50	6685	35877	93262	30513	67.70
2006	1023.55	13103	17877	68678	39558	74.17
2007	1043.84	11447	20547	69369	38142	83.51
2008	942.92	12128	16606	68343	71437	82.68
2009	919.48	9889	14837	63575	86826	88.75
2010	817.58	9206	15392	67179	49887	93.85
2011	808.46	4754	11961	55507	45118	95.27
2012	720.60	8736	12666	53162	29652	101.67
2013	719.00	15203	13520	53174	22552	111.82
2014	713.53	15121	11919	48828	15688	120.34
2015	818.18	14022	11973	44513	15560	127.81
2016	825.43	17823	11966	44613	10500	140.31
2017	888.41	14988	10467	38248	5132	146.48
2018	946.18	10819	8279	36665	5352	161.37
2019	904.84	6244	7597	36510	4610	174.15
2020	829.70	2890	6216	31111	3616	180.04
2021	1048.55	135	5597	38439	1758	208.65

注：历年统计范围：1990-1997 年为乡以上全部独立核算企业；1998-2006 年除 2004 年为年耗标煤千吨以上企业之外，其他年份为全部国有及年产品销售收入 500 万元及以上的非国有工业企业；2007-2010 年为年主营业务收入 500 万元及以上的工业法人企业；2011 年开始为年主营业务收入 2000 万元及以上的工业法人企业。下同。

4-10 历年市区主要能源消费量

年 份	原 煤（万吨）	焦 炭（吨）	汽 油（吨）	柴 油（吨）	燃料油（吨）	电 力（亿千瓦时）
1990	38.21	20007	6549	8836	11226	3.53
1991	45.71	12303	8718	9048	14577	4.03
1992	44.12	9170	7805	10863	12958	3.98
1993	47.56	12808	9170	11607	8641	4.59
1994	47.61	15151	7598	8015	8856	4.84
1995	48.22	12498	6828	9719	9923	5.80
1996	47.98	10804	6171	7464	7457	5.95
1997	42.97	11623	5828	8740	3834	5.27
1998	90.14	14545	3255	13863	3288	8.75
1999	138.92	12351	2720	15140	4313	10.16
2000	141.83	10747	2453	11650	2581	12.15
2001	119.09	11744	1891	11992	2436	11.62
2002	139.28	11188	8995	16119	4440	13.91
2003	151.67	7590	2518	21340	9747	16.45
2004	149.52	4686	2034	21390	8807	12.50
2005	183.86	4578	30134	55994	9621	26.18
2006	208.07	9449	11459	39851	14500	26.74
2007	208.76	6603	13098	40583	8674	31.16
2008	169.20	5667	10146	41580	12809	28.97
2009	147.46	1531	8809	34572	13907	30.89
2010	132.90	1595	9319	34107	9603	32.80
2011	118.64	1264	7196	28747	7034	32.66
2012	111.18	1463	7849	31823	1648	34.21
2013	109.66	1562	8054	31363	2368	37.25
2014	114.38	1582	7323	30158	1953	40.65
2015	111.87	1455	6991	25736	2792	41.79
2016	109.12	1102	7353	25671	2525	45.70
2017	122.80	157	5795	18861	133	48.10
2018	128.50	77	3961	15541	101	56.66
2019	135.72	0	3585	14812	507	64.13
2020	123.37	0	2456	9905	814	63.81
2021	113.77	0	2717	13150	209	72.84

4-11 分县区主要能源消费量

指　标	单位	全　市	吴兴区			南浔区	德清县	长兴县	安吉县	△市区
				吴兴	南太湖新　区					
综合能耗（等价值）	万吨标准煤	982.79	153.28	109.54	43.74	151.29	166.77	372.19	124.99	318.84
#原煤	万吨	1048.55	58.99	46.16	12.83	54.77	106.05	780.16	48.57	113.77
焦炭	吨	135	0.00	0	0	0	0	0	135	0.00
天然气	亿立方米	12.30	1.67	1.14	0.53	3.14	1.79	4.74	0.97	4.80
汽油	吨	5597	405	142	263	1901	1671	435	774	2717.59
柴油	吨	38439	7850	3356	4493	5220	10820	10108	4362	13150.06
燃料油	吨	1758	8	8	0	200	1446	0	104	208.33
热力	百万千焦	26995225	4403576	3043582	1359993	7388396	9202387	2959058	3037851	1795927.87
电力	亿千瓦时	208.65	36.29	25.97	10.32	31.54	34.68	70.99	30.14	72.84

4-12 分行业主要

行业分类	综合能耗（等价值）（万吨标准煤）	原煤（吨）	焦炭（吨）
总　　计	**982.79**	**10485468**	**135**
非金属矿采选业	5.39	0	0
农副食品加工业	8.13	0	0
食品制造业	4.66	0	0
酒、饮料和精制茶制造业	3.04	0	0
纺织业	0.02	6256	0
纺织服装、服饰业	148.08	0	0
皮革、毛皮、羽毛及其制品和制鞋业	4.13	0	0
木材加工和木、竹、藤、棕、草制品业	1.24	0	0
家具制造业	25.52	0	0
造纸和纸制品业	11.87	0	0
印刷和记录媒介复制业	19.90	0	0
文教、工美、体育和娱乐用品制造业	1.75	0	0
石油加工、炼焦和核燃料加工业	14.97	0	0
化学原料和化学制品制造业	0.69	35892	0
医药制造业	34.12	298392	0
化学纤维制造业	11.79	275881	0
橡胶和塑料制品业	104.90	46901	0
非金属矿物制品业	27.72	1682881	0
黑色金属冶炼和压延加工业	242.15	0	0
有色金属冶炼和压延加工业	27.90	0	0
金属制品业	16.45	0	135
通用设备制造业	30.49	9046	0
专用设备制造业	10.80	0	0
汽车制造业	13.33	0	0
铁路、船舶、航空航天和其他运输设备制造业	0.38	0	0
电气机械和器材制造业	58.17	38	0
计算机、通信和其他电子设备制造业	17.31	0	0
仪器仪表制造业	0.55	0	0
其他制造业	0.17	0	0
废弃资源综合利用业	5.03	0	0
电力、热力生产和供应业	102.67	8130181	0
燃气生产和供应业	0.17	0	0
水的生产和供应业	3.69	0	0

能源品种消费量

天然气（万立方米）	汽油（吨）	柴油（吨）	燃料油（吨）	热力（百万千焦）	电力（万千瓦时）
123034	**5597**	**38439**	**1758**	**27000888**	**2089005**
0	0	6486	0	0	15650
563	8	3077	0	767824	15293
426	34	19	0	223847	10976
790	0		43	222667	4814
21695	490	847	249	10995080	287710
24	462	134	0	300720	10523
0	0	467	0	184503	1904
1710	219	615	0	1506704	62393
731	446	116	0	27113	37843
693	22	334	0	2606709	31378
189	76	157	0	7180	4985
2450	115	77	0	685743	31938
173	0	0	0	3024	1713
3205	145	802	0	3163337	52217
319	25	350	0	1054444	19768
2283	0	748	0	2134945	249675
913	37	92	209	456717	74422
24524	109	17949	1172	829916	265420
6509	9	277	0	47192	64736
5075	81	358	0	32184	35771
3641	193	2683	73	188563	69745
2797	1342	757	0	74975	90527
1524	113	206	0	54691	30731
1133	52	385	0	81181	40506
94	39	22	0	3232	842
2100	552	340	0	379163	191087
1920	65	40	0	475868	44777
17	4	4	0	0	1873
0	6	9	0	0	593
953	17	0	0	143990	10068
36583	857	1073	0	349372	314983
0	45	16	0	0	574
0	35	0	0	0	12982

4-13 历年节能降耗情况

年 份	单位 GDP 能耗 （吨标准煤/万元）	单位 GDP 能耗 降 低 率 （%）	单位 GDP 电耗 降 低 率 （%）	单位工业增加值 能 耗 降 低 率 （%）
2005	1.18			
2006	1.13	3.8	1.4	4.1
2007	1.08	4.4	1.8	8.5
2008	1.02	5.9	4.8	12.8
2009	0.97	4.8	0.7	8.5
2010	0.94	3.4	-1.6	10.2
2011	0.71	4.4	-1.4	8.3
2012	0.66	6.6	4.0	10.5
2013	0.64	3.5	-1.2	6.8
2014	0.61	5.1	3.4	5.2
2015	0.58	3.7	4.2	5.3
2016	0.55	0.9	-4.0	0.5
2017	0.52	5.2	-1.3	8.5
2018	0.50	4.7	-4.1	6.4
2019	0.46	2.9	0.5	2.2
2020	0.44	4.7	0.8	5.4

注：1.表中能耗均为等价值，若降低率为负数说明本期的指标值与上年同期相比没有降低，反而上升；2..单位工业增加值能耗的统计范围是规模以上法人工业企业；3.指标计算中所采用的 GDP 数据价格口径：2005-2010 年按 2005 年价格计算，2011 年至 2015 年按 2010 年价格计算，2016 年开始按 2015 年价格计算。

4–14 分县区节能降耗情况

年 份/地 区	单位GDP能耗（吨标准煤/万元）	单位GDP能耗降低率（%）	单位GDP电耗降低率（%）	单位工业增加值能耗降低率（%）
吴兴区				
2010	0.53			
2011	0.50	6.0	0.9	
2012	0.47	4.8	2.8	
2013	0.45	4.1	1.0	
2014	0.43	5.2	6.9	
2015	0.42	2.7	2.0	
2016	0.39	2.0	–0.9	
2017	0.37	3.6	–3.1	
2018	0.36	4.3	–5.7	
2019	0.31	2.5	0.8	
2020	0.31	1.0	–3.0	
南浔区				
2010	0.67			
2011	0.65	3.7	–4.7	6.8
2012	0.62	5.0	4.6	12.0
2013	0.59	4.0	–2.9	7.3
2014	0.56	5.0	2.4	3.4
2015	0.54	3.2	3.8	5.3
2016	0.54	0.7	–4.9	–3.8
2017	0.52	5.3	0.0	6.3
2018	0.50	5.6	–0.3	4.8
2019	0.48	4.3	2.6	6.4
2020	0.46	4.6	6.0	5.5
德清县				
2010	0.76			
2011	0.71	5.7	–0.1	8.7
2012	0.66	7.3	6.8	9.7
2013	0.64	3.0	–1.0	7.2
2014	0.61	5.1	7.0	6.6
2015	0.57	6.5	8.2	10.5
2016	0.53	3.6	0.8	10.9
2017	0.48	4.0	–0.7	4.9
2018	0.46	3.6	–7.7	9.1
2019	0.47	4.1	–0.4	6.3
2020	0.45	4.2	–2.6	1.8

4-14 分县区节能降耗情况

续 1

年 份/地 区	单位 GDP 能耗（吨标准煤/万元）	单位 GDP 能耗降低率（%）	单位 GDP 电耗降低率（%）	单位工业增加值能耗降低率（%）
长兴县				
2010	1.18			
2011	1.13	4.1	-3.3	9.0
2012	1.03	8.5	8.3	12.7
2013	1.00	3.5	-3.1	6.8
2014	0.95	4.8	0.1	3.7
2015	0.93	2.4	3.3	4.0
2016	0.89	0.3	-6.0	1.2
2017	0.83	7.3	1.4	14.0
2018	0.79	5.1	-1.7	5.2
2019	0.74	1.9	-0.9	-1.8
2020	0.69	6.7	1.4	10.0
安吉县				
2010	0.49			
2011	0.48	2.7	-4.6	5.6
2012	0.46	3.8	-1.3	8.1
2013	0.44	2.8	-1.3	9.1
2014	0.42	5.0	6.7	8.3
2015	0.42	0.5	0.2	-3.9
2016	0.39	0.5	-5.8	-8.1
2017	0.40	-1.5	-8.4	1.8
2018	0.39	3.9	-6.1	7.3
2019	0.34	5.1	0.8	12.3
2020	0.34	-0.6	-3.1	-5.3

注：1.表中能耗均为等价值，若降低率为负数说明本期的指标值与上年同期相比没有降低，反而上升；2.单位工业增加值能耗的统计范围是规模以上工业法人企业；3.“十二五”期间按国家规定，GDP 按 2010 年价格计算，2016 年开始，GDP 按 2015 年价格计算；4.吴兴区数据中包括开发区、度假区。

主要统计指标解释

工业 我国的工业，包括（1）对自然资源的开采，如采矿、晒盐、森林采伐等（但不包括禽兽捕猎和水产捕捞；（2）对农副产品的加工、如碾米、磨粉、酿酒、榨油、轧花、缫丝、屠宰、药材加工等；（3）对工业品加工，如炼钢、乳钢、炼焦、化工生产、机器制造、木材加工、纺织印染、服装加工、造纸等；（4）对工业品的修理，如修理机械设备、交通运输工具等；（5）自来水、煤气和电力的生产及供应。

规模以上工业的口径变化 1997 - 2006 年为全部国有和年销售收入 500 万元及以上非国有工业企业，2007 – 2010 年为年主营业务收入 500 万元及以上的工业法人企业，2011 年为年主营业务收入 2000 万元及以上的工业法人企业。

工业总产值（当年价格） 指工业企业在报告期内生产的以货币形式表现的工业最终产品和提供工业劳务活动的总价值量。工业总产值计算有三条原则，工业生产的原则、最终产品的原则和“工厂法”原则。根据国家统计局制度规定，从 1995 年工业普查开始工业总产值统计口径执行新规定，统计范围是指本年生产成品价值、对外加工费收入和自制半成品在制品期末期初差额价值之和。

工业销售产值 是以货币表现的工业企业在一定时期内销售的本企业生产的工业产品总量。它是反映一定时期内工业企业产品销售总规模和总水平的重要指标，是计算工业产品销售率的主要依据。

轻工业 指提供生活消费品和制作手工工具的工业。按其所使用的原料不同，可分为两大类：一是以农产品为原料的轻工业，是指直接或间接以农产品为基本原料的轻工业，主要包括食品制造、饮料制造、纺织、缝纫、毛皮制作、造纸、印刷等工业。二是以非农产品为原料的轻工业，指以工业品为原料的轻工业，主要包括文教用品制造、工艺美术用品制造、化学药品制造、合成纤维制造、日用化学制品、日用玻璃品、日用金属制品、手工工具制造、医疗器械制造、文化和办公用机械制造等工业。

重工业 指生产生产资料的工业，是为国民经济各部门提供物质技术基础的工业。按其生产和产品用途分为三类：（1）采掘（伐）工业，是指对自然资源的开采，包括石油开采、煤炭开采、金属矿开采、非金属开采和木材采伐等工业。（2）原料工业，是指提供国民经济各部门使用的原料、动力和燃料的工业。包括金属冶炼及加工、炼焦及焦炭、化学、化工原料、水泥、人造板、电力、石油加工等。（3）制造工业，是指对原料进行加工制造的工业，包括装备国民经济各部门的机械设备制造工业、金属结构、水泥制品工业，以及为农业提供的生产资料和化肥、农药等工业。

资本金 指企业在工商行政管理部门登记的注册资金合计。企业资本金按投资主体可分为国家资本金、法人资本金、个人资本金、外商资本金等。

总资产 指企业过去的交易或者事项形成的、由企业拥有或者控制的、预期会给企业带来经济利益的资源。资产一般按流动性分为流动资产和非流动资产。其中流动资产可分为货币资金、交易性金融资产、应收票据、应收账款、预付款项、其他应收款、存货等；非流动资产可分为长期股权投资、固定资产、无形资产及其他非流动资产等。

流动资产 资产满足以下条件之一应归为流动资产：（1）预计在一个正常营业周期中变现、出售或耗用，主要包括存货、应收账款等；（2）主要为交易目的而持有；（3）预计在资产负债表日起一年内（含一年）变现；

（4）自资产负债日起一年内，交换其他资产或清偿负债的能力不受限制的现金或现金等价物。包括货币资金、应收票据、应收账款、存货等项目。

固定资产 指企业为生产商品、提供劳务、出租或经营管理而持有的，使用寿命超过一个会计年度的有形资产。包括使用期限超过一年的房屋、建筑物、机器、机械、运输工具以及其他与生产、经营有关的设备、器具、工具等。固定资产合计是时点指标，表示固定资产经过扣减折旧、减值准备等后的期末余额。

负债合计 负债合计包括流动负债合计和长期负债合计，流动负债是指将在一年或一年的一个营业周期内偿还的债务，包括短期借款、应付票据、应付帐款、预收帐款、应付工资、应交税金、应付利润、其他应付款、预提费用等。长期负债是指偿还期在一年或者超过一年的一个营业周期以上的借款本息，它是除了投资人投入企业的资本以外，企业向债权人筹资，可供企业长期使用的借款本息。

所有者权益 是指企业投资人对企业净资产的所有权，等于企业全部资产减全部负债后的余额，包括企业投资人对企业的最初投入的实际到位的资产以及资本公积金、盈余公积金和未分配利润。

主营收入 指企业在销售商品（不一定是本企业生产)、提供劳务及让渡资产使用权等日常活动中所产生的收入。

税金及附加 指企业日常活动应负担的税金及附加，包括营业税、消费税、城市维护建设税、资源税、土地增值税和教育附加等。

利润总额 指企业在生产经营过程中各种收入扣除各种耗费后的盈余，反映企业在报告期内实现的亏盈总额，包括营业利润、被贴收入、投资净收益和营业外收支净额。

利税总额 指企业产品销售税金及附加、应交增值税和利润总额之和。不包括成本、费用中的有关税金。

综合能源消费量 指报告期内工业企业在工业生产活动中实际消费的各种能源的总和净值。计算综合能源消费量时，需要先将使用的各种能源折算成标准燃料后再进行计算。综合能源消费量 = 工业生产消费的能源合计 − 加工转换产出能源合计 − 回收利用能源合计。

取水量 指工业法人企业从各种水源实际提取的水量。包括提取的地表水、地下水、自来水、污水处理达标水、未达标污水、雨水收集利用以及企业从市场购得的其他水或水产品（如纯净水、矿泉水等)，其中还包括采盆企业所取的海水、地下卤水、盐湖水，海水淡化企业所取的海水，自来水生产企业所取的地表水和地下水，污水处理厂处理的污水。取水量不包括重复用水量；不包括企业采自河流、水库、湖泊、海洋，用于冷却，不重复使用，又排回到河流、水库、湖泊、海洋的水；不包括水力发电厂的发电动力用水量。取水量按取水企业和供水企业（单位）商定的水表结算流量计算。如没有水表，按取水企业和供水企业（单位）商定的、或有关管理部门规定的计算方法计算。

重复用水量 工业企业重复用水量是指在企业内部，对生产和生活排放的废水直接或经过处理后回收再利用的水量，不包括企业从城市污水处理厂购买的中水和符合企业用水标准的废水。企业废水在报告期每重复利用一次，计算一次重复用水量。重复用水量不包括河湖海冷却直排水量。重复用水量的计算原则:(1)开放原则。即水的循环在开放系统进行，循环一次计算一次，封闭式循环系统的循环水不计算重复用水量。(2）“源头”计算原则。对循环水来说，使用后的水，又回流到系统的取水源头，流经源头一次，计算一次。循环系统中的中间环节用水不得计算重复用水量。(3）异地原则。对于非循环系统，根据不同工艺对不同水质的要求，在一个地方（工艺）使用过的水，在另外一个地方（工艺）中又进行使用，使用一次，计算一次。在同一地方（容器）多次使用的水，不得计算重复用水量。(4）企业经过净化处理后的水重复再用，在任何情况下都可按照重复用水计算。

五、交通运输、邮政、电信

5-1 历年客运情况

年 份	客运量(万人)	公路	内河	旅客周转量(万人公里)	公路	内河
1978	1089	780	309	26626	19753	6873
1979	1267	942	325	31637	23536	8101
1980	1537	1168	369	38635	29336	9299
1981	1731	1364	367	41718	32557	9161
1982	1913	1535	378	45537	36431	9100
1983	2030	1685	345	48240	40081	8159
1984	2226	1832	394	57355	46449	10906
1985	2556	2159	397	70161	59419	10742
1986	2804	2280	524	79920	69333	10587
1987	2836	2305	531	86915	76778	10137
1988	2678	2216	462	84806	75712	9094
1989	2636	2289	347	86477	79644	6833
1990	3078	2808	270	97065	92161	4904
1991	3337	3123	214	109235	105533	3702
1992	3233	3054	179	115863	112915	2948
1993	3859	3770	89	146007	144832	1175
1994	4923	4853	70	205884	204815	1069
1995	5326	5276	50	232090	231338	752
1996	5430	5378	52	241912	241095	817
1997	5886	5861	25	252683	252241	442
1998	6060	6043	17	252594	252338	256
1999	6369	6359	10	260515	260386	129
2000	6675	6670	5	267491	267404	87
2001	7016	7016		275336	275336	
2002	7164	7164		285045	285045	
2003	6985	6985		281676	281676	
2004	7266	7264	2	288380	288366	14
2005	7563	7555	8	294182	294133	49
2006	8393	8384	9	319725	319672	53
2007	8942	8934	8	348491	348442	49
2008	9260	9254	6	353201	353167	34
2009	9752	9735	17	324275	324189	86
2010	9964	9938	26	332882	332719	163
2011	9996	9962	34	338084	337847	236
2012	9476	9431	45	328476	328203	273
2013	8363	8325	38	283768	283551	217
2014	6307	6244	63	221397	221026	371
2015	6047	5976	71	209079	208661	418
2016	5006	4925	81	178716	178259	457
2017	5261	5166	95	171708	171172	536
2018	5340	5242	98	184768	184204	564
2019	5645	5522	123	193159	192389	770
2020	3542	3455	87	105977	105376	601
2021	643	573	70	71700	71229	471

注：1978-1985 年为交通部门运量，1986 年及以后为全社会运量。

5-2 历年货运情况

年　份	货运量(万吨)	公路	内河	货物周转量(万吨公里)	公路	内河
1978	879	123	756	98931	5193	93738
1979	1011	157	854	115481	5627	109854
1980	1088	170	918	127577	5810	121767
1981	1192	185	1007	144036	6534	137502
1982	1291	189	1102	159567	7398	152169
1983	1305	198	1107	167327	8257	159070
1984	1457	209	1248	194221	9900	184321
1985	1584	177	1407	225974	10517	215457
1986	3168	1254	1914	287854	28064	259790
1987	3658	1676	1982	316197	35627	280570
1988	4551	2464	2087	348587	37119	311468
1989	4093	2287	1806	310831	34860	275971
1990	3142	1587	1555	269164	31747	237417
1991	3104	1523	1581	276299	35217	241082
1992	3828	1940	1888	340135	44379	295756
1993	4392	2249	2143	431089	74702	356387
1994	5275	3032	2243	504760	133340	371420
1995	5472	3149	2323	502443	138168	364275
1996	5457	3227	2230	499552	143228	356324
1997	5747	3128	2619	578193	137597	440596
1998	5493	3150	2343	497963	136015	361948
1999	6501	3249	3252	614481	137163	477318
2000	6541	3329	3212	611205	142927	468278
2001	7267	3489	3778	754924	160832	594092
2002	9269	3734	5535	1007750	166847	840903
2003	10764	4219	6545	1188591	180621	1007970
2004	11952	4683	7269	1342500	205900	1136600
2005	13811	5385	8426	1524922	230676	1294246
2006	15369	6068	9301	1612392	269891	1342501
2007	16379	6432	9947	1788076	295876	1492200
2008	16604	6792	9812	1770031	312135	1457868
2009	16353	6332	10021	1875984	329156	1546828
2010	18108	6798	11310	2134620	383672	1750948
2011	20103	7129	12974	2486469	436247	2050222
2012	19467	7081	12386	2399366	482758	1916608
2013	16628	7192	9436	2022005	529669	1492336
2014	13202	7463	5739	1433247	568898	864348
2015	13565	7819	5746	1467327	602367	864960
2016	14526	8618	5908	1527786	658185	869601
2017	16756	9817	6939	1763462	773712	989750
2018	18783	11504	7279	1865831	841179	1024652
2019	21002	13183	7819	1995464	896424	1099040
2020	19743	12094	7649	1996194	865160	1131034
2021	22372	14167	8205	2256091	1024090	1232002

注：1978–1985 年为交通部门运量，1986 年及以后为全社会运量。

5-3 历年通车、航道里程

单位：公里

年份	公路通车里程	高速公路	一级公路	二级公路	三级公路	四级公路	等外公路	内河航道里程	#三级	#四级	#五级
1978	1200.37										
1979	1355.95										
1980	1392.16										
1981	1448.31										
1982	1496.91										
1983	1525.98										
1984	1576.00										
1985	1647.51				147.00	1024.00	477.00				
1986	1700.00				163.00	1060.00	477.00				
1987	1764.00				219.00	1068.00	477.00				
1988	1861.00			43.00	236.00	1105.00	477.00				
1989	1739.00			102.00	242.00	1194.00	201.00				
1990	1809.00			102.00	243.00	1263.00	201.00				
1991	1834.00			102.00	243.00	1288.00	201.00				
1992	1880.00			102.00	243.00	1334.00	201.00				
1993	1865.00			102.00	257.00	1392.00	114.00				
1994	1913.00			146.00	323.00	1425.00	19.00				
1995	1942.00			146.00	421.00	1273.00	102.00				
1996	2056.00			161.00	449.00	1367.00	79.00				
1997	2155.00		151.00	47.00	471.00	1414.00	72.00				
1998	2188.00		145.00	83.00	465.00	1423.00	72.00				
1999	2240.20		144.70	83.00	442.70	1479.40	90.40				
2000	2240.20		144.70	83.00	442.70	1479.40	90.40				
2001	2470.26	34.42	240.06	257.18	303.52	1523.90	111.18				
2002	2800.71	86.06	240.06	259.28	317.22	1771.11	126.98	1166.81		201.31	74.40
2003	2815.45	86.06	241.29	271.72	349.24	1742.29	124.85	1166.81		201.31	74.40
2004	3039.46	86.06	270.36	276.15	342.83	1949.27	114.79	1166.81		249.21	74.40
2005	3044.86	86.06	273.38	273.13	342.83	1954.67	114.79	1166.81		249.21	74.40
2006	6937.60	174.29	288.10	320.30	303.10	3980.59	1871.22	1166.81		249.21	80.64
2007	7017.44	235.39	290.04	359.00	310.21	4128.83	1783.96	1171.51	43.17	241.51	92.46
2008	7386.11	235.39	333.79	391.85	307.32	4830.16	1287.61	1171.51	43.17	241.51	92.46
2009	7747.00	263.97	345.61	413.98	307.57	5620.80	795.08	1171.51	43.17	241.51	94.65
2010	7890.12	264.11	347.04	462.50	330.61	5739.26	746.61	1171.51	77.38	207.30	94.65
2011	7987.85	264.11	380.07	528.78	330.07	5754.54	730.28	1171.51	77.38	207.30	100.61
2012	8110.93	289.15	406.85	521.18	323.18	5866.07	704.52	1171.51	77.38	207.30	100.61
2013	8216.26	289.15	433.16	565.33	326.36	5906.69	695.58	1179.52	79.98	216.40	96.92
2014	7510.98	289.15	451.44	578.74	329.48	5858.80	3.38	1179.52	105.90	210.47	78.16
2015	7665.65	289.15	461.09	602.28	360.05	5950.08	3.01	1179.52	105.90	210.47	89.46
2016	7723.73	289.15	488.29	621.64	374.58	5947.06	3.01	1179.52	105.90	210.47	96.56
2017	7958.25	319.14	521.17	634.89	403.68	6079.36		1179.52	105.90	210.47	96.56
2018	8079.21	319.14	539.68	651.20	567.27	6001.93		1179.52	105.90	211.77	134.42
2019	8065.31	367.59	563.81	652.16	673.50	5808.25		1129.42	105.90	211.77	103.97
2020	8139.41	418.39	599.49	663.39	769.04	5689.10		1173.70	168.67	176.33	111.67
2021	8249.02	452.11	655.85	662.27	890.67	5588.12		1173.70	168.67	176.33	111.67

注：2002 年前航道无现状等级统计数，2006 年起公路通车里程含村道，2014 年经调查后等外公路中剔除园区及城镇道路。

5-4 历年分县区公路通车里程

单位：公里

年 份	全 市	市 区	德清县	长兴县	安吉县
1978	1200.37	175.95	185.48	231.94	607.00
1979	1355.95	197.05	214.12	304.95	639.83
1980	1392.16	185.51	192.94	323.51	690.20
1981	1448.31	200.00	195.10	323.51	729.70
1982	1496.91	208.65	204.49	328.04	755.73
1983	1525.98	227.87	204.49	331.04	762.58
1984	1576.00	234.00	215.00	335.00	792.00
1985	1647.51	247.57	241.46	349.53	808.95
1986	1700.00	252.54	241.46	365.00	841.00
1987	1764.00	258.00	273.00	392.00	841.00
1988	1861.00	321.00	275.00	415.00	850.00
1989	1739.00	339.68	287.74	355.65	755.93
1990	1809.00	377.00	300.00	355.00	777.00
1991	1834.00	383.00	300.00	360.00	791.00
1992	1880.00	392.00	305.00	377.00	806.00
1993	1865.00	386.16	321.35	367.89	789.60
1994	1913.00	398.39	351.11	367.89	795.61
1995	1942.00	404.22	369.53	367.83	800.42
1996	2056.00	437.93	376.72	440.93	800.42
1997	2155.00	457.00	414.70	454.30	829.00
1998	2188.00	467.05	436.81	467.34	816.80
1999	2240.20	473.00	436.81	477.21	853.18
2000	2240.20	473.00	436.81	477.21	853.18
2001	2470.26	582.73	439.21	555.98	892.34
2002	2800.71	744.15	481.82	652.19	922.55
2003	2815.45	747.15	494.60	651.18	922.52
2004	3039.46	747.15	498.69	857.19	936.43
2005	3044.86	747.15	498.69	862.59	936.43
2006	6937.60	2276.93	1043.21	1823.47	1793.99
2007	7017.44	2362.51	1053.92	1859.35	1831.66
2008	7386.11	2519.78	1073.59	1915.40	1877.35
2009	7747.00	2556.52	1099.39	1977.24	2113.85
2010	7890.12	2607.14	1111.33	2029.93	2141.72
2011	7987.85	2617.68	1114.29	2090.29	2165.58
2012	8110.93	2618.61	1116.11	2152.23	2223.99
2013	8216.26	2644.85	1119.16	2191.52	2260.74
2014	7510.98	2158.85	1135.80	2132.72	2083.61
2015	7665.65	2203.51	1143.75	2187.80	2130.60
2016	7723.73	2232.38	1154.47	2165.07	2171.80
2017	7958.25	2278.38	1247.47	2246.26	2186.14
2018	8079.21	2317.47	1288.25	2261.43	2212.06
2019	8065.31	2251.94	1287.48	2277.97	2247.92
2020	8139.41	2240.11	1342.93	2297.76	2258.61
2021	8249.02	2226.81	1384.50	2302.09	2335.62

注：2006 年起公路通车里程含村道。

5–5 历年民用汽车拥有量

年 份	年末民用汽车拥有量(辆)	#私人汽车	#轿车	年末拥有载客汽车(辆)	机动车上牌量(辆)	#小型汽车
2002	41183	15237	6114			
2003	57739	30391	13614			
2004	67609	41261	19904			
2005	80960	54191	27926			
2006	94401	66293	37509	71919		
2007	111383	81580	49783	89875		
2008	130772	98732	63690	109894	52608	22543
2009	167741	133215	89480	144647	70677	40457
2010	218000	180041	122732	191089	86046	54283
2011	275450	233523	179807	245082	83744	61399
2012	338897	294027	224750	304288	84510	69500
2013	405647	357849	272278	366757	84692	72379
2014	471480	424561	303154	432183	94128	82189
2015	553092	505612	362464	513621	109017	97425
2016	642262	588840	418392	597612	116623	103413
2017	733755	668947	663933	681170	116853	102596
2018	812440	738242	702778	755332	112281	103012
2019	886936	804104	762580	820519	122277	104070
2020	950291	860732	813865	874845	113358	94178
2021	1004868	910690	860501	923062	130888	107939

5-6 历年营业性客、货运输汽车拥有量

年 份	汽车合计(辆)	载客汽车	#大型	载货汽车	#大型	载客汽车客位(客位)	#大型	载货汽车吨位(吨位)	#大型
1978	1288	125	109	1007	993				
1979	1644	139	121	1318	1300				
1980	2143	165	143	1704	1680				
1981	2460	207	180	1910	1883				
1982	2722	232	202	2075	2046				
1983	2794	290	262	2088	1924				
1984	3494	351	317	2603	2398				
1985	4787	576	415	3362	2912				
1986	5433	1564	452	3582	2720				
1987	6571	1865	484	4523	3242				
1988	8038	2018	544	5473	3792				
1989	7971	1894	496	5226	3507				
1990	8412	1998	501	5549	3617				
1991	8334	2152	526	5243	3041				
1992	9380	3034	594	6413	3633	44782		22195	
1993	12028	4237	500	7791	3063	54561	22891	25439	16200
1994	13784	5017	437	8541	3475	59712	20287	29262	18835
1995	16456	6151	387	10007	4260	65916	18220	34639	23457
1996	17686	7368	374	10002	4240	71967	17060	35236	24171
1997	17605	7750	336	9688	3171	71692	15209	29122	17505
1998	18509	8093	252	10269	3260	72057	11253	30096	18132
1999	19008	8465	211	10433	3003	74635	9240	28862	16634
2000	22429	10008	184	12421	3002	85564	7907	32187	17130
2001	24857	11906	258	12951	2610	100963	9836	30843	16594
2002	31964	18155	297	13809	3029	126552	10686	34426	18978
2003	47834	33213	671	14621	3158	223877	25017	39025	19750
2004	58430	43862	543	14568	3193	255319	22098	43583	22445
2005	70231	55107	782	15124	3182	323239	32502	45541	24169
2006	84041	68705	1019	15336	3591	391910	41548	50949	28032
2007	99516	84104	1099	15270	4264	476736	44958	55462	35938
2008	119283	103122	1231	15893	4265	603878	50163	48244	34809
2009	15717	3403	1130	12314	3949	67896	46797	55159	44088
2010	18988	3350	1136	15638	5020	68309	47809	74433	60421
2011	19883	3677	1550	16206	5555	88193	69826	86190	71989
2012	21803	3612	1511	18191	5880	90593	73760	94233	77676
2013	24429	3572	1543	20857	6268	91668	76063	104965	86784
2014	23720	3463	1531	20257	6103	89965	76250	107396	89415
2015	19994	3588	1559	16406	5218	90564	77644	94287	79814
2016	20561	4078	1958	16483	6338	111957	90316	112483	99449
2017	17546	4115	1961	13431	6522	119679	90233	118028	109959
2018	20070	570	461	15690	8720	23346	21075	162928	155203
2019	13100	585	489	12515	9785	24444	22447	176768	175907
2020	15086	594	493	14492	11355	24934	22725	210289	209552
2021	16362	528	404	15834	12237	19942	17861	225764	225071

注：1.1978–1991 年数据由车辆管理部门提供，1992 年及以后的数据由公路运输管理部门提供；2.载货汽车中的大型车辆不含专用载货汽车；3.2009 年起客、货汽车拥有量不含非营运车辆。

5-7 历年船舶拥有量

年　份	机动船					非机动船(驳船)	
	艘数(艘)	净载重吨(吨位)	载客量(客位)	标准箱位TEU	功率(千瓦)	艘数(艘)	净载重量(吨位)
1978	354	1410	3481		15160	2269	69817
1979	391	1429	3767		17225	2573	84307
1980	448	2013	3803		20268	2845	100291
1981	457	1539	3907		21610	2887	111765
1982	642	3844	3957		22839	2730	114204
1983	889	7097	4043		23894	2644	119946
1984	1228	15797	3982		37431	2702	128813
1985	3763	15671	5202		37965	3434	166915
1986	4886	80394	8432		62164	3163	165692
1987	6027	119691	6683		66343	2797	169426
1988	6752	156602	6100		94247	2675	174872
1989	7378	167686	5338		100949	2945	190090
1990	7018	159859	4876		97578	2673	181945
1991	6764	144550	4505		98192	2689	181307
1992	5751	178952	3711		102908	2425	175465
1993	7845	247117	2171		140206	2481	181907
1994	5920	236644	1783		128129	2302	178005
1995	6519	272937	1957		141556	2247	175961
1996	5759	248710	1767		131645	2319	177719
1997	5654	241476	1667		135492	2188	174166
1998	7250	397953	1387		195934	2066	164879
1999	6907	397861	1387		192619	1370	115750
2000	5623	348530			169414	1226	103718
2001	6445	487616			239419	1156	98482
2002	7464	709282			371081	995	86895
2003	7092	770265			425046	1197	108595
2004	6931	894766	128		507877	1140	108251
2005	5293	866114	242		525975	1036	104087
2006	4893	1006938	455		600049	776	83641
2007	4975	1049410	561		620917	588	63538
2008	4892	1036792	495		612271	496	55917
2009	4639	1100453	711		646486	369	41599
2010	5256	1389340	965		803246	308	37728
2011	5297	1488685	1181	150	859090	185	35080
2012	5256	1504579	1150	480	860629	158	31726
2013	5146	1509799	1473	732	850236	153	31081
2014	4849	1460624	1940	1380	812398	85	18433
2015	4553	1484899	2171	1908	778419		
2016	4259	1858973	2256	3012	759208		
2017	3856	1887406	2299	3258	706324		
2018	3906	1964610	2623	3626	716693		
2019	3910	2045073	3007	3774	723009		
2020	3945	2206992	3322	4434	738664		
2021	4162	2498934	2734	5286	790388		

5-8 分县区公路通车、航道通航情况

指　标	单位	全　市	市　区	德清县	长兴县	安吉县
一、公路密度及通达情况						
以国土面积计算	公里/百平方公里	142	142	148	161	124
以人口计算	公里/万人	31	20	31	36	49
乡镇总数	个	44	14	8	11	11
通车乡（镇）数	个	44	14	8	11	11
二、公路通车总里程	公里	8249.02	2226.81	1384.50	2302.09	2335.62
按使用性质分						
1. 国道	公里	407.90	157.34	42.32	159.10	49.13
2. 省道	公里	517.81	74.95	129.98	101.15	211.72
3. 县道	公里	1692.95	450.74	300.98	454.97	486.26
4. 乡道	公里	1520.88	367.72	240.12	316.52	596.52
5. 专用公路	公里					
6. 村道	公里	4109.49	1176.06	671.10	1270.35	991.98
按技术状况分						
1. 等级公路	公里	4139.53	1050.75	713.40	1031.74	1343.64
高速公路	公里	452.11	132.14	94.40	132.76	92.82
一级公路	公里	648.16	212.50	70.08	195.64	169.95
二级公路	公里	625.42	202.58	83.84	205.12	133.88
三级公路	公里	513.03	205.41	73.91	119.79	113.92
四级公路	公里	1900.81	298.12	391.19	378.44	833.07
2. 等外公路	公里					
三、内河航道里程总计	公里	1173.70	643.11	222.24	262.82	45.53
# 三级	公里	168.67	123.19	24.01	21.47	
四级	公里	176.33	81.61	43.40	22.74	28.58
五级	公里	111.67	44.60	38.41	28.66	

注：公路通车里程含村道。

5-9　分县区全社会客、货运情况

指　标	单位	全　市	市　区	德清县	长兴县	安吉县
客运量总计	万人	643	294	94	127	128
公路	万人	573	284	63	98	128
内河	万人	70	9	32	29	0
旅客周转量总计	万人公里	71700	36688	6571	11835	16607
公路	万人公里	71229	36641	6318	11663	16607
内河	万人公里	471	46	253	171	0
货运量总计	万吨	22372	4607	3260	11076	3430
公路	万吨	14167	2694	2503	7019	1951
内河	万吨	8205	1913	757	4057	1479
货物周转量总计	万吨公里	2256091	493077	247233	1017307	498474
公路	万吨公里	1024090	245028	153557	416725	208779
内河	万吨公里	1232002	248049	93676	600582	289695

5-10 分县区民用汽车、摩托车年末拥有量

单位：辆

指 标	全 市	市 区	德清县	长兴县	安吉县
年末民用汽车拥有量	1004868	473479	155715	200887	174787
#私人汽车	910690	424954	141765	180962	163009
#轿车	860501	404204	135973	169366	150958
年末拥有载客汽车	923062	436452	145689	182618	158303
年末拥有挂车	4493	1248	333	2365	547
本年机动车上牌量	130888	62929	19334	26943	21682
#小型汽车	107939	51715	16398	20500	19326
年末摩托车拥有量	171256	99467	26148	29038	16603
#私人摩托车	168455	98134	25760	28084	16477

5-11 分县区营业性公路运输工具年末拥有量

指 标	单位	全 市	市 区	德清县	长兴县	安吉县
总 计	**辆**	**16362**	**4837**	**2072**	**6355**	**3098**
一、客运车辆	辆	528	264	70	66	128
1.班线客车	辆	168	81	16	11	60
	客位	5435	3055	650	334	1396
2.出租汽车	辆	1505	925	163	216	201
3.城市公共汽车	辆	2055	1194	313	246	302
二、货运车辆	辆	15834	4573	2002	6289	2970
	吨位	225764	55900	26027	101448	42388
载货汽车	辆	15834	4573	2002	6289	2970
	吨位	225764	55900	26027	101448	42388
货车	辆	8665	3350	1419	2106	1790
	吨位	103427	36519	17141	27277	22490
挂车	辆	3856	614	275	2304	663
	吨位	122337	19381	8886	74171	19898
牵引车	辆	3313	609	308	1879	517

5-12 分县区全社会水路运输工具年末拥有量

指　标	单位	全市	市区	德清县	长兴县	安吉县
一、机动船　艘数	艘	4162	1106	551	1800	705
总吨	吨位	1321379	349057	129082	592859	250381
净载重量	吨位	2498934	632810	238932	1146488	480704
载客量	客位	2734	544	1330	860	
标准箱位	TEU	5286	516	894	2068	1808
功率	千瓦	790388	204396	76860	350893	158239
1. 客船　艘数	艘	62	18	24	20	
总吨	吨位	1696	594	667	435	
载客量	客位	2734	544	1330	860	
功率	千瓦	3763	3303	260	200	
2. 货船　艘数	艘	4100	1088	527	1780	705
总吨	吨位	1319683	348463	128415	592424	250381
净载重量	吨位	2498934	632810	238932	1146488	480704
标准箱位	TEU	5286	516	894	2068	1808
功率	千瓦	786625	201093	76600	350693	158239
内：油船 艘数	艘	7		4		3
总吨	吨位	2655		1812		843
净载重量	吨位	3083		1992		1091
功率	千瓦	1763		1112		651
集装箱船 艘数	艘	63	2	14	23	24
总吨	吨位	54354	1608	13267	19472	20007
净载重量	吨位	89596	2750	23054	37450	26342
标准箱位	TEU	3318	96	830	1160	1232
功率	千瓦	23304	794	3735	9614	9161
3. 拖船　艘数	艘					
总吨	吨位					
功率	千瓦					

5-13 历年邮政电信主要指标

年 份	邮电业务收入（万元）	#电信业务	函件（万件）	订销报纸累计份数（万份）	订销杂志累计份数（万份）	固定电话用户数（户）	住宅电话（户）	移动电话用户数（户）	国际互联网用户数（户）	#宽带用户
1978	229		611	2946	103	4340				
1979	268		720	3293	128	4642				
1980	365		822	3560	196	5402				
1981	440		827	3833	287	6013				
1982	502		868	4045	275	6586				
1983	577		875	4798	290	7350				
1984	701		947	5436	364	8463				
1985	953		1076	6605	402	9814				
1986	1101		1166	6944	360	10564				
1987	1257		1307	7626	406	11705				
1988	1724		1312	7712	364	13480				
1989	2107		1221	4727	221	15494				
1990	2798		1161	4981	221	18503				
1991	3789		1274	5382	231	23105				
1992	5369		1406	5737	240	31796				
1993	8866		1558	5691	219	49766				
1994	16219		1689	6239	207	79195		4292		
1995	22921		1811	5114	207	119390		11556		
1996	31921		2031	5233	183	147548		19709		
1997	37785		1876	5091	180	187416		36177		
1998	43355		1797	5021	186	231589		62650	1300	
1999	82386		1183	5153	195	320388		152099	7404	
2000	98201		1245	4596	142	451300		327916	33750	
2001	110242		1352	4840	249	602800		512786	76700	
2002	131948		1451	4737	233	733300		772145	108959	
2003	143884		1453	4919	245	823372		998285	119506	
2004	172052		1070	4780	260	1041777	697000	1334037	157864	64950
2005	188143		1004	5193	270	1177838	762300	1500400	168317	106777
2006	210956		990	5271	361	1204252	750800	1767587	192124	161431
2007	240421	226506	747	4799	212	1177542	710100	1927871	238387	230126
2008	257399	243250	2121	5432	386	1179746	706165	2021947	292076	284355
2009	267915	252537	749	5712	200	1125154	699428	2454976	394934	369926
2010	279155	260847	687	5308	150	1078322	682467	2869321	508650	485239
2011	305715	283046	663	5910	433	1077298	669573	3221078	533738	533488
2012	337637	312329	651	5992	412	1016988	630176	3242616	600822	600572
2013		315944	719	5700	181	970300	613520	3663500	812822	812740
2014		313487	801	5918	177	906203	577004	3830033	883486	878432
2015		312966	888	6192	344	891400	581541	4502700		1043300
2016		326084	611	5147	202	818684	514433	4561850		1184936
2017		360328	420	4872	220	803193	501750	4430596		1577594
2018		364639	207	4751	180	762452	496458	5027402		1930997
2019	315252	383080	133	4662	157	729987	419458	4633442		2042301
2020	378616	407898	113	4700	138	641437	379161	4448672		2222820
2021	481673	470759	88	4240	143	616397	340018	4453865		2456279

5-14　分县区电信业主要指标

指　标	单位	全　市	市　区	德清县	长兴县	安吉县
电信业务收入	万元	470759	248572	67329	77270	72641
期末总用户数	户	5302414	2635263	811238	1003011	852902
#宽带用户	户	2229760	1123383	339123	417603	349651
移动电话	户	4448672	2213201	678636	842269	713711
固定电话	户	641437	342853	93510	114382	90692
#住宅电话	户	379161	206532	49275	74033	49321

主要统计指标解释

公路通车里程 是指实际达到公路工程技术标准等级的公路长度。它包括大中城市的郊区公路以及通过小城镇街道的公路里程，也包括桥梁、渡口的长度，但不包括城市的街道以及厂矿、林区和农业生产用道的里程。两条或多条公路共同径由同一条路段，只计算一次，不得重复计算里程长度，公路里程是反映公路建设发展规模重要指标，也是计算运输网密度等指标的基础资料。

内河通航里程 是指在枯水季节水深在 0.3 米以上能通航运输船舶及排筏的天然河流、湖泊、水库、运河及通航渠道的长度。包括全年季节性通航累计 3 个月以上的航道，但不包括公共零用流放竹、木排的河道。内河航道里程是反映河水运输网规模、水平和发展情况的主要指标。

货（客）运量 指运输业实际运送的货物（旅客）数量。货运按吨计算，客运按人计算。货物不论运输距离长短，货物类别，均按实际重量统计，旅客不论行程远近或票价多少，均按一人一次作为客运量统计。半价票、小孩票也按一人统计。货（客）运量反映运输业为国民经济和人民生活服务的数量指标，也是制定和检查运输生产计划，研究运输发展规模和速度的重要指标。

货物（旅客）周转量 指运输业运送的货物（旅客）数量与相应运输距离乘积之和，通常按发出站与到达站之间的最短距离，也就是计费距离计算。它反映运输业生产总成果的重要指标，也是编制和检查运输生产计划、计算运输、劳动生产率以及核算运输单位成本的主要基础资料。

六、固定资产投资、建筑业

6-1 历年分县区全社会固定资产投资

单位：万元

年 份	全 市	吴兴区		南浔区	德清县	长兴县	安吉县	△市区
			吴 兴					
1978	5867				542	2309	1142	1874
1979	6874				502	3016	679	2677
1980	8713				768	3229	1043	3673
1981	9817				1103	3104	827	4783
1982	12228				1588	5218	716	4706
1983	23351				3813	5805	2598	12406
1984	35296				4935	8550	4847	16964
1985	53472				8698	13509	8155	23110
1986	74845				9004	15263	11344	37234
1987	100173				13875	22858	11580	51860
1988	120806				17341	26290	13997	63178
1989	112485				15553	27455	13553	55924
1990	117503				16488	24438	11275	65302
1991	131213				22751	32943	14251	61286
1992	246123				34103	58703	31036	122281
1993	455297				68029	76234	45499	265535
1994	581281				83842	113232	84208	299999
1995	724040				109152	138831	102771	373286
1996	799231				133519	143684	171942	370086
1997	840495				118273	119199	249360	353663
1998	941753				118365	124038	277137	422213
1999	962853				126581	150495	137688	548089
2000	1093389				162040	204341	135573	591435
2001	1451554				207508	398319	182697	663030
2002	1896433				284677	432940	228835	949982
2003	2468957	891214	559205	325489	435357	537710	279187	1216703
2004	3276591	1218434	669472	446773	592161	680828	338395	1665207
2005	3629523	1422841	702676	474514	606960	757055	368153	1897355
2006	4072522	1577929	787461	573516	645034	884046	391997	2151445
2007	4583411	1690567	909820	656011	752913	1035046	448874	2346578
2008	5287895	1686455	1111529	809732	919499	1299308	572901	2496187
2009	6361873	1994372	1182231	912353	1053852	1483808	692488	3131725
2010	7199765	2294323	1464138	1054949	1240625	1783327	826541	3349272
2011	8046706	2654670	1684263	1042703	1406772	2019732	922829	3697373
2012	9707282	3163219	2038947	1210149	1737521	2488125	1108268	4373368
2013	10700473	3309670	1887635	1338821	1980105	2836106	1235771	4648491
2014	12429184	3812947	2212970	1577704	2319746	3266141	1452646	5390651
2015	14026428	4286711	2563818	1823047	2679423	3594061	1643186	6109758
2016	15921759	4920945	2919196	2009021	3047145	4077530	1867118	6929966
2017	17309772	5448579	3279137	2182545	3247924	4402941	2027783	7631124

注：2011 年开始统计口径为计划总投资 500 万元及以上项目和全部房地产开发投资。

6-2 历年分县区全社会固定资产投资增长速度

单位：%

年 份	全 市	吴兴区	吴 兴	南浔区	德清县	长兴县	安吉县	△市区
1979	17.2				-7.4	30.6	-40.5	42.8
1980	26.8				53.0	7.1	53.6	37.2
1981	12.7				43.6	-3.9	-20.7	30.2
1982	24.6				44.0	68.1	-13.4	-1.6
1983	91.0				140.1	11.2	262.8	163.6
1984	51.2				29.4	47.3	86.6	36.7
1985	51.5				76.3	58.0	68.2	36.2
1986	40.0				3.5	13.0	39.1	61.1
1987	33.8				54.1	49.8	2.1	39.3
1988	20.6				25.0	15.0	20.9	21.8
1989	-6.9				-10.3	4.4	-3.2	-11.5
1990	4.5				6.0	-11.0	-16.8	16.8
1991	11.7				38.0	34.8	26.4	-6.1
1992	87.6				49.9	78.2	117.8	99.5
1993	85.0				99.5	29.9	46.6	117.2
1994	27.7				23.2	48.5	85.1	13.0
1995	24.6				30.2	22.6	22.0	24.4
1996	10.4				22.3	3.5	67.3	-0.9
1997	5.2				-11.4	-17.0	45.0	-4.4
1998	12.0				0.1	4.1	11.1	19.4
1999	2.2				6.9	21.3	-50.3	29.8
2000	13.6				28.0	35.8	-1.5	7.9
2001	32.8				28.1	94.9	34.8	12.1
2002	30.6				37.2	8.7	25.3	43.3
2003	30.2				52.9	24.2	22.0	28.1
2004	32.7	36.7	19.7	37.3	36.0	26.6	21.2	36.9
2005	10.8	16.8	5.0	6.2	2.5	11.2	8.8	13.9
2006	12.2	10.9	12.1	20.9	6.3	16.8	6.5	13.4
2007	12.5	7.1	15.5	14.4	16.7	17.1	14.5	9.1
2008	15.4	-0.2	22.2	23.4	22.1	25.5	27.6	6.4
2009	20.3	18.3	6.4	12.7	14.6	14.2	20.9	16.4
2010	13.2	15.0	23.8	15.6	17.7	20.2	19.4	15.2
2011	19.6	21.4	23.9	15.3	22.3	18.7	17.6	19.6
2012	20.6	19.2	21.1	16.1	23.5	23.2	20.1	18.3
2013	10.2	4.6	-1.2	10.6	14.0	14.0	11.5	6.3
2014	16.2	15.2	17.2	17.8	17.2	15.2	17.5	16.0
2015	12.9	12.4	15.9	15.6	15.5	10.0	13.1	13.3
2016	13.5	14.8	13.9	10.2	13.7	13.5	13.6	13.4
2017	13.7	14.4	14.6	13.5	13.5	13.4	13.3	14.1
2018	6.2	7.9	8.3	8.3	10.2	5.5	5.5	5.4
2019	11.4	13.9	14.6	13.5	14.3	11.2	13.1	10.0
2020	6.6	7.4	7.4	7.6	6.9	6.2	6.9	6.6
2021	14.2	25.6	25.6	29.8	15.5	-14.3	21.4	27.8

注：1.2011 年开始统计口径为计划总投资 500 万元及以上项目和全部房地产开发投资；2.2017 年增长按可比口径计算。

6-3 历年分县区全社会固定资产投资发展指数

（以 1978 年为 100）　　　　单位：%

年 份	全 市	吴兴区	吴 兴	南浔区	德清县	长兴县	安吉县	△市区
1978	100.0				100.0	100.0	100.0	100.0
1979	117.2				92.6	130.6	59.5	142.8
1980	148.5				141.7	139.8	91.3	196.0
1981	167.3				203.5	134.4	72.4	255.2
1982	208.4				293.0	226.0	62.7	251.1
1983	398.0				703.5	251.4	227.5	662.0
1984	601.6				910.5	370.3	424.4	905.2
1985	911.4				1604.8	585.1	714.1	1233.2
1986	1275.7				1661.3	661.0	993.3	1986.9
1987	1707.4				2560.0	990.0	1014.0	2767.3
1988	2059.1				3199.4	1138.6	1225.7	3371.3
1989	1917.2				2869.6	1189.0	1186.8	2984.2
1990	2002.8				3042.1	1058.4	987.3	3484.6
1991	2236.5				4197.6	1426.7	1247.9	3270.3
1992	4195.0				6292.1	2542.4	2717.7	6525.1
1993	7760.3				12551.5	3301.6	3984.2	14169.4
1994	9907.6				15469.0	4903.9	7373.7	16008.5
1995	12340.9				20138.7	6012.6	8999.2	19919.2
1996	13622.5				24634.5	6222.8	15056.2	19748.5
1997	14325.8				21821.6	5162.4	21835.4	18872.1
1998	16051.7				21838.6	5371.9	24267.7	22530.0
1999	16411.3				23354.4	6517.8	12056.7	29247.0
2000	18636.3				29896.7	8849.8	11871.5	31560.0
2001	24741.1				38285.7	17250.8	15997.9	35380.4
2002	32323.8				52523.4	18750.2	20038.0	50692.7
2003	42082.2	100.0	100.0	100.0	80324.3	23287.7	24447.1	64925.4
2004	55847.9	136.7	119.7	137.3	109255.0	29486.0	29631.7	88858.4
2005	61863.5	159.7	125.7	145.8	111985.4	32787.3	32237.4	101246.2
2006	69414.2	177.1	140.8	176.2	119010.2	38287.2	34325.3	114804.9
2007	78122.1	189.7	162.7	201.5	138914.1	44826.8	39305.8	125217.5
2008	90129.7	189.2	198.8	248.8	169649.5	56271.8	50166.3	133200.9
2009	108435.1	223.8	211.4	280.3	194438.0	64262.3	60637.9	155107.9
2010	122716.6	257.4	261.8	324.1	228898.0	77234.2	72376.3	178723.0
2011	146769.0	312.5	324.4	373.7	279942.2	91677.0	85114.6	213752.7
2012	177057.3	372.4	392.7	433.7	345760.0	112937.6	102218.0	252833.4
2013	195172.8	389.6	388.0	479.8	394033.3	128732.7	113977.9	268738.8
2014	226790.8	448.9	454.7	565.2	461807.0	148300.1	133924.0	311737.0
2015	256046.8	504.6	527.0	653.1	533410.3	163189.4	151490.5	353322.4
2016	290613.1	579.3	600.3	719.8	606487.5	185219.9	172093.2	400667.6
2017	308631.1	625.1	650.1	779.5	668349.2	195407.0	181558.4	308514.0
2018	327766.2	674.5	704.1	829.4	723822.2	215338.6	191544.1	325124.7
2019	365131.6	768.3	806.9	941.4	827328.7	239456.5	216636.3	357637.1
2020	389230.3	825.1	866.6	1012.9	884414.4	254302.8	231584.2	381241.2
2021	444501.0	1036.4	1088.4	1314.7	1021498.7	217937.5	281143.3	487226.2

注：2011 年开始统计口径为计划总投资 500 万元及以上项目和全部房地产开发投资。

6-4 历年限额

年　份	合计	第一产业	第二产业	#工业投资
2002	1446585	1214	672686	670401
2003	2072704	14853	956024	942000
2004	2937246	5550	1392467	1375473
2005	3270533	12244	1492459	1463258
2006	3716747	900	1662999	1661199
2007	4211385	8430	2164000	2154510
2008	4826545	15780	2751730	2676117
2009	4812898	11310	3141633	3136918
2010	6728492	14521	3809418	3804728
2011	8046706	53009	4420877	4418539
2012	9707282	79443	5297790	5278374
2013	10700473	68134	5292210	5283990
2014	12429184	67955	5696097	5696097
2015	14026428	83180	6127005	6126455
2016	15921759	112815	6809580	6780340
2017	17309772	102406	7176794	7166181

以上固定资产投资

单位：万元

#工业技改	第三产业	#房地产开发	民间投资	基础设施
	772685	295765	759635	456604
	1101827	415160	1170075	606545
	1539229	568602	1952485	1145762
	1765830	690486	2259967	1165370
	2052848	727959	2834716	1211701
	2038955	949385	2830857	968444
1328846	2059035	1068445	3477547	1039616
1800613	1659955	1113006	3041550	1411641
1999433	2904553	1431314	4832162	1207421
1770987	3572820	1846799	5639130	1442069
2803624	4330049	2111735	7355066	1667101
3293893	5340129	2676379	8140801	2194931
3520651	6665132	3427487	9488610	2607345
4434385	7816243	3233875	10132367	3243024
5433030	8999364	2742244	10484142	4667005
5839972	10030572	3011700	11876208	5762323

6-5 分县区

行业分类	全市 ± %	吴兴区	
			吴兴
一、计划投资（万元）			
1.计划总投资	12.3	18.1	13.5
其中：本年新开工项目	-5.2	21.8	-10.3
2.5000 万元以上项目投资及房地产开发自开始建设累计完成投资	16.6	32.1	38.8
二、本年完成投资	14.2	25.6	25.6
其中：国有投资	27.1	89.4	65.1
其中：非国有投资	10.1	11.4	16.7
其中：民间投资	8.4	10.9	17.3
其中：房地产开发投资	8.6	12.2	14.3
其中：投资项目	18.2	45.6	39.1
其中：基础设施投资	0.6	40.7	36.2
1.电力、热力、燃气及水的生产和供应业	-34.7	-47.0	-88.8
2.交通运输业	6	204.0	492.3
3.邮政业	-71	-71.0	-71.0
4.信息传输业	55.3	21.3	
5.水利、环境和公共设施管理业（除土地管理）	4.6	9.3	-3.7
其中：公共服务投资	100.3	93.8	97.9
1.教育设施	156	138.9	1241.1
2.广播、电视、电影和音像业	2870.4	4674.2	
3.文化艺术业	29	-20.9	-19.9
4.体育设施	2644.4	-100.0	
5.卫生设施	16.6	40.7	
其中：工业投资	19	44.8	35.7
其中：工业企业技术改造投资	-5.1	27.5	21.6
1.按三次产业分：			
第一产业	-36.6	58.0	58.0
第二产业	19	44.8	35.7
第三产业	12.2	21.2	22.0
2.按登记注册类型分：			
内资企业	12.6	26.5	27.9
国有企业	62.1	295.6	84.5
集体企业	56.6	35.3	29.4
股份合作企业	-100		
联营企业	-54.9		
国有联营企业	-100		

固定资产投资

单位：%

南太湖新区	南浔区	德清县	长兴县	安吉县	△市区
23.7	25.1	19.6	-8.0	12.8	20.1
67.3	-39.1	5.8	-14.8	10.3	-8.1
25.0	18.0	9.3	-2.8	18.0	29.2
25.6	29.8	15.5	-14.3	21.4	27.8
120.3	62.2	13.2	-17.9	-18.3	79.7
5.0	18.2	16.7	-13.8	40.9	13.1
3.2	18.3	18.4	-18.5	36.1	12.8
10.1	-2.7	6.4	5.0	12.6	9.1
56.7	52.2	19.1	-21.8	26.8	48.0
47.7	55.9	-22.8	-35.1	9.1	45.7
76.0	-82.9	-33.0	-74.3	-7.7	-61.0
67.2	571.1	-48.9	-29.8	14.5	286.1
					-71.0
21.3	-98.5				-5.1
35.3	4.7	30.8	-30.7	16.7	7.7
92.5	322.1	152.1	-33.1	252.6	131.4
101.5	630.8	175.8	-5.0	307.9	209.4
4674.2				-80.4	4674.2
-100.0	2021.9	360.7	-98.5	72.7	34.0
-100.0			-100.0	377.7	-100.0
8.3	21.5	-4.3	-50.9	531.8	35.5
75.8	40.1	21.1	-11.8	23.8	42.9
59.7	-39.7	-14.2	-22.1	17.2	9.7
	43.9	-94.1	-45.4		48.3
75.8	40.1	21.1	-11.8	23.8	42.9
20.4	24.5	12.7	-15.6	20.1	22.0
24.7	21.0	16.5	-16.3	16.9	25.0
519.4	80.8	0.6	-13.2	33.7	199.1
	153.6	52.8	10.6		102.5
			-100.0		
		-20.1	-91.4		
			-100.0		

6-5 分县区

续 1

行业分类	全市 ± %	吴兴区	吴兴
集体联营企业	106.6		
国有与集体联营企业	−20.1		
其他联营企业			
有限责任公司	11.2	12.9	20.4
国有独资公司	27.6	20.3	12.8
其他有限责任公司	7.8	12.0	21.6
股份有限公司	16.8	10.3	−7.8
私营企业	7.5	27.1	41.1
其他企业	20.4	29.3	163.6
港、澳、台商投资企业	41.3	19.5	3.6
外商投资企业	36.2	−14.7	−28.7
个体经营	87.6		
3.按建设性质分			
（1）新建	28.9	48.7	45.8
（2）扩建	30.1	120.4	119.8
（3）改建和技术改造	−12.8	−5.5	−32.3
（4）单纯建造生活设施	−90.3		
（5）迁建	15.8	8.9	206.2
（6）恢复	−100		
（7）单纯购置	−89.4	−13.8	−13.8
4.按构成分			
建筑安装工程	12.4	24.5	17.2
设备工器具购置	11.3	29.8	20.3
其中：购置旧设备	−80.6	−100.0	−100.0
其中：用于更新的设备			
其他费用	19.7	26.7	46.2
其中：旧建筑物购置费	−92.8	21.8	21.8
其中：建设用地费	36.8	38.8	79.4
5.按国民经济行业分 2017			
（一）农、林、牧、渔业	−37.6	58.0	58.0
农业	57.6		
林业			
畜牧业	−48.7	−10.2	−10.2
渔业	−65.5	390.1	390.1

固定资产投资

单位：%

南太湖新区	南浔区	德清县	长兴县	安吉县	△市区
			106.6		
		−20.1			
4.0	37.8	15.9	−15.2	6.9	18.7
32.7	152.3	21.1	−66.8	−18.8	55.0
1.0	20.0	12.5	−13.0	12.6	13.8
202.3	61.9	−8.8	−28.4	125.8	15.8
13.2	−7.1	21.4	−16.5	15.6	16.6
−7.5	278.3	−4.8	−66.5	288.5	38.2
113.1	−0.3	37.2	62.6	88.9	15.3
43.1	174.3	−32.6	−33.9	74.3	95.3
		79.7	−77.1	520.8	
51.9	79.5	36.8	−22.6	32.4	61.0
133.4	47.0	5.6	−24.1	14.6	109.4
108.5	−42.4	−16.0	−16.2	16.1	−18.9
	−98.1	−94.5	−100.0	−12.6	−98.1
−0.4	11676.1	30.4	−15.5	84.6	37.9
		−100.0	−100.0		
	−100.0	−85.7	−90.2		−66.0
34.8	19.6	20.5	−17.5	16.4	22.9
61.3	48.8	−23.1	1.3	45.7	34.7
−100.0	709.0	−98.4	−100.0	−90.3	−3.8
10.3	63.9	19.6	−20.2	29.2	33.2
	−80.2	−100.0	−99.7	−100.0	−65.3
11.7	71.9	102.9	−12.5	48.8	44.7
	43.9	−94.1	−46.6		48.3
	61.1	−91.0	245.0		239.7
	41.7		−62.5		25.0
		−100.0			390.1

6-5 分县区

续 2

行业分类	全市 ±%	吴兴区	吴兴
农林牧渔专业及辅助性活动	-91.2		
（二）采矿业	-57.7	93.4	93.4
煤炭开采和洗选业			
石油和天然气开采业			
黑色金属矿采选业			
有色金属矿采选业			
非金属矿采选业	-57.7	93.4	93.4
开采专业及辅助活动			
其他开采业			
（三）制造业	23.7	51.3	44.2
农副食品加工业	-10.1	-49.8	-49.8
食品制造业	94.3	36.4	-93.3
酒、饮料和精制茶制造业	1.5	1504.7	110.7
烟草制品业	-100		
纺织业	10.8	87.0	97.1
纺织服装和服饰业	64.2	86.0	86.0
皮革、毛皮、羽毛(绒)及其制品业	4.7	-69.1	-69.1
木材加工及木、竹、藤、棕、草制品业	-31	-100.0	-100.0
家具制造业	3.9	-58.2	-58.2
造纸及纸制品业	75.5	-94.8	-92.6
印刷业和记录媒介的复制业	36.8	171.8	
文教体育用品制造业	-51.5	292.8	
石油加工、炼焦及核燃料加工业			
化学原料及化学制品制造业	23.3	-26.7	-22.3
医药制造业	1.6	-17.5	-36.0
化学纤维制造业	42.9	110.3	111.9
橡胶和塑料制品业	36.3	13.4	34.7
非金属矿制品业	-15.5	3.2	-44.7
黑色金属冶炼和压延加工业	-35.6	-57.5	-83.3
有色金属冶炼和压延加工业	44.6	118.2	118.2
金属制品业	107.7	248.4	137.4
通用设备制造业	20.5	47.9	39.1
专用设备制造业	9.1	11.3	34.9
汽车制造业	29.4	139.1	136.1

固定资产投资

单位：%

南太湖新区	南浔区	德清县	长兴县	安吉县	△市区
			-91.2		
			-74.7	-89.8	93.4
			-74.7	-89.8	93.4
75.8	48.2	23.1	-9.3	35.9	50.1
	-18.3	40.4	3.2	-22.4	-38.5
87.2	243.4	117.5	-100.0	78.4	144.5
3708.7	-100.0	-82.4		-39.0	817.7
			-100.0		
-44.7	96.6	20.2	-27.7	91.2	93.7
	-31.1	5.1	-100.0		77.2
		5.9			-69.1
	-72.0	-54.5	-52.9	530.3	-72.5
	-30.9	26.5	-79.0	3.0	-32.9
-100.0	57.2	96.8	165.7	6.1	3.1
171.8	206.1	-24.3	-100.0	17.7	189.2
292.8	-100.0	-58.2		-94.9	1.9
-47.4	28.0	56.6	149.4	-39.8	-8.2
-11.5	39.7	-12.6	-7.8	177.0	4.1
-68.4	-73.3	320.8	-87.7	321.6	95.2
1.0	124.1	-43.8	65.9	45.8	39.1
127.5	-8.4	-15.4	-28.4	-35.3	-5.3
-18.3	-16.6		128.6	-100.0	-55.9
			-53.0	-69.5	140.0
972.8	120.3	310.8	28.9	9.3	199.0
72.5	-33.4	47.0	-43.9	52.6	26.4
-53.7	16.6	-16.9	22.4	87.2	13.5
141.2	78.1	67.3	3.9	89.2	112.0

6-5 分县区

续 3

行业分类	全市 ± %	吴兴区	吴兴
铁路、船舶、航空航天等制造业	-16.1	124.7	
电气机械及器材制造业	17.9	7.3	-58.1
计算机、通信和其他电子设备制造业	111.4	94.5	74.3
仪器仪表制造业	-24.1	-87.0	
其他制造业	-41.2	-92.3	-92.3
废弃资源综合利用业	-38.1	-28.6	-28.6
金属制品、机械和设备修理业			
（四）电力、热力、燃气及水的生产和供应业	-34.7	-47.0	-88.8
电力、热力的生产和供应业	-37.6	-84.2	-87.3
燃气生产和供应业	-71.5		
水的生产和供应业	-12.5	10.1	-94.4
（五）建筑业			
房屋建筑业			
土木工程建筑业			
建筑安装业			
建筑装饰装修和其他建筑业			
（六）批发和零售业	-50.4	201.2	414.1
批发业	0.3		
零售业	-58.7	201.2	414.1
（七）交通运输、仓储和邮政业	0.7	142.7	445.4
铁路运输业	-20.4	73.7	358.5
道路运输业	17.4	743.1	619.1
水上运输业	-29.5	56.3	234.6
航空运输业			
管道运输业	-24.8	-100.0	
多式联运和运输代理业	78		
装卸搬运和仓储业	-37.6	-36.1	-100.0
邮政业	-71	-71.0	-71.0
（八）住宿和餐饮业	-5.6	-32.5	75.3
住宿业	-5.6	-32.5	75.3
餐饮业	-5.2		
（九）信息传输、软件和信息技术服务业	122.3	57.2	
电信、广播电视和卫星传输服务业	-100	-100.0	
互联网和相关服务业	605.9		

固定资产投资

单位：%

南太湖新区	南浔区	德清县	长兴县	安吉县	△市区
117.4	-33.2	-30.2	13.6		-10.8
185.4	-30.4	56.3	3.4	420.1	-9.9
133.8	286.1	64.7	-12.8	60.8	222.6
-87.0	-36.6	97.4	-55.5	-100.0	-64.4
	-100.0	72.6			-98.8
		-100.0	-77.3	42.6	-28.6
76.0	-82.9	-33.0	-74.3	-7.7	-61.0
-9.2	-82.8	-34.1	-74.1	-9.0	-83.5
			-100.0		
84.0	-100.0	-15.9	-73.9	54.1	9.2
-87.3	-69.0	35.3	-74.9	-44.0	-47.1
	40.1	-94.5	56.9	64.0	40.1
-87.3	-74.4	1226.2	-100.0	-98.9	-51.0
27.5	362.5	-48.7	-35.4	16.3	198.9
-23.0		-24.4			79.6
1339.7	538.8	-53.4	-49.7	4.7	622.8
51.0		-84.5	21.2		97.7
-100.0			12.7		-100.0
				78.0	
-31.2	-29.7	-44.1	-55.5	141.0	-34.0
					-71.0
-64.0	119.5	240.5	-69.2	225.2	18.4
-64.0	170.9	240.5	-68.9	231.7	23.7
	-40.7		-100.0	184.1	-40.7
57.2	-98.5		-66.7		47.0
-100.0					-100.0
	-98.5				331.5

续 4

行业分类	全市 ±%	吴兴区	吴兴
软件和信息技术服务业	145.2	69.1	
（十）金融业	2571.5	2571.5	
货币金融服务	154.3	154.3	
资本市场服务			
保险业			
其他金融业			
（十一）房地产业	11.2	12.5	13.4
房地产业	11.2	12.5	13.4
（十二）租赁和商务服务业	25.2	41.9	−50.5
租赁业			
商务服务业	23.6	41.9	−50.5
（十三）科学研究和技术服务业	31.1	−37.0	172.9
研究与试验发展	375.7	305.2	866.8
专业技术服务业	44.9	−42.1	−100.0
科技推广和应用服务业	9.4	−51.7	69.0
（十四）水利、环境和公共设施管理业	4.6	9.3	−3.7
水利管理业	16.4	45.4	91.8
生态保护和环境治理业	1.6	−27.9	−75.5
公共设施管理业	2.5	10.2	−5.6
土地管理业			
（十五）居民服务和其他服务业	−90.3	−86.9	−86.9
居民服务业	−65.9	−71.4	−71.4
机动车、电子产品和日用产品修理业	−100	−100.0	−100.0
其他服务业	−100		
（十六）教育	156	138.9	1241.1
教育	156	138.9	1241.1
（十七）卫生和社会工作	13.8	25.6	103.8
卫生	16.6	40.7	
社会工作	4.2	−1.7	10.3
（十八）文化、体育和娱乐业	113.4	78.2	−17.7
新闻和出版业			
广播、电视、电影和影视录音制作业	2870.4	4674.2	
文化艺术业	29	−20.9	−19.9
体育	2644.4	−100.0	

固定资产投资

单位：%

南太湖新区	南浔区	德清县	长兴县	安吉县	△市区
69.1			−66.7		69.1
2571.5					2571.5
154.3					154.3
11.4	1.5	22.2	4.7	13.5	10.1
11.4	1.5	22.2	4.7	13.5	10.1
494.0	−15.0	110.6	−25.2	58.6	37.0
494.0	−15.0	95.5	−25.2	58.6	37.0
−64.8	−21.6	98.0	188.3	−57.8	−33.4
−76.9	129.9	441.5			284.2
−4.1	468.5	36.4		144.3	82.7
−65.1	−32.2	115.9	−100.0	−88.8	−47.0
35.3	4.7	30.8	−30.7	16.7	7.7
−10.1	−46.1	10.6	16.8	194.3	−8.8
18.1	−51.7	129.8	65.5	40.9	−34.1
47.8	30.5	30.7	−50.3	0.2	16.5
	−100.0		−43.0		−92.3
			−43.0		−71.4
					−100.0
	−100.0				−100.0
101.5	630.8	175.8	−5.0	307.9	209.4
101.5	630.8	175.8	−5.0	307.9	209.4
3.2	29.1	42.3	−58.0	483.8	26.3
8.3	21.5	−4.3	−50.9	531.8	35.5
−21.8		4255.7	−86.3	−100.0	3.5
2426.9	2032.6	1696.1	−63.9	54.5	129.3
4674.2				−80.4	4674.2
−100.0	2021.9	360.7	−98.5	72.7	34.0
−100.0			−100.0	377.7	−100.0

6-5 分县区

续 5

行业分类	全市 ± %	吴兴区	吴兴
娱乐业	50.9		
（十九）公共管理和社会组织	143.7	1394.5	-100.0
中国共产党机关			
国家机构	82.1	1394.5	-100.0
人民政协和民主党派			
社会保障			
群众团体、社会团体和其他成员组织			
基层群众自治组织			
（二十）国际组织			
国际组织			
三、本年新增固定资产（万元）	13.9	-29.2	-37.2
四、项目个数（个）			
1.施工项目个数	-0.8	0.2	-1.3
其中：本年新开工	-25.9	-36.6	-46.2
2.本年投产项目个数	-40.1	-13.3	9.8
五、房屋建筑面积（平方米）			
1.房屋施工面积	1.4	7.7	-0.4
其中：住宅	-2.2	1.4	-2.0
2.房屋竣工面积	0.1	-34.9	-57.2
其中：住宅	-3.8	-42.1	-65.0
3.房屋竣工价值	22.3	-23.7	-55.5
其中：住宅	19.8	-30.5	-57.4
六、本年资金来源合计（万元）			
1.上年末结余资金	9.2	7.4	-13.0
2.本年实际到位资金	12.2	26.9	36.4
(1)国家预算内资金	-97	-97.4	-98.7
其中：中央预算资金	-48.4	-100.0	-100.0
(2)国内贷款	12.9	11.6	21.7
(3)债券	433.9	536.7	417.2
(4)利用外资	-11.5	-49.6	-42.4
(5)自筹资金	12.2	66.3	41.1
(6)其他资金来源	7	-3.1	23.0
七、各项应付款合计（万元）	0.4	-0.7	-26.4
其中：工程款	-6.7	2.1	-13.5

固定资产投资

单位：%

南太湖新区	南浔区	德清县	长兴县	安吉县	△市区
		840.7	-41.9	41.5	
2167.8	-100.0		14434.6		6.2
2167.8	-100.0		-100.0		6.2
-16.1	-1.4	62.2	16.4	79.2	-24.7
2.3	2.7	15.6	-25.0	19.4	1.2
-23.9	-30.8	-12.3	-38.2	30.3	-34.3
-62.1	-81.8	-28.6	-43.4	-45.8	-35.8
18.8	-1.6	-0.2	-10.3	-4.4	5.9
5.7	-3.7	-0.1	-9.5	-7.3	0.5
-3.2	15.7	37.1	14.3	24.7	-30.7
-13.7	-11.9	70.6	-0.2	17.4	-39.2
18.1	41.4	37.0	50.4	87.8	-18.8
-3.6	-2.9	64.5	41.4	74.2	-28.1
40.9	3.2	49.4	10.5	-1.5	6.8
13.1	12.3	1.9	7.7	13.5	23.3
1.1	-98.9	6.1	-97.9		-97.7
-100.0					-100.0
-4.8	112.5	11.6	-16.2	7.9	22.9
	888.6	68.9	-100.0		542.1
-64.7	-74.0		214.8	-95.1	-53.6
154.8	7.7	9.9	-21.9	-10.5	45.7
-25.1	4.4	-8.4	39.5	27.5	-1.6
26.3	34.2	-7.5	-8.2	32.9	10.4
15.0	28.8	4.3	-39.0	5.6	12.8

6-6 分县区国有及

行业分类	全市 ± %	吴兴区	吴兴
二、本年完成投资	27.1	89.4	61.8
第一产业	-100.0	-100.0	-100.0
第二产业	-19.0	22.8	-88.2
第三产业	34.7	93.8	76.3
5.按国民经济行业分 2017			
农、林、牧、渔业	-99.1	-100.0	-100.0
农业			
林业			
畜牧业	-100.0		
渔业	-100.0	-100.0	-100.0
农、林、牧、渔专业及辅助性活动	-91.2		
采矿业			
煤炭开采和洗选业			
石油和天然气开采业			
黑色金属矿采选业			
有色金属矿采选业			
非金属矿采选业			
开采专业及辅助性活动			
其他采矿业			
制造业	6.9	339.6	102.5
农副食品加工业	-52.8		
食品制造业	116.6		
酒、饮料和精制茶制造业			
烟草制品业			
纺织业			
纺织服装、服饰业			
皮革、毛皮、羽毛及其制品和制鞋业			
木材加工和木、竹、藤、棕、草制品业			
家具制造业			
造纸和纸制品业			
印刷和记录媒介复制业			
文教、工美、体育和娱乐用品制造业			
石油、煤炭及其他燃料加工业			

国有控股固定资产投资

单位：%

南太湖新区	南浔区	德清县	长兴县	安吉县	△市区
126.7	62.2	13.2	-17.9	-18.3	79.7
			-100.0		-100.0
196.7	-48.4	-18.4	-63.2	-5.7	-17.9
115.8	81.8	16.8	-6.2	-23.6	89.8
			-99.1		-100.0
			-100.0		
					-100.0
			-91.2		
396.9	1.1	-13.3	-42.0	-1.9	69.9
		-52.8			
	243.4			1.7	243.4

6-6 分县区国有及

续 1

行业分类	全市 ± %	吴兴区	吴兴
化学原料和化学制品制造业			
医药制造业	-66.0		
化学纤维制造业			
橡胶和塑料制品业			
非金属矿物制品业	-42.7	159.8	
黑色金属冶炼和压延加工业			
有色金属冶炼和压延加工业			
金属制品业			
通用设备制造业	167.3		
专用设备制造业	213.6	281.8	102.5
汽车制造业	345.3	278.9	
铁路、船舶、航空航天和其他运输设备制造业	-86.5		
电气机械和器材制造业			
计算机、通信和其他电子设备制造业	-17.7	51.2	
仪器仪表制造业			
其他制造业			
废弃资源综合利用业			
金属制品、机械和设备修理业			
电力、热力、燃气及水生产和供应业	-33.5	-44.1	-99.5
电力、热力生产和供应业	-39.4	-100.0	-100.0
燃气生产和供应业			
水的生产和供应业	36.1	15.5	-97.9
建筑业			
房屋建筑业			
土木工程建筑业			
建筑安装业			
建筑装饰、装修和其他建筑业			
批发和零售业	-95.9	-31.5	-31.5
批发业	64.0		
零售业	-99.4	-31.5	-31.5
交通运输、仓储和邮政业	-7.0	274.1	1098.8
铁路运输业	-20.4	73.7	358.5
道路运输业	1.1		

国有控股固定资产投资

单位：%

南太湖新区	南浔区	德清县	长兴县	安吉县	△市区
	-100.0		-100.0	185.7	-100.0
159.8	-38.8	-66.7	-36.0	-60.8	-21.1
	-100.0	81.8			547.0
	-100.0				88.5
278.9		416.1			278.9
		-86.5			
51.2		-21.8			51.2
84.0	-100.0	-44.4	-83.0	-5.9	-68.8
	-100.0	-44.9	-83.0	-9.0	-100.0
84.0		-35.3			15.5
	-100.0		-100.0	64.0	-99.1
				64.0	
	-100.0		-100.0		-99.1
57.4	524.6	-47.8	-32.8	-67.0	347.9
-23.0		-24.4			79.6
	593.4	-54.1	-52.0	-70.9	1174.1

6–6 分县区国有及

续 2

行业分类	全市 ±%	吴兴区	吴兴
水上运输业	17.4		
航空运输业			
管道运输业	-100.0	-100.0	
多式联运和运输代理业	-100.0		
装卸搬运和仓储业	-30.0	-42.0	
邮政业			
住宿和餐饮业	83.2	-58.7	
住宿业	83.2	-58.7	
餐饮业			
信息传输、软件和信息技术服务业	544.6	89.0	
电信、广播电视和卫星传输服务	-100.0	-100.0	
互联网和相关服务			
软件和信息技术服务业			
金融业			
货币金融服务			
资本市场服务			
保险业			
其他金融业			
房地产业	70.9	85.3	7.8
房地产业	70.9	85.3	7.8
租赁和商务服务业	316.3	302.1	
租赁业			
商务服务业	316.3	302.1	
科学研究和技术服务业	28.3	-39.1	222.5
研究和试验发展	1168.4	3829.3	3829.3
专业技术服务业	51.3		
科技推广和应用服务业	-7.5	-51.9	90.8
水利、环境和公共设施管理业	24.6	30.8	16.1
水利管理业	52.7	23.7	53.2
生态保护和环境治理业	92.4		
公共设施管理业	16.0	22.6	10.1
土地管理业			
居民服务、修理和其他服务业			

国有控股固定资产投资

单位：%

南太湖新区	南浔区	德清县	长兴县	安吉县	△市区
		-24.7			
-100.0					-100.0
				-100.0	
-42.0	-17.6	-52.5	-6.2		-31.9
-100.0			-51.5		58.0
-100.0			-51.5		58.0
89.0					89.0
-100.0					-100.0
1478.5	-17.3	195.6		-19.9	43.0
1478.5	-17.3	195.6		-19.9	43.0
302.1	1650.4	276.5		512.5	363.1
302.1	1650.4	276.5		512.5	363.1
-64.1	67.9	93.5		-47.2	-28.2
		934.9			3829.3
	468.5	43.0		144.3	647.8
-65.1	49.0	95.1		-100.0	-42.0
56.5	60.3	39.0	-23.9	14.5	39.6
-10.1	284.4	12.8	24.0	194.3	68.8
	-61.8	177.1	200.8	33.9	95.3
45.9	61.9	39.2	-56.0	-5.7	33.7

6-6 分县区国有及

续3

行业分类	全市 ±%	吴兴区	吴兴
居民服务业			
机动车、电子产品和日用产品修理业			
其他服务业			
教育	164.3	131.5	
教育	164.3	131.5	
卫生和社会工作	323.4		
卫生	285.6		
社会工作	3481.3		
文化、体育和娱乐业	13094.2	13458.9	
新闻和出版业			
广播、电视、电影和录音制作业			
文化艺术业	9699.1	5341.8	
体育	6359.7		
娱乐业			
公共管理、社会保障和社会组织	163.6	2167.8	
中国共产党机关			
国家机构	96.9	2167.8	
人民政协、民主党派			
社会保障			
群众团体、社会团体和其他成员组织			
基层群众自治组织及其他组织			
国际组织			
国际组织			
六、本年资金来源合计（万元）			
1.上年末结余资金	–20.4	–16.4	–19.8
2.本年实际到位资金	30.2	183.8	148.3
(1)国家预算内资金	39.6	9.8	10.9
(2)国内贷款	–37.8	–11.7	–33.6
(3)债券	450.9	536.7	417.2
(4)利用外资			
(5)自筹资金	28.7	266.1	202.5
(6)其他资金来源	53.7	378.1	378.1

国有控股固定资产投资

单位：%

南太湖新区	南浔区	德清县	长兴县	安吉县	△市区
83.0	888.0	316.3	-6.2	173.5	210.1
83.0	888.0	316.3	-6.2	173.5	210.1
	38.2		39.4	967.2	361.2
	38.2		39.4	3968.8	361.2
				-100.0	
8017.0				642.6	17295.4
-100.0					9178.4
				-100.0	
2167.8	-100.0		14434.6		15.0
2167.8	-100.0		-100.0		15.0
	501.8	-58.1	772.0	-62.3	-6.4
385.4	147.3	-23.1	96.2	-36.6	173.6
8.8	-59.5	1.0		-22.3	-3.7
208.6	499.3	-86.3		-74.3	29.0
	888.6	64.1	-100.0		542.1
514.6	138.5	-0.3	-56.3	-30.3	208.2
	-100.0	-75.2	314.5	19.5	296.8

6-7 分县区非国有

行业分类	全市 ±%	吴兴区	吴兴
二、本年完成投资	10.1	11.4	15.7
第一产业	-23.2	58.4	58.4
第二产业	23.4	46.2	42.0
第三产业	2.7	2.0	5.6
5.按国民经济行业分 2017			
农、林、牧、渔业	-23.2	58.4	58.4
农业	57.6		
林业			
畜牧业	-35.3	-10.2	-10.2
渔业	-65.3	413.8	413.8
农、林、牧、渔专业及辅助性活动			
采矿业	-57.7	93.4	93.4
煤炭开采和洗选业			
石油和天然气开采业			
黑色金属矿采选业			
有色金属矿采选业			
非金属矿采选业	-57.7	93.4	93.4
开采专业及辅助性活动			
其他采矿业			
制造业	24.4	48.0	44.0
农副食品加工业	-9.5	-49.8	-49.8
食品制造业	72.5	36.4	-93.3
酒、饮料和精制茶制造业	1.5	1504.7	110.7
烟草制品业	-100.0		
纺织业	10.8	87.0	97.1
纺织服装、服饰业	64.2	86.0	86.0
皮革、毛皮、羽毛及其制品和制鞋业	4.7	-69.1	-69.1
木材加工和木、竹、藤、棕、草制品业	-31.0	-100.0	-100.0
家具制造业	3.9	-58.2	-58.2
造纸和纸制品业	75.5	-94.8	-92.6
印刷和记录媒介复制业	36.8	171.8	
文教、工美、体育和娱乐用品制造业	-51.5	292.8	
石油、煤炭及其他燃料加工业			

南太湖新区	南浔区	德清县	长兴县	安吉县	△市区
6.0	18.2	16.7	-13.8	40.9	-24.1
	43.9	-94.1	-29.0		48.4
61.6	52.1	25.7	-9.5	35.3	48.5
-1.5	-4.8	8.6	-17.6	44.2	0.6
	43.9	-94.1	-29.0		48.4
	61.1	-91.0	245.0		239.7
	41.7		-50.4		25.0
		-100.0			413.8
			-74.7	-89.8	93.4
			-74.7	-89.8	93.4
62.1	51.5	26.7	-8.6	36.7	49.4
	-18.3	45.2	3.2	-22.4	-38.5
87.2		117.5	-100.0	191.6	36.4
3708.7	-100.0	-82.4		-39.0	817.7
			-100.0		
-44.7	96.6	20.2	-27.7	91.2	93.7
	-31.1	5.1	-100.0		77.2
		5.9			-69.1
	-72.0	-54.5	-52.9	530.3	-72.5
	-30.9	26.5	-79.0	3.0	-32.9
-100.0	57.2	96.8	165.7	6.1	3.1
171.8	206.1	-24.3	-100.0	17.7	189.2
292.8	-100.0	-58.2		-94.9	1.9

6-7 分县区非国有

续 1

行业分类	全市 ± %	吴兴区	吴兴
化学原料和化学制品制造业	23.3	-26.7	-22.3
医药制造业	3.0	-17.5	-36.0
化学纤维制造业	42.9	110.3	111.9
橡胶和塑料制品业	36.3	13.4	34.7
非金属矿物制品业	-7.4	-6.3	-44.7
黑色金属冶炼和压延加工业	-35.6	-57.5	-83.3
有色金属冶炼和压延加工业	44.6	118.2	118.2
金属制品业	107.7	248.4	137.4
通用设备制造业	17.3	39.4	39.1
专用设备制造业	7.0	3.4	32.2
汽车制造业	23.5	117.0	136.1
铁路、船舶、航空航天和其他运输设备制造业	24.5	124.7	
电气机械和器材制造业	17.9	7.3	-58.1
计算机、通信和其他电子设备制造业	122.1	96.0	74.3
仪器仪表制造业	-24.1	-87.0	
其他制造业	-41.2	-92.3	-92.3
废弃资源综合利用业	-38.1	-28.6	-28.6
金属制品、机械和设备修理业			
电力、热力、燃气及水生产和供应业	-40.9	-56.2	-62.6
电力、热力生产和供应业	-25.1	-55.4	-61.2
燃气生产和供应业	-71.5		
水的生产和供应业	-74.3	-73.6	-73.6
建筑业			
房屋建筑业			
土木工程建筑业			
建筑安装业			
建筑装饰、装修和其他建筑业			
批发和零售业	124.6	237.9	552.4
批发业	-8.6		
零售业	321.4	237.9	552.4
交通运输、仓储和邮政业	40.5	-37.1	-59.9
铁路运输业			
道路运输业	191.6	-13.7	-59.3

南太湖新　区	南浔区	德清县	长兴县	安吉县	△市区
-47.4	28.0	56.6	149.4	-39.8	-8.2
-11.5	45.4	-12.6	-3.8	176.5	5.7
-68.4	-73.3	320.8	-87.7	321.6	95.2
1.0	124.1	-43.8	65.9	45.8	39.1
119.1	-0.3	18.3	-26.4	-30.0	-2.1
-18.3	-16.6		128.6	-100.0	-55.9
			-53.0	-69.5	140.0
972.8	120.3	310.8	28.9	9.3	199.0
40.1	-30.9	45.2	-43.9	52.6	21.3
-72.7	21.3	-20.6	22.4	87.2	11.0
99.8	78.1	38.2	3.9	89.2	98.3
117.4	-33.2	123.2	13.6		-10.8
185.4	-30.4	56.3	3.4	420.1	-9.9
142.7	286.1	103.6	-12.8	60.8	224.4
-87.0	-36.6	97.4	-55.5	-100.0	-64.4
	-100.0	72.6			-98.8
		-100.0	-77.3	42.6	-28.6
0.4	198.1	-23.1	-61.8	-100.0	-22.4
-9.2	229.4	-24.6	-41.0	-100.0	-17.3
			-100.0		
	-100.0	-3.4	-73.9	-100.0	-77.0
-87.3	512.6	35.3	56.9	-98.9	347.5
	40.1	-94.5	56.9		40.1
-87.3	7059.0	1226.2		-98.9	529.7
-23.8	-19.7	-64.4	-37.8	5835.4	-33.7
205.2	-17.3		-44.6		-14.1

6-7 分县区非国有

续 2

行业分类	全市 ±%	吴兴区	吴兴
水上运输业	-62.6	-90.3	234.6
航空运输业			
管道运输业	12.7		
多式联运和运输代理业			
装卸搬运和仓储业	-41.7	-34.5	-100.0
邮政业	-71.0	-71.0	-71.0
住宿和餐饮业	-20.6	-7.1	-14.2
住宿业	-21.4	-7.1	-14.2
餐饮业	-5.2		
信息传输、软件和信息技术服务业	17.5	46.7	
电信、广播电视和卫星传输服务			
互联网和相关服务	348.1		
软件和信息技术服务业	-7.4	6.6	
金融业	154.3	154.3	
货币金融服务	154.3	154.3	
资本市场服务			
保险业			
其他金融业			
房地产业	5.9	6.1	14.4
房地产业	5.9	6.1	14.4
租赁和商务服务业	-2.2	21.3	-50.5
租赁业			
商务服务业	-3.9	21.3	-50.5
科学研究和技术服务业	38.8	-9.1	59.6
研究和试验发展	-0.4	38.1	242.7
专业技术服务业	-43.6	-100.0	-100.0
科技推广和应用服务业	48.5	-36.5	-36.5
水利、环境和公共设施管理业	-44.9	-58.0	-55.5
水利管理业	-77.3	945.6	945.6
生态保护和环境治理业	-52.8	-83.1	-89.5
公共设施管理业	-36.3	-53.9	-58.5
土地管理业			
居民服务、修理和其他服务业	-90.3	-86.9	-86.9

南太湖新区	南浔区	德清县	长兴县	安吉县	△市区
-100.0		-90.7	-17.4		-74.4
			12.7		
-28.0	-34.9	-31.9	-89.4	141.0	-34.6
					-71.0
-1.5	5.7	97.3	-70.4	225.2	-0.7
-1.5	20.6	97.3	-70.0	231.7	4.8
	-40.7		-100.0	184.1	-40.7
46.7	-98.5		-66.7		34.3
	-98.5				331.5
6.6			-66.7		6.6
154.3					154.3
154.3					154.3
-1.7	6.4	6.8	-2.1	14.5	6.1
-1.7	6.4	6.8	-2.1	14.5	6.1
640.4	-78.5	-29.0	-25.2	49.4	12.3
640.4	-78.5	-56.9	-25.2	49.4	12.3
-83.1	-67.8	108.5	188.3	-74.7	-53.1
-76.9	129.9	-69.5			49.8
-100.0		-100.0			-100.0
	-73.3	138.6	-100.0	-74.7	-70.5
-66.0	-79.0	-15.4	-38.5	27.1	-67.8
	-100.0	-21.5	-67.1		-80.7
-76.9		-92.0	48.1	121.5	-79.6
316.3	-56.8	-11.6	-45.8	24.2	-55.1
	-100.0		-43.0		-92.3

6-7 分县区非国有

续 3

行业分类	全市 ± %	吴兴区	吴兴
居民服务业	-65.9	-71.4	-71.4
机动车、电子产品和日用产品修理业	-100.0	-100.0	-100.0
其他服务业	-100.0		
教育	127.5	212.5	-98.8
教育	127.5	212.5	-98.8
卫生和社会工作	-31.2	-30.5	10.3
卫生	-35.4	-46.4	
社会工作	-19.0	-1.7	10.3
文化、体育和娱乐业	-26.6	-86.9	-86.7
新闻和出版业			
广播、电视、电影和录音制作业	-86.9	-90.8	
文化艺术业	-60.9	-88.9	-88.9
体育	212.7	-100.0	
娱乐业	50.9		
公共管理、社会保障和社会组织	-100.0	-100.0	-100.0
中国共产党机关			
国家机构	-100.0	-100.0	-100.0
人民政协、民主党派			
社会保障			
群众团体、社会团体和其他成员组织			
基层群众自治组织及其他组织			
国际组织			
国际组织			
六、本年资金来源合计（万元）			
1.上年末结余资金	13.6	11.2	-11.0
2.本年实际到位资金	8.6	10.2	18.5
(1)国家预算内资金	24.8	-51.8	-100.0
(2)国内贷款	36.0	18.6	50.2
(3)债券	85.8		
(4)利用外资	-11.5	-49.6	-42.4
(5)自筹资金	7.5	41.7	20.8
(6)其他资金来源	4.8	-10.4	7.8

南太湖新区	南浔区	德清县	长兴县	安吉县	△市区
			-43.0		-71.4
					-100.0
	-100.0				-100.0
385.4	192.8	39.6	-0.2	372.5	204.6
385.4	192.8	39.6	-0.2	372.5	204.6
-42.2	5.6	-24.5	-75.5	428.4	-28.3
-46.4	-22.0	-23.7	-72.1	428.4	-44.1
-21.8		-100.0	-86.3		3.5
-93.0	290.5	631.7	-63.9	43.5	-76.9
-90.8				-80.4	-90.8
	279.9	360.7	-98.5	30.7	-78.9
-100.0			-100.0		-100.0
		840.7	-41.9	41.5	
	-100.0				-100.0
	-100.0				-100.0
39.7	-5.1	63.1	-9.6	9.8	8.6
-0.5	-5.0	10.4	-0.2	27.2	6.5
-42.3			124.0		-51.8
-17.2	39.6	41.0	-16.2	240.5	21.1
		85.8			
-64.7	-74.0		214.8	-95.1	-53.6
114.6	-18.6	16.2	-17.7	-2.4	21.4
-25.1	6.1	0.1	28.3	27.8	-7.1

6-8 分县区私营个

行业分类	全市 ± %	吴兴区	吴兴
二、本年完成投资	7.6	27.1	38.2
第一产业	-68.2	413.8	413.8
第二产业	21.9	66.7	75.8
第三产业	-2.0	13.4	21.8
5.按国民经济行业分 2017			
农、林、牧、渔业	-68.2	413.8	413.8
农业	50.5		
林业			
畜牧业	-93.8		
渔业	413.8	413.8	413.8
农、林、牧、渔专业及辅助性活动			
采矿业	-33.3	93.4	93.4
煤炭开采和洗选业			
石油和天然气开采业			
黑色金属矿采选业			
有色金属矿采选业			
非金属矿采选业	-33.3	93.4	93.4
开采专业及辅助性活动			
其他采矿业			
制造业	22.7	70.5	81.4
农副食品加工业	-18.4	3.6	3.6
食品制造业	126.4	53.4	-100.0
酒、饮料和精制茶制造业	0.5	2308.8	-100.0
烟草制品业	-100.0		
纺织业	8.6	126.6	144.0
纺织服装、服饰业	47.6	56.5	56.5
皮革、毛皮、羽毛及其制品和制鞋业	4.2	-69.1	-69.1
木材加工和木、竹、藤、棕、草制品业	-36.7	-100.0	-100.0
家具制造业	-4.2	-58.2	-58.2
造纸和纸制品业	67.8	-94.8	-92.6
印刷和记录媒介复制业	36.8	171.8	
文教、工美、体育和娱乐用品制造业	-48.6		
石油、煤炭及其他燃料加工业			

本经济固定资产投资

单位：%

南太湖新区	南浔区	德清县	长兴县	安吉县	△市区
15.5	-7.0	21.5	-16.6	16.2	16.6
	-100.0	-91.0	-67.0		-6.6
46.0	19.5	33.9	-2.3	11.5	47.0
7.1	-25.5	5.8	-31.4	18.4	3.3
	-100.0	-91.0	-67.0		-6.6
	-100.0	-91.0	642.4		-100.0
			-93.8		
					413.8
			-74.7		93.4
			-74.7		93.4
46.2	18.0	33.5	-1.6	12.9	48.2
	-3.8	2.5	3.2	-46.3	0.0
95.3		199.1	-100.0	448.7	53.4
	-100.0	-82.4		-37.5	984.1
			-100.0		
-44.7	68.7	24.5	-24.7	71.5	86.3
	-26.0	68.8			45.3
		5.4			-69.1
	-72.0	-55.8	-17.0	257.0	-72.2
	-8.2	27.8	-79.0	-14.0	-14.2
-100.0	57.2	68.6	75.6	172.9	3.1
171.8	206.1	-24.3	-100.0	17.7	189.2
	-100.0	-58.2		-94.9	37.7

6-8 分县区私营个

续 1

行业分类	全市 ± %	吴兴区	吴兴
化学原料和化学制品制造业	51.5	0.1	32.8
医药制造业	16.2	−11.9	−34.0
化学纤维制造业	569.7	567.3	582.1
橡胶和塑料制品业	19.2	13.6	128.6
非金属矿物制品业	−15.2	−8.4	−38.3
黑色金属冶炼和压延加工业	19.3	−18.3	
有色金属冶炼和压延加工业	76.9	150.2	150.2
金属制品业	93.8	92.3	76.9
通用设备制造业	41.9	80.9	114.4
专用设备制造业	−1.5	11.8	29.1
汽车制造业	16.3	79.9	126.6
铁路、船舶、航空航天和其他运输设备制造业	−7.8	124.7	
电气机械和器材制造业	21.9	0.6	−62.9
计算机、通信和其他电子设备制造业	50.2	74.3	−73.3
仪器仪表制造业	−7.3	−87.0	
其他制造业	−59.8	−92.3	−92.3
废弃资源综合利用业	−62.9	−60.0	−60.0
金属制品、机械和设备修理业			
电力、热力、燃气及水生产和供应业	−30.3	−65.3	−73.4
电力、热力生产和供应业	17.7	−65.3	−73.4
燃气生产和供应业			
水的生产和供应业	−80.2		
建筑业			
房屋建筑业			
土木工程建筑业			
建筑安装业			
建筑装饰、装修和其他建筑业			
批发和零售业	71.2	−87.3	
批发业	8.7		
零售业	151.9	−87.3	
交通运输、仓储和邮政业	8.5	−58.6	−63.6
铁路运输业			
道路运输业	153.2		

体经济固定资产投资

单位：%

南太湖新区	南浔区	德清县	长兴县	安吉县	△市区
–56.6	79.3	60.0	268.5	–53.1	32.0
–4.4	13.6	37.1	25.8	43.1	–2.1
–49.7		320.8			567.3
1.0	128.5	–48.2	57.1	–20.6	45.9
95.3	–17.3	19.0	–31.7	–23.8	–13.9
–18.3	–16.6		128.6	–100.0	–18.1
			–49.9		150.2
187.1	196.6	279.6	52.0	118.2	106.2
8.4	–39.7	129.1	–33.8	155.6	32.6
–45.3	6.7	–27.7	21.8	42.7	9.5
13.5	142.1	30.9	1.4	66.7	111.1
117.4	–100.0	–29.9	13.6		–2.1
142.5	–27.7	68.9	14.4	279.4	–12.8
142.7	755.8	86.4	–22.2	–6.9	221.1
–87.0	–36.6	16.4	104.9	–100.0	–64.4
	–100.0	804.6			–98.8
		–100.0	–66.3	–59.8	–60.0
16.8		93.4	–51.9	–100.0	–26.1
16.8		123.5	414.9	–100.0	–26.1
		–100.0	–73.9	–100.0	
–87.3	403.2		56.9	–98.9	194.5
	–77.2		56.9		–77.2
–87.3	7059.0			–98.9	508.3
–57.9	120.5	–18.2	–3.8	770.8	–41.4
	–29.1		97.7		207.1

6-8 分县区私营个

续2

行业分类	全市 ±%	吴兴区	吴兴
水上运输业	783.9	234.6	234.6
航空运输业			
管道运输业	12.7		
多式联运和运输代理业			
装卸搬运和仓储业	−58.4	−87.8	−100.0
邮政业	−71.0	−71.0	−71.0
住宿和餐饮业	−40.2	−8.1	−16.4
住宿业	−40.3	−8.1	−16.4
餐饮业	−38.7		
信息传输、软件和信息技术服务业	121.5	121.5	
电信、广播电视和卫星传输服务			
互联网和相关服务			
软件和信息技术服务业	27.7	27.7	
金融业			
货币金融服务			
资本市场服务			
保险业			
其他金融业			
房地产业	1.7	19.8	28.7
房地产业	1.7	19.8	28.7
租赁和商务服务业	38.9	206.9	−30.4
租赁业			
商务服务业	34.3	206.9	−30.4
科学研究和技术服务业	−40.7	−100.0	−100.0
研究和试验发展	−33.7	−100.0	−100.0
专业技术服务业	−43.6	−100.0	−100.0
科技推广和应用服务业	−40.7		
水利、环境和公共设施管理业	−37.4	−75.6	−74.7
水利管理业	−50.8		
生态保护和环境治理业	−53.8	−84.5	−92.9
公共设施管理业	−30.7	−46.4	−46.4
土地管理业			
居民服务、修理和其他服务业	−92.3	−86.9	−86.9

体经济固定资产投资

单位：%

南太湖新区	南浔区	德清县	长兴县	安吉县	△市区
					783.9
			12.7		
-86.6		-18.2	-76.2	141.0	-77.8
					-71.0
-1.5	-29.5	1613.1	-71.0	63.0	-16.3
-1.5	-22.5	1613.1	-70.7	71.0	-12.1
	-40.7		-100.0	14.0	-40.7
121.5					121.5
27.7					27.7
12.2	-29.8	3.3	-23.3	11.9	6.3
12.2	-29.8	3.3	-23.3	11.9	6.3
1106.4	-100.0	100.3	-21.0	-100.0	143.8
1106.4	-100.0	-18.9	-21.0	-100.0	143.8
-100.0	-53.2	-36.8	188.3		-61.0
	129.9				-33.7
-100.0		-100.0			-100.0
	-60.6	-32.2	-100.0		-60.6
-76.9	48.6	15.5	-32.5	-16.8	-63.3
		38.8	-75.5		
-76.9			122.3	-57.0	-80.8
	23.0	13.7	-43.1	-14.8	-24.2
	-100.0				-92.3

6-8 分县区私营个

续 3

行业分类	全市 ± %	吴兴区	吴兴
居民服务业	-71.4	-71.4	-71.4
机动车、电子产品和日用产品修理业	-100.0	-100.0	-100.0
其他服务业	-100.0		
教育	229.3	385.4	
教育	229.3	385.4	
卫生和社会工作	-22.8	-28.7	38.3
卫生	-25.1	-46.4	
社会工作	-17.4	10.5	38.3
文化、体育和娱乐业	7.3	9.7	
新闻和出版业			
广播、电视、电影和录音制作业	-86.9	-90.8	
文化艺术业	-25.8		
体育	502.1		
娱乐业	22.8		
公共管理、社会保障和社会组织			
中国共产党机关			
国家机构			
人民政协、民主党派			
社会保障			
群众团体、社会团体和其他成员组织			
基层群众自治组织及其他组织			
国际组织			
国际组织			
六、本年资金来源合计（万元）			
1.上年末结余资金	-4.6	6.5	-17.8
2.本年实际到位资金	13.6	39.5	47.5
(1)国家预算内资金	26.6	-70.8	-100.0
(2)国内贷款	34.2	28.9	225.7
(3)债券	-100.0		
(4)利用外资	830.6		
(5)自筹资金	21.5	73.5	48.1
(6)其他资金来源	4.5	17.2	24.5

体经济固定资产投资

单位：%

南太湖新区	南浔区	德清县	长兴县	安吉县	△市区
					-71.4
					-100.0
	-100.0				-100.0
385.4	759.8		-0.2	267.7	475.5
385.4	759.8		-0.2	267.7	475.5
-42.5	-22.0	-100.0	-59.9	428.4	-28.2
-46.4	-22.0		-43.5	428.4	-44.1
-23.1		-100.0	-86.3		10.5
-90.8			-68.0	33.6	18.6
-90.8				-80.4	-90.8
			-98.3	6.2	
			-100.0		
			-38.6	31.5	
37.2	-66.6	43.6	-32.3	-17.9	-5.4
29.2	-9.9	-3.3	-3.5	21.3	26.7
-65.1					-70.8
-45.9	46.4	-1.2	-13.6	205.6	31.2
		-100.0			
			559.8		
133.0	26.1	11.1	-13.7	-4.8	59.5
8.8	-48.1	-11.6	16.8	19.8	0.3

6-9 分县区港澳台

行业分类	全市 ± %	吴兴区	吴兴
二、本年完成投资	41.3	19.5	3.6
第一产业	303.4		
第二产业	7.9	7.7	3.1
第三产业	123.5	120.0	-86.5
5.按国民经济行业分 2017			
农、林、牧、渔业	303.4		
农业	7.2		
林业			
畜牧业			
渔业			
农、林、牧、渔专业及辅助性活动			
采矿业			
煤炭开采和洗选业			
石油和天然气开采业			
黑色金属矿采选业			
有色金属矿采选业			
非金属矿采选业			
开采专业及辅助性活动			
其他采矿业			
制造业	6.9	6.5	1.8
农副食品加工业	504.9		
食品制造业	-100.0		
酒、饮料和精制茶制造业			
烟草制品业			
纺织业	-54.3	-86.8	-86.8
纺织服装、服饰业	5.0	3612.9	3612.9
皮革、毛皮、羽毛及其制品和制鞋业			
木材加工和木、竹、藤、棕、草制品业			
家具制造业	89.1		
造纸和纸制品业			
印刷和记录媒介复制业			
文教、工美、体育和娱乐用品制造业			
石油、煤炭及其他燃料加工业			

单位：%

	南太湖新区	南浔区	德清县	长兴县	安吉县	△市区
	113.1	-0.3	37.2	62.6	88.9	15.3
				-82.1		
	85.1	-6.8	51.5	-29.0	70.1	4.5
	128.3	-98.5	19.2	195.6	109.2	96.9
				-82.1		
				-82.1		
	85.1	-6.8	48.2	-28.4	70.1	3.6
			504.9			
					-100.0	
		233.6	-36.1	-95.1		18.6
			-51.9	-100.0		3612.9
		-63.6			283.4	-63.6

6-9　分县区港澳台

续 1

行业分类	全市 ± %	吴兴区	吴兴
化学原料和化学制品制造业	4.7	68.0	68.0
医药制造业	89.1	-100.0	
化学纤维制造业	-6.4	1.1	1.1
橡胶和塑料制品业	807.6		
非金属矿物制品业	47.9		
黑色金属冶炼和压延加工业			
有色金属冶炼和压延加工业	-85.5		
金属制品业	14.8		
通用设备制造业	-29.4		
专用设备制造业	76.4	1556.3	
汽车制造业	72.9	23.5	
铁路、船舶、航空航天和其他运输设备制造业			
电气机械和器材制造业	-93.9		
计算机、通信和其他电子设备制造业	-65.7	-100.0	-100.0
仪器仪表制造业			
其他制造业	1.0		
废弃资源综合利用业			
金属制品、机械和设备修理业			
电力、热力、燃气及水生产和供应业	134.5		
电力、热力生产和供应业	214.4		
燃气生产和供应业	-100.0		
水的生产和供应业			
建筑业			
房屋建筑业			
土木工程建筑业			
建筑安装业			
建筑装饰、装修和其他建筑业			
批发和零售业			
批发业			
零售业			
交通运输、仓储和邮政业	183.4	388.3	
铁路运输业			
道路运输业	29.4	29.4	

经济固定资产投资

单位：%

南太湖新区	南浔区	德清县	长兴县	安吉县	△市区
	-57.1	37.2			0.1
-100.0			-45.5		-100.0
	-82.5				-7.3
		-100.0			
			-100.0		
			-85.5		
		-100.0	-53.0	64.5	
		34.2	-26.3	-63.6	
1556.3	223.8	509.0	-10.2		249.7
4.5		-62.4	117.5	150.4	23.5
	-100.0	-95.2	-85.2		-100.0
				-58.6	-100.0
		1.0			
		116.2	-100.0		
		116.2			
			-100.0		
388.3		-35.3			388.3
29.4					29.4

6-9 分县区港澳台

续 2

行业分类	全市 ± %	吴兴区	吴兴
水上运输业			
航空运输业			
管道运输业			
多式联运和运输代理业			
装卸搬运和仓储业	347.8		
邮政业			
住宿和餐饮业			
住宿业			
餐饮业			
信息传输、软件和信息技术服务业	-60.8		
电信、广播电视和卫星传输服务			
互联网和相关服务	-98.5		
软件和信息技术服务业			
金融业			
货币金融服务			
资本市场服务			
保险业			
其他金融业			
房地产业	128.9	-12.1	-100.0
房地产业	128.9	-12.1	-100.0
租赁和商务服务业	-20.8		
租赁业			
商务服务业	-20.8		
科学研究和技术服务业			
研究和试验发展			
专业技术服务业			
科技推广和应用服务业			
水利、环境和公共设施管理业	-13.1	-72.8	-72.8
水利管理业			
生态保护和环境治理业	-72.8	-72.8	-72.8
公共设施管理业	-10.9		
土地管理业			
居民服务、修理和其他服务业			

经济固定资产投资

单位：%

南太湖新区	南浔区	德清县	长兴县	安吉县	△市区
		-35.3			
	-98.5				-98.5
	-98.5				-98.5
-9.3		-3.9	235.4	102.7	-12.1
-9.3		-3.9	235.4	102.7	-12.1
			-100.0		
			-100.0		
		-100.0	-44.8	41.8	-72.8
					-72.8
		-100.0	-44.8	41.8	

6–9 分县区港澳台

续3

行业分类	全市 ±%	吴兴区	吴兴
居民服务业			
机动车、电子产品和日用产品修理业			
其他服务业			
教育			
教育			
卫生和社会工作			
卫生			
社会工作			
文化、体育和娱乐业	3642.4	–100.0	
新闻和出版业			
广播、电视、电影和录音制作业			
文化艺术业			
体育	–100.0	–100.0	
娱乐业			
公共管理、社会保障和社会组织			
中国共产党机关			
国家机构			
人民政协、民主党派			
社会保障			
群众团体、社会团体和其他成员组织			
基层群众自治组织及其他组织			
国际组织			
国际组织			
六、本年资金来源合计（万元）			
1.上年末结余资金	92.7	–46.5	–88.4
2.本年实际到位资金	38.0	26.1	3.7
(1)国家预算内资金	14.1		
(2)国内贷款	39.6	–0.6	–100.0
(3)债券			
(4)利用外资	–48.6	–61.1	–42.4
(5)自筹资金	–2.4	30.1	16.0
(6)其他资金来源	139.1	701.9	

经济固定资产投资

单位：%

南太湖新区	南浔区	德清县	长兴县	安吉县	△市区
-100.0					-100.0
-100.0					-100.0
9.6	1496.8	192.6	187.1	272.0	-44.5
223.2	-18.5	-8.7	41.4	95.9	17.3
			-100.0		
	-92.5		-43.6	682.1	-28.9
-100.0	-74.0		425.2	-100.0	-63.2
185.1	-5.1	64.1	-63.8	13.0	23.5
701.9	89.7	-46.4	391.9	132.8	450.1

6-10 分县区外商

行业分类	全市 ±%	吴兴区	吴兴
二、本年完成投资	36.2	-14.7	-28.7
第一产业	530.8		
第二产业	65.6	-31.8	-85.2
第三产业	-14.2	-6.5	-14.3
5.按国民经济行业分 2017			
农、林、牧、渔业	530.8		
农业			
林业			
畜牧业	530.8		
渔业			
农、林、牧、渔专业及辅助性活动			
采矿业			
煤炭开采和洗选业			
石油和天然气开采业			
黑色金属矿采选业			
有色金属矿采选业			
非金属矿采选业			
开采专业及辅助性活动			
其他采矿业			
制造业	68.0	-32.3	-85.2
农副食品加工业			
食品制造业	30.4	30.4	
酒、饮料和精制茶制造业			
烟草制品业			
纺织业	468.1	-100.0	-100.0
纺织服装、服饰业	-82.2		
皮革、毛皮、羽毛及其制品和制鞋业			
木材加工和木、竹、藤、棕、草制品业	-100.0	-100.0	-100.0
家具制造业	168.7		
造纸和纸制品业	-100.0		
印刷和记录媒介复制业			
文教、工美、体育和娱乐用品制造业	-100.0	-100.0	
石油、煤炭及其他燃料加工业			

经济固定资产投资

单位：%

南太湖新区	南浔区	德清县	长兴县	安吉县	△市区
43.1	174.3	-32.6	-33.9	74.3	
			530.8		
21.8	220.8	7.1	-45.7	76.4	
154.3	5.8	-39.7	-32.8	66.4	
			530.8		
			530.8		
20.7	220.8	13.1	-43.8	76.4	
30.4					
			541.2		
		-82.2			
		-100.0	-100.0		
				168.7	
			-100.0		
-100.0					

6-10 分县区外商

续 1

行业分类	全市 ± %	吴兴区	吴兴
化学原料和化学制品制造业	-37.2	-83.4	-94.4
医药制造业	229.7	-100.0	
化学纤维制造业	-100.0		
橡胶和塑料制品业	61.0	-100.0	-100.0
非金属矿物制品业	30.8	-100.0	
黑色金属冶炼和压延加工业			
有色金属冶炼和压延加工业			
金属制品业	-39.7		
通用设备制造业	5.4	852.7	-91.7
专用设备制造业	-8.7	-100.0	
汽车制造业	-35.8	-100.0	
铁路、船舶、航空航天和其他运输设备制造业			
电气机械和器材制造业	98.9	712.6	
计算机、通信和其他电子设备制造业	273.2		
仪器仪表制造业	-100.0		
其他制造业			
废弃资源综合利用业			
金属制品、机械和设备修理业			
电力、热力、燃气及水生产和供应业	-96.6		
电力、热力生产和供应业	-100.0		
燃气生产和供应业			
水的生产和供应业			
建筑业			
房屋建筑业			
土木工程建筑业			
建筑安装业			
建筑装饰、装修和其他建筑业			
批发和零售业			
批发业			
零售业			
交通运输、仓储和邮政业	-49.2		
铁路运输业			
道路运输业			

经济固定资产投资

单位：%

南太湖新区	南浔区	德清县	长兴县	安吉县	△市区
-21.5	-12.2		26.3	-37.3	
-100.0		-100.0	44.8	12223.3	
			-100.0		
		-24.7		62.5	
-100.0		-100.0	89.8		
	-39.6			-77.4	
884.9	1.6	-98.5	-100.0		
-100.0	54.5		49.3		
-100.0		-69.9	-62.0		
712.6		30.1	43.6		
	265.4	720.9			
			-100.0	-100.0	
		-100.0	-100.0		
		-100.0	-100.0		
	-60.2				

6-10 分县区外商

续 2

行业分类	全市 ± %	吴兴区	吴兴
水上运输业			
航空运输业			
管道运输业			
多式联运和运输代理业			
装卸搬运和仓储业	-60.2		
邮政业			
住宿和餐饮业			
住宿业			
餐饮业			
信息传输、软件和信息技术服务业			
电信、广播电视和卫星传输服务			
互联网和相关服务			
软件和信息技术服务业			
金融业	154.3	154.3	
货币金融服务	154.3	154.3	
资本市场服务			
保险业			
其他金融业			
房地产业	-12.6	-13.2	-13.2
房地产业	-12.6	-13.2	-13.2
租赁和商务服务业			
租赁业			
商务服务业			
科学研究和技术服务业			
研究和试验发展			
专业技术服务业			
科技推广和应用服务业			
水利、环境和公共设施管理业	-71.6	-100.0	-100.0
水利管理业			
生态保护和环境治理业	-31.9	-100.0	-100.0
公共设施管理业	-77.8		
土地管理业			
居民服务、修理和其他服务业			

经济固定资产投资

单位：%

南太湖新区	南浔区	德清县	长兴县	安吉县	△市区
	-60.2				
154.3					
154.3					
	79.2	-39.7	-26.9	53.5	
	79.2	-39.7	-26.9	53.5	
			-67.1		
			-77.8		

6-10 分县区外商

续 3

行业分类	全市 ± %	吴兴区	吴兴
居民服务业			
机动车、电子产品和日用产品修理业			
其他服务业			
教育			
教育			
卫生和社会工作			
卫生			
社会工作			
文化、体育和娱乐业	-49.7		
新闻和出版业			
广播、电视、电影和录音制作业			
文化艺术业			
体育			
娱乐业	-49.7		
公共管理、社会保障和社会组织			
中国共产党机关			
国家机构			
人民政协、民主党派			
社会保障			
群众团体、社会团体和其他成员组织			
基层群众自治组织及其他组织			
国际组织			
国际组织			
六、本年资金来源合计（万元）			
1.上年末结余资金	18.3	-77.6	-80.0
2.本年实际到位资金	-20.9	-13.7	-35.4
(1)国家预算内资金			
(2)国内贷款	-57.6	618.0	
(3)债券			
(4)利用外资	71.6		
(5)自筹资金	23.1	-14.9	-35.4
(6)其他资金来源	-49.6	-51.4	

经济固定资产投资

单位：%

南太湖新区	南浔区	德清县	长兴县	安吉县	△市区
			−49.7		
			−49.7		
−77.3	106.8	−33.3	360.8	514.4	
180.7	−34.0	−50.1	18.0	20.8	
618.0	−100.0			−100.0	
			71.6		
360.0	−7.6	544.9	32.0	74.1	
−51.4	−45.7	−54.2	−27.9	−37.4	

6-11 历年房

年 份	房地产开发投资额	房屋施工面积	#住宅	房屋竣工面积	#住宅
1995	105496	131	108	70	57
1996	79196	115	84	73	61
1997	71818	109	84	52	39
1998	81483	125	104	79	68
1999	93836	127	113	63	57
2000	172611	208	179	79	71
2001	234029	288	246	122	102
2002	295765	381	266	190	146
2003	415160	480	340	156	107
2004	568602	649	489	138	100
2005	690486	670	520	227	168
2006	727959	888	693	305	246
2007	949385	958	729	172	127
2008	1068445	999	747	183	139
2009	1113006	1139	831	224	172
2010	1431314	1400	971	313	187
2011	1846799	1555	1096	213	163
2012	2111735	1845	1295	192	132
2013	2676379	2106	1482	243	169
2014	3427487	2472	1711	454	320
2015	3233875	2396	1693	254	177
2016	2742244	2126	1474	443	305
2017	3011700	2194	1579	342	246
2018	5232974	2742	2009	140	100
2019	5862681	3680	2742	190	132
2020	6292120	4271	3205	339	256
2021	6832023	4329	3133	340	247

地产开发投资

单位：万元、万平方米

商品房销售面积	#住宅	商品房销售额	#住宅	空置面积	#住宅
41	38	53931	46352		
61	56	82047	70897		
64	60	89989	78870		
62	56	89572	73254	18	15
94	83	141327	115458	53	42
163	137	303108	228878	45	32
167	135	304085	219038	27	14
143	114	325684	230876	15	4
249	208	694103	543563	44	16
245	197	815708	607349	76	23
287	245	1106689	919878	72	36
196	157	822804	645906	100	44
432	364	2197669	1849313	100	38
412	314	2585308	1947379	107	22
331	264	2238651	1706359	148	40
274	229	1860440	1545688	177	65
308	251	2157080	1751971	205	93
305	260	1999709	1639940	318	181
399	346	2748149	2370634	430	250
557	490	3868690	3320820	381	172
744	639	6213955	5405946	338	145
809	723	8513888	7694250	184	72
824	761	9846081	9216312	201	103
896	820	11000865	10323003	179	927
880	785	11156862	10265911	157	75

6–12 分区县

指　标	全　市	吴兴区	吴　兴
一、投资额			
1.计划总投资	45320868	22157770	10558241
2.自开始建设累计完成投资	29152583	15808260	7800443
3.本年完成投资	6832023	3492493	1783809
其中：配套工程投资			
其中：国有控股	667068	420985	204674
其中：非国有控股	6164955	3071508	1579135
其中：民间投资	5844000	3024674	1532301
按登记注册类型分：			
内资企业	6487428	3438220	1736975
国有企业	91642	83436	
集体企业			
股份合作企业			
联营企业			
国有联营企业			
集体联营企业			
国有与集体联营企业			
其他联营企业			
有限责任公司	3216133	1867471	960893
国有独资公司	115233	112143	94178
其他有限责任公司	3100900	1755328	866715
股份有限公司	85486	85486	85486
私营企业	3094167	1401827	690596
其他企业			
港澳台商投资企业	200100	7439	
外商投资企业	144495	46834	46834
按资质等级分：			
一级	85656	72096	
二级	277111	215136	210577
三级	220008	90228	47229
四级	1034773	513734	208125

房地产开发投资

单位：万元、平方米

南太湖新　区	南浔区	德清县	长兴县	安吉县	△市区
11599529	5274147	5723654	5390994	6774303	27431917
8007817	2341715	3059627	3865068	4077913	18149975
1708684	786455	814002	935137	803936	4278948
216311	108921	58986	61975	16201	529906
1492373	677534	755016	873162	787735	3749042
1492373	655858	693964	727049	742455	3680532
1701245	764779	752950	789024	742455	4202999
83436	8206				91642
906578	457160	359554	388820	143128	2324631
17965		3090			112143
888613	457160	356464	388820	143128	2212488
					85486
711231	299413	393396	400204	599327	1701240
7439		18937	133308	40416	7439
	21676	42115	12805	21065	68510
72096				13560	72096
4559			61975		215136
42999	4208	8347	45729	71496	94436
305609	28271	143241	12120	337407	542005

6-12 分区县

续1

指　标	全　市	吴兴区	吴　兴
暂定	3017549	1229845	242509
其他	2196926	1371454	1075369
按构成分：			
建筑工程	3850646	1704710	809736
安装工程	88264	25980	16369
设备工器具购置	20505	5108	3975
其他费用	2872608	1756695	953729
其中：旧建筑物购置费	948	926	926
其中：土地购置费	2310204	1472239	793766
按用途分：			
住宅	5421609	2758298	1352486
其中：90 平方米以下	980615	494405	293861
其中：144 平方米以上	1371295	580178	236326
其中：90–144 平方米	3069699	1683715	822299
办公楼	122422	75316	10169
商业营业用房	406728	184709	87861
其他	881264	474170	333293
二、本年新增固定资产	2224788	647440	265661
三、资金到位情况			
1.上年末结余资金	3897079	2138197	1056922
2.本年实际到位资金	12780194	5320333	3066688
(1)国内贷款	1565323	823946	527589
银行贷款	1401523	684536	388179
非银行金融机构贷款	163800	139410	139410
(2)利用外资	3934		
(3)自筹资金	2627160	1490993	846821
(4)定金及预收款	5997677	2232269	1258888
(5)个人按揭贷款	2134821	661099	367885
(6)其他到位资金	451279	112026	65505
四、本年各项应付款合计	2609435	1160822	440979
其中：工程款	1561135	653791	255702

房地产开发投资

单位：万元、平方米

南太湖新区	南浔区	德清县	长兴县	安吉县	△市区
987336	564510	533428	380694	309072	1794355
296085	189466	128986	434619	72401	1560920
894974	451827	554304	581377	558428	2156537
9611	20461	8905	11840	21078	46441
1133	4726	4461	2647	3563	9834
802966	309441	246332	339273	220867	2066136
			22		926
678473	250631	142322	309498	135514	1722870
1405812	582584	660682	756501	663544	3340882
200544	143539	142328	88110	112233	637944
343852	112677	163264	259554	255622	692855
861416	326368	355090	408837	295689	2010083
65147	4006	37986	3006	2108	79322
96848	67857	50187	56957	47018	252566
140877	132008	65147	118673	91266	606178
381779	156185	505707	291624	623832	803625
1081275	337416	645264	280052	496150	2475613
2253645	1568722	2208253	1528934	2153952	6889055
296357	199050	329172	34400	178755	1022996
296357	199050	329172	34400	154365	883586
				24390	139410
			3934		
644172	540665	324262	161815	109425	2031658
973381	700222	1008087	934967	1122132	2932491
293214	128174	512809	348350	484389	789273
46521	611	33923	45468	259251	112637
719843	254866	362190	309770	521787	1415688
398089	171787	242449	186543	306565	825578

6-12 分区县

续 2

指　标	全　市	吴兴区	吴　兴
五、土地情况			
待开发土地面积	1490269	445349	321043
本年土地购置面积	668483	255782	234634
本年土地成交价款	668252	272997	266997
其中：拆迁补偿费			
六、施工销售和待售情况			
房屋施工面积	43290873	21997330	11785914
住宅	31329988	15309044	8192502
其中：90 平方米以下住房	5239021	2542628	1250908
其中：144 平方米以上住房	6646311	2574651	1411086
办公楼	1034415	724399	186218
商业营业用房	3056218	1804000	683328
其他房屋	7870252	4159887	2723866
其中：新开工面积	9102831	4951076	1782706
住宅	6129617	2967472	1229095
90 平方米以下住房	1235499	721774	181492
144 平方米以上住房	1414360	580710	161973
办公楼	426056	400851	585
商业营业用房	534604	420984	56633
其他房屋	2012554	1161769	496393
本年房屋竣工面积	3396609	928882	358098
住宅	2467141	617247	206595
90 平方米以下住房	462667	220386	75552
144 平方米以上住房	575849	110172	19200
办公楼	21473	10839	10839
商业营业用房	189521	87762	46722
其他房屋	718474	213034	93942
其中：不可销售面积	335328	51332	6
住宅	2973	2	2
90 平方米以下住房	2616		
144 平方米以上住房			

房地产开发投资

单位：万元、平方米

南太湖新区	南浔区	德清县	长兴县	安吉县	△市区
124301	121197		177133	746590	566546
21148		154118	102402	156181	255782
6000		208967	67897	118391	272997
10211416	4834819	5490604	5690618	5277502	26832149
7116542	3263401	4048937	4449775	4258831	18572445
1291720	874780	510319	594148	717146	3417408
1163565	600518	1041512	861748	1567882	3175169
538181	67052	199527	25115	18322	791451
1120672	548465	131013	244165	328575	2352465
1436021	955901	1111127	971563	671774	5115788
3168370	1000203	1093147	1045540	1012865	5951279
1738377	766471	780315	810380	804979	3733943
540282	226889	92613	88294	105929	948663
418737	117925	201488	235430	278807	698635
400266		25205			400851
364351	22051	36414	40725	14430	443035
665376	211681	251213	194435	193456	1373450
570784	147462	849103	550799	920363	1076344
410652	98076	620202	403179	728437	715323
144834	2219	32341	84054	123667	222605
90972	31649	173657	76055	184316	141821
			622	10012	10839
41040		11963	23676	66120	87762
119092	49386	216938	123322	115794	262420
51326		216938	47728	19330	51332
				2971	2
				2616	

6-12 分区县

续 3

指　标	全　市	吴兴区	吴　兴
办公楼			
商业营业用房	2631	4	4
其他房屋	329724	51326	
本年住宅竣工套数	20449	5660	2044
90 平方米以下住房	5875	2770	959
144 平方米以上住房	2709	490	108
本年房屋竣工价值	1892030	517103	170661
住宅	1540161	393870	120835
90 平方米以下住房	234661	104452	8285
144 平方米以上住房	493428	107744	21238
办公楼	8773	3230	3230
商业营业用房	114343	55401	23368
其他房屋	228753	64602	23228
房屋出租面积	15809	1941	1941
住宅			
90 平方米以下住房			
144 平方米以上住房			
办公楼	11241		
商业营业用房	4568	1941	1941
其他房屋			
本年商品房销售面积	8797679	3681265	2165036
住宅	7849525	3220079	1874736
90 平方米以下住房	976622	353438	172413
144 平方米以上住房	1883595	626578	321968
办公楼	88312	20371	20278
商业营业用房	332996	90984	65475
其他房屋	526846	349831	204547
其中：现房销售面积	1437177	550343	397206
住宅	1106122	388182	295585
90 平方米以下住房	110125	31290	15866
144 平方米以上住房	357074	91849	62091

房地产开发投资

单位：万元、平方米

南太湖新区	南浔区	德清县	长兴县	安吉县	△市区
			2627		4
51326		216938	45101	16359	51326
3616	820	4651	3383	5935	6480
1811	26	391	1017	1671	2796
382	168	810	502	739	658
346442	77482	474559	225015	597871	594585
273035	51533	397858	181074	515826	445403
96167	1346	19648	41444	67771	105798
86506	2516	155396	42052	185720	110260
			189	5354	3230
32033		3825	10930	44187	55401
41374	25949	72876	32822	32504	90551
		11241	2627		1941
		11241			
			2627		1941
1516229	1121208	1068047	1531282	1395877	4802473
1345343	892794	949381	1462059	1325212	4112873
181025	172086	118698	173529	158871	525524
304610	147828	244845	388224	476120	774406
93	7163	53549	1449	5780	27534
25509	80088	53929	61375	46620	171072
145284	141163	11188	6399	18265	490994
153137	119233	122912	310958	333731	669576
92597	79452	78862	265980	293646	467634
15424	2540	510	29677	46108	33830
29758	60125	35618	74948	94534	151974

6-12 分区县

续 4

指 标	全 市	吴兴区	吴 兴
办公楼	27373	18712	18619
商业营业用房	185383	57567	44396
其他房屋	118299	85882	38606
其中：期房销售面积	7360502	3130922	1767830
住宅	6743403	2831897	1579151
90 平方米以下住房	866497	322148	156547
144 平方米以上住房	1526521	534729	259877
办公楼	60939	1659	1659
商业营业用房	147613	33417	21079
其他房屋	408547	263949	165941
商品房销售额	11156862	4798820	2795752
住宅	10265911	4359237	2517061
90 平方米以下住房	1164449	480757	227539
144 平方米以上住房	3015879	1037324	542725
办公楼	81030	10918	10850
商业营业用房	399855	111575	78894
其他房屋	410066	317090	188947
其中：现房销售额	1548232	651542	483862
住宅	1261241	523555	401228
90 平方米以下住房	117778	40267	20033
144 平方米以上住房	462475	136046	90671
办公楼	17292	9287	9219
商业营业用房	180162	52278	39586
其他房屋	89537	66422	33829
其中：期房销售额	9608630	4147278	2311890
住宅	9004670	3835682	2115833
90 平方米以下住房	1046671	440490	207506
144 平方米以上住房	2553404	901278	452054
办公楼	63738	1631	1631
商业营业用房	219693	59297	39308
其他房屋	320529	250668	155118

房地产开发投资

单位：万元、平方米

南太湖新区	南浔区	德清县	长兴县	安吉县	△市区
93		1432	1449	5780	18712
13171	29114	31430	40356	26916	86681
47276	10667	11188	3173	7389	96549
1363092	1001975	945135	1220324	1062146	4132897
1252746	813342	870519	1196079	1031566	3645239
165601	169546	118188	143852	112763	491694
274852	87703	209227	313276	381586	622432
	7163	52117			8822
12338	50974	22499	21019	19704	84391
98008	130496		3226	10876	394445
2003068	1207567	1633915	1690858	1825702	6006387
1842176	1021589	1505376	1635770	1743939	5380826
253218	184045	158357	149788	191502	664802
494599	204856	472005	606722	694972	1242180
68	4350	59354	904	5504	15268
32681	112032	63057	53135	60056	223607
128143	69596	6128	1049	16203	386686
167680	142945	166781	209518	377446	794487
122327	89887	135633	175144	337022	613442
20234	2838	1031	14414	59228	43105
45375	69804	64581	74791	117253	205850
68		1597	904	5504	9287
12692	43979	23423	32881	27601	96257
32593	9079	6128	589	7319	75501
1835388	1064622	1467134	1481340	1448256	5211900
1719849	931702	1369743	1460626	1406917	4767384
232984	181207	157326	135374	132274	621697
449224	135052	407424	531931	577719	1036330
	4350	57757			5981
19989	68053	39634	20254	32455	127350
95550	60517		460	8884	311185

6-12 分区县

续 5

指　标	全　市	吴兴区	吴　兴
商品住宅销售套数	63669	27089	15948
90 平方米以下住房	12717	5252	2591
144 平方米以上住房	8351	2752	1539
其中：现房销售套数	8312	2984	2219
90 平方米以下住房	1431	443	221
144 平方米以上住房	1735	428	276
其中：期房销售套数	55357	24105	13729
90 平方米以下住房	11286	4809	2370
144 平方米以上住房	6616	2324	1263
待售面积	1565994	606557	301708
住宅	748674	289884	131785
90 平方米以下住房	64917	41032	30689
144 平方米以上住房	276037	79800	17050
办公楼	52070	27374	27374
商业营业用房	561347	177383	107151
其他房屋	203903	111916	35398
其中：待售 1-3 年(含 1 年)	932134	411323	155618
住宅	561806	249795	100251
90 平方米以下住房	53825	35676	30689
144 平方米以上住房	197168	68532	8606
办公楼	15139		
商业营业用房	184243	78661	38610
其他房屋	170946	82867	16757
其中：待售 3 年以上(含 3 年)	385880	92811	55234
住宅	30581	3074	1064
90 平方米以下住房	868	88	
144 平方米以上住房	27268	2986	1064
办公楼	36895	27374	27374
商业营业用房	300680	48108	17927
其他房屋	17724	14255	8869

房地产开发投资

单位：万元、平方米

南太湖新区	南浔区	德清县	长兴县	安吉县	△市区
11141	7887	7527	11439	9727	34976
2661	2051	1361	2043	2010	7303
1213	799	1108	1833	1859	3551
765	548	509	2004	2267	3532
222	39	8	378	563	482
152	371	175	351	410	799
10376	7339	7018	9435	7460	31444
2439	2012	1353	1665	1447	6821
1061	428	933	1482	1449	2752
304849		70764	542437	346236	606557
158099		51775	184834	222181	289884
10343		106	4247	19532	41032
62750		17797	53023	125417	79800
		3480	18303	2913	27374
70232		13815	258118	112031	177383
76518		1694	81182	9111	111916
255705		49502	234448	236861	411323
149544		36958	102792	172261	249795
4987		106	2480	15563	35676
59926		15385	20344	92907	68532
		3480	9099	2560	
40051		8729	43924	52929	78661
66110		335	78633	9111	82867
37577		7977	229893	55199	92811
2010		1580	25096	831	3074
88			780		88
1922		1580	22238	464	2986
			9168	353	27374
30181		5038	193519	54015	48108
5386		1359	2110		14255

6-13 建筑业

指　标	企业数(家)	建筑业合同情况			承包工程完成产值情况				建筑业总产值	装配式建筑工程产值
		签订的合同额	上年结转	本年新签	直接从建设单位承揽工程	自行完成	分包出去	从建设单位以外承揽工程		
总　计	**419**	**167592525**	**77652708**	**89939817**	**90695431**	**90511682**	**183749**	**6192646**	**96704328**	**1263320**
一、按登记注册类型分										
国有企业	3	9569140	4036988	5532152	1696247	1696247	0	0	1696247	0
集体企业	2	86816	46632	40184	73595	73595	0	0	73595	0
国有独资公司	5	732232	362042	370190	393786	393786	0	0	393786	0
其他有限责任公司	27	57079916	33271085	23808831	26099191	26012317	86874	4809894	30822211	328463
股份有限公司	1	1441393	457873	983520	776158	776158	0	0	776158	0
私营有限责任公司	378	97475690	39055459	58420231	61005885	60909010	96875	1382752	62291762	934857
私营股份有限公司	3	1207338	422629	784709	650569	650569	0	0	650569	0
二、按国民经济行业分										
房屋建筑业	151	99690134	42578117	57112017	61034230	61015154	19076	870334	61885488	943141
土木工程建筑业	178	60197337	33366362	26830975	24177365	24113869	63496	4548717	28662586	93846
建筑安装业	38	5032420	915507	4116913	3656581	3566294	90287	430396	3996690	226333
建筑装饰、装修和其他建筑业	52	2672634	792722	1879912	1827255	1816365	10890	343199	2159564	0
三、按控股情况分		0	0	0	0	0	0	0	0	0
国有控股	16	32951902	22424940	10526962	6270712	6270712	0	4165980	10436692	0
集体控股	8	3517692	537784	2979908	2576535	2489661	86874	78232	2567893	0
私人控股	395	131122931	54689984	76432947	81848184	81751309	96875	1948434	83699743	1263320
其他										
四、按资质等级分		0	0	0	0	0	0	0	0	0
施工总承包	228	148830081	71474514	77355567	78206237	78088596	117641	5124263	83212859	773203
特级	3	32170445	14316283	17854162	20230193	20230193	0	259305	20489498	314653
一级	34	82011276	42573128	39438148	36104345	36101845	2500	4593517	40695362	219002
二级	47	22066782	10536226	11530556	14343736	14339254	4482	87059	14426313	127668
三级及以下	144	12581578	4048877	8532701	7527963	7417304	110659	184382	7601686	111880
专业承包	191	18762444	6178194	12584250	12489194	12423086	66108	1068383	13491469	490117
一级	19	5945102	1819469	4125633	3300126	3300126	0	398526	3698652	293867
二级	155	11623084	4285501	7337583	8118798	8054535	64263	566878	8621413	176520
三级及以下	17	1194258	73224	1121034	1070270	1068425	1845	102979	1171404	19730
五、按地区分		0	0	0	0	0	0	0	0	0
湖州市	419	167592525	77652708	89939817	90695431	90511682	183749	6192646	96704328	1263320
吴兴区	67	83766900	41878531	41888369	41766642	41766642	0	4801587	46568229	427103
南浔区	52	11979565	3633780	8345785	5801497	5789403	12094	255318	6044721	222562
南太湖新区	43	23989640	9810598	14179042	12607263	12591453	15810	377627	12969080	245389
德清县	66	23152022	12074159	11077863	13765892	13670685	95207	263489	13934174	177111
长兴县	104	13353117	5739759	7613358	9543166	9537884	5282	303109	9840993	161048
安吉县	87	11351281	4515881	6835400	7210971	7155615	55356	191516	7347131	30107

企业生产情况

单位：千元

装饰装修产值	在外省完成	按构成分的建筑业总产值 建筑工程产值	安装工程产值	其他产值	房屋建筑施工面积(平方米)	本年新开工面积	年末自有机械设备 净值	总台数(台)	总功率(kW)	从事建筑业活动的平均人数(人)	年末从业人员(人)	技术人员
3093027	**14407028**	**84474906**	**7437164**	**4792258**	**52732431**	**21114513**	**1060901**	**16094**	**396130**	**195904**	**185146**	**27714**
0	1021819	1696247	0	0	0	0	46341	328	17256	2557	2435	493
0	0	61995	0	11600	87049	32995	2476	352	2981	264	251	61
0	0	226060	167726	0	0	0	45	17	730	445	416	60
950667	8341487	24063482	4263964	2494765	8679438	3104019	271247	1925	128856	47336	46615	5327
24447	0	776158	0	0	997012	386385	15832	674	2214	3027	3430	337
2018649	5018797	57000395	3005474	2285893	42968932	17591114	724016	12737	243518	141157	131225	21354
99264	24925	650569	0	0	0	0	944	61	575	1118	774	82
1474475	5982403	55884157	2395270	3606061	43407949	16951581	564862	10168	211438	129067	127035	17555
352350	8105952	26283642	1599697	779247	8760948	3849353	428821	2850	155097	54190	46521	7821
82622	41620	786994	3023145	186551	418432	184261	20928	2388	10309	7408	7293	1347
1183580	277053	1520113	419052	220399	145102	129318	46290	688	19286	5239	4297	991
0	0	0	0	0			0					
18300	6305017	9838130	580262	18300	227592	227592	249221	968	109891	13583	12865	2068
0	5280	158105	2392908	16880	177049	122995	9223	639	5452	4978	5396	649
3074727	8096731	74478671	4463994	4757078	52327790	20763926	802457	14487	280787	177343	166885	24997
0	0	0	0	0			0					
1526018	12740771	73711759	5249601	4251499	46878873	18127627	848672	13510	340555	167787	162450	22861
688206	2486359	18421544	402600	1665354	10397223	4571803	110652	1674	69311	36794	33090	4091
570730	8967152	37269045	1323956	2102361	22535750	6622163	520981	5199	200802	93062	92119	10876
124392	1125912	12180171	2178780	67362	9504149	5467092	145167	3399	50976	23683	23987	4477
142690	161348	5840999	1344265	416422	4441751	1466569	71872	3238	19466	14248	13254	3417
1567009	1666257	10763147	2187563	540759	5853558	2986886	212229	2584	55575	28117	22696	4853
505267	1246815	3321559	294775	82318	2261241	1201298	7928	436	2537	5524	4062	839
1061742	361966	7263654	993167	364592	3548715	1741986	188708	2028	51590	21287	17650	3813
0	57476	177934	899621	93849	43602	43602	15593	120	1448	1306	984	201
0	0	0	0	0			0					
3093027	14407028	84474906	7437164	4792258	52732431	21114513	1060901	16094	396130	195904	185146	27714
1618741	9592391	40428866	3351950	2787413	20282716	9612717	468844	4723	220281	89445	84135	10772
38890	361806	5596593	318959	129169	5195389	2686856	61015	1294	9027	13289	13138	2580
485435	2191412	11246185	1249084	473811	5582492	811196	128281	1390	36606	27203	27268	3125
307645	606157	12448219	695123	790832	11255680	3524205	92523	4009	27434	28542	24340	3766
488025	1360612	8507181	991998	341814	3917037	2029906	189876	3673	74024	19471	18418	3939
154291	294650	6247862	830050	269219	6499117	2449633	120362	1005	28758	17954	17847	3532

主要统计指标解释

全社会固定资产投资 是以货币表现的建造和购置固定资产活动的工作量，它是反映固定资产投资规模、速度、比例关系和使用方向的综合性指标。全社会固定资产投资包括国有单位投资、城乡集体经济单位投资和城乡居民个人投资，以及联合经济、股份制经济、外商 投资单位、港澳台投资单位及其他各种经济类型单位的投资。

房地产开发投资 指各种经济类型的房地产开发公司、商品房建设公司及其他房地产开发单位统一开发的商品住宅、厂房、仓库、办公楼等房屋建筑物和配套的服务设施。以及土地开发工程，如道路、给水排水、供电、供热、通讯、场地平整等基础设施工程。不包括单纯的土地交易活动。

施工项目 指报告期内曾进行建筑或安装活动的建设项目。包括报告期内新开工项目，报告期内以前开工跨入报告期继续施工的项目，报告期施过工并在报告期内全部建成投产或停缓建的项目。

全部建成投产项目 工业项目指整个建设项目的生产性车间及其相应的辅助设施，按照批准的设计文件所规定的内容全部建成，经负荷试运转证明具备生产设计规定的合格产品条件，经过验收鉴定合格或达到“竣工验收标准”，正式移交生产的建设项目；非工业建设项目是指文件中规定的主要工程全部建成，能够发挥设计规定的全部效益，经验收合格或达到“竣工验收标准”，正式移交使用的项目。

施工和竣工房屋建筑面积 房屋建筑面积是从房屋的外墙线算起，包括房屋结构（如柱、墙）占用的面积和地下室面积。多层建筑面积按各自然层面积总和计算；包括房屋内的楼隔层、突出墙面的眺望间、斗门、有柱雨罩的面积。不包括突出墙面结构的构件、艺术装饰等所占的面积。如台阶等。凹阳台、挑阳台按其水平投影面积一半计算建筑面积。

施工面积 指报告期内施工的全部房屋建筑面积。包括本期新开工的面积和上期开工跨入本期继续施工的房屋面积，以及上期已停建在本期复工的建筑面积。

竣工面积 指报告期内房屋建筑按照设计要求已全部完工，达到住人和使用的条件，经验收鉴定合格，正式移交使用单位的建筑面积。

新增固定资产 指已经建成投入生产交付使用的工程价值和达到固定资产标准的设备、工具器具的投资及有关应摊入的费用。它是以价值形式表示的固定资产投资成果的综合指标，可以综合反映不同时期、不同部门、不同地区的固定资产投资成果。

建筑业总产值 指建筑施工企业在一定时期内所完成的以货币表现的生产总值，是反映本单位全部的生产规模、水平和成果的综合指标。它包括建筑工程产值、设备安装工程产值、房屋、构筑物大修理产值、非标准设备制造产值。从 1993 年开始，建筑业总产值等于自行完成施工产值。

建筑业增加值 指建筑业企业在报告期内以货币表现的建筑业生产经营活动的最终成果。具体构成项目有固定资产折旧、劳动者报酬、生产税净额、营业盈余。

房屋建筑施工面积 指报告期内施过工的全部房屋建筑面积，它包括本期新开工的面积、上期跨入本期继续施工的房屋面积、上期停缓建在本期恢复施工的房屋面积、本期竣工的房屋面积及本期施工后又停缓建的房屋面积。施工面积以房屋单位工程为对象进行计算，即一栋房屋已进行施工，即以整栋房屋的建筑面积计算施工面积；多层房屋不论哪一层施工，都以各层的总面积计算施工面积。

房屋建筑竣工面积 是指在报告期内房屋建筑按照设计要求全部完工，达到了使用条件，经检查验收鉴定合格的房屋建筑面积。

自有机械年末总功率 是指企业（或单位）自有施工机械、生产设备、运输设备以及其他设备等列为在册固定资产的生产性机械设备年末总功率，按设计能力或查定能力计算。包括机械本身的动力和为该机械服务的单独动力设备，如电动机等。计量单位用千瓦，动力换算可按 1 马力=0.735 千瓦折合成瓦数，电焊机、变压机锅炉不计算动力。

资本金 是指企业在工商行政管理部门登记的注册资金。企业筹集的资金按其投资主体一般分为国家资本金，法人资本金、个人资本金以及外商资本金等。

资产 是企业拥有或控制的能以货币计量的经济资源，包括各种财产、债权和其他权利。建筑企业的资产按其流动性分为：流动资产、长期投资、固定资产、专项工程、无形及递延资产和其他资产。

负债 是企业所承担的能以货币计量、将以资产或劳务偿付的债务。负债一般按其偿还期长短分为流动负债和长期负债。

流动资产 是指可以在一年或超过一年的一个营业周期内变现或者耗用的资产，包括现金及存款、短期投资、应收及预付款项、存货等。流动资产的一个重要特点是它在参加生产经营时，其价值一次转移到产品成本或费用中去。流动资产期末合计应根据“资产负债表”（会计报表，下同）的“流动资产合计”项目的期末数填列。

固定资产 固定资产是指使用期限超过一年的房屋及建筑物、机器、机械、运输工具以及其他与生产经营有关的设备、器具、工具等。不属于生产经营主要设备的物品，单价在 2000 元以上，并且使用年限超两年的，也包括在内。

工程结算收入 指本企业承包工程实现的工程价额结算收入以及向发包单位收取的除工程价款以外按规定列作营业收入的各种款项，如临时设施费、劳动保险费、施工机械调迁费等以及向发包单位收取的各种索赔款。本项根据“损益表”中“工程结算收入”项的本年累计数填列。

工程结算成本 报告期内与发包单位办理工程价款结算的已完工程实际成本。本项根据“损益表”中“工程结算成本”项的本年累计数填列。

工程结算利润 指已结算工程实现的利润。其计算公式为：

工程结算利润 ＝ 工程结算收入 － 工程结算成本 － 工程结算税金及附加。

其他业务收入 指企业除工程结算收入外的其他业务收入。如产品销售收入、机械作业收入、材料销售收入、无形资产转让收入、固定资产出租收入等。本项根据会计“其他收入”科目的本年贷方发生额归 纳填报。

其他业务利润 指企业除结算收入外的其他业务收入扣除其他业务支出（包括其他业务成本及应负担的费用、税金）后的净收益（如为净支出以“－”号表示）。本项目根据“损益表”中“其他业务利润”项的本年累计数填列。

利润总额 指建筑施工企业在一定时期内所实现的利润，包括工程结算利润、产品销售利润、作业销售利润、材料销售利润及其他销售利润、营业外收支差额。

利税总额 指企业的实现利润与上缴税金（利前税）之和包括利润总额、工程结算税金及附加管理费用中的税金。即：利税总额 ＝ 利润总额 ＋ 工程结算税金附加 ＋ 管理费用中税金

单位工程 是单项工程的组成部分，通常是按照不同性质的工程内容能否独立施工的要求划分的，一个单项工程可以划分成若干个单位工程。所谓单项工程一般指有独立设计文件，建成后能独立发挥效益或生产设计规定产品的车间（联合企业的分厂）生产线或独立工程等，它由若干单位工程所组成。

产值利润率 为报告期内每百元产值所实现的利润。它的计算方法是：利润总额除以建筑业总产值。

七、国内贸易、外资、外贸、旅游

7-1 历年分县区社会消费品零售总额

单位：万元

年份	全市	市区	德清县	长兴县	安吉县
1978	32682	15636	5109	7042	4895
1979	41848	19814	6633	9034	6367
1980	53543	26072	8837	11277	7357
1981	59651	29470	9300	12370	8511
1982	61921	29681	10132	13020	9088
1983	68351	33146	10632	14311	10262
1984	80353	38643	12644	16807	12259
1985	111412	54748	17354	22879	16431
1986	133792	66103	21908	27058	18723
1987	156616	77822	25139	32501	21154
1988	198207	99226	30689	41862	26430
1989	214834	106452	34204	44924	29254
1990	213166	107366	34110	41287	30403
1991	237219	120973	36454	45858	33934
1992	281520	142329	40437	57395	41359
1993	418770	227620	55527	81744	53879
1994	639133	343674	91674	125149	78636
1995	860135	458283	122155	175464	104233
1996	1005309	512971	142510	218130	131698
1997	1123563	581512	159636	230963	151452
1998	1237645	639230	175960	250258	172197
1999	1351990	690935	194505	276186	190364
2000	1491751	761705	215317	304498	210231
2001	1591543	796250	237926	335710	232403
2002	1708800	885606	262907	370520	256844
2003	1823403	925695	269887	372200	255621
2004	2080822	1056636	308150	431040	284995
2005	2384861	1220017	350812	490717	323315
2006	2754854	1413747	405011	566041	370054
2007	3222040	1654297	474490	661201	432053
2008	3868323	1983620	570176	795288	519239
2009	4425700	2264902	654148	911496	595154
2010	5160918	2605219	772140	1081054	702505
2011	6098868	3099065	904237	1273825	821741
2012	7038667	3558834	1048473	1483829	947531
2013	7662182	3985525	1052745	1609359	1014553
2014	8711964	4521114	1210263	1854684	1125903
2015	9639221	4933986	1361312	2077131	1266792
2016	10688648	5446315	1513098	2318167	1411068
2017	11881547	6046805	1684382	2584019	1566341
2018	12796919	6664437	1341081	2828810	1962590
2019	14099371	7482478	1463255	3059370	2094267
2020	14244312	7839008	1476007	2973135	1956161
2021	15561789	8663836	1582302	3184254	2131039

注：2018 年以来数据根据 2018 年经普修订。

7-2 历年分县区社会消费品零售总额增长速度

单位：%

年 份	全 市	市 区	德清县	长兴县	安吉县
1979	28.0	26.7	29.8	28.3	30.1
1980	27.9	31.6	33.2	24.8	15.5
1981	11.4	13.0	5.2	9.7	15.7
1982	3.8	0.7	8.9	5.3	6.8
1983	10.4	11.7	4.9	9.9	12.9
1984	17.6	16.6	18.9	17.4	19.5
1985	38.7	41.7	37.3	36.1	34.0
1986	20.1	20.7	26.2	18.3	13.9
1987	17.1	17.7	14.7	20.1	13.0
1988	26.6	27.5	22.1	28.8	24.9
1989	8.4	7.3	11.5	7.3	10.7
1990	-0.8	0.9	-0.3	-8.1	3.9
1991	11.3	12.7	6.9	11.1	11.6
1992	18.7	17.7	10.9	25.2	21.9
1993	48.8	59.9	37.3	42.4	30.3
1994	52.6	51.0	65.1	53.1	45.9
1995	34.6	33.3	33.2	40.0	32.6
1996	21.4	19.6	16.7	24.3	29.9
1997	11.8	13.4	12.0	5.8	15.0
1998	10.2	9.9	10.2	8.4	13.7
1999	9.2	8.1	10.5	10.4	10.6
2000	10.3	10.2	10.7	10.3	10.4
2001	9.6	9.5	10.5	10.3	10.6
2002	11.6	12.7	10.5	10.4	10.5
2003	11.8	12.3	11.5	11.6	10.6
2004	14.3	15.9	13.1	12.9	11.5
2005	14.6	15.5	13.8	13.8	13.4
2006	15.5	15.9	15.4	15.3	14.5
2007	17.0	17.0	17.2	16.8	16.8
2008	20.1	19.9	20.2	20.3	20.2
2009	14.4	14.2	14.7	14.6	14.6
2010	18.3	18.3	18.0	18.6	18.0
2011	18.2	19.0	17.1	17.8	17.0
2012	15.4	14.8	16.0	16.5	15.3
2013	13.1	10.9	16.1	16.1	14.0
2014	13.7	13.4	15.0	15.2	11.0
2015	10.6	9.1	12.5	12.0	12.5
2016	11.8	11.3	12.0	12.5	12.3
2017	11.2	11.0	11.3	11.5	11.0
2018	10.0	9.8	10.0	10.1	10.2
2019	10.2	12.3	9.1	8.2	6.7
2020	1.0	4.8	0.9	-2.8	-6.6
2021	9.2	9.9	9.4	8.3	8.1

注：2018 年以来数据根据 2018 年经普修订。

7-3 历年分县区社会消费品零售总额发展指数

（以 1978 年为 100）　　单位：%

年　份	全　市	市　区	德清县	长兴县	安吉县
1978	100.0	100.0	100.0	100.0	100.0
1979	128.0	126.7	129.8	128.3	130.1
1980	163.8	166.7	173.0	160.1	150.3
1981	182.5	188.5	182.0	175.7	173.9
1982	189.5	189.8	198.3	184.9	185.7
1983	209.1	212.0	208.1	203.2	209.6
1984	245.9	247.1	247.5	238.7	250.4
1985	340.9	350.1	339.7	324.9	335.7
1986	409.4	422.8	428.8	384.2	382.5
1987	479.2	497.7	492.1	461.5	432.2
1988	606.5	634.6	600.7	594.5	539.9
1989	657.3	680.8	669.5	637.9	597.6
1990	652.2	686.7	667.6	586.3	621.1
1991	725.8	773.7	713.5	651.2	693.2
1992	861.4	910.3	791.5	815.0	844.9
1993	1281.3	1455.7	1086.8	1160.8	1100.7
1994	1955.6	2198.0	1794.4	1777.2	1606.5
1995	2631.8	2930.9	2391.0	2488.1	2129.4
1996	3195.0	3505.4	2789.4	3093.0	2766.1
1997	3570.9	3973.8	3124.6	3272.4	3181.0
1998	3933.4	4368.2	3444.1	3545.8	3616.7
1999	4296.9	4721.5	3807.1	3913.2	3998.2
2000	4741.0	5205.2	4214.5	4314.3	4415.5
2001	5196.2	5699.6	4657.0	4756.6	4883.5
2002	5798.9	6423.5	5146.0	5249.8	5397.1
2003	6483.2	7213.6	5737.7	5858.8	5969.2
2004	7410.3	8360.6	6489.3	6614.6	6655.7
2005	8493.1	9653.3	7387.7	7530.4	7550.6
2006	9810.7	11186.2	8529.1	8686.3	8642.2
2007	11474.4	13089.6	9992.2	10146.6	10090.0
2008	13776.0	15695.3	12007.3	12204.2	12126.2
2009	15761.0	17921.0	13775.6	13987.5	13899.1
2010	18646.6	21207.8	16260.4	16589.5	16406.1
2011	22035.4	25228.0	19041.0	19542.4	19195.2
2012	25430.9	28970.7	22078.2	22764.2	22133.5
2013	28759.2	32134.7	25635.4	26432.5	25241.1
2014	32699.5	36453.0	29471.0	30461.8	28011.4
2015	36179.9	39781.9	33149.2	34115.3	31516.6
2016	40440.8	44265.2	37141.1	38379.7	35387.8
2017	44954.1	49145.7	41345.5	42781.2	39281.8
2018	48417.5	54165.6	32918.7	46834.0	49219.3
2019	53345.3	60814.2	35917.6	50651.1	52521.6
2020	53893.7	63711.9	36230.6	49223.4	49058.0
2021	58878.4	70006.7	39636.3	53309.0	53031.7

注：2018 年以来数据根据 2018 年经普修订。

7-4　历年社会消费品零售总额分类情况（一）

单位：万元

年　份	社会消费品零售总额	市的零售额	县的零售额	县以下的零售额	批发和零售贸易业	#批发业	住宿和餐饮贸易业	其　他
1993	418770	225539	84908	108323	341711		21046	56013
1994	639133	343674	137126	158333	443450		38587	157096
1995	860135	458283	176371	225481	583398		53243	223494
1996	1005309	513987	224631	266691	718635		66380	220294
1997	1123563	581512	249493	292558	832992		67533	223038
1998	1237645	639230	264234	334181	942842		83281	211522
1999	1351990	690935	283261	377794	1014394		94843	242753
2000	1491751	761705	305616	424430	1133211		115639	242901
2001	1591543	796250	332324	462969	1208176		125924	257443
2002	1708800	852164	357469	499167	1288259		152194	268347
2003	1823403	925695	393272	504436	1617798		170981	34624
2004	2080822	1056636	454254	569931	1823906		218835	38081
2005	2384861	1220017	521480	643364	2087766		254949	42146
2006	2754854	1413747	606352	734755	2409865	272801	298797	46192
2007	3222040	1654297	713142	854602	2818400	312351	353476	50164
2008	3868323	1983620	863825	1020878	3376743	377320	437604	53977
2009	4425700	2264902	984761	1176037	3874601	451715	493646	57453

注：2003 年及以后“其他”不包含农民对城镇居民零售。

7–4 历年社会消费品零售总额分类情况（二）

单位：万元

年　份	社会消费品零售总额	城镇零售额	城区	乡村零售额	批发和零售贸易业	#批发业	住宿和餐饮贸易业
2010	5160918	3781242	2198169	1379676	4623676	209288	537242
2011	6098868	4485561	2627392	1613307	5463987	292359	634881
2012	7038667	5173388	3029313	1865279	6307080	328831	731587
2013	7662182	5550102	3148391	2112081	6862884	354909	799299
2014	8711964	6286118	3562322	2425847	7832700	383564	879264
2015	9639221	6927708	3952081	2711513	8635929	530473	1003292
2016	10688648	7689413	4510610	2999235	9495504	647911	1193144
2017	11881547	8547585	5014013	3333962	10437745	890795	1443802
2018	12796919	9148517	5349112	3648402	11160912	1130431	1636007
2019	14099371	9649567	6993073	4449804	12646833	1376031	1452538
2020	14244312	10825677	6409940	3418635	12433309	1310589	1811003
2021	15561789	11437898	6769368	4123868	13592134	1397540	1969631

注：1.2010 年起“市、县、县以下”统计分组改为“城镇、乡村，城镇列其中：城区”；2.2010 年起分行业零售额根据经普调整；3.2018 年以来数据根据 2018 年经普修订。

7-5 历年限额以上批发零售业主要指标

单位：万元

年 份	法人企业（个）	产业活动单位（个）	从业人数（人）	销售总额	批 发	零 售	年末零售营业面积（万平方米）	资产合计	利润总额
1998	123	92	10812	823661	702719	120942	14.2	590333	-5353
1999	119	245	14511	831030	707798	123231	15.8	461518	5347
2000	107	184	11876	915269	783822	131447	17.6	432857	18320
2001	118	711	9445	1091954	941595	150359	19.7	437883	23188
2002	113	612	9472	1145661	957867	187794	21.9	476537	30646
2003	118	492	8603	1380094	1133855	246238	24.5	558227	35180
2004	150	562	8984	1854416	1415199	439217	27.3	645629	54776
2005	154	533	9730	2158894	1553958	604936	30.5	707801	62796
2006	163	438	10822	2589425	1747039	842386	33.7	741261	61780
2007	177	555	12291	3238434	2217450	1020984	80.6	892477	86609
2008	282	786	12325	4030097	3044857	985240	35.6	1227970	126051
2009	279	758	13715	4006938	2867662	1139276	48.0	1461332	108696
2010	315	805	15801	5691536	4240749	1450787	64.6	2133025	108880
2011	347	856	18536	9179168	7227592	1951575	60.5	3330793	122640
2012	436	972	23606	12977941	10696773	2281168	137.9	4495312	109197
2013	583	1414	29149	18116412	15328762	2787650	194.7	6161885	186602
2014	644	1469	32315	20045370	16361152	3684218	220.6	6728657	291549
2015	666	1515	32511	20404706	16839726	3564980	161.6	7187417	482361
2016	702	1469	32788	22877785	19348337	3529448	150.9	7901989	556685
2017	744	1486	26068	21565470	18115848	3449622	120.4	7094814	373811
2018	780	1153	26490	25790315	22282532	3507783	116.7	7510156	346799
2019	922	1099	26374	31134617	26882024	4172873	195.6	9276137	399565
2020	982	1130	26383	36463634	32065859	4363349	184.0	12508490	350121
2021	1038	1153	28724	45614014	40545121	4993751	150.6	14981047	403813

注：2019 年年报开始，只有营业利润和税金及附加，无主营业务利润和主营业务税金及附加，与历年无可比性，故删除 2 个指标。

7-6 主要年份限额以上连锁总店（公司）经营情况

单位：万元

指　标	2001 年	2005 年	2008 年	2010 年	2011 年	2012 年
门店总数（个）	3	7	5	8	9	9
连锁门店数（个）	36	276	795	908	944	938
配送中心（个）		9	6	7	7	9
营业面积（平方米）	8277	35020	63036	75842	89533	114177
从业人员（人）	508	1353	1802	3379	4352	4335
经营餐饮业务餐位数（位）		840		7283	11053	14172
商品购进总额		34022	51938	62567	85027	89448
#统一配送商品购进额		29941	44415	54602	74217	78039
#自有配送中心配送商品购进额		25463	18166	19961	25080	39038
#住宿餐饮业商品购进总额		364		8277	12208	13967
商品销售额	7867	35114	53640	65028	72717	82199
#零售额	4097	35114	53640	65028	72717	82199
营业额	551	599		20373	29645	35195
#快餐	551	599		20373	29645	35195

注：国家未下发，表内为 2018 年数据。

7-6 主要年份限额以上连锁总店（公司）经营情况

续 1　　单位：万元

指　标	2013 年	2014 年	2015 年	2016 年	2017 年	2018 年
门店总数（个）	9	9	9	10	10	12
连锁门店数（个）	952	974	979	1183	1274	654
配送中心（个）	10	10	9	10	10	9
营业面积（平方米）	111116	109065	109405	140274	128598	112000
从业人员（人）	4654	4522	4547	5744	9020	6769
经营餐饮业务餐位数（位）	13077	11823	12859	19755	20625	18711
商品购进总额	88692	89005	96900	113760	134967	116982
#统一配送商品购进额	77758	77541	79358	90958	114674	114668
#自有配送中心配送商品购进额	20872	23464	28397	31301	81125	73369
#住宿餐饮业商品购进总额	17242	16353	17542	22802	40575	36789
商品销售额	80278	81222	82741	82384	89282	64566
#零售额	80278	80913	82741	82370	87129	52609
营业额	42568	50112	53988	65388	99783	99464
#快餐	42568	50112	53988	65388	99783	99464

注：国家未下发，表内为 2018 年数据。

7-7 限额以上连锁总店（公司）经营情况

单位：万元

项目名称	连锁总店数（个）	连锁门店数（个）	直营店	加盟店	营业面积（平方米）	从业人数（人）	商品购进额	销售总额及营业额	零售额及餐费收入
总　计	**11**	**681**	**508**	**173**	**107000**	**6447**	**97227**	**175971**	**156872**
批发零售业	10	413	257	156	52649	1296	55736	64732	45633
#超市	1	33	33	0	8484	136	3140	3764	3764
百货店	1	13	13	0	12000	97	9672	9658	9658
专业店	8	367	211	156	32165	1063	42924	51311	32211
住宿餐饮业	1	268	251	17	54351	5151	41491	111239	111239
#快餐	1	268	251	17	54351	5151	41491	111239	111239

7-8 限额以上批发零售业法人企业基本情况

行业分类	法人企业 （个）	从业人数 （人）
总　　计	**1038**	**28724**
一、批发业	722	14468
1.按批发行业小类分组		
农、林、牧、渔产品批发	14	145
#谷物、豆及薯类批发	2	31
畜牧渔业饲料批发	5	30
棉、麻批发	1	8
林业产品批发	1	3
渔业产品批发	2	15
其他农牧产品批发	3	58
食品、饮料及烟草制品批发	31	1519
#米、面制品及食用油批发	7	222
糕点、糖果及糖批发	4	46
果品、蔬菜批发	1	8
肉、禽、蛋、奶及水产品批发	4	18
盐及调味品批发	2	36
酒、饮料及茶叶批发	7	426
烟草制品批发	1	663
其他食品批发	5	100
纺织、服装及家庭用品批发	148	3098
#纺织品、针织品及原料批发	78	607
服装批发	26	1329
化妆品及卫生用品批发	11	482
厨具卫具及日用杂品批发	3	19
灯具、装饰物品批发	11	508
家用视听设备批发	1	8
日用家电批发	9	74
其他家庭用品批发	9	71
文化、体育用品及器材批发	10	394
#文具用品批发	4	43
体育用品及器材批发	1	28
图书批发	2	124
首饰、工艺品及收藏品批发	2	178
其他文化用品批发	1	21
医药及医疗器材批发	20	571
#西药批发	11	363
中药批发	5	169
医疗用品及器材批发	4	39
矿产品、建材及化工产品批发	381	4304

7-8 限额以上批发零售业法人企业基本情况

续 1

行业分类	法人企业（个）	从业人数（人）
#煤炭及制品批发	16	102
石油及制品批发	21	325
非金属矿及制品批发	4	42
金属及金属矿批发	192	1646
建材批发	82	1513
化肥批发	6	62
农药批发	4	38
其他化工产品批发	56	576
机械设备、五金产品及电子产品批发	75	3482
#汽车及零配件批发	19	473
五金产品批发	10	229
电气设备批发	6	82
计算机、软件及辅助设备批发	2	8
通讯设备批发	4	77
其他机械设备及电子产品批发	34	2613
贸易经纪与代理	7	128
#贸易代理	7	128
其他批发业	36	827
#再生物资回收与批发	15	171
互联网批发	4	107
其他未列明批发业	17	549
2.按登记注册类型分组		
内资企业	706	13649
国有企业	5	664
联营企业	1	30
国有联营企业	1	30
有限责任公司	103	2713
#国有独资公司	7	202
其他有限责任公司	96	2511
股份有限公司	3	33
私营企业	594	10209
#私营独资企业	2	12
私营合伙企业	1	16
私营有限责任公司	582	10037
私营股份有限公司	9	144
港、澳、台商投资企业	5	77
#与港澳台商合资经营企业	3	65
港澳台商独资企业	2	12
外商投资企业	11	742

7-8 限额以上批发零售业法人企业基本情况

续2

行业分类	法人企业（个）	从业人数（人）
#中外合资经营企业	3	23
外资企业	8	719
3.按控股情况分组		
国有控股	39	1521
集体控股	7	75
私人控股	662	12106
港澳台商控股	4	32
外商控股	10	734
二、零售业	**316**	**14256**
1.按零售行业小类分组		
综合零售	39	3872
#百货零售	15	1928
超级市场零售	22	1850
其他综合零售	2	94
食品、饮料及烟草制品专门零售	29	817
#粮油零售	1	3
糕点、面包零售	2	104
果品、蔬菜零售	11	352
肉、禽、蛋、奶及水产品零售	7	192
酒、饮料及茶叶零售	6	107
烟草制品零售	2	59
纺织、服装及日用品专门零售	6	173
纺织品及针织品零售	1	11
#服装零售	3	99
鞋帽零售	1	59
自行车等代步设备零售	1	4
文化、体育用品及器材专门零售	11	376
#文具用品零售	1	16
图书、报刊零售	3	111
珠宝首饰零售	1	24
工艺美术品及收藏品零售	3	55
其他文化用品零售	3	170
医药及医疗器材专门零售	17	1286
#西药零售	16	1275
医疗用品及器材零售	1	11
汽车、摩托车、零配件和燃料及其他动力销售	131	5555
#汽车新车零售	82	4053
汽车零配件零售	4	153
摩托车及零配件零售	1	51

7-8 限额以上批发零售业法人企业基本情况

续3

行业分类	法人企业（个）	从业人数（人）
机动车燃油零售	44	1298
家用电器及电子产品专门零售	28	702
#家用视听设备零售	5	201
日用家电零售	15	305
计算机、软件及辅助设备零售	6	123
通信设备零售	2	73
五金、家具及室内装饰材料专门零售	14	200
#五金零售	2	20
灯具零售	1	3
家具零售	9	150
卫生洁具零售	1	18
其他室内装饰材料零售	1	9
货摊、无店铺及其他零售业	41	1275
#互联网零售	30	668
自动售货机零售	1	305
生活用燃料零售	9	297
其他未列明零售业	1	5
2.按登记注册类型分组		
内资企业	309	13327
国有企业	2	37
有限责任公司	71	4889
#国有独资公司	4	137
其他有限责任公司	67	4752
股份有限公司	1	259
私营企业	234	8117
#私营独资企业	12	196
私营有限责任公司	220	7859
私营股份有限公司	2	62
其他企业	1	25
港、澳、台商投资企业	3	351
# 港澳台商独资企业	3	351
外商投资企业	4	578
中外合资经营企业	1	
外资企业	3	578
3.按控股情况分组		
#国有控股	28	1097
集体控股	13	1910
私人控股	269	10320
港澳台商控股	3	351
外商控股	3	578

7-9 市区限额以上批发零售业法人企业基本情况

行业分类	法人企业（个）	从业人数（人）
总　计	**477**	**14129**
一、批发业	**330**	**5354**
1.按批发行业小类分组		
农、林、牧、渔产品批发	8	40
#谷物、豆及薯类批发	1	0
畜牧渔业饲料批发	2	9
棉、麻批发	1	8
渔业产品批发	2	15
其他农牧产品批发	2	8
食品、饮料及烟草制品批发	18	978
#米、面制品及食用油批发	4	123
糕点、糖果及糖批发	4	46
盐及调味品批发	1	34
肉、禽、蛋、奶及水产品批发	2	15
酒、饮料及茶叶批发	3	43
烟草制品批发	1	663
其他食品批发	3	54
纺织、服装及家庭用品批发	93	2079
#纺织品、针织品及原料批发	44	356
服装批发	21	1009
化妆品及卫生用品批发	5	109
厨具卫具及日用杂品批发	1	6
灯具、装饰物品批发	9	478
日用家电批发	7	62
其他家庭用品批发	6	59
文化、体育用品及器材批发	5	307
#文具用品批发	2	41
图书批发	2	124
首饰、工艺品及收藏品批发	1	142
医药及医疗器材批发	8	315
#西药批发	3	189
中药批发	3	112
医疗用品及器材批发	2	14

7-9 市区限额以上批发零售业法人企业基本情况

续 1

行业分类	法人企业（个）	从业人数（人）
矿产品、建材及化工产品批发	151	972
#煤炭及制品批发	4	10
石油及制品批发	11	172
非金属矿及制品批发	2	30
金属及金属矿批发	69	290
建材批发	37	216
化肥批发	3	31
农药批发	1	4
其他化工产品批发	24	219
机械设备、五金产品及电子产品批发	36	577
#汽车及零配件批发	9	241
五金产品批发	4	96
电气设备批发	5	70
计算机、软件及辅助设备批发	1	0
通讯设备批发	4	77
其他机械设备及电子产品批发	13	93
贸易经纪与代理	2	35
#贸易代理	2	35
其他批发业	9	51
#再生物资回收与批发	4	20
互联网批发	3	26
其他未列明批发业	2	5
2.按登记注册类型分组		
内资企业	325	5344
国有企业	5	664
联营企业	1	30
#国有联营企业	1	30
有限责任公司	45	637
#国有独资公司	2	153
其他有限责任公司	43	484
股份有限公司	1	7
私营企业	273	4006
#私营有限责任公司	268	3923
私营股份有限公司	5	83

7-9 市区限额以上批发零售业法人企业基本情况

续 2

行业分类	法人企业（个）	从业人数（人）
港、澳、台商投资企业	1	2
#港澳台商独资企业	1	2
外商投资企业	4	8
#中外合资经营企业	1	8
外资企业	3	0
3.按控股情况分组		
国有控股	22	1185
集体控股	4	16
私人控股	300	4151
港澳台商控股	1	2
外商控股	3	0
二、零售业	**147**	**8775**
1.按零售行业小类分组		
综合零售	20	2299
#百货零售	6	938
超级市场零售	13	1350
其他综合零售	1	11
食品、饮料及烟草制品专门零售	15	592
#糕点、面包零售	2	104
果品、蔬菜零售	7	286
肉、禽、蛋、奶及水产品零售	4	161
酒、饮料及茶叶零售	1	8
烟草制品零售	1	33
纺织、服装及日用品专门零售	3	133
#服装零售	1	70
鞋帽零售	1	59
自行车等代步设备零售	1	4
文化、体育用品及器材专门零售	3	105
#文具用品零售	1	16
其他文化用品零售	2	89
医药及医疗器材专门零售	9	824
#西药零售	9	824

7-9 市区限额以上批发零售业法人企业基本情况

续3

行业分类	法人企业（个）	从业人数（人）
汽车、摩托车、零配件和燃料及其他动力销售	75	4136
#汽车新车零售	53	3017
汽车零配件零售	3	151
机动车燃油零售	19	968
家用电器及电子产品专门零售	10	291
#家用视听设备零售	3	167
日用家电零售	4	65
计算机、软件及辅助设备零售	3	59
五金、家具及室内装饰材料专门零售	1	18
#卫生洁具零售	1	18
货摊、无店铺及其他零售业	11	377
#互联网零售	9	357
生活用燃料零售	2	20
2.按登记注册类型分组		
内资企业	141	8095
国有企业	1	19
有限责任公司	47	3895
#其他有限责任公司	47	3895
股份有限公司	1	259
私营企业	92	3922
#私营独资企业	7	143
私营有限责任公司	84	3742
私营股份有限公司	1	37
港、澳、台商投资企业	2	102
#港澳台商独资企业	2	102
外商投资企业	4	578
#中外合资经营企业	1	0
外资企业	3	578
3.按控股情况分组		
国有控股	15	832
集体控股	11	1656
私人控股	116	5607
港澳台商控股	2	102
外商控股	3	578

7-10　限额以上批发零售业法人企业购销存情况

单位：万元

行业分类	商品购进额	#进口	商品销售额	批发额	#出口	零售额	期末商品库存额	年末零售营业面积（万平方米）
总　　计	**43449678**	**367243**	**45614014**	**40545121**	**1010268**	**4993751**	**887372**	**150.[illegible]**
一、批发业	**38818438**	**339446**	**40094049**	**39570814**	**1010268**	**448200**	**606981**	**1[illegible]**
1.按批发行业小类分组								
农、林、牧、渔产品批发	179668	25302	184215	184002	24701	213	13242	0.[illegible]
#谷物、豆及薯类批发	41689		41905	41905			9646	
畜牧渔业饲料批发	78782		80518	80518			2306	
棉、麻批发	3114	425	3915	3915			891	
林业产品批发	6065		6065	6065				
渔业产品批发	16520		16996	16929		68	39	0.[illegible]
其他农牧产品批发	33498	24877	34815	34670	24701	145	361	0.1
食品、饮料及烟草制品批发	826481	4047	1178446	1167082		11364	39373	0.[illegible]
#米、面制品及食用油批发	129068	4047	140084	137577		2507	4818	0.1
糕点、糖果及糖批发	23939		27753	27653		100	3068	0.[illegible]
果品、蔬菜批发			504	504				0.[illegible]
肉、禽、蛋、奶及水产品批发	21991		22585	22581		4	293	0.1
盐及调味品批发	41452		43125	43125			608	
酒、饮料及茶叶批发	122072		154280	145528		8753	4466	0.[illegible]
烟草制品批发	464042		761227	761227			23499	
其他食品批发	23918		28888	28888			2621	0.[illegible]
纺织、服装及家庭用品批发	2357907	5001	2526164	2458705	392630	43634	71237	2.1
#纺织品、针织品及原料批发	1529517	3678	1564266	1536427	210198	27839	5754	0.[illegible]
服装批发	346652	1152	415475	410581	94985	4894	22012	1[illegible]
化妆品及卫生用品批发	189349	171	229368	201715		3871	31616	0.[illegible]
厨具卫具及日用杂品批发	27959		29133	29133	23438		236	
灯具、装饰物品批发	112073		124129	119698	29108	4430	2097	0.[illegible]
家用视听设备批发	681		5765	5765			482	
日用家电批发	112330		113545	113446		99	8385	0.1
其他家庭用品批发	39345		44484	41941	34902	2501	655	0.[illegible]
文化、体育用品及器材批发	107986		121149	108853	17189	12296	12929	1[illegible]
#文具用品批发	62389		64690	64431		260	1535	0.1
体育用品及器材批发	16549		17189	17189	17189		7	
图书批发	15139		17509	11657		5851	3505	0.[illegible]
首饰、工艺品及收藏品批发	10208		15313	9128		6185	7739	0.[illegible]
其他文化用品批发	3701		6448	6448			143	
医药及医疗器材批发	261726	7051	276412	267210	17259	9202	21803	1[illegible]
#西药批发	180908		190191	180988	1132	9202	12622	1[illegible]
中药批发	59844	7051	64854	64854			7086	
医疗用品及器材批发	20973		21367	21367	16126		2095	
矿产品、建材及化工产品批发	20849768	274736	21387694	21206049	102324	151954	222798	5.[illegible]

7-10 限额以上批发零售业法人企业购销存情况

续 1　　　　　　　　　　　　　　　　　　　　　　　　单位：万元

行业分类	商品购进额	#进口	商品销售额	批发额	#出口	零售额	期末商品库存额	年末零售营业面积（万平方米）
#煤炭及制品批发	414008		438642	438642			6532	
石油及制品批发	427804	218	442400	391066	147	48885	15158	3.1
非金属矿及制品批发	79566		80460	80460			3867	0.0
金属及金属矿批发	15828440	31683	16189314	16091998	5183	79155	139954	0.7
建材批发	3056275	178885	3164236	3143586	38123	20650	40102	1.3
化肥批发	46266		45113	44490		623	4943	0.2
农药批发	25718		28056	28056	17106		316	
其他化工产品批发	971691	63950	999474	987750	41765	2641	11928	0.1
机械设备、五金产品及电子产品批发	8337582	23112	8373723	8220523	275680	131681	173144	1.0
#汽车及零配件批发	352134		368589	368228	37817	361	14772	0.3
五金产品批发	133287		150739	149301	19386	1438	3067	0.1
电气设备批发	23645		24912	24912	14253		108	
计算机、软件及辅助设备批发	4983		5081	4358		723	290	0.0
通讯设备批发	84933		93305	70901		885	965	0.0
其他机械设备及电子产品批发	7738600	23112	7731098	7602823	204224	128274	153943	0.5
贸易经纪与代理	126006	197	137742	137742	96037		845	0.2
#贸易代理	126006	197	137742	137742	96037		845	0.2
其他批发业	5771314		5908503	5820648	84449	87855	51610	0.1
# 再生物资回收与批发	947086		1007231	951223		56008	37333	0.0
互联网批发	111460		130782	99953		30830	7799	0.0
其他未列明批发业	4712768		4770489	4769472	84449	1018	6478	0.1
2.按登记注册类型分组								
内资企业	34611855	312917	35873048	35404029	942441	393984	603622	11.7
国有企业	680012		1022977	1022977			23953	
联营企业	10110		10110	10110				
国有联营企业	10110		10110	10110				
有限责任公司	10653176	196756	10874880	10740946	151460	92171	99805	3.8
#国有独资公司	96700		102877	97026		5851	12910	0.7
其他有限责任公司	10556476	196756	10772002	10643920	151460	86320	86895	3.1
股份有限公司	383800		407745	407745			24089	
私营企业	22884756	116162	23557336	23222251	790982	301813	455776	7.9
#私营独资企业	52625		53795	51154		2641	503	0.0
私营合伙企业	2937		3145	2516		629	145	0.0
私营有限责任公司	21767030	105166	22424495	22108911	770797	282312	451882	7.6
私营股份有限公司	1062164	10996	1075901	1059670	20185	16231	3247	0.2
港、澳、台商投资企业	29485		32290	32245	23400	44	766	0.2
#与港澳台商合资经营企业	13834		14765	14721	5876	44	722	0.2
港澳台商独资企业	15651		17525	17525	17525		43	
外商投资企业	4177098	26529	4188712	4134540	44427	54172	2593	0.1

7-10 限额以上批发零售业法人企业购销存情况

续 2　　　　　　　　　　　　　　　　　　　　　　　　　　　　　单位：万元

行业分类	商品购进额	#进口	商品销售额	批发额	#出口	零售额	期末商品库存额	年末零售营业面积（万平方米）
#中外合资经营企业	30234	1846	32941	32941	13226		1289	0.0
外资企业	4146865	24683	4155771	4101599	31201	54172	1304	0.1
3.按控股情况分组								
国有控股	3587190	110046	3997559	3961338	131038	36221	86587	3.1
集体控股	74026		77443	77355	5876	88	2300	0.3
私人控股	30325243	204717	31173150	30740440	811427	357674	516582	8.3
港澳台商控股	656761		658813	658768	17525	44	206	0.2
外商控股	4175218	24683	4187085	4132913	44403	54172	1306	0.1
二、零售业	**4631240**	**27797**	**5519965**	**974308**		**4545552**	**280392**	**138.7**
1.按零售行业小类分组								
综合零售	581975		724369	183593		540777	57424	34.9
#百货零售	435201		504046	137035		367011	45441	25.5
超级市场零售	144411		217159	46558		170601	10687	8.8
其他综合零售	2363		3165			3165	1296	0.6
食品、饮料及烟草制品专门零售	101817	56	117414	14410		103005	13728	4.1
#粮油零售	1305		1341	184		1157	29	0.0
糕点、面包零售	2190		2668			2668	49	0.1
果品、蔬菜零售	28673		33792	734		33058	1428	2.0
肉、禽、蛋、奶及水产品零售	16622	56	18542			18542	775	0.7
酒、饮料及茶叶零售	45321		52290	8106		44184	10546	1.2
烟草制品零售	7707		8781	5386		3395	902	0.1
纺织、服装及日用品专门零售	23696		34378	658		33720	999	0.7
纺织品及针织品零售	498		654	394		261	1	0.1
#服装零售	21372		31507	265		31242	925	0.5
鞋帽零售	638		970			970	70	0.2
自行车等代步设备零售	1189		1247			1247	4	0.0
文化、体育用品及器材专门零售	34949		41317	3450		37789	4249	2.6
#文具用品零售	933		1015			1015	65	0.0
图书、报刊零售	13790		15417	1285		14132	2474	1.0
珠宝首饰零售	2380		2736	367		2368	1043	0.0
工艺美术品及收藏品零售	4286		4683	1797		2808	242	1.5
其他文化用品零售	13560		17466			17466	425	0.0
医药及医疗器材专门零售	67942		82606	6505		76101	9406	3.8
#西药零售	66896		81054	6505		74549	9385	3.8
医疗用品及器材零售	1046		1552			1552	21	0.0
汽车、摩托车、零配件和燃料及其他动力销售	2561785	25669	2846305	521295		2325011	160031	78.5
#汽车新车零售	1589575	25669	1632743	129700		1503044	122318	33.9
汽车零配件零售	54326		56803	3933		52869	5223	0.5
摩托车及零配件零售	99		119			119	24	0.0

7-10 限额以上批发零售业法人企业购销存情况

续3

单位：万元

行业分类	商品购进额	#进口	商品销售额	批发额	#出口	零售额	期末商品库存额	年末零售营业面积（万平方米）
机动车燃油零售	917785		1156640	387661		768979	32466	44.2
家用电器及电子产品专门零售	126160	2072	149162	25966		123195	14965	4.4
#家用视听设备零售	61797	2072	77651	22864		54786	4282	2.2
日用家电零售	41613		45616	1860		43756	8797	2.0
计算机、软件及辅助设备零售	14696		16717			16717	1022	0.1
通信设备零售	8054		9178	1242		7936	864	0.2
五金、家具及室内装饰材料专门零售	44670		54583			54583	4776	0.7
#五金零售	7132		7555			7555	187	0.0
灯具零售	387		385			385	2	0.0
家具零售	31519		39826			39826	3823	0.5
卫生洁具零售	1319		2236			2236	624	0.1
其他室内装饰材料零售	4313		4581			4581	140	0.0
货摊、无店铺及其他零售业	1088247		1469830	218432		1251371	14814	8.8
#互联网零售	919107		1205108	45049		1160030	13830	4.3
自动售货机零售	131795		217736	169014		48722	77	0.0
生活用燃料零售	36386		46028	4368		41661	717	4.4
其他未列明零售业	959		958			958	190	0.1
2.按登记注册类型分组								
内资企业	3683942	27797	4539228	697604		3841518	238235	102.5
国有企业	7808		7676			7676	698	0.0
有限责任公司	1915451	23226	2315764	266270		2049494	95496	45.8
#国有独资公司	14700		16626	1285		15342	2781	1.0
其他有限责任公司	1900751	23226	2299138	264985		2034153	92715	44.8
股份有限公司	4650		175289	44178		131111	4141	0.5
私营企业	1754768	4571	2039205	387157		1651943	137741	56.0
#私营独资企业	13621		15688	719		14969	1710	1.5
私营有限责任公司	1736833	4571	2018855	385493		1633256	136023	54.2
私营股份有限公司	4315		4662	945		3717	7	0.3
其他企业	1265		1294			1294	159	0.0
港、澳、台商投资企业	97815		96694	7454		89239	5489	1.4
#港澳台商独资企业	97815		96694	7454		89239	5489	1.4
外商投资企业	849483		884043	269249		614794	36668	34.8
中外合资经营企业	9952		10595	5108		5488	90	0.4
外资企业	839531		873448	264141		609306	36578	34.4
3.按控股情况分组								
#国有控股	204101	22892	393487	75695		317791	16246	8.6
集体控股	453951	56	550336	189621		360714	46449	14.7
私人控股	3035843	4849	3606002	437395		3168501	175630	79.5
港澳台商控股	97815		96694	7454		89239	5489	1.4
外商控股	839531		873448	264141		609306	36578	34.4

7-11 市区限额以上批发零售业法人企业购销存情况

单位：万元

行业分类	购进总额	#进口	销售总额	批发	#出口	零售	年末库存总额	年末零售营业面积（万平方米）
总　计	**12388237**	**81355**	**13631455**	**9870097**	**388453**	**3706794**	**346805**	**100.7**
一、批发业	**8777002**	**56057**	**9368457**	**9159328**	**388453**	**154564**	**154395**	**7.4**
1.按批发行业小类分组								
农、林、牧、渔产品批发	103244	25108	104680	104612	24701	68	1123	0.2
#谷物、豆及薯类批发	37236		37256	37256				
畜牧渔业饲料批发	18018		18249	18249			11	
棉、麻批发	3114	425	3915	3915			891	
渔业产品批发	16520		16996	16929		68	39	0.2
其他农牧产品批发	28357	24683	28264	28264	24701		183	
食品、饮料及烟草制品批发	605705		919516	916817		2699	32563	0.4
#米、面制品及食用油批发	85254		91237	88730		2507	2289	0.1
糕点、糖果及糖批发	23939		27753	27653		100	3068	0.2
肉、禽、蛋、奶及水产品批发	7218		7831	7827		4	291	0.1
盐及调味品批发	4136		4850	4850			473	
酒、饮料及茶叶批发	13294		17122	17034		88	627	0.1
烟草制品批发	464042		761227	761227			23499	
其他食品批发	7822		9497	9497			2316	0.0
纺织、服装及家庭用品批发	1442440	3244	1528307	1462915	173303	41610	23538	1.8
#纺织品、针织品及原料批发	943352	2228	975005	948766	78200	26239	4253	0.3
服装批发	220540	845	257807	253293	51268	4514	11617	1.4
化妆品及卫生用品批发	49555	171	56054	28401		3871	1654	0.0
厨具卫具及日用杂品批发	4512		4664	4664	4664			
灯具、装饰物品批发	105703		112990	108604	29108	4386	1140	
日用家电批发	102123		104446	104346		99	4221	0.1
其他家庭用品批发	16654		17341	14840	10062	2501	654	0.0
文化、体育用品及器材批发	45760		54406	42687		11719	10201	1.0
#文具用品批发	20949		23190	22930		260	1535	0.1
图书批发	15139		17509	11657		5851	3505	0.7
首饰、工艺品及收藏品批发	9672		13708	8099		5608	5160	0.2
医药及医疗器材批发	219588		223951	215499	8829	8452	16113	0.8
#西药批发	155993		158561	150109		8452	9821	0.8
中药批发	49188		51320	51320			4197	
医疗用品及器材批发	14406		14070	14070	8829		2095	

7-11　市区限额以上批发零售业法人企业购销存情况

续1　　　　　　　　　　　　　　　　　　　　　　　　单位：万元

行业分类	购进总额	#进口	销售总额	批发	#出口	零售	年末库存总额	年末零售营业面积（万平方米）
矿产品、建材及化工产品批发	4963722	25656	5068310	5004347	34332	54699	46177	2.6
#煤炭及制品批发	99016		103161	103161			3602	
石油及制品批发	92910	218	99051	83856	147	15195	5026	1.6
非金属矿及制品批发	55506		55297	55297			2152	0.0
金属及金属矿批发	3788600	6783	3851327	3821250	2615	29897	14980	0.2
建材批发	515181	18655	541102	532070	21300	9033	13038	0.6
化肥批发	32935		31170	30594		576	3087	0.1
农药批发	2722		2879	2879	2879			
其他化工产品批发	376852		384323	375240	7390		4291	0.1
机械设备、五金产品及电子产品批发	420179	2048	446142	402075	62745	22548	13599	0.4
#汽车及零配件批发	210140		214180	214180	21786		11596	0.3
五金产品批发	50146		54983	54983	19386		368	
电气设备批发	20667		21824	21824	14253		2	
计算机、软件及辅助设备批发	2788		2835	2835			14	
通讯设备批发	84933		93305	70901		885	965	0.0
其他机械设备及电子产品批发	51505	2048	59015	37352	7319	21663	655	0.0
贸易经纪与代理	5965		10028	10028	10002		39	0.2
#贸易代理	5965		10028	10028	10002		39	0.2
其他批发业	970400		1013117	1000348	74542	12769	11042	0.0
#再生物资回收与批发	127738		135436	135436			7211	
互联网批发	40093		57621	44851		12769	771	0.0
其他未列明批发业	802570		820061	820061	74542		3060	
2.按登记注册类型分组								
内资企业	8431706	29528	9021928	8812799	353565	154564	153065	7.4
国有企业	680012		1022977	1022977			23953	
联营企业	10110		10110	10110				
# 国有联营企业	10110		10110	10110				
有限责任公司	2448257	171	2500853	2446359	24233	30711	21142	3.2
# 国有独资公司	17147		20074	14223		5851	3201	0.7
其他有限责任公司	2431111	171	2480779	2432137	24233	24860	17941	2.5
股份有限公司	27532		29485	29485				
私营企业	5265795	29357	5458503	5303868	329333	123853	107970	4.2
#私营有限责任公司	4448642	18361	4633980	4493861	309148	109337	107970	4.1
私营股份有限公司	817152	10996	824523	810007	20185	14516		0.0

7-11 市区限额以上批发零售业法人企业购销存情况

续2 单位：万元

行业分类	购进总额	#进口	销售总额	批发	#出口	零售	年末库存总额	年末零售营业面积（万平方米）
港、澳、台商投资企业	8703		10163	10163	10163		43	
# 港澳台商独资企业	8703		10163	10163	10163		43	
外商投资企业	336594	26529	336366	336366	24725		1287	0.0
#中外合资经营企业	1880	1846	1627	1627	24		1287	0.0
外资企业	334714	24683	334739	334739	24701			
3.按控股情况分组								
国有控股	1950825	9596	2311577	2284878	23323	26699	41559	2.8
集体控股	31164		33338	33298		41	334	0.2
私人控股	6451596	21778	6678640	6496251	330267	127824	112459	4.5
港澳台商控股	8703		10163	10163	10163		43	
外商控股	334714	24683	334739	334739	24701			
二、零售业	**3611235**	**25298**	**4262998**	**710769**		**3552230**	**192410**	**93.3**
1.按零售行业小类分组								
综合零售	402309		505377	178800		326578	39232	16.7
#百货零售	285542		328062	133604		194457	30527	11.1
超级市场零售	115732		176003	45195		130808	8616	5.6
其他综合零售	1036		1312			1312	89	0.0
食品、饮料及烟草制品专门零售	48078	56	55037	6516		48521	2691	2.4
#糕点、面包零售	2190		2668			2668	49	0.1
果品、蔬菜零售	22164		26388	643		25745	1249	1.7
肉、禽、蛋、奶及水产品零售	12441	56	13874			13874	690	0.5
酒、饮料及茶叶零售	4488		4536	488		4048	109	0.0
烟草制品零售	6797		7571	5386		2186	595	0.1
纺织、服装及日用品专门零售	9674		13229			13229	399	0.2
#服装零售	7848		11011			11011	325	0.0
鞋帽零售	638		970			970	70	0.2
自行车等代步设备零售	1189		1247			1247	4	0.0
文化、体育用品及器材专门零售	8347		8826			8826	130	0.1
#文具用品零售	933		1015			1015	65	0.0
其他文化用品零售	7414		7811			7811	65	0.0
医药及医疗器材专门零售	47143		57019	4549		52470	6242	2.6
#西药零售	47143		57019	4549		52470	6242	2.6

7-11　市区限额以上批发零售业法人企业购销存情况

续3　　　　　　　　　　　　　　　　　　　　　　　　　　　　　　单位：万元

行业分类	购进总额	#进口	销售总额	批发	#出口	零售	年末库存总额	年末零售营业面积（万平方米）
汽车、摩托车、零配件和燃料及其他动力销售	2179490	23170	2424696	476885		1947811	131322	63.3
#汽车新车零售	1306823	23170	1328795	115189		1213606	97883	23.7
汽车零配件零售	52073		54494	3933		50561	3553	0.4
机动车燃油零售	820594		1041406	357762		683644	29886	39.2
家用电器及电子产品专门零售	69182	2072	85696	23623		62074	4652	2.4
#家用视听设备零售	58593	2072	74171	22084		52086	2313	2.0
日用家电零售	5583		6179	1538		4641	1449	0.3
计算机、软件及辅助设备零售	5007		5346			5346	889	0.1
五金、家具及室内装饰材料专门零售	1319		2236			2236	624	0.1
#卫生洁具零售	1319		2236			2236	624	0.1
货摊、无店铺及其他零售业	845691		1110883	20397		1090486	7120	5.5
# 互联网零售	842856		1107098	20160		1086937	7108	3.3
生活用燃料零售	2834		3785	236		3549	13	2.2
2.按登记注册类型分组								
内资企业	2678967	25298	3304627	434066		2870562	150253	57.7
国有企业	6804		6487			6487	623	0.0
有限责任公司	1709363	23226	2079719	236048		1843671	77251	32.3
#其他有限责任公司	1709363	23226	2079719	236048		1843671	77251	32.3
股份有限公司	4650		175289	44178		131111	4141	0.5
私营企业	958150	2072	1043132	153840		889292	68238	24.8
# 私营独资企业	8390		9833	719		9114	397	1.3
私营有限责任公司	947509	2072	1030796	153121		877675	67833	23.4
私营股份有限公司	2252		2503			2503	7	0.1
港、澳、台商投资企业	82785		74328	7454		66874	5489	0.8
# 港澳台商独资企业	82785		74328	7454		66874	5489	0.8
外商投资企业	849483		884043	269249		614794	36668	34.8
#中外合资经营企业	9952		10595	5108		5488	90	0.4
外资企业	839531		873448	264141		609306	36578	34.4
3.按控股情况分组								
国有控股	157085	22892	339035	70854		268181	12654	6.6
集体控股	399120	56	496966	186266		310700	39635	8.8
私人控股	2132714	2350	2479221	182053		2297168	98053	42.6
港澳台商控股	82785		74328	7454		66874	5489	0.8
外商控股	839531		873448	264141		609306	36578	34.4

7-12　分县区限额以上批发零售业法人企业主要财务指标

单位：万元

指　标	全　市	吴兴区			南浔区	德清县	长兴县	安吉县	△市区
			吴兴	南太湖新　区					
一、企业数（家）	1038	276	190	86	201	260	174	127	477
二、年末资产负债									
流动资产合计	11605250	3436042	2541070	894971	1194367	2421222	4074007	479613	4630408
#应收帐款	2750078	506963	304408	202555	263305	334567	1490982	154261	770268
存货	1574291	315958	225565	90394	77224	361063	763137	56908	393182
固定资产原价	945052	439601	284521	155080	71858	80601	109657	243335	511459
累计折旧	369904	177011	108876	68135	21026	29199	39214	103454	198037
#本年折旧	67470	16694	9162	7532	2510	5357	7103	35808	19203
资产总计	14981047	4759983	3576358	1183625	1710415	3066529	4734862	709257	6470398
负债合计	10977408	3300759	2368651	932108	1255020	2125375	3751505	544749	4555779
所有者权益合计	3665873	1198700	948566	250134	391066	931784	983357	160966	1589766
#实收资本	1613108	529484	377381	152103	172771	558691	246412	105750	702256
#个人资本	368257	94776	55922	38855	50785	163632	41647	17417	145561
三、损益及分配									
主营业务收入	39953283	8976957	5603519	3373438	2560418	9953276	17158750	1303883	11537375
其他业务利润	58332	20953	11821	9131	4860	10262	19112	3146	25812
销售费用	787167	326380	148615	177765	30115	170525	141638	118509	356495
管理费用	386749	175647	113219	62428	29114	71706	76499	33784	204761
财务费用	96462	35831	29336	6495	16531	18701	19018	6381	52362
#投资收益	54653	8500	5317	3183	17163	23574	3748	1668	25663
营业利润	359066	155670	110543	45127	1160	91476	84072	26688	156830
利润总额	403813	152799	102154	50645	19471	98982	99025	33536	172270
所得税费用	102061	43474	30646	12828	2561	20758	31731	3537	46034
四、工资、福利、增值税									
应付职工薪酬	268637	109202	74906	34295	15347	42952	73321	27816	124549
应交增值税	227619	77982	50137	27844	25818	57899	50755	15165	103800

7-13 历年限额以上住宿和餐饮业主要指标

单位：万元

年份	法人企业（个）	活动单位（个）	从业人数（人）	营业额	商品销售收入	资产总计	利润总额
1998	25	9	2755	13982	9803	53849	–1285
1999	24	25	3697	20926	13078	69733	–2740
2000	22	19	3026	25690	13462	70771	–1089
2001	30	42	4400	36529	24555	74534	–641
2002	33	57	4631	47972	31779	78555	–402
2003	42	65	6066	55306	40253	81739	57
2004	76	148	7648	72170	4930	138634	–2328
2005	82	140	8808	87947	5867	139327	–4113
2006	86	152	9203	102417	6916	153925	–3917
2007	83	136	9263	113950	12179	163391	–2081
2008	86	121	8135	103132	5055	261386	–350
2009	83	134	8249	111186	4943	277028	–3874
2010	80	134	9442	136798	6696	307552	–1017
2011	84	159	9732	183093	8450	329071	1319
2012	92	137	11075	207317	7467	421689	–934
2013	113	227	11944	214326	4053	430155	–10398
2014	129	241	13332	245906	3480	476915	–11095
2015	143	250	13044	277708	3452	485832	2672
2016	158	360	14651	330682	3751	613838	9585
2017	168	365	18420	368655	4042	753537	645
2018	198	314	16206	399868	6644	665556	–809
2019	234	331	18420	479623	8240	1412057	–12317
2020	287	372	21329	496510	10139	1363435	–11370
2021	306	344	21450	587662	12439	1566629	–22380

7-14 限额以上住宿和餐饮业法人企业基本情况

单位：万元

指 标	法人企业（个）	从业人数（人）	营业额				客房数（间）	床位数（个）	餐位数（位）	年末餐饮营业面积（万平方米）
				客房收入	餐费收入	商品销售收入				
总 计	**306**	**21450**	**587662**	**196898**	**339840**	**12439**	**378921**	**737948**	**229446**	**189.6**
一、住宿业	**146**	**9582**	**288680**	**158873**	**100511**	**4237**	**42413**	**67323**	**81192**	**82.5**
1.按住宿行业小类分组										
旅游饭店	113	8579	255915	135321	92757	3999	39615	63035	77207	69.9
#旅游饭店	113	8579	255915	135321	92757	3999	39615	63035	77207	69.9
一般旅馆	16	512	9702	8298	1262	33	2032	3097	1987	7.9
经济型连锁酒店	7	143	3471	3244	120	27	781	1174	517	3.0
其他一般旅馆	9	369	6231	5054	1142	5	1251	1923	1470	4.9
民宿服务	15	419	21644	14807	5563	194	681	1055	1266	3.9
民宿服务	15	419	21644	14807	5563	194	681	1055	1266	3.9
其他住宿业	2	72	1420	448	930	12	85	136	732	0.7
其他住宿业	2	72	1420	448	930	12	85	136	732	0.7
2.按登记注册类型分组										
内资企业	140	8600	256945	140686	89503	3966	40665	64631	78621	74.5
国有企业	2	102	3785	2420	1251	11	461	765	1060	0.1
有限责任公司	19	2065	71554	33477	24643	1698	13645	17739	14207	20.6
#国有独资公司	1	115	1872	1018	712	35	216	356	229	3.2
其他有限责任公司	18	1950	69682	32459	23932	1663	13429	17383	13978	17.3
股份有限公司	1	170	2431	2059	352		326	489	400	1.4
私营企业	118	6263	179175	102730	63257	2257	26233	45638	62954	52.4
#私营独资企业	6	152	3392	1875	764	38	441	821	1790	2.5
私营合伙企业	1		258	258						
私营有限责任公司	108	6060	174099	99625	62228	2199	25712	44702	60914	49.9
私营股份有限公司	3	51	1427	973	265	20	80	115	250	0.1
港、澳、台商投资企业	3	501	20096	12076	6143	170	620	979	1195	1.0
#港澳台商独资企业	3	501	20096	12076	6143	170	620	979	1195	1.0
外商投资企业	3	481	11639	6111	4865	102	1128	1713	1376	7.1
中外合资经营企业	1	148	4047	2555	1430		646	964	888	6.0
外资企业	2	333	7592	3556	3435	102	482	749	488	1.1
3.按控股情况分组										
#国有控股	6	536	16141	5968	7418	341	4461	6787	2913	6.9
集体控股	2	161	2829	1246	1268	65	240	379	1120	2.1
私人控股	131	7903	237976	133472	80817	3560	35964	57465	74588	65.5
港澳台商控股	3	501	20096	12076	6143	170	620	979	1195	1.0
外商控股	4	481	11639	6111	4865	102	1128	1713	1376	7.1

7-14 限额以上住宿和餐饮业法人企业基本情况

续1

单位：万元

指　标	法人企业（个）	从业人数（人）	营业额				客房数（间）	床位数（个）	餐位数（位）	年末餐饮营业面积（万平方米）
				客房收入	餐费收入	商品销售收入				
#五星	6	1154	33145	20920	10901	168	4974	8787	5646	8.1
四星	12	1623	35261	9357	21551	709	2412	3662	9849	12.5
三星	10	626	16416	3719	9253	367	917	1507	4832	6.4
二星	6	199	6139	3078	2232	85	683	1151	2910	1.9
其他	112	5980	197719	121799	56575	2908	33427	52216	57955	53.7
二、餐饮业	160	11868	298982	38026	239330	8202	336508	670625	148254	107.1
1.按餐饮行业小类分组										
正餐服务	150	6333	179461	38026	128518	5587	336508	670625	118573	99.9
#正餐服务	150	6333	179461	38026	128518	5587	336508	670625	118573	99.9
快餐服务	7	5161	108696		102720	1			27767	6.6
#快餐服务	7	5161	108696		102720	1			27767	6.6
其他餐饮业	3	374	10826		8092	2614			1914	0.6
#小吃服务	3	374	10826		8092	2614			1914	0.6
2.按登记注册类型分组										
内资企业	159	11842	298401	37825	238983	8202	336422	670485	147350	106.2
国有企业	1	2	284	284			29	35	120	0.4
有限责任公司	8	614	14579	4136	7528	717	551	1089	3354	3.5
#国有独资公司	1	19	210	94	40	2	61	103	200	0.5
其他有限责任公司	7	595	14369	4042	7488	714	490	986	3154	3.1
股份有限公司	1		107		107					
私营企业	149	11226	283432	33406	231348	7485	335842	669361	143876	102.2
#私营独资企业	33	691	22257	557	20523	1155	226	434	17777	4.7
私营合伙企业	2	154	4457		4273	147			2636	1.4
私营有限责任公司	113	5525	152467	32848	108122	6181	335616	668927	105161	91.1
私营股份有限公司	1	4856	104251		98430	1			18302	5.0
外商投资企业	1	26	581	200	347		86	140	904	0.9
外资企业	1	26	581	200	347		86	140	904	0.9
3.按控股情况分组										
#国有控股	6	437	11239	4476	4096	548	556	1091	2456	2.7
私人控股	153	11405	287162	33349	234887	7653	335866	669394	144894	103.5
外商控股	1	26	581	200	347		86	140	904	0.9

7-15 市区限额以上住宿和餐饮业法人企业基本情况

单位：万元

指 标	法人企业（个）	从业人数（人）	营业额	客房收入	餐费收入	商品销售收入	客房数（间）	床位数（个）	餐位数（位）	年末餐饮营业面积（万平方米）
总 计	**123**	**11021**	**280862**	**54464**	**205857**	**4553**	**17522**	**30058**	**103006**	**61.6**
一、住宿业	**42**	**3340**	**95124**	**47352**	**37313**	**1389**	**15991**	**27640**	**39309**	**35.1**
1.按住宿行业小类分组										
旅游饭店	35	3231	92170	44732	37116	1353	15606	27028	38980	33.3
#旅游饭店	35	3231	92170	44732	37116	1353	15606	27028	38980	33.3
一般旅馆	6	91	2532	2322	115	25	359	576	297	1.8
#经济型连锁酒店	3	60	1737	1527	115	25	259	335	297	1.8
其他一般旅馆	3	31	795	795			100	241	0	
其他住宿业	1	18	422	298	82	12	26	36	32	0.0
其他住宿业	1	18	422	298	82	12	26	36	32	0.0
2.按登记注册类型分组										
内资企业	42	3340	95124	47352	37313	1389	15991	27640	39309	35.1
有限责任公司	6	704	21393	12645	7347	94	4548	6761	3520	12.2
其他有限责任公司	6	704	21393	12645	7347	94	4548	6761	3520	12.2
私营企业	36	2636	73731	34707	29965	1295	11443	20879	35789	22.9
#私营独资企业	1	31	537	537			100	241		
私营合伙企业	1		258	258						
私营有限责任公司	34	2605	72936	33912	29965	1295	11343	20638	35789	22.9
3.按控股情况分组										
#国有控股	3	319	10484	2530	5456	294	3784	5666	1624	3.5
集体控股	1	153	2743	1212	1243	65	196	295	1000	1.8
私人控股	38	2868	81896	43610	30614	1030	12011	21679	36685	29.8
4.按星级分组										
#五星	2	282	4811	2044	2237	66	558	946	590	0.3
四星	4	820	17011	3811	10577	547	815	1247	4368	6.2
三星	4	352	10954	2318	5436	278	461	736	2284	3.0
其他	32	1886	62348	39178	19063	499	14157	24711	32067	25.6

7-15 市区限额以上住宿和餐饮业法人企业基本情况

续1

单位：万元

指　标	法人企业（个）	从业人数（人）	营业额				客房数（间）	床位数（个）	餐位数（位）	年末餐饮营业面积（万平方米）
				客房收入	餐费收入	商品销售收入				
二、餐饮业	**81**	**7681**	**185738**	**7113**	**168544**	**3163**	**1531**	**2418**	**63697**	**26.5**
1.按餐饮行业小类分组										
正餐服务	76	2451	70661	7113	62023	548	1531	2418	43481	20.9
#正餐服务	76	2451	70661	7113	62023	548	1531	2418	43481	20.9
快餐服务	2	4856	104251		98430	1			18302	5.0
#快餐服务	2	4856	104251		98430	1			18302	5.0
其他餐饮业	3	374	10826		8092	2614			1914	0.6
#小吃服务	3	374	10826		8092	2614			1914	0.6
2.按登记注册类型分组										
内资企业	80	7655	185157	6912	168198	3163	1445	2278	62793	25.6
国有企业	1	2	284	284	0	0	29	35	120	0.4
有限责任公司	4	348	10415	3117	6544	611	232	341	1952	1.8
#其他有限责任公司	4	348	10415	3117	6544	611	232	341	1952	1.8
私营企业	75	7305	174459	3511	161654	2553	1184	1902	60721	23.4
#私营独资企业	29	640	19203	304	18834	44	183	344	17142	4.4
私营有限责任公司	45	1809	51004	3207	44389	2508	1001	1558	25277	14.0
私营股份有限公司	1	4856	104251	0	98430	1	0	0	18302	5.0
外商投资企业	1	26	581	200	347	0	86	140	904	0.9
外资企业	1	26	581	200	347	0	86	140	904	0.9
3.按控股情况分组										
#国有控股	2	218	6203	3401	2740	42	261	376	506	1.3
私人控股	78	7437	178954	3511	165458	3121	1184	1902	62287	24.3
外商控股	1	26	581	200	347	0	86	140	904	0.9

7-16 分县区限额以上住宿和餐饮业法人企业主要财务指标

单位：万元

指　标	全市	吴兴区	吴兴	南太湖新　区	南浔区	德清县	长兴县	安吉县	△市区
一、企业数（家）	306	76	41	35	47	53	54	76	123
二、年末资产负债									
流动资产合计	528513	214344	68438	145907	19826	90456	142337	61550	234170
#应收帐款	31106	6251	2158	4093	3430	6644	10674	4107	9681
存货	78398	68627	3593	65034	1184	2719	2323	3545	69811
固定资产原价	755068	133708	56055	77653	29436	215726	152278	223920	163144
累计折旧	223160	63626	31811	31815	10591	62574	35070	51301	74216
#本年折旧	34337	7226	4197	3029	1726	9369	9596	6421	8952
资产总计	1566629	377520	171835	205685	69701	356430	420313	342666	447221
负债合计	1287256	266564	128151	138413	68908	280722	361535	309528	335472
所有者权益	276753	111676	44264	67413	956	75634	58777	29710	112632
#实收资本	386515	113006	54291	58715	16061	86425	70199	100824	129067
#个人资本	79680	43369	31222	12147	5184	8045	7196	15886	48554
三、损益及分配									
主营业务收入	539485	227829	170151	57678	30804	108161	104115	68576	258634
其他业务利润	12086	7883	1036	6848	44	1393	1210	1556	7927
销售费用	203219	93567	78682	14885	9124	45411	34425	20692	102691
管理费用	124327	40128	22533	17595	6414	28052	26931	22802	46542
财务费用	25651	7973	4216	3757	555	4605	5757	6761	8523
投资收益	1233	948	966	-18	25	27	154	80	973
营业利润	-27289	-3554	-1147	-2407	-7179	-1211	87	-15432	-10733
利润总额	-22380	-1903	-172	-1731	-6548	-440	1310	-14799	-8451
所得税费用	3150	1832	1721	111	29	1184	61	44	1861
四、工资、福利、增值税									
应付职工薪酬	112683	44740	35853	8887	6636	18285	26279	16742	51376
应交增值税	-8952	992	343	649	-51	-1596	-8476	180	941

7-17 历年商品交易市场数量

单位：个

年份	商品市场	消费品市场	#综合	#农副产品	#工业	生产资料市场	#综合	#工业	#农业	服务市场	生产要素市场	网上交易市场	消费品	生产资料
1995	236	220	37	144	39	16		15	1					
1996	235	221	44	136	41	14	2	12						
1997	233	221	38	138	45	12	3	9						
1998	230	217	38	135	44	13	3	8	1	1				
1999	212	197	36	116	45	15	1	13	1					
2000	217	200	37	121	42	17	1	15	1					
2001	218	201	37	122	42	17	1	15	1					
2002	219	197	38	120	39	20	1	17	2					
2003	191	173	29	107	37	17	1	14	2					
2004	196	176	28	110	38	19	5	12	2	1				
2005	197	174	27	110	37	22	2	18	2	1				
2006	198	174	27	111	36	23	3	18	2	1				
2007	205	181	34	107	40	23	3	19	1	1				
2008	201	176	30	111	35	24	6	17	1	1	3	2	2	
2009	215	189	30	126	33	25	8	16	1	1	2	2	2	
2010	209	183	33	117	33	25	8	17		1	2	6	6	
2011	214	185	34	118	33	27	8	19		2	2	8	7	1
2012	214	185	36	114	35	27	8	19		2		1	11	9
2013	214	186	35	113	38	25	8	17		3	1	15	13	2
2014	204	177	25	115	37	25	11	14		2		15	13	2
2015	206	185	8	127	50	19	2	17		2		19	17	2
2016	208	184	93	40	51	22		22		2		20	16	4
2017	206	184	94	44	46	20		20		2		21	17	4
2018	200	178	91	43	44	20		20		2				
2019	200	178	92	42	44	20		20		2				
2020	187	164	87	43	34	21		21		2				
2021	175	158	84	42	32	16		16		1				

7-18　商品交易市场分类成交情况

单位：万元

指　标	市场个数（个）	成交额
商品交易市场	175	12528765
一、消费品市场	158	7514626
消费品综合市场	84	679443
农副产品市场	42	2694256
#农副产品综合市场	36	1044129
工业消费品市场	32	4140927
#工业消费品综合市场	2	108811
二、生产资料市场	16	5005756
工业生产资料市场	16	5005756
三、服务市场	1	8383

7-19 亿元以上商品交易市场分类成交情况

单位：万元

指　标	市场个数（个）	总摊位数（个）	年末出租摊位数（个）	年　末营业面积（万平方米）	成交额
总　计	**26**	**11109**	**7729**	**103.1**	**2189330**
一、按市场类别分组					
1. 综合市场	20	9584	6852	64.5	1724704
#综合贸易市场	20	9584	6852	64.5	1724704
生产资料综合市场	3	1357	935	20.7	165901
工业消费品综合市场	1	790	790	2.0	283859
农产品综合市场	14	6108	3868	26.9	1228643
其他综合市场	2	1329	1259	14.9	46301
2. 专业市场	6	1525	877	38.6	464626
农产品市场	1	252	141	0.6	13169
#其他农产品市场	1	252	141	0.6	13169
食品、饮料及烟酒市场	1	348	239	7.8	152743
#茶叶市场	1	348	239	7.8	152743
纺织、服装、鞋帽市场	1	285	285	9.6	111097
#布料及纺织品市场	1	285	285	9.6	111097
家具、五金及装饰材料市场	2	598	207	19.6	100449
#家具市场	1	248	78	10.0	26448
其他装修市场	1	350	129	9.6	74001
汽车、摩托车及零配件市场	1	42	5	1.0	87168
#汽车市场	1	42	5	1.0	87168
二、按营业状态分组					
1. 常年营业	26	11109	7729	103.1	2189330
三、按经营方式分组				0.0	
1. 以批发为主	9	4148	2634	76.4	1227860
2. 以零售为主	17	6961	5095	26.6	961470
四、按经营环境分组					
1. 露天式	2	1479	892	18.3	679838
2. 封闭式	23	9180	6692	84.5	1494746
3. 其他	1	450	145	0.4	14746

7-20 历年亿元以上商品交易市场情况

单位：万元

年　份	市场个数（个）	总摊位数（个）	年末出租摊位数（个）	年末营业面积（万平方米）	成交额
2004	32		15354	61.2	3165665
2005	30		15926	59.4	3176905
2006	34		17697	83.8	3532421
2007	35		17772	102.5	3762312
2008	39	21240	19286	145.5	4137406
2009	41	22447	19887	157.5	4359528
2010	41	22938	19569	161.2	4922813
2011	45	25402	21534	181.8	5877570
2012	45	25750	22656	181.9	5988935
2013	39	23104	20879	176.4	5973371
2014	44	23356	21283	182.1	6016945
2015	45	23517	21338	184.0	6352275
2016	43	22714	20021	162.5	6630883
2017	43	22736	19603	162.5	6896031
2018	46	23608	18900	192.2	7406644
2019	29	12389	9273	105.7	2249367
2020	29	12430	9340	105.9	2312520
2021	26	11109	7729	103.1	2189330

7–21 历年全市对外经济主要指标

年 份	进出口总额（万美元）	出口额	利用外资项目数（个）	合同外资（万美元）	实到外资（万美元）
1978					
1979					
1980			1	10	
1981					
1982			2	231	233
1983					
1984			3	61	61
1985			1	60	61
1986			2	313	400
1987			5	482	408
1988			7	503	257
1989			13	300	355
1990			19	324	224
1991	2893	2777	27	706	307
1992	4686	4452	188	6333	1654
1993	15857	12593	237	11937	3585
1994	21899	15166	170	9302	4938
1995	30608	20468	116	12060	6431
1996	31368	22666	134	13998	5478
1997	30698	25052	136	6217	6026
1998	28400	23900	148	8112	5040
1999	36183	27300	193	10057	6023
2000	69308	46279	115	12264	8205
2001	74873	57623	256	47156	20972
2002	88741	70918	344	96292	35949
2003	121758	101142	479	144777	53734
2004	169765	144811	475	160145	61121
2005	227062	199556	475	169172	65072
2006	301032	266788	491	176049	75702
2007	426524	367562	599	198573	84363
2008	558845	490098	421	180294	80206
2009	483284	407555	374	171470	81095
2010	692770	586077	302	203689	91905
2011	866217	735580	244	214155	94038
2012	872258	738803	192	168721	102599
2013	953296	808770	211	168428	105860
2014	998906	880581	157	157269	98419
2015	1020740	885512	185	166290	94188
2016	1022230	901563	180	213216	100131
2017	1139488	1005574	115	235985	105320
2018	1341874	1168301	218	340082	127143
2019	1363448	1215954	295	483193	189881
2020	1633419	1479847	283	392530	120619
2021	2307032	2098525	368	547098	121400

7-22　历年市区对外经济主要指标

年　份	进出口总额（万美元）	出口额	合同外资（万美元）	实到外资（万美元）
1978				
1979				
1980				
1981				
1982				
1983				
1984				
1985				
1986				
1987				
1988				
1989				
1990				
1991				
1992				
1993				
1994				
1995				
1996				
1997				
1998				
1999				
2000				
2001				
2002				
2003				
2004				
2005	121326	103745	80388	32866
2006	150725	129258	85656	40233
2007	195809	159973	104423	43356
2008	234909	193607	89511	37870
2009	203356	149008	81206	38970
2010	282700	216795	107240	46890
2011	340580	263090	109535	50962
2012	314902	242699	64367	52472
2013	338604	259966	63935	50841
2014	336583	275684	62934	45717
2015	347616	274849	73302	42825
2016	316870	263053	131051	63965
2017	348615	285593	85136	51283
2018	409449	329962	152785	62865
2019	407825	334128	236831	74924
2020	473607	397479	159665	33740
2021	716448	613356	193686	47116

7–23　历年德清县对外经济主要指标

年　份	进出口总额（万美元）	出口额	合同外资（万美元）	实到外资（万美元）
1978				
1979				
1980				
1981				
1982				
1983				
1984				
1985				
1986				
1987				
1988				
1989				
1990				
1991				
1992				
1993				
1994				
1995				
1996				
1997				
1998				
1999				
2000				
2001				
2002				
2003				
2004	33780	25994		13400
2005	45124	38924	30703	13620
2006	61264	53032	32221	14945
2007	91555	76514	32827	15380
2008	134941	117463	32425	15020
2009	104489	90348	34282	15068
2010	148077	120577	34287	15506
2011	182565	155530	32049	16020
2012	199420	162086	36799	17309
2013	219626	177533	47029	19800
2014	225780	195790	33332	19158
2015	219782	192563	29528	18192
2016	211062	182219	12450	6510
2017	239235	204298	41983	17690
2018	258677	226423	50978	20170
2019	276027	244892	86717	36459
2020	310857	277425	113280	37280
2021	432307	399067	123153	31525

7-24　历年长兴县对外经济主要指标

年　份	进出口总额（万美元）	出口额	合同外资（万美元）	实到外资（万美元）
1978				
1979				
1980				
1981				
1982				
1983				
1984				
1985				
1986				
1987				
1988				
1989				
1990				
1991				
1992				
1993				
1994				
1995				
1996				
1997				
1998				
1999				
2000				
2001				
2002				
2003				
2004		13692		
2005	21959	19392	30073	13006
2006	31329	29028	32710	14512
2007	47189	44645	35616	15325
2008	71109	66810	33007	17101
2009	60653	56790	30468	15856
2010	99306	89442	37109	18506
2011	149284	133013	47511	17003
2012	144970	132703	44524	19213
2013	171283	150935	35038	19285
2014	183717	162065	36299	19300
2015	192881	161810	36108	18100
2016	212836	180492	37323	11429
2017	227413	200738	58540	19254
2018	288550	237031	66438	23963
2019	281322	248047	103196	36459
2020	346899	315579	61108	28551
2021	451401	397685	166167	20042

7–25 历年安吉县对外经济主要指标

年 份	进出口总额（万美元）	出口额	合同外资（万美元）	实到外资（万美元）
1978				
1979				
1980				
1981				
1982				
1983				
1984				
1985				
1986				
1987				
1988				
1989				
1990				
1991				
1992				
1993				
1994				
1995				
1996				
1997				
1998				
1999				
2000				
2001	5916	5509		
2002	8592	7778		
2003	13360	12333		
2004	23191	22055		
2005	38653	37495	28008	5580
2006	57713	55470	25462	6012
2007	91971	86430	25707	10302
2008	117887	112218	25351	10215
2009	114787	111409	25514	11201
2010	162687	159263	25053	11003
2011	193788	183947	25060	10053
2012	212966	201315	23031	13605
2013	223784	220336	22426	15934
2014	252826	247042	24704	14244
2015	260461	256290	27352	15071
2016	281462	275799	32392	18227
2017	324225	314946	50326	17093
2018	385198	374886	69881	20145
2019	398275	388887	56449	31039
2020	502057	489364	58477	21048
2021	706876	688417	64092	7204

7–26 外商直接投资

指　标	单位	2021年	±%
新批准及增减资项目	个	368	30.0
#新批外商投资企业	个	254	46.8
批准增资项目	个	78	–7.1
减资项目	个	30	200.0
#总投资千万美元以上项目	个	146	16.8
外资项目总投资	万美元	756000	39.4
外资项目注册资本	万美元	596075	18.2
合同外资	万美元	547098	39.4
#新批外商投资企业	万美元	467056	76.0
批准增资项目	万美元	123410	–1.0
#第一产业	万美元	4000	218.5
第二产业	万美元	213563	57.8
第三产业	万美元	329535	28.8
#吴兴区	万美元	70925	16.5
南浔区	万美元	53023	16.1
南太湖新区	万美元	69738	36.8
德清县	万美元	123153	8.7
长兴县	万美元	166167	171.9
安吉县	万美元	64092	9.6
△市区	万美元	193686	21.3
实际外资	万美元	121400	0.7
#吴兴区	万美元	31103	76.2
南浔区	万美元	2576	–50.3
南太湖新区	万美元	13437	28.6
德清县	万美元	31525	–15.4
长兴县	万美元	20042	–29.8
安吉县	万美元	7204	–65.8
△市区	万美元	47116	39.6
#第一产业	万美元	1010	–8.1
第二产业	万美元	38626	–28.1
第三产业	万美元	66251	0.7
中国香港	万美元	85307	80.6
美国	万美元	8497	8.0
英属维尔京群岛	万美元	2182	2.1
萨摩亚	万美元	2035	1.9
法国	万美元	1946	1.8

7-27 分行业外商直接投资

单位：万美元

行　业	项目个数（个）	合同外资	实到外资
总　　计	254	547098	121431
农、林、牧、渔业	3	8500	2020
采矿业			
制造业	66	205632	51876
电力、热力、燃气及水生产和供应业	1	1931	35
建筑业		6000	797
批发和零售业	27	25252	1808
交通运输、仓储和邮政业	0	0	759
住宿和餐饮业	1	-1834	100
信息传输、软件和信息技术服务业	32	68882	19562
金融业	4	61917	3
房地产业	4	-14263	1943
租赁和商务服务业	41	36751	7426
科学研究和技术服务业	65	113463	34698
水利、环境和公共设施管理业	3	3935	128
居民服务、修理和其他服务业	1	155	0
卫生和社会工作			
文化、体育和娱乐业	6	30777	276

7–28 进出口贸易

单位：万元

指　标	绝对额			± %		
	进出口	出口	进口	进出口	出口	进口
全　市	14909275	13561886	1347389	31.8	32.3	26.6
#吴兴区	2136176	1868391	267785	80.0	94.4	18.5
南浔区	1473743	1269538	204205	18.9	16.0	41.3
德清县	2794137	2579547	214590	30.1	34.5	–7.1
长兴县	2916052	2569197	346854	21.2	17.2	62.4
安吉县	4568153	4448776	119377	31.6	31.5	36.3
南太湖新区	1021014	826437	194577	18.1	17.6	20.2
△市区	4630933	3964365	666568	40.9	43.7	26.2
一、按企业性质分						
生产企业	8293696	7586936	706761	24.5	23.4	38.5
流通企业	3719314	3539448	179866	41.9	43.7	18.0
外资企业	2896264	2435502	460762	42.1	48.7	14.7
二、按贸易方式分						
一般贸易	13383796	12237865	1145931	24.7	24.5	26.1
加工贸易	564805	452826	111979	12.5	13.2	9.9
进料加工贸易	34807	27015	7793	–92.4	–12.2	–37.2
来料加工装配贸易	529997	425811	104186	1127.1	15.3	16.4
其他贸易	960675	871195	89479	1042.4	3327.0	65.9
三、按主要国别（地区）分						
亚洲	4796580	4226404	570176	29.0	30.8	17.5
#东盟	1763978	1644970	119008	37.8	38.5	29.5
日本	619594	387960	231634	25.7	27.4	23.1
印度	430169	420881	9288	55.0	55.8	25.1
韩国	494205	449295	44910	15.1	15.5	11.3
非洲	749520	705558	43962	19.5	21.1	–0.8
欧洲	4321862	3974433	347429	50.7	50.4	54.3
#欧盟	3226188	2919405	306783	51.5	51.2	55.1
俄罗斯	277088	270665	6423	37.7	39.4	–8.5
拉丁美洲	1310816	1213224	97592	56.3	71.2	–25.0
#巴西	405937	361568	44369	34.8	55.8	–35.6
墨西哥	310603	301003	9601	66.6	65.2	127.4
北美洲	3350163	3104884	245279	13.2	10.5	64.6
#美国	3024013	2804340	219674	13.2	10.4	67.6
加拿大	325942	300337	25605	13.7	11.7	42.7
大洋洲	380320	337374	42946	21.8	19.5	43.0
#澳大利亚	305419	292707	12712	14.1	15.5	–11.1

7-29 主要进出口产品情况表

单位：万元

指　标	2021年	±%	占比%
一、主要出口产品			
机电产品	5286226	34.8	39.0
可调坐具及其他金属家具	1570380	20.9	11.6
机械设备	1442903	77.4	10.6
电器及电子产品	1025406	38.2	7.6
纺织原料及制品	2658779	16.8	19.6
纺织原料及面料	1842222	16.3	13.6
纺织服装	486102	24.7	3.6
家纺及其他纺织品	330455	9.1	2.4
农副产品	423960	20.9	3.1
农副产品及加工品	370105	30.1	2.7
农产品	46255	−11.6	0.3
水产品	7600	−45.0	0.1
化工产品（大类）	2481204	58.4	18.3
高新技术产品	1534867	116.5	11.3
二、主要进口产品			
机电设备及零部件			
木及木制品	433624	27.2	32.2
化工产品	266973	54.4	19.8
贱金属及制品	213916	45.3	15.9
塑料及橡胶制品	115166	6.3	8.5
纺织原料及制品	102090	34.4	7.6
矿产品	71050	3.9	5.3
油脂及原料	28390	−57.7	2.1
皮革制品	27213	190.5	2.0

7-30 历年旅游业主要指标

年 份	国内外旅游人数（万人次）	国内旅游（万人次）	国际旅游（人次）	旅游总收入（亿元）	国内旅游（亿元）	国际旅游（万美元）
1995	100.50	100.00	5000	4.60	4.45	190
1996	111.15	110.45	7000	5.42	5.20	271
1997	154.45	153.50	9500	6.45	6.10	430
1998	206.71	205.75	9600	9.84	9.48	435
1999	256.47	255.50	9681	13.50	13.13	450
2000	351.25	350.00	12500	22.58	22.07	626
2001	532.02	530.01	20052	33.33	32.55	949
2002	791.74	787.60	41380	46.05	44.89	1413
2003	709.20	704.44	47575	41.32	40.15	1415
2004	857.99	850.94	70528	50.15	48.50	1990
2005	1088.59	1078.38	102132	65.68	62.63	3688
2006	1302.18	1288.27	139138	78.90	74.82	5095
2007	1686.99	1667.50	194909	102.01	96.85	6793
2008	1972.80	1948.43	243656	131.72	125.69	8688
2009	2349.96	2321.69	282690	166.24	159.04	10286
2010	2888.85	2855.68	331650	214.16	205.61	12585
2011	3559.36	3519.53	398313	263.15	253.56	14768
2012	4238.10	4190.80	473020	323.79	312.88	17323
2013	4956.73	4903.45	532938	393.61	381.21	20022
2014	5956.75	5896.47	602847	503.24	489.41	22511
2015	7070.53	7000.24	702900	700.03	682.08	29073
2016	8845.81	8752.19	916233	882.55	859.78	35758
2017	10664.23	10552.60	1116602	1104.95	1075.97	43799
2018	11840.53	11629.41	1099529	1357.09	1347.97	42235
2019	13223.50	13197.60		1529.11	1518.76	14984
2020	11212.47	11210.64		1284.83	1284.16	972
2021	3635.70	3631.50	4.2	536.36	535.21	1793

注：因口径调整 2019 年起不统计国际旅游人次。

7-31 分县区旅游业主要指标

指　标	单位	全　市	吴兴区	南浔区	德清县	长兴县	安吉县	南太湖新　区	△市区
国内外旅游人数	万人次	3635.70	380.50	343.60	862.50	1047.40	782.90	218.80	942.90
国内旅游人数	万人次	3631.50	378.20	343.60	862.00	1047.40	781.60	218.70	940.50
旅游总收入	亿元	536.36	57.72	44.55	124.74	159.20	119.83	30.33	132.60
#国内旅游总收入	亿元	535.21	57.08	44.55	124.61	159.19	119.51	30.27	131.90
旅游外汇收入	万美元	1793	983	2	199	13	496	99	1084
接待入境过夜旅游者人数	人次	42139	22693	50	4724	499	13031	1142	23885
星级饭店数	个	28	4	3	7	6	6	2	9
#三星级以上	个	25	4	3	4	6	6	2	11
绿色旅游饭店	家	30	7	3	3	7	7	3	13
星级饭店客房总数	间	4975	758	480	1289	1148	986	314	1552
星级饭店客房床位数	个	8502	1284	741	2284	1985	1664	544	2569
A 级景区个数	个	89	17	10	16	15	27	4	31
省级旅游度假区个数	个	7	1	1	1	1	2	1	3

7-32　主要景区门票收入及接待人数

景　区	门票收入（万元）		接待人数（万人）	
	2021 年	2020 年	2021 年	2020 年
湖州黄金湖岸景区			234.26	303.68
莫干山风景区	3737	3386	67.28	63.39
下渚湖国家湿地公园	1199	1428	57.07	36.55
湖州南浔古镇	4187	3085	427.90	283.31
太湖龙之梦乐园	17902	14169	810.23	480.80
荻港景区		45	76.59	30.37
陆羽茶文化景区	2219	1278	25.92	19.06
金钉子远古世界	791	1343	50.02	36.64
新四军苏浙军区纪念馆			34.19	18.58
中国扬子鳄村	749	872	69.73	47.97
城山沟景区	876	235	62.62	37.11
长兴大唐贡茶院	383	304	16.63	14.88
安吉竹博园	2007	1565	38.18	34.51
安吉县中南百草原	6586	6306	102.11	103.27
安吉江南天池景区	1181	1247	35.96	45.69
安吉藏龙百瀑风景区	374	408	10.55	11.91
移沿山			47.06	9.68

主要统计指标解释

批发零售业 指不直接从事商品的生产，而是从农业、工业或其他的单位购买（或调拨）成品或半成品，不做任何加工，或只做简单的加工（如进行简单的分类、清洗、整理和包装等），通过转卖以获取利益的单位。

餐饮业 指在一定的场所（永久、半永久或临时性的设施）内，以烹饪、调制等手段，向购买者提供各种主要供现场消费的食品、饮料，并且所提供的这种服务要大于所提供的其他服务。

住宿业 主要是指旅馆、饭店以及各种招待所、客栈等经营接待旅客并为旅客提供住宿、饮食服务。

限额以上批发零售企业 指年主营收入在 2000 万元及以上的批发企业和年主营收入在 500 万元及以上的零售企业。

限额以上住宿餐饮企业 指年主营收入在 200 万元及以上的住宿餐饮企业。

商品购进总额 指从本企业以外的单位和个人购进（包括从国外直接进口）作为转卖或加工后转卖的商品。这个指标反映批发零售企业从国内、国外市场上购进商品的总量。

商品销售总额 指对本企业以外的单位和个人出售（包括对国（境）外直接出口）的商品（包括售给本单位消费用的商品）。本指标由对生产经营单位批发额、对批发零售业批发额、出口额和对居民和社会集团商品零售额项目组成。这个指标反映批发零售企业在国内市场销售商品以及出口商品的总量。

社会消费品零售总额 指各种经济类型的批发零售业、餐饮业、制造业和其他行业对城乡居民和社会集团的消费品零售额和农民对城镇居民零售额的总和。该指标主要观察全社会居民消费规模及构成，反映消费品市场的变动情况及其发展趋势。

零售 指售给城乡居民直接用于生活消费的商品和社会集团直接用于公用消费的商品。

进口 指直接从国外进口的商品和委托外贸部门代理进口的商品，不包括从国内有关单位（包括对外贸易部门和其他单位）购进的进口商品。对外贸易企业只统计自主经营进口的商品，不包括受托代理进口的商品。

出口 指直接向国（境）外出口商品和委托外贸部门代理出口的商品。不包括售给外贸部门出口或加工后出口的商品以及在国内市场以外币销售的商品。对外贸易企业只统计自主经营出口的商品，不包括受托代理出口的商品。

期末库存 指批发零售企业已取得所有权的全部商品。这个指标反映批发零售企业的商品库存情况，对市场商品供应的保证程度。

商品销售收入（营业收入） 指批发零售企业商品销售收入、接受其他单位委托代销商品的收入和餐饮业的营业收入（包括餐费收入、冷热饮收入、服务收入和其他收入）。

商品销售成本（营业成本） 指批发零售业已销售商品应负担的进货原价和餐饮企业的原材料成本、商品进价成本。

应交增值税 指企业在报告期内应交纳的增值税额合计，其计算公式为：应交增值税 = 销项税额 + 出口退税 + 进项税额转出数 − 进项税额。

外商直接投资 是指外国企业和经济组织或个人（包括华侨、港澳台胞以及我国在境外注册的企业）按我国有关政策、法规，用现汇、实物、技术等在中国大陆开办外商独资企业、与中国大陆的企业或经济组织共同举办中外合资经营企业、合作经营企业或者合作开发资源的投资（包括外商投资收益的再投资）以及经政府有关部门批准的项目投资总额内企业从境外借人的资金。

连锁门店数 指该连锁企业所拥有的全部连锁门店数量，包括总店（如果总公司有门店的话）和全部直营分店、加盟分店数。其中，总店作为一个直营店处理。此外，有的地区分出控股店，控股店按直营店统计。直营店和加盟店之和应小于等于门店总数。

八、财政、金融、保险、证券

8-1 历年分县区财政总收入

单位：万元

年份	全市	吴兴区	南浔区	开发区	德清县	长兴县	安吉县	南太湖新区	△市区
1978	16078				2139	2226	1728		9935
1979	16390				2166	2273	1872		10079
1980	17527				2610	2326	1894		10697
1981	18850				2904	2352	1983		11611
1982	22059				3379	2714	2601		13365
1983	24305				3593	3054	2739		14919
1984	25943				3889	3462	2889		15703
1985	33685				5300	4775	3409		20201
1986	37099				5977	5764	3993		21365
1987	40919				6670	6322	4474		23453
1988	43960				7204	7018	4862		24875
1989	49024				8188	7006	5303		28527
1990	50332				8355	7162	4874		29941
1991	52220				9215	7250	5206		30549
1992	55628				9753	8083	5318		32474
1993	75057				13657	10033	8386		42981
1994	84215				15324	11883	8811		48197
1995	95746				16862	13566	9974		55344
1996	105945				18048	15008	11047		61842
1997	121178				20518	16899	12485		71276
1998	142466				23622	19499	14604		84791
1999	157971				25804	21663	17233		93271
2000	210618				37939	32046	25060		115573
2001	294818				61091	50068	36833		146826
2002	385385				78018	68333	52482		186552
2003	511999	63168	71105		101518	103166	70088		237227
2004	623994	78703	85206		121070	145404	65467		292053
2005	742378	93388	97366		142888	175066	78056		346368
2006	917677	114588	114258		173188	220066	87805		436618
2007	1140628	142088	141228		214518	280018	111086		535006
2008	1337766	168518	167828		257588	308066	147306		624806
2009	1466857	185688	181688		283800	338916	183075		661066
2010	1723456	221888	203508		345088	400988	235128		742252
2011	2190788	270108	240158	173206	442288	545366	291066		912068
2012	2468788	289188	260038	160836	508888	621718	363006		975176
2013	2716588	316168	284600	170805	557012	681088	423888		1054600
2014	2957050	345518	313100	201188	613330	701566	500518		1141636
2015	3278218	390288	352566	230088	666445	743618	556855		1311300
2016	3608918	436966	382958	287266	727860	790788	603302		1486968
2017	4088918	519138	500188	366831	837229	870288	672790		1708611
2018	4907110	672467	606037	398459	1007607	1026788	800800		2071916
2019	5405508	765161	637440		1130635	1143788	900900	519181	2230185
2020	5820872	828077	672195		1161800	1217598	1001082	600475	2440392
2021	6837795	962169	733755		1346331	1468890	1107933	734841	2914641

注：2019 年起取消开发区，新设南太湖新区。

8-2 历年分县区财政总收入增长速度

单位：%

年 份	全 市	吴兴区	南浔区	开发区	德清县	长兴县	安吉县	南太湖新 区	△市区
1979	1.9				1.3	2.1	8.3		1.5
1980	6.9				20.5	2.3	1.2		6.1
1981	7.6				11.3	1.1	4.7		8.5
1982	17.0				16.4	15.4	31.2		15.1
1983	10.2				6.3	12.5	5.3		11.6
1984	6.7				8.2	13.4	5.5		5.3
1985	29.8				36.3	37.9	18.0		28.6
1986	10.1				12.8	20.7	17.1		5.8
1987	10.3				11.6	9.7	12.1		9.8
1988	7.4				8.0	11.0	8.7		6.1
1989	11.5				13.7	−0.2	9.1		14.7
1990	2.7				2.0	2.2	−8.1		5.0
1991	3.8				10.3	1.2	6.8		2.0
1992	6.5				5.8	11.5	2.2		6.3
1993	34.9				40.0	24.1	57.7		32.4
1994	12.2				12.2	18.4	5.1		12.1
1995	13.7				10.0	14.2	13.2		14.8
1996	10.7				7.0	10.6	10.8		11.7
1997	14.4				13.7	12.6	13.0		15.3
1998	17.6				15.1	15.4	17.0		19.0
1999	10.9				9.2	11.1	18.0		10.0
2000	33.3				47.0	47.9	45.4		23.9
2001	40.0				61.0	56.2	47.0		27.0
2002	27.5				24.9	33.1	39.7		23.6
2003	32.9	29.0	23.3		30.1	51.0	33.6		27.2
2004	27.4	26.2	23.4		21.5	43.2	18.6		25.7
2005	19.0	18.7	14.3		18.0	20.4	19.2		18.6
2006	23.6	22.7	17.4		21.2	25.7	12.5		26.1
2007	24.3	24.0	23.6		23.9	27.2	26.5		22.5
2008	17.3	18.6	18.8		20.1	10.0	32.6		16.8
2009	9.7	10.2	8.3		10.2	10.0	24.3		5.8
2010	17.5	19.5	12.0		21.6	18.3	28.4		12.3
2011	27.1	21.7	18.0	23.0	28.2	36.0	23.8		22.9
2012	12.7	7.1	8.3	−7.1	15.1	14.0	24.7		6.9
2013	10.0	9.3	9.4	6.2	9.5	9.5	16.8		8.1
2014	8.9	9.3	10.0	10.0	10.1	3.0	18.1		8.3
2015	7.1	9.5	9.1	10.2	6.0	3.0	8.7		9.4
2016	9.8	12.0	8.6	14.8	8.9	6.3	8.1		13.0
2017	13.3	18.8	30.5	21.7	15.0	10.1	11.5		14.9
2018	20.0	22.1	20.8	22.7	20.4	18.0	19.0		21.3
2019	10.2	13.8	5.2		12.2	11.4	12.5	5.3	7.6
2020	7.7	8.2	5.5		2.8	6.5	11.1	15.7	9.4
2021	17.5	16.2	9.2		15.9	20.6	10.7	22.4	19.4

注：2019 年起取消开发区，新设南太湖新区。

8–3 历年分县区财政总收入发展指数

(以 1978 年为 100)

年 份	全 市	吴兴区	南浔区	开发区	德清县	长兴县	安吉县	南太湖新 区	△市区
1978	100.0				100.0	100.0	100.0		100.0
1979	101.9				101.3	102.1	108.3		101.5
1980	109.0				122.0	104.5	109.6		107.7
1981	117.2				135.8	105.7	114.8		116.9
1982	137.2				158.0	121.9	150.5		134.5
1983	151.2				168.0	137.2	158.5		150.2
1984	161.4				181.8	155.5	167.2		158.1
1985	209.5				247.8	214.5	197.3		203.3
1986	230.7				279.4	258.9	231.1		215.0
1987	254.5				311.8	284.0	258.9		236.1
1988	273.4				336.8	315.3	281.4		250.4
1989	304.9				382.8	314.7	306.9		287.1
1990	313.1				390.6	321.8	282.1		301.4
1991	324.8				430.8	325.7	301.3		307.5
1992	346.0				455.9	363.1	307.8		326.8
1993	466.9				638.4	450.7	485.3		432.6
1994	523.8				716.4	533.9	509.9		485.1
1995	595.6				788.3	609.4	577.2		557.1
1996	659.0				843.7	674.2	639.3		622.5
1997	753.7				959.2	759.2	722.6		717.5
1998	886.2				1104.4	876.0	845.2		853.5
1999	982.6				1206.4	973.3	997.3		938.9
2000	1310.1				1773.8	1439.7	1450.3		1163.3
2001	1833.9				2856.1	2249.5	2131.7		1477.9
2002	2337.6				3566.2	2993.8	2978.8		1826.5
2003	3105.5	100.0	100.0		4640.3	4520.0	3978.3		2322.6
2004	3956.4	126.2	123.4		5637.5	6471.3	4717.0		2919.1
2005	4708.1	149.8	141.0		6652.3	7791.4	5622.7		3462.1
2006	5819.2	183.8	165.5		8063.3	9793.8	6325.0		4364.3
2007	7233.3	227.9	204.6		9990.4	12457.7	8001.1		5346.3
2008	8483.2	270.3	243.1		11996.5	13706.0	10610.3		6243.4
2009	9302.4	297.8	263.2		13217.3	15078.5	13186.7		6606.7
2010	10929.7	355.9	294.8	100.0	16071.6	17840.1	16936.0		7418.0
2011	13893.4	433.3	347.8	123.0	20598.4	24263.5	20965.2		9115.1
2012	15656.4	463.9	376.6	114.2	23700.2	27660.5	26146.9		9745.8
2013	17227.9	507.1	412.2	120.7	25941.4	30301.9	30532.2		10539.6
2014	18752.8	554.2	453.5	132.8	28564.3	31212.9	36051.8		11409.4
2015	20082.4	606.9	494.8	146.3	30286.7	32149.3	39195.5		12484.2
2016	22048.9	679.4	537.4	168.0	32970.5	34175.4	42362.4		14102.6
2017	24981.5	807.2	701.0	204.4	37924.7	37611.2	47241.7		16204.7
2018	29980.3	986.0	846.6	204.4	42555.2	41896.9	56230.3	100.0	19650.4
2019	32284.0	1067.0	892.8	204.4	42555.2	41896.9	62483.2	115.7	21502.5
2020	34764.7	1154.8	941.5		43728.2	44600.6	69431.5	133.8	23529.3
2021	37436.1	1249.7	992.8		44933.6	47478.7	77152.4	154.7	25747.0

注：2019 年起取消开发区，新设南太湖新区。

8-4　历年分县区地方财政收入

单位：万元

年　份	全　市	吴兴区	南浔区	开发区	德清县	长兴县	安吉县	南太湖新区	△市区
1993	28620								
1994	34353								
1995	39556								
1996	43163								
1997	46758								
1998	58094								
1999	70814								
2000	98876								
2001	163375								
2002	186280								
2003	252638								
2004	322290								
2005	397308	43669	40643		76015	93959	45730		181604
2006	497923	56371	48083		92953	120443	49188		235339
2007	616780	72250	62476		111500	153620	62358		289302
2008	716116	85630	73815		134732	163039	82750		335595
2009	800106	96230	84838		148235	184703	105432		361736
2010	972655	121237	100112		186022	223602	139268		423763
2011	1221200	150280	120216	100529	234045	307492	166628		513035
2012	1385508	158431	128776	90422	271938	355087	210821		547662
2013	1546646	176622	141556	98078	309693	394376	247043		595534
2014	1678400	197468	150226	119590	337070	402255	294846		644229
2015	1913116	230851	178969	142104	373614	431752	329601		778149
2016	2111792	263656	217256	169824	420333	454618	358511		878330
2017	2374308	311462	289718	199516	486632	494980	395208		997488
2018	2870960	409586	351629	229846	591450	593675	469217		1216618
2019	3160702	455456	379252		656609	658269	535632	314493	1310192
2020	3365565	512045	404597		670820	675539	597599	351466	1421607
2021	4135188	634425	430457		832467	827500	658286	457378	1816935

注：2019 年起取消开发区，新设南太湖新区。

8-5 历年分县区地方财政收入增长速度

单位：%

年 份	全 市	吴兴区	南浔区	开发区	德清县	长兴县	安吉县	南太湖新区	△市区
1994	20.0								
1995	15.2								
1996	9.1								
1997	8.3								
1998	24.2								
1999	21.9								
2000	39.6								
2001	65.2								
2002	40.5								
2003	42.0								
2004	32.1								
2005	23.3	20.1	20.3		20.4	32.6	18.2		21.4
2006	25.3	29.1	18.3		22.3	28.2	7.6		29.6
2007	23.9	28.2	29.9		20.0	27.5	26.8		22.9
2008	16.1	18.5	18.1		20.8	6.1	32.7		16.0
2009	11.7	12.4	14.9		10.0	13.3	27.4		7.8
2010	21.6	26.0	18.0		25.5	21.1	32.1		17.1
2011	25.6	24.0	20.1	25.0	25.8	37.5	19.6		21.1
2012	13.5	5.4	7.1	-10.1	16.2	15.5	26.5		6.7
2013	11.6	11.5	9.9	8.5	13.9	11.1	17.2		8.7
2014	8.5	11.8	6.1	15.2	8.8	2.0	19.4		8.2
2015	7.3	10.8	11.7	11.7	6.1	2.2	7.5		11.0
2016	9.9	14.2	21.4	21.9	11.9	5.2	8.3		12.2
2017	15.2	21.5	32.6	22.0	15.5	8.9	13.9		19.0
2018	20.9	21.9	20.6	28.0	21.5	19.9	18.7		22.0
2019	10.1	11.2	7.9		11.0	10.9	14.2	8.0	7.7
2020	6.5	12.4	6.7		2.2	2.6	11.6	11.8	8.5
2021	22.9	23.9	6.4		24.1	22.5	10.2	30.1	27.8

注：2019 年起取消开发区，新设南太湖新区。

8-6 历年分县区地方财政收入发展指数

(以 1978 年为 100)

年 份	全 市	吴兴区	南浔区	开发区	德清县	长兴县	安吉县	南太湖新 区	△市区
1993	100.0								
1994	120.0								
1995	138.2								
1996	150.8								
1997	163.4								
1998	203.0								
1999	247.4								
2000	345.5								
2001	570.8								
2002	801.9								
2003	1139.0								
2004	1504.2	100.0	100.0		100.0	100.0	100.0		100.0
2005	1854.7	120.1	120.3		120.4	132.6	118.2		121.4
2006	2323.9	155.0	142.3		147.2	170.0	127.2		157.3
2007	2879.3	198.7	184.9		176.6	216.9	161.2		193.3
2008	3343.2	235.5	218.5		213.4	230.1	214.0		224.3
2009	3735.3	264.6	251.1		234.8	260.7	272.6		241.7
2010	4540.8	333.4	296.3	100.0	294.6	315.6	360.1		283.2
2011	5701.1	413.2	355.8	125.0	370.7	434.1	430.8		342.8
2012	6468.2	435.6	381.1	112.4	430.7	501.2	545.1		366.0
2013	7835.6	543.0	444.6	122.0	533.9	567.8	762.3		430.5
2014	8503.1	607.0	471.8	140.5	581.1	579.2	909.8		465.7
2015	9126.2	672.5	526.8	156.9	616.2	591.7	978.3		516.9
2016	10027.7	768.1	639.5	191.2	689.3	622.6	1059.8		579.8
2017	11551.9	932.8	848.0	233.1	796.3	678.2	1207.0		689.8
2018	13968.3	1136.7	1022.5	298.4	967.9	813.5	1433.0	100.0	841.3
2019	15378.0	1264.1	1102.8	298.4	1074.5	902.0	1635.9	108.0	906.0
2020	16374.7	1421.2	1176.5	298.4	1097.8	925.7	1825.2	120.7	983.0
2021	20124.5	1760.8	1251.8	298.4	1362.3	1133.9	2011.3	157.0	1256.3

注：2019 年起取消开发区，新设南太湖新区。

8-7 历年分县区地方财政税收收入

单位：万元

年 份	全 市	吴兴区	南浔区	开发区	德清县	长兴县	安吉县	南太湖新 区	△市区
1993									
1994									
1995	39681								
1996									
1997									
1998									
1999									
2000	107185								
2001									
2002	192469				38050	35505	24269		94645
2003	248915	29649	28808		47970	48337	32343		120265
2004	279468	31533	29829		54987	63632	32607		128242
2005	367239	42737	39198		69904	84844	38339		174152
2006	440934	54579	46340		79484	102678	44675		214097
2007	562975	69842	59917		100471	135538	56688		270278
2008	673459	82866	70715		126867	150135	77911		318546
2009	749998	92960	81909		140828	169710	95561		343899
2010	932580	116983	96880		173951	205954	126320		426355
2011	1170082	145775	115468	98015	221095	286338	163981		498668
2012	1322576	152683	122750	88105	254026	334701	199717		534132
2013	1450525	171287	136465	95436	284657	365248	231321		569299
2014	1563381	187791	143185	116579	306577	365462	275242		616100
2015	1693093	208338	161604	130826	332830	376682	297651		685930
2016	1826455	235212	197684	155864	372984	381751	317060		754660
2017	2024511	268338	257159	188437	425618	420537	349543		828813
2018	2408790	354104	306787	203826	488275	501145	411691		1007679
2019	2707162	403095	346057		553505	558677	472588	278059	1122392
2020	3129267	483794	373938		591674	634442	535968	333382	1367183
2021	3795922	600627	389784		741448	735746	606005	439845	1712723

8-8 主要年份财政收入（一）

单位：万元

指标名称	1995 年	2000 年	2005 年	2009 年	2010 年	2012 年	2013 年	2014 年	2015 年
财政总收入	**95746**	**210618**	**742378**	**1466857**	**1723456**	**2468788**	**2716588**	**2957050**	**3278218**
1.上划中央“四税”收入		111742	345070	666751	750801	1083280	1169942	1278650	1365102
增值税、消费税			248937	458742	498766	692239	763423	804797	873860
增值税(75%部分)			244959	442119	473381	661862	731107	771230	819635
消费税			3978	16623	25385	30377	32316	33567	54225
所得税			96133	208009	252035	391041	406519	473853	491242
企业所得税(60%部分)			65253	139119	168487	287931	298748	358568	323220
个人所得税(60%部分)			30880	68890	83548	103110	107771	115285	168022
2.一般预算收入	39556	98876	397308	800106	972655	1385508	1546646	1678400	1913116
税收收入小计	39681	107185	367239	749998	932580	1322576	1450525	1563381	1693093
增值税	18033	36111	81653	147374	157794	221317	271980	296492	324862
营业税	11328	28627	123495	216984	294969	382532	397733	406351	473558
企业所得税	6451	19061	43502	92747	112324	191953	199165	239045	215479
个人所得税		10207	20587	45926	55698	68740	71847	76856	112015
城市维护建设税	3332	7526	20008	40338	50762	74827	81038	86579	95946
其他地方各税			43222	130355	146346	237633	274462	287004	324332
耕地占用税收入	418	1763	6693	18911	29639	45506	38440	60932	20854
契税	119	3890	28079	57363	85048	100068	115860	110122	126047
非税收收入小计	**2105**	**2934**	**30069**	**50108**	**40075**	**62932**	**96121**	**115019**	**220023**
#专项收入	1802	2934	9340	23139	28933	42034	43374	58941	171976
罚没收入	275		35400	41671	54112	45136	69230	69241	65848
计划亏损退库			-16047	-17100	-44305	-27542	-19668	-18961	-22451
其他收入	28		1376	2398	1335	1163	1782	4813	3211

8-8 主要年份财政收入（二）

单位：万元

指标名称	2016 年	2017 年	2018 年	2019 年	2020 年	2021 年
财政总收入	**3608918**	**4088918**	**4907110**	**5405508**	**5820871.5**	**6837795**
1.上划中央“六税”收入	1497126	1714610	2036150	2244806	2455306.5	2702607
增值税(75%部分)	634812	627833	1056323	1088651	1197275	1248969
消费税	103339	93034	125366	113323	128347	174179
企业所得税(60%部分)	313939	396917	531472	708584	669069	880479
个人所得税(60%部分)	269513	288738	318762	334247	460614.5	398980
营业税	51419	2509	4227			
改征增值税	124104	305579				
2.一般预算收入	2111792	2374308	2870960	3160702	3365565	4135188
税收收入小计	1826455	2024511	2408790	2707162	3129267	3795922
增值税	594517	933412	1056323	1088652	1197275	1248969
营业税	317349	2509	4227	261		
企业所得税	209292	264611	354314	472390	446046	586985
个人所得税	179675	192492	212508	222832	307077	265987
城市维护建设税	105153	117163	138823	139783	165416	164359
其他地方各税	302518	338963	461874	403132	588377	814230
耕地占用税收入	12928	26856	20816	86007	554	164957
契税	105023	148505	159905	294105	424522	550435
非税收收入小计	**285337**	**349797**	**462170**	**453540**	**236298**	**339266**
专项收入	173200	201773	275045	251891	131896	173707
行政事业性收费收入	3440	16096	43892	49995	58236	59730
罚没收入	68040	60598	71374	84327	84861	56912
计划亏损补贴	–16769	–17074	–13842	–14022	–90752	–37833
其他收入	57426	88404	85701	81349	52057	86750

8-9 分县区财政收入

单位：万元

指标名称	全 市	吴兴区	南浔区	德清县	长兴县	安吉县	南太湖新 区	△市区
一、财政总收入	**6837795**	**962169**	**733755**	**1346331**	**1468890**	**1107933**	**734841**	**2914641**
1.上划中央“六税”收入	2702607	327744	303298	513864	641390	449648	277463	1097706
增值税(75%部分)	1248969	164014	178158	256875	258100	210498	143163	523496
消费税	174179	1997	14093	1556	59009	711	807	112903
企业所得税(60%部分)	880479	118288	83655	176177	214787	146627	93671	342888
个人所得税(60%部分)	398980	43445	27392	79256	109494	91812	39822	118419
营业税								
改征增值税								
2.地方财政收入	4135188	634425	430457	832467	827500	658286	457378	1816935
税收收入小计	3795922	600627	389784	741448	735746	606005	439845	1712723
增值税	1248969	164014	178158	256875	258100	210498	143163	523496
营业税								
企业所得税	586985	78859	55770	117451	143191	97751	62447	228592
个人所得税	265987	28963	18261	52837	72996	61208	26548	78946
城市维护建设税	164359	21037	20035	27467	34302	25006	22699	77584
其他地方各税	814230	172376	59787	161058	126327	128107	122040	398738
耕地占用税收入	164957	30730	13757	26308	23131	29571	41460	85947
契税	550435	104648	44016	99452	77699	53864	21488	319420
非税收收入小计	339266	33798	40673	91019	91754	52281	17533	104212
专项收入	173707	22555	19647	28964	39043	32084	16860	73616
行政事业性收费收入	59730	3798	5910	22587	8217	7203	479	21723
罚没收入	56912	5627	14116	17524	692	12127		26569
计划亏损补贴	-37833					-2500		-35333
其他收入	86750	1818	1000	21944	43802	3367	194	17637
二、政府性基金收入合计	**6463127**	**812145**	**773526**	**1108882**	**982761**	**679506**		**3691978**
城市公用事业附加收入								
国有土地收益基金收入	164541	21416	18462	28986	31179	10460		93916
农业土地开发资金收入	12044	488	2549	905	1277	562		9300
国有土地使用权出让金收入	5789412	772436	740936	975323	863814	476494		3473781
彩票公益金收入	15308			1200	1288	1734		11086
其他各项政府性基金收入	481822	17805	11579	102468	85203	190256		103895
三、社会保险基金收入合计	**1606458**	**135174**	**150611**	**263007**	**331810**	**260603**		**751038**

8-10 历年分县区财政支出

单位：万元

年 份	全 市	吴兴区	南浔区	德清县	长兴县	安吉县	△市区
1978	4758			725	882	972	2179
1979	5414			789	1092	913	2620
1980	6059			896	1100	947	3116
1981	5247			904	1099	883	2361
1982	5572			847	1124	974	2627
1983	7362			1335	1421	1277	3329
1984	10620			1750	1992	1769	5109
1985	12152			1906	2089	1978	6179
1986	16423			2669	2979	2453	8322
1987	16556			2606	3169	2554	8227
1988	20717			3174	3790	3270	10483
1989	23371			3932	4178	3467	11794
1990	25388			3971	4721	3889	12807
1991	28328			4250	5449	3846	14783
1992	30437			5094	4976	4306	16061
1993	41223			7728	6856	6605	20034
1994	48610			8056	8109	7887	24558
1995	56066			9354	9558	9314	27840
1996	64295			10739	11253	10664	31639
1997	71240			11755	12761	11512	35212
1998	84380			13770	13813	12938	43859
1999	104085			17442	17682	15697	53264
2000	132514			23443	21786	19117	68168
2001	192262			40965	31575	29804	89918
2002	243422			43734	42766	41076	115846
2003	304720	24180	19965	57808	58974	48977	138961
2004	365120	27968	24311	70373	72336	59246	163165
2005	440839	31598	29467	83218	95701	69120	192800
2006	559348	39575	34690	95636	139116	76448	248148
2007	688180	47858	45028	117966	164812	88802	316600
2008	864170	62380	61980	146277	202152	124119	391622
2009	1085102	79388	77508	189125	226974	172492	496511
2010	1271209	99806	96239	214350	287533	219315	550011
2011	1517340	118398	111169	260698	353020	252632	650990
2012	1675076	130800	123035	297910	388625	292238	696303
2013	1976149	151080	145809	335748	473330	332471	834600
2014	2245670	170312	172523	379230	514130	407772	944538
2015	2737406	226948	239011	462374	590162	476610	1208260
2016	2886169	258016	270087	460412	574611	571939	1279207
2017	3250181	308308	325946	511256	630843	620038	1488044
2018	3975433	388123	401950	671981	715779	743038	1844635
2019	4668656	474537	490140	836558	810950	875665	2145483
2020	4844230	463533	552216	782193	902017	862222	2297798
2021	5244939	584001	661797	799753	1018000	886692	2540494

8-11 历年分项目财政支出

单位：万元

年 份	财 政 支 出	#基建支出	#技术改造	#科技三项费用	#城市维护费	#文教科卫事业费	#行政管理费
1978	4758	157	791	53	70	1620	561
1979	5414	52	871	56	105	1784	627
1980	6059	89	833	15	136	2181	927
1981	5247	75	176	23	99	2364	925
1982	5572	53	101	14	268	2590	896
1983	7362	187	566	45	290	2993	1162
1984	10620	86	319	56	673	4142	2153
1985	12152	112	422	60	1053	4747	1999
1986	16423	16	744	103	1727	5696	2436
1987	16556	5	610	77	1473	5927	2631
1988	20717		644	55	1499	7311	3714
1989	23371		343	64	2028	8308	2665
1990	25388		309	190	2047	8819	3270
1991	28328		517	402	2154	9161	3584
1992	30437		592	144	2301	10598	4879
1993	41223		2021	366	2604	13236	7241
1994	48610	60		280	3435	19008	9672
1995	56066	296	325	608	3250	21306	10624
1996	64295	1123	402	574	3474	24786	11238
1997	71240	740	906	916	3998	29013	12611
1998	84380	2814	1864	1515	4113	32912	13613
1999	104085	6918	3263	1596	5108	37638	15948
2000	132514	9440	5715	2872	6983	43778	19766
2001	192262	14993	13378	4948	8914	58113	27394
2002	243422	16150	8609	6077	12195	73489	37042
2003	304720	16663	18360	7028	14214	90532	47806
2004	365120	12734	17621	8215	19878	111438	57463
2005	440839	19551	18023	11290	18229	131022	65068
2006	559348	13923	25490	12879	22790	155755	76633

注：2007 年后财政支出口径调整。

8-12 主要年份财政支出（一）

单位：万元

指标名称	1995 年	2000 年	2002 年	2003 年	2004 年	2005 年	2006 年
一般预算支出合计	**56066**	**132514**	**243422**	**304720**	**365120**	**440839**	**559348**
基本建设支出	296	9440	16150	16663	12734	19551	13923
企业挖潜改造资金	325	5715	8609	18360	17621	18023	25490
科技三项费用	608	2872	6077	7028	8215	11290	12879
农林水和气象支出	1900	4547		17844	22562	28549	40300
工交及流通等部门的事业费		1010	4431	5930	12329	13118	21024
文体广播事业费		5206	7734	8883	11422	12447	15112
教育支出	13063	29515	53700	66599	81810	95391	110268
科学支出	268	551	764	823	1109	2669	3254
医疗卫生支出			11291	14227	17097	20515	27121
其他部门的事业费			17509	24965	26260	29683	41197
抚恤和社救及单位离退费		3673	5449	8856	11700	16282	17697
社会保障补助支出			8357	7862	7859	8379	10940
行政管理费	10624	19766	37042	47806	57463	65068	76633
公检法支出及武警部队支出			24652	29985	39638	46975	58678
城市维护费		6983	12195	14214	19878	18229	22790
专项支出	2262	3251	5641	6620	8041	16218	18947
其他支出	1829		8786	8055	9382	18452	43095
基金支出合计		**13700**	**86730**	**112619**	**156074**	**187920**	**227926**
工业交通部门基金支出			312	378	8974	11532	14076
商贸部门基金支出		963	2490	703	1280	143	930
文教部门基金支出		5958	7634	10188	12360	15119	13277
社会保险基金支出			65190	86707	114734	136844	174969
农业部门基金支出		4688	6484	11537	12973	13010	17165
土地有偿使用支出			1680		813	170	794
政府住房基金支出							
其他部门基金支出				37	1951	2710	2657
地方财政税费附加支出		2091	2940	3069	2989	8392	4058

注：2007 年后财政支出口径调整。

8-12 主要年份财政支出（二）

单位：万元

指标名称	2007 年	2008 年	2009 年	2010 年	2012 年	2013 年	2014 年	2015 年
财政支出合计	**688180**	**864170**	**1085102**	**1271209**	**1675076**	**1976149**	**2245670**	**2737406**
一般公共服务	133962	152066	161050	177671	220436	236073	229421	263296
公共安全	71355	79973	82685	106580	134229	146248	160995	185773
教育	153279	180979	215076	251107	371108	415340	464525	533475
#教育附加支出	15729	19024	20236	24632	34301	39630	39170	43217
科学技术	23294	28155	32490	36729	51861	60105	69814	83942
文化体育与传媒	14248	16328	18592	30337	28820	34427	43139	46767
社会保障和就业	40658	47309	50807	76999	135739	160627	171493	229212
医疗卫生	40674	49211	64696	82892	119535	148341	192713	233897
环境保护	14772	58365	68005	67306	71776	94019	100056	128212
#排污费支出	4099	5854	4353	5146	6433	5566	5495	6078
城乡社区事务	45393	59734	71054	78711	129452	135618	184531	221166
农林水事务	60174	74260	99930	113295	150337	219648	268026	413417
交通运输	20744	22993	112572	104194	102949	142602	178378	178262
工业商业金融等事务	53972	68236	79641					
资源勘探电力信息等事务				61016	61821	80664	77748	81405
商业、粮油物质储备及金融监管等事务				46503	53230	52399	48377	55375
其他支出	15655	26561	28504	37869	43783	50038	56454	83207
政府性基金支出合计	**228322**	**748964**	**681036**	**1622601**	**927088**	**1448338**	**2225072**	**1206226**
社会保险基金支出合计	**211742**	**272915**	**316772**	**281314**	**738683**	**819221**	**1268415**	**1381476**

8-13 分县区财政支出

单位：万元

指标名称	全　市	吴兴区	南浔区	德清县	长兴县	安吉县	△市区
一、财政支出合计	**5244939**	**584001**	**661797**	**799753**	**1018000**	**886692**	**2540494**
一般公共服务	552386	62125	79367	102646	104121	60413	285206
公共安全	353678	45180	41914	53776	60262	55576	184064
教育	966992	146048	111877	144354	179771	155081	487786
科学技术	225487	20806	17701	44984	44277	50862	85364
文化旅游体育与传媒	114978	7574	16546	19884	20274	17839	56981
社会保障和就业	560327	89184	105507	83757	91704	68308	316558
卫生健康	444473	66230	74610	61119	72396	92985	217973
节能环保	206570	10527	13626	12295	35000	112350	46925
城乡社区	431966	28371	46291	49325	99808	93456	189377
农林水	451030	36510	73449	84673	117268	80466	168623
交通运输	226421	11998	18529	59347	49570	23655	93849
资源勘探信息	218510	29362	7878	25573	40268	3188	149481
商业服务业	116096	7076	10733	3036	13031	5350	94679
金融	18844	1115	2726	2522	1112	312	14898
援助其他地区	9024			2650	1846		4528
自然资源海洋气象	56351	1469	3151	9311	20174	11707	15159
住房保障	32912	82	15074	4011	6677	851	21373
粮油物资储备	6043	284	76	2912	2405	105	621
灾害防治及应急管理	36585	4367	5026	5633	5425	3540	21987
债务付息	195919	15196	15321	27444	50830	50318	67327
债务发行费用	1333	180	76	238	384	296	415
其他	19014	317	2319	263	1397	34	17320
二、政府性基金支出合计	**7218503**	**959423**	**772912**	**1091498**	**1050000**	**834216**	**4242789**
新增建设用地土地有偿使用费支出							
城市公用事业附加支出							
国有土地收益基金支出	46140	20400		23758	1982		20400
农业土地开发资金支出	3250	630	1400	1172	42		2036
国有土地使用权出让金支出	5072098	739360	518100	852118	828841	394727	2996412
彩票公益金安排的支出	16741	2204	2204	2096	3093	2619	8933
其他各项政府性基金支出	2080274	196829	251208	212354	216042	436870	1215008
三、社会保险基金支出合计	**1362246**	**102621**	**125351**	**229001**	**307554**	**219231**	**606460**

8-14　分县区税务系统税收征收情况

单位：万元

指标名称	全　市	△市区	德清县	长兴县	安吉县
合　　计	6645757	2959524	1239636	1378386	1068211
税务直接组织税收	6541932	2855699	1239636	1378386	1068211
增值税	2409850	1012958	479342	500192	417358
消费税	174179	112903	1556	59009	711
企业所得税	1430800	551935	289968	349583	239314
储蓄利息个人所得税					
车辆购置税	158560	96305	18670	23826	19759
海关代征税收	103825	103825			
一、分行业收入情况					
第一产业	2679	937	386	268	1088
第二产业	2615464	973414	529707	616486	495857
工业	2206293	755768	462352	551410	436763
采矿业	99434	63843	14027	19518	2046
制造业	1970877	650558	431583	482081	406655
电力、燃气及水的生产和供应业	135982	41367	16742	49811	28062
建筑业	409171	217646	67355	65076	59094
第三产业	4027614	1985173	709543	761632	571266
批发和零售业	666542	304049	143713	165046	53734
交通运输、仓储及邮政业	97064	38477	13063	29952	15572
住宿和餐饮业	10039	1794	4601	-37	3681
信息传输、软件和信息技术服务业	67125	29499	9425	19182	9019
金融业	489336	214725	133502	94280	46829
房地产业	1598059	835480	279351	219170	264058

8-14　分县区税务系统税收征收情况

续 1　　　　单位：万元

指标名称	全　市	△市区	德清县	长兴县	安吉县
租赁和商务服务业	457063	182620	62539	110398	101506
科学研究和技术服务业	137483	53290	39969	34152	10072
水利、环境和公共设施管理业	1789	7033	-9092	1943	1905
居民服务、修理和其他服务业	62120	24734	3702	26935	6749
教育	5566	3356	1065	309	836
卫生和社会工作	7683	4762	894	709	1318
文化、体育和娱乐业	62989	10950	5371	39466	7202
公共管理、社会保障和社会组织	133116	91900	6676	1982	32558
其他行业	231640	182504	14764	18145	16227
二、分所有制收入情况					
内资企业	5189640	2295211	969187	1131683	793559
国有企业	241796	203817	5117	19942	12920
集体企业	2127	666	650	435	376
股份合作企业	2387	493	1208	617	69
联营企业	370	370			
有限责任公司	880089	412951	126074	268644	72420
股份公司	764535	335242	207404	113993	107896
#国有控股	103714	76470	10155	5439	11650
私营企业	3296964	1340824	628622	727821	599697
其他企业	1372	848	112	231	181
港澳台投资企业	226579	51497	85666	55130	34286
#国有控股	319		311	8	
外商投资企业	375925	121315	60170	86510	107930
#国有控股	705	223	281	201	
个体经营	66324	21604	13714	10904	20102
非企业单位	787289	469897	110899	94159	112334

注：1.分所有制收入情况新增“非企业单位”统计项；2.以前年度海关代征税收在分行业、分所有制中分别归入制造业、有限责任公司，2021 年调整归入其他行业、非企业单位。

8-15　历年金融业主要指标

单位：万元

年　份	金融机构本外币存款余额	#人民币	金融机构本外币贷款余额	#人民币	金融机构现金收入	金融机构现金支出	城乡居民本外币储蓄余额	#人民币
1978		19744		22970	30253	30927		4860
1979		29423		27712	39946	42147		8508
1980		34023		33616	50279	53179		10704
1981		40022		39937	57959	59656		13360
1982		51069		45701	66104	68495		17755
1983		60892		52709	81838	82497		24718
1984		69872		85239	99695	107841		30892
1985		89788		102366	142562	148758		43629
1986		121369		131193	176258	172474		63182
1987		131220		146794	227694	231309		81801
1988		150067		178104	338864	368688		95248
1989		185146		205648	384752	396255		134095
1990		242283		246511	418507	394509		184243
1991		302659		191610	531908	468103		232511
1992		370457		360266	797912	699418		290973
1993		438725		440211	1344362	1301552		359605
1994		522687		553544	2283232	2262111		507721
1995		704511		721145	3399889	3206054		692755
1996		960491		877352	3954865	3700073		896940
1997		1206660		1215439	4500872	4338539		1098466
1998		1645068		1441586	4988323	4747149		1350301
1999		2479676		1727196	8439627	8473186		1503980
2000		2688723		1925240	10490655	10664400		1602788
2001		2993775		2095231	11834257	12082397		1820053
2002		3696358		2619299	14900856	15211227		2146489
2003	4988122	4864162	3751911	3654519	21730911	21921379	2679539	2605537
2004	5392064	5273867	4062057	4006753	27052270	27114520	2953275	2886501
2005	6084261	5985909	4613950	4537172	28920632	29173387	3362210	3309349
2006	7170997	7062091	5590642	5487563	33354999	33639429	3920018	3869368
2007	8114541	8012836	6741052	6559080	37183840	37523199	4173133	4139781
2008	10137287	10018004	7860423	7758433	36443695	36828646	5421758	5390516
2009	13976868	13838212	11507123	11220724			6883264	6849715
2010	18056148	17897049	14613222	14199705			8216820	8183673
2011	21020466	20830145	17121700	16725465			9544396	9505937
2012	22856596	22333437	19124043	18522820			10827892	10784617
2013	25779300	25003877	21454291	20944156			12437968	12387798
2014	28137074	27560543	23630367	23249508			13748571	13699495
2015	30897217	30346398	25350062	25098339			15555654	15481478
2016	35524246	34768018	27575745	27403590			17560162	17447634
2017	40453488	39630456	32810456	32668208			19148118	19046429
2018	45894064	45140784	38862186	38715321			21316155	21213667
2019	52294458	51637465	48401777	48184632			24548728	24449737
2020	59565842	58566987	59400132	59234682			27947438	27847018
2021	68622984	67229924	72035998	71860452			31131486	31020453

注：1.1978-1998 年为银行数，1999 年及以后为金融机构数；2.根据人民银行总行调整，2015 年起城乡居民储蓄变更为住户存款。

8-16 主要年份金融机构人民币信贷收支（一）

单位：万元

指标名称	1990 年	1995 年	2000 年	2005 年	2006 年	2007 年	2008 年	2009 年
一、各项存款余额	242283	1161789	2688723	5985909	7062091	8012836	10018004	13838212
#企业存款	70533	349120	891855	1582276	1806598	2279175	2657158	4337948
财政存款	6133	9857	28117	113222	113477	49737	67009	97615
机关团体存款		12045	11499	326715	357352	384242	388751	580504
储蓄存款	184243	692755	1602788	3309349	3869368	4139781	5390516	6849715
#定期		577919	1226874	2105214	2403570	2485565	3293054	4010538
农业存款	37076	4702	112609	320206	410935	515420	523834	832789
其他存款	11007	8225	43788	332612	501469	642214	988500	1133597
二、各项贷款余额	246511	1080858	1925240	4537172	5487563	6559080	7758433	11220724
#短期贷款		821377	1516808	2466018	3181885	3952422	4480231	6172172
#工业贷款	102808	224887	273456	682017	1101569	1431835	1521343	1823222
商业贷款	87256	242960	305627	211077	225373	260431	278753	339779
农副产品	38031	127734	96487	68888				
建筑业贷款		5685	20796	62308	79784	103193	130349	141900
农业贷款	3835	21198	75700	429516	555090	746969	947622	1284462
乡镇企业贷款		233912	363451	369575	458388	571358	730432	1039230
私营企业及个体贷款		5104	63561	169769	178266	244158	12838	435344
三资企业贷款			48413	19904	9849	13541	296965	23084
个人短期消费贷款			10533	62533	149074	212934	203734	384086
中长期贷款		127525	315600	1977582	2196746	2564077	3164176	4774144
#基本建设	21811	19750	182899	1108623	1232173	1259993	1384075	1831241
技术改造		71022	76379	39780	35610	39860	32329	44182
个人中长期消费贷款			97916	561597	512283	773825	976403	1560430

8-16 主要年份金融机构人民币信贷收支（二）

单位：万元

指标名称	2010 年	2011 年	2012 年	2013 年	2014 年
一、各项存款余额	17897049	21020466	22856596	25779300	27560543
单位存款	6906814	10678157	11289482	12121876	12408002
个人存款		9783157	10952602	12952211	14212875
#储蓄存款	8183673	9544396	10827892	12437968	13699495
财政存款	141134	256113	354783	350880	404763
临时性存款		39502	41874	31996	39654
委托存款		15036	20963	43514	98012
其他存款	1492184	248500	196892	278822	397237
二、各项贷款余额	14199705	17121700	19124043	21454291	23249508
短期贷款	8031555	10576283	12027473	12619852	12297386
#个人贷款及透支	2449882	2804929	2832142	2885468	2939165
#个人消费贷款	547824	547607	463648	404014	363512
单位普通贷款及透支	5280669	6797709	8087461	8650472	8997185
#经营贷款	5232493	6739766	8038128	8604818	8953995
固定资产贷款	48176	57943	49333	45654	42186
银团贷款	300				3500
贸易融资	300704	973645	1107870	1083912	357536
中长期贷款	6008396	6294582	6661115	8354193	10345650
#个人贷款	2558611	3010372	3272194	3931810	4322848
#个人消费贷款	2171760	2486905	2695176	3091350	3200032
单位贷款	3396170	3218546	3304246	4264454	5834431
#经营贷款	811252	570818	609815	517940	766428
固定资产贷款	2584918	2647728	2694431	3746514	5068004
银团贷款	53615	65664	74763	82630	98480

注：2015 年后金融机构存贷款口径调整。

8-17 分县区金融机构本外币信贷收支

单位：万元

指标名称	全　市	德清县	长兴县	安吉县	△市区
一、各项存款余额	68622984	35453472	12443046	8728017	34993766
（一）境内存款	68575050	35432612	12440044	8722437	34976431
1.住户存款	31131486	15816259	5554544	4420227	15732858
（1）活期存款	10615714	4940810	1901846	1958816	4891317
（2）定期及其他存款	20515773	10875449	3652698	2461412	10841541
2.非金融企业存款	27281014	14374134	4922466	3141264	14001962
（1）活期存款	13016464	6275890	2238563	2101507	6005300
（2）定期及其他存款	14264551	8098244	2683902	1039757	7996662
3.广义政府存款	9140092	4831442	1778681	1022590	4831442
（1）财政性存款	911085	478164	148442	127041	478164
（2）机关团体存款	8229006	4353278	1630239	895550	4353278
4.非银行业金融机构存款	1022457	410777	184354	138356	410170
（二）境外存款	47934	20860	3002	5580	17335
二、各项贷款余额	72035998	36052768	12574184	10943299	35958850
（一）境内贷款	72033043	36050230	12573977	10943240	35957879
1.住户贷款	29349151	14220160	4851201	4923256	14219600
（1）短期贷款	6910739	2654588	1315818	1961570	2654030
消费贷款	1167160	593557	178922	234886	592999
经营贷款	5743579	2061031	1136896	1726684	2061031
（2）中长期贷款	22438413	11565573	3535383	2961686	11565570
消费贷款	16725715	8915363	2284613	2514702	8915360
经营贷款	5712698	2650210	1250770	446984	2650210
2.非金融企业及机关团体贷款	42561892	21788069	7722775	6019984	21696279
（1）短期贷款	15239663	7458013	3340072	1881253	7366223
（2）中长期贷款	25987444	13614146	4049907	4018496	13614146
（3）票据融资	1293262	708402	332781	86235	708402
（4）融资租赁					
（5）各项垫款	41523	7508	15	34000	7508
3.非银行业金融机构贷款	122000	42000			42000
（二）境外贷款	2956	2539	207	59	970

8-18 主要年份金融机构现金收支

单位：万元

指标名称	1990年	1995年	2000年	2005年	2006年	2007年	2008年
一、现金收入合计	418507	3399889	10490655	28920632	33354999	37183840	36443695
商品销售收入	196447	809655	1597867	3698707	3869364	4476986	4905928
服务业收入	23550	95757	439183	1081007	1099198	1197115	1238194
行政税费收入	3557	8232	55273	252350	209873	264923	236675
城乡个体经营收入	6142	277310	1025388	1305560	1502259	1214066	961529
储蓄存款收入	102268	1138817	6179011	19858426	23719385	27004166	26418772
其他金融性公司收入	4656	224656	45096	64594	94193	93050	53221
汇兑收入	8817	23698	249738	283241	272146	240095	121672
二、现金支出合计	394509	3206054	10664400	29173387	33639429	37523199	36828646
工资性支出	88832	286311	430225	1359243	1309742	1766541	2209214
行政企事业管理费支出	29558	195241	506167	739416	683208	750562	676359
农副产品采购支出	74034	127218	420725	1178112	992579	850678	812039
城乡个体经营支出	8837	339672	1390672	2280413	2315881	1999661	1334021
储蓄存款支出	80600	1126631	6373576	20436002	24731502	28492701	28689001
其他金融性公司支出	1284	87259	21155	64730	49642	57277	27232
汇兑支出	2691	12979	176074	153313	120076	79628	44679
三、现金投入(+)、回笼(-)	-23997	-193818	173745	252755	284430	339359	384951

注：2009年起无现金收支统计。

8-19 主要年份证券交易情况

单位：户、亿元

指标名称	2005年	2010年	2013年	2014年	2015年	2016年	2017年	2018年	2019年	2020年	2021年
期末开户资金帐户	68798	165445	221628	274281	378451	456844	531252	581049	609584	647541	699719
个人	68690	164887	221024	273485	377571	455921	530167	579937	608373	646247	698291
机构	108	558	604	796	880	923	1085	1112	1211	1294	1428
股票成交金额		2658.19		3181.68	11277.03	6161.93	5524.20	4517.51	5938.78	9603.70	11048.94
#A股	79.06	2586.10	1584.09	3178.68	11176.56	6154.79	5520.65	4472.34	5902.05	9547.41	10981.18
B股	0.36	7.48	3.16	3.00	15.65	7.13	3.54	2.87	3.12	3.37	2.97
手续费收入		2.13									
企业往来收入		0.11									
基金	0.62	3.60	2.70								
权证		51.74									
国债现货	1.26										
国债回购	55.29										
保证金余额	2.47	17.97	8.45								

8-20 历年保险业主要指标

财产险　　　　单位：万元、%

年 份	保费收入	赔款支出	赔款率
1990	2865	1345	46.9
1991	5023	1649	32.8
1992	7546	3044	40.3
1993	10645	6372	59.9
1994	9499	5603	59.0
1995	12830	7698	60.0
1996	13487	9251	68.6
1997	15564	8903	57.2
1998	17544	9481	54.0
1999	19710	13978	70.9
2000	21171	10804	51.0
2001	24939	12702	50.9
2002	28837	16505	57.2
2003	32135	18194	56.6
2004	40994	24116	58.8
2005	49157	35844	72.9
2006	58458	34759	59.5
2007	74051	38526	52.0
2008	87192	85342	97.9
2009	110102	56398	51.2
2010	146171	58626	40.1
2011	176526	74701	42.3
2012	198536	102291	51.5
2013	297570	190814	64.1
2014	313825	171970	54.8
2015	304652	156441	51.4
2016	326491	197687	60.5
2017	349819	197719	56.5
2018	378275	219706	58.1
2019	444934	273192	61.4
2020	466705	267203	57.3
2021	1316220	465050	35.3

注：2004 年及以后年份数据由市保险协会提供，下同。

8-20 历年保险业主要指标

续 1 人身险 单位：万元、%

年 份	保费收入	赔 款 及 给付支出			赔款率
			给付支出	赔款支出	
1990	1311			208	15.9
1991	2723			329	12.1
1992	6464			651	10.1
1993	8481			1847	21.8
1994	4398			1827	41.5
1995	5588			1112	19.9
1996	8322			891	10.7
1997	14795			1136	7.7
1998	27143			2009	7.4
1999	29311			1379	4.7
2000	33155			1764	5.3
2001	46210			1859	4.0
2002	80334			2621	3.3
2003	100958			3205	3.2
2004	105961	13131	8772	4359	4.1
2005	108093	12972	10065	2908	2.7
2006	117980	20870	17918	2952	2.5
2007	126687	58710	55698	3012	2.4
2008	206262	40761	36685	4076	2.0
2009	204376	31846	27298	4548	2.2
2010	268130	16112	11612	4500	1.7
2011	283815	37321	31809	5513	1.9
2012	276982	47757	41382	6375	2.3
2013	293123	40812	34937	5875	2.0
2014	318435	43545	29118	14427	4.5
2015	353555	82523	66360	16163	4.6
2016	459470	80108	60683	19425	4.2
2017	555151	76064	50792	25271	4.6
2018	628184	86887	50756	36131	5.8
2019	699072	118129	96018	22112	3.2
2020	810433	135225	101528	33697	4.2
2021	1316220	465050	113448	351602	26.7

8-21 历年市区保险业主要指标

财产险　　单位：万元、%

年 份	保费收入	赔款支出	赔款率
1991	2341	614	26.2
1992	3633	1255	34.5
1993	5005	2862	57.2
1994	4303	2727	63.4
1995	5889	3386	57.5
1996	6467	4380	67.7
1997	7332	4032	55.0
1998	9159	4955	54.1
1999	9993	7757	77.6
2000	11166	5473	49.0
2001	14007	7031	50.2
2002	17959	10304	57.4
2003	14978	9236	61.7
2004	19035	11754	61.7
2005	23385	18982	81.2
2006	27767	17190	61.9
2007	36196	17237	47.6
2008	42261	41936	99.2
2009	52129	26329	50.5
2010	70387	27140	38.6
2011	84147	34372	40.8
2012	93537	45885	49.1
2013	174677	122670	70.2
2014	172408	103382	60.0
2015	146049	78247	53.6
2016	155914	92972	59.6
2017	166510	114283	68.6
2018	183998	105112	57.1

8-21 历年市区保险业主要指标

续 1　　人身险　　单位：万元、%

年　份	保费收入	赔款及给付支出	给付支出	赔款支出	赔款率
1991	1241			130	10.5
1992	3178			239	7.5
1993	3755			193	5.1
1994	2277			263	11.6
1995	3354			454	13.5
1996	4268			535	12.5
1997	8513			483	5.7
1998	14550			1283	8.8
1999	14567			855	5.9
2000	17036			744	4.4
2001	25188			902	3.6
2002	44101			1398	3.2
2003	50359			1444	2.9
2004	48335	5233	3735	1498	3.1
2005	53430	6165	4774	1390	2.6
2006	59943	9731	8566	1165	1.9
2007	67182	23542	22274	1268	1.9
2008	126608	15440	13386	2054	1.6
2009	112162	19266	16857	2409	2.1
2010	158671	10651	7814	2837	1.8
2011	175603	19687	16349	3337	1.9
2012	157298	29426	25217	4209	2.7
2013	166417	21560	17977	3583	2.2
2014	172478	24532	15054	9478	5.5
2015	191003	62089	51234	10854	5.7
2016	243070	60162	46749	13413	5.5
2017	276684	45420	26512	18908	6.8
2018	307620	56927	29150	27777	9.0

主要统计指标解释

财政总收入 指国家财政参与社会产品分配所取得的收入。是实现国家职能的财力保证。由中央财政和地方财政收入组成，其具体包括的内容几经变化，目前主要包括：（1）各项税收，包括增值税、营业税、消费税、个人所得税、证券交易税、遗产税、土地增值税、城市维护建设税、房产税、车船使用税、屠宰税、资源税、印花税、城镇土地使用税、筵席税、固定资产投资方向调节税、关税、企业所得税、企业所得税退税。（2）国有企业上缴利润，国有企业缴纳所得税后上缴国家预算的利润。（3）国有企业计划亏损补贴。（4）债务收入，包括国外借款、国内公债收入、国库券收入以及专业银行购买财政专项债券等。（5）其他收入，包括专款收入、基建贷款归还收入、国家能源交通重点建设基金收入、其他收入、罚没收入、行政性收费收入。

中央财政收入和地方财政收入 指按财政体制划分的中央本级收入和地方本级收入。1994年税制财政体制以后，属于中央财政的收入包括关税、海关代征消费税和增值税，中央企业所得税，地方银行和外资银行及非银行金融企业所得税，铁道、银行总行、保险总公司等集中缴纳的营业税、所得税、利润和城市维护建设税，增值税的75%部分，海洋石油资源税和证券（印花）税88%部分。属于地方财政的收入包括营业税，地方企业所得税个人所得税，城镇土地使用税，固定资产投资方向调节税，城镇维护建设税，房产税，车船使用税，印花税，屠宰税，农牧业税，农业特产税，耕地占用税，契税，增值税25%部分，证券交易税（印花税）的12%部分和除海洋石油资源以外的其他资源税。

财政支出 指国家财政将筹集起来的资金进行分配使用的数额。以满足经济建设和各项事业的需要，主要包括：（1）基本建设支出，指按国家有关规定，属于基本建设范围内的基本建设有偿使用、拨款、资本金支出以及经国家批准对专项和政策性基建投资贷款，在部门的基建投资额中统筹支付的贴息支出。（2）企业挖潜改造资金，指国家预算内拨给的用于企业挖潜、革新和改造方面的资金。包括个部门企业挖潜改造资金和企业挖潜改造贷款资金，为农业服务的县办“五小”企业技术改造补助，挖潜改造贷款利息支出。（3）地质勘探费用，指国家预算用于地质勘探单位的勘探工作费用，包括地质勘探管理机构及其事业单位经费、地质勘探经费。（4）科技三项费用，指国家预算用于科技支出的费用，包括新产品试制费、中间试验费、重要科学研究补助费。（5）支援农村生产支出，指国家财政支援农村集体（户）各项生产的支出。包括对农村举办的小型农田水利和打井喷灌等的补助费；对农村水土保持措施的补助费；对农村举办的小水电站的补助费特大抗旱的补助费；农村开荒的补助费；扶持乡镇企业资金；农村农技推广和植保补助费；农村草场和畜禽保护补助费；农村造林和林木保护补助费；农村水产补助费；发展粮食生产专项资金。（6）农林水利气象等部门的事业费用。（7）工业交通商业等部门的事业费。（8）文教科学卫生事业费。（9）抚恤和社会福利救济费，指国家预算用于抚恤和社会救 济事业的经费，包括由民政部门开支的烈士家属的一次性、定期抚恤金、革命伤残人员的抚恤金，各种伤残补助费、烈军属、复员退伍军人生活补助费、退伍军人安置费，优抚事业单位经费，烈士纪念建筑物管理、维修费，自然灾害救济事业费和特大自然灾害灾后重建补助费等。（10）国防支出，指国家预算用于国防建设和保卫国家安全的支出，包括国防费、国防科研事业费、民兵建设以及专项工程支出等。（11）行政管理费，指行政管理支出，党派团体补助支出，外交支出，公安安全支出，司法支出，法院支出，检察院支出和公检法办案费用补助。（12）价格补贴支出，指经国家批准由国家财政拨给的政策性补贴支出，主要包括粮食加价款，粮、棉、油差价补贴，棉花收购价外奖励款，副食品风险基金，市镇居民的肉食价格补贴，平抑市价肉食、蔬菜价差补贴等以及经国家批准的教材课本、报刊新闻纸等价格补贴。

城乡居民储蓄年末余额 包括城镇居民储蓄和农民个人储蓄两部分的年末余额。不包括工矿企业、部队、机关团体等集体存款。城镇居民储蓄年末余额，是指工商银行的城市居民储蓄、农业银行的城镇居民储蓄、人民银行的邮政储蓄、建设银行的居民住宅储蓄、中国银行的居民储蓄、交通银行和城镇信用社的居民储蓄。

保费 被保险人按其得到保险利益的保障程度（保险金额）的一定比率向保险人缴付的费用。

赔款 保险人对财产保险的保险事故给予的经济补偿或对人身保险的保险事故给付的保险金。分为已决赔款和未决赔款。

九、职工工资、居民生活、物价

9-1 分县区规上私营单位在岗职工工资总额

单位：万元

行业分类	全 市	吴兴区	南浔区	德清县	长兴县	安吉县	△市区
全部单位合计	**5034241**	**1413245**	**661748**	**956577**	**1031393**	**971277**	**2074994**
按国民经济行业分组							
农、林、牧、渔业							
采矿业	12961	7404		2107	3383	67	7404
制造业	3338383	561980	547696	724419	763876	740412	1109676
电力、热力、燃气及水生产和供应业	83892	16349	8754	9234	37944	11611	25103
建筑业	679167	446416	44139	29745	64919	93948	490555
批发和零售业	246030	100375	14215	40462	65849	25129	114589
交通运输、仓储和邮政业	74044	28467	3758	11993	22586	7240	32225
住宿和餐饮业	101532	39572	7606	15031	23299	16025	47177
信息传输、软件和信息技术服务业	80561	51465	94	24880	1520	2603	51559
金融业							
房地产业	144191	60124	11568	26930	18602	26967	71692
租赁和商务服务业	140925	35958	20189	62058	10264	12455	56147
科学研究、技术服务业	39641	26382	2292	4324	4884	1759	28673
水利、环境和公共设施管理业	15454	1373	892	1775	4750	6664	2265
居民服务、修理和其他服务业	8598	672	247	1199	1853	4628	919
教育	2064	908		1157			908
卫生和社会工作	31997	20927			5647	5424	20927
文化、体育和娱乐业	34802	14875	299	1264	2019	16346	15174
公共管理、社会保障和社会组织							

9–2　分县区规上单位在岗职工平均工资

单位：元

行业分类	全 市	吴兴区	南浔区	德清县	长兴县	安吉县	△市区
全部单位合计	**79262**	**77955**	**74526**	**81963**	**81047**	**80210**	**76828**
按国民经济行业分组							
农、林、牧、渔业							
采矿业	85440	99922		47242	109485	31905	99922
制造业	81129	89356	75424	80957	80335	80995	81890
电力、热力、燃气及水生产和供应业	147153	122554	138734	106995	179152	153788	127750
建筑业	58769	57124	62150	60606	59211	65043	57543
批发和零售业	92912	93738	63177	87752	113006	81483	88431
交通运输、仓储和邮政业	93988	95272	95144	103748	89237	89598	95257
住宿和餐饮业	58375	57693	54018	61984	57274	60861	57067
信息传输、软件和信息技术服务业	171553	177957	58875	169710	172716	111222	177302
金融业							
房地产业	130336	149377	151612	163409	65846	149650	149733
租赁和商务服务业	72377	65605	62119	75094	91402	92057	64308
科学研究、技术服务业	107311	123683	114020	86139	77399	77498	122850
水利、环境和公共设施管理业	65096	80765	135076	52369	87795	52975	95953
居民服务、修理和其他服务业	59540	46000	39222	57903	50340	70118	43957
教育	64106	72024		59015			72024
卫生和社会工作	119571	121313			105940	129763	121313
文化、体育和娱乐业	103057	161514	90606	64800	81721	82513	159061
公共管理、社会保障和社会组织							

注：在岗职工平均工资含劳务派遣。

9-3 规上单位从业人员劳动报酬（一）

行业分类	单位从业人员劳动报酬	在岗职工工资总额	劳务派遣人员劳动报酬	其他从业人员劳动报酬
全部单位合计	**5449958**	**5034241**	**276790**	**138927**
按国民经济行业分组				
农、林、牧、渔业				
采矿业	13252	12961	188	103
制造业	3527635	3338383	161012	28241
电力、热力、燃气及水生产和供应业	85020	83892	889	240
建筑业	810122	679167	46692	84263
批发和零售业	257054	246030	8109	2915
交通运输、仓储和邮政业	83002	74044	6498	2461
住宿和餐饮业	119244	101532	10993	6719
信息传输、软件和信息技术服务业	86161	80561	2125	3475
金融业				
房地产业	153300	144191	7490	1619
租赁和商务服务业	169356	140925	25528	2904
科学研究、技术服务业	42553	39641	1634	1278
水利、环境和公共设施管理业	19397	15454	393	3550
居民服务、修理和其他服务业	11255	8598	2223	434
教育	2135	2064	62	9
卫生和社会工作	33899	31997	1376	527
文化、体育和娱乐业	36573	34802	1579	191
公共管理、社会保障和社会组织				

9-3 规上单位从业人员劳动报酬（二）

行业分类	单位从业人员平均劳动报酬(元)	在岗职工平均工资(元)	在岗职工平均工资(含劳务派遣)（元）	其他从业人员平均劳动报酬(元)
全部单位合计	**77303**	**79262**	**78543**	**48215**
按国民经济行业分组				
农、林、牧、渔业				
采矿业	84460	85440	85217	39500
制造业	80318	81129	80586	56902
电力、热力、燃气及水生产和供应业	144543	147153	145672	38629
建筑业	57884	58769	59086	49257
批发和零售业	90312	92912	90988	54793
交通运输、仓储和邮政业	88744	93988	91286	46428
住宿和餐饮业	54153	58375	59246	22196
信息传输、软件和信息技术服务业	168020	171553	166908	199690
金融业				
房地产业	126611	130336	128347	55831
租赁和商务服务业	68330	72377	69179	40106
科学研究、技术服务业	105407	107311	106351	81904
水利、环境和公共设施管理业	55388	65096	64417	34072
居民服务、修理和其他服务业	55065	59540	54734	64806
教育	61878	64106	61985	43500
卫生和社会工作	116134	119571	116648	90776
文化、体育和娱乐业	99059	103057	100004	35426
公共管理、社会保障和社会组织				

9-4　分县区规上单位从业人员劳动报酬

单位：万元

地　区	单位从业人员劳动报酬	在岗职工工资总额	劳务派遣人员劳动报酬	其他从业人员劳动报酬	单位从业人员平均劳动报酬(元)	在岗职工平均工资(元)	在岗职工平均工资(含劳务派遣)（元）	其他从业人员平均劳动报酬(元)
全　市	**5449958**	**5034241**	**276790**	**138927**	**77303**	**79262**	**78543**	**48215**
吴兴区	1582668	1413245	90139	79284	74336	77955	68189	43089
南浔区	718395	661748	45884	10764	74271	74526	73744	62944
德清县	1044870	956577	68084	20209	80337	81963	72000	51858
长兴县	1093951	1031393	48348	14210	79428	81047	60715	56705
安吉县	1010074	971277	24337	14460	79169	80210	58057	62842
△市区	2301063	2074994	136022	90047	74316	76828	69967	44777

9-5 历年湖州市城乡居民收入

年 份	全体居民家庭		城镇居民家庭		农村居民家庭	
	人均可支配收入(元)	±%	人均可支配收入(元)	±%	人均可支配收入(元)	±%
1978					221	
1979					414	87.3
1980					343	-17.1
1981					358	4.4
1982					432	20.7
1983					422	-2.3
1984					549	30.1
1985					629	14.6
1986					701	11.4
1987					824	17.5
1988					1104	34.0
1989					1210	9.6
1990					1270	5.0
1991					1250	-1.6
1992					1406	12.5
1993					1741	23.8
1994					2393	37.4
1995					3052	27.5
1996					3440	12.7
1997					3648	6.0
1998					3865	5.9
1999					4011	3.8
2000					4335	8.1
2001					4695	8.3
2002					5052	7.6
2003					5536	9.6
2004					6380	15.2
2005			15375		7288	14.2
2006			17503	13.8	8333	14.3
2007			19663	12.3	9536	14.4
2008			21604	9.9	10751	12.7
2009			23280	7.8	11745	9.2
2010			25668	10.3	13288	13.1
2011			29367	14.4	15381	15.8
2012			32987	12.3	17188	11.7
2013	28717	10.1	35750	9.8	20257	10.8
2014	31510	9.7	38959	9.0	22404	10.6
2015	34251	8.7	42238	8.4	24410	9.0
2016	37193	8.6	45794	8.4	26508	8.6
2017	40702	9.4	49934	9.0	28999	9.4
2018	44487	9.3	54393	8.9	31767	9.5
2019	48673	9.4	59028	8.5	34803	9.6
2020	51800	6.4	61743	4.6	37244	7.0
2021	57497	11.0	67983	10.1	41303	10.9

注：1.从 2013 年起，国家统计局开展了城乡一体化住户收支与生活状况调查，与 2013 年前的分城镇和农村住户调查的调查范围、调查方法、指标口径有所不同(以后各表同)；2.2013 年及以前农村居民人均可支配收入为人均纯收入。

9–6 全市主要年份城乡居民主要收支指标

指标名称	2008年	2009年	2010年	2011年	2012年	2013年	2014年	2015年	2016年	2017年	2018年	2019年	2020年	2021年
城镇居民														
调查户数（户）	370	370	370	450	550	623	619	618	616	616	667	669	670	670
可支配收入	**21604**	**23280**	**25668**	**29367**	**32987**	**35750**	**38959**	**42238**	**45794**	**49934**	**54393**	**59028**	**61743**	**67983**
工资性收入	14414	15283	17249	19485	21292	19608	21302	23273	25224	27443	30063	32590	33900	37392
经营净收入	2933	3248	3401	4908	5882	7874	8505	8949	9310	10030	10702	11738	12061	13341
财产性收入	806	953	694	864	745	3698	3839	4085	4511	4943	5476	5796	5996	6629
转移性收入	4855	5514	6266	6699	7654	4569	5313	5931	6750	7518	8152	8904	9785	10620
消费支出	**13404**	**14602**	**16034**	**18166**	**19898**	**23196**	**24875**	**26815**	**27731**	**28962**	**31829**	**34916**	**35488**	**41532**
食品烟酒	4855	4965	5619	6970	7346	6705	7617	8158	8533	8815	9376	9756	9865	11487
衣着	1536	1508	1822	2128	2300	2014	2073	2256	2094	2180	2381	2569	2579	3077
居住	1043	1598	1067	1182	1328	5789	5902	6168	6416	6726	7482	7960	8741	9963
生活用品及服务	744	994	1032	1166	1188	1308	1395	1554	1500	1568	1728	1820	1930	2182
交通通信	1098	1049	993	936	1085	1051	1121	1175	1210	4490	1477	5543	5560	6309
教育文化娱乐	1880	1945	2578	2797	3566	3314	3789	4107	4276	3240	5054	4266	3687	4922
医疗保健	1827	2067	2334	2424	2443	2382	2446	2793	3086	1290	3489	1985	2097	2392
其他用品和服务	422	477	589	563	641	634	532	605	616	653	842	1018	1029	1200
农村居民														
调查户数（户）	500	500	500	800	800	578	576	577	576	576	578	579	580	
人均可支配收入	**10751**	**11745**	**13288**	**15381**	**17188**	**20257**	**22404**	**24410**	**26508**	**28999**	**31767**	**34803**	**37244**	**41303**
工资性收入	5291	5832	6714	8169	9183	12768	14546	15950	17376	18976	20865	22786	24318	26981
经营净收入	4762	5134	5666	6327	7004	6015	6039	6455	6848	7364	7882	8639	9205	10256
财产净收入	440	518	614	460	505	660	740	821	913	982	1129	1254	1355	1485
转移净收入	258	261	294	425	496	815	1079	1184	1370	1677	1891	2125	2366	2581
消费支出	**7046**	**8058**	**9139**	**10093**	**11077**	**12440**	**14836**	**16112**	**17609**	**18665**	**20718**	**22613**	**22984**	**27134**
食品烟酒	2469	2671	3004	3284	3583	3767	4548	4932	5402	5732	6302	6942	7033	8295
衣着	501	562	644	706	769	796	953	1041	1146	1211	1316	1326	1378	1721
居住	1024	1300	1638	1744	1687	2872	3480	3687	3799	4006	4509	4913	5254	6145
生活用品及服务	379	431	495	515	580	645	961	1048	1130	1199	1355	1392	1491	1815
交通通信	614	751	818	902	980	673	916	1006	1096	3383	1340	4252	4237	4707
教育文化娱乐	1029	1118	1188	1395	1699	2361	2579	2809	3183	1672	3738	1966	1617	2095
医疗保健	899	1077	1196	1357	1570	1161	1177	1336	1568	1160	1786	1401	1509	1779
其他用品和服务	131	148	156	189	209	165	221	253	286	303	374	420	465	578

9-7 全市主要年份城乡居民每百户耐用消费品拥有量

指标名称	2008年	2009年	2010年	2011年	2012年	2013年	2014年	2015年	2016年	2017年	2018年	2019年	2020年	2021年
城镇居民每百户拥有量														
摩托车(辆)	31.0	36.0	37.0	21.0	23.0	29.0	28.0	25.0	24.0	23.0	16.0	12.0	11.0	9.0
助力车	54.0	61.0	65.0	79.0	80.0	74.0	75.0	77.0	99.0	104.0	100.0	99.0	101.0	104.0
家用汽车(辆)	14.0	18.0	20.0	29.0	32.0	46.0	47.0	52.0	55.0	57.0	58.0	62.0	69.0	74.0
洗衣机(台)	96.0	98.0	98.0	98.0	98.0	95.0	98.0	99.0	100.0	104.0	105.0	104.0	103.0	106.0
电冰箱(台)	98.0	103.0	104.0	103.0	103.0	100.0	100.0	100.0	102.0	104.0	109.0	108.0	107.0	109.0
微波炉	78.0	83.0	83.0	82.0	82.0	80.0	81.0	84.0	88.0	82.0	82.0	81.0	75.0	72.0
彩色电视机(台)	183.0	203.0	205.0	202.0	196.0	197.0	202.0	216.0	218.0	224.0	224.0	220.0	219.0	217.0
计算机(台)	67.0	82.0	84.0	91.0	94.0	96.0	95.0	94.0	96.0	96.0	98.0	96.0	85.0	88.0
其中：接入互联网											92.0	94.0	81.0	86.0
照相机(架)	37.0	46.0	48.0	51.0	49.0	42.0	41.0	42.0	37.0	31.0	26.0	24.0	23.0	21.0
空调器(台)	179.0	200.0	204.0	217.0	213.0	230.0	227.0	230.0	232.0	240.0	241.0	243.0	258.0	262.0
淋浴热水器(台)	89.0	94.0	95.0	98.0	99.0	100.0	100.0	100.0	101.0	105.0	118.0	114.0	112.0	113.0
固定电话(部)	100.0	104.0	105.0	100.0	99.0	85.0	84.0	84.0	77.0	67.0	41.0	40.0	32.0	28.0
移动电话(部)	167.0	190.0	190.0	197.0	199.0	216.0	218.0	230.0	246.0	268.0	270.0	270.0	272.0	280.0
其中：接入互联网											226.0	227.0	265.0	275.0
洗碗机											3.0	4.0	4.0	4.0
吸尘器											25.0	25.0	25.0	29.0
农村居民每百户拥有量														
摩托车(辆)	119.0	122.0	123.0	80.0	80.0	70.0	70.0	66.0	63.0	60.0	44.0	41.0	41.0	40.0
助力车	56.0	66.0	75.0	80.0	89.0	89.0	91.0	97.0	101.0	105.0	114.0	117.0	105.0	108.0
家用汽车(辆)	5.0	7.0	9.0	21.0	22.0	28.0	30.0	38.0	42.0	46.0	47.0	51.0	60.0	65.0
洗衣机(台)	100.0	101.0	106.0	93.0	94.0	94.0	98.0	99.0	100.0	104.0	104.0	105.0	106.0	107.0
电冰箱(台)	83.0	90.0	95.0	101.0	103.0	103.0	100.0	100.0	101.0	104.0	105.0	107.0	112.0	114.0
微波炉	23.0	32.0	35.0	35.0	39.0	40.0	43.0	46.0	52.0	54.0	54.0	54.0	55.0	57.0
彩色电视机(台)	166.0	175.0	181.0	184.0	188.0	188.0	190.0	201.0	218.0	225.0	225.0	217.0	218.0	220.0
计算机(台)	28.0	35.0	46.0	44.0	54.0	57.0	60.0	70.0	80.0	84.0	84.0	81.0	74.0	72.0
其中：接入互联网											79.0	68.0	72.0	71.0
照相机(架)	19.0	20.0	21.0	17.0	22.0	16.0	15.0	20.0	18.0	16.0	13.0	12.0	13.0	10.0
空调器(台)	100.0	113.0	122.0	147.0	159.0	159.0	162.0	173.0	190.0	200.0	202.0	211.0	220.0	224.0
淋浴热水器(台)	65.0	70.0	79.0	82.0	85.0	90.0	92.0	95.0	98.0	105.0	108.0	109.0	111.0	113.0
固定电话(部)	114.0	109.0	105.0	96.0	97.0	97.0	94.0	83.0	75.0	55.0	50.0	42.0	35.0	32.0
移动电话(部)	195.0	210.0	227.0	236.0	248.0	236.0	242.0	246.0	255.0	265.0	275.0	281.0	296.0	303.0
其中：接入互联网											235.0	236.0	281.0	291.0
洗碗机											1.0	2.0	2.0	3.0
吸尘器											10.0	12.0	12.0	13.0

9–8 历年分县区城镇居民人均可支配收入

单位：元

年 份	全 市	吴兴区	南浔区	德清县	长兴县	安吉县	△市区
1986						1039	1204
1987						1129	1313
1988						1576	1635
1989						1748	1814
1990						1855	1988
1991						1986	2315
1992						2532	2805
1993						3511	3706
1994						4962	5567
1995						5778	6379
1996						6583	7131
1997						7445	7183
1998						7430	7652
1999						7528	7862
2000						8259	8684
2001						9529	9872
2002						10462	11388
2003						11430	12607
2004						12910	13664
2005	15375	15561	15561	15335	15350	14688	15561
2006	17503	17758	17758	16945	17318	16443	17758
2007	19663	20046	20046	19182	19552	18548	20046
2008	21604	21822	21822	21580	21605	20426	21822
2009	23280	23242	23242	23587	23614	22484	23242
2010	25668	25572	25572	26016	26046	25205	25572
2011	29367	29856	27513	29710	29725	28679	29591
2012	32987	33560	30843	33377	33439	32211	33297
2013	35750	36842	34546	36167	35980	34878	
2014	38959	40138	37710	39516	39234	37963	
2015	42238	43535	41008	42662	42512	41132	
2016	45794	47170	44475	46444	46026	44358	
2017	49934	51395	48587	50450	50286	48237	
2018	54393	55996	52743	54863	54985	52617	
2019	59028	60768	57414	59431	59848	56954	
2020	61743	63816	59847	62225	62428	59518	
2021	67983	70166	65733	68619	68444	65750	

9-9 历年分县区城镇居民人均可支配收入增长速度

单位：%

年 份	全 市	吴兴区	南浔区	德清县	长兴县	安吉县	△市区
1987						8.7	9.1
1988						41.0	24.5
1989						10.9	10.9
1990						6.1	9.6
1991						7.1	16.4
1992						27.5	21.2
1993						38.7	32.1
1994						41.3	50.2
1995						16.4	14.6
1996						13.9	11.8
1997						13.1	0.7
1998						-0.2	6.5
1999						1.3	2.7
2000						9.7	10.5
2001						15.4	13.7
2002						9.8	19.5
2003						9.3	10.7
2004						12.9	8.4
2005						13.8	13.9
2006	13.8	14.1	14.1	10.5	12.8	11.9	14.1
2007	12.3	12.9	12.9	13.2	12.9	12.8	12.9
2008	9.9	8.9	8.9	12.5	10.5	10.1	8.9
2009	7.8	6.5	6.5	9.3	9.3	10.1	6.5
2010	10.3	10.0	10.0	10.3	10.3	12.1	10.0
2011	14.4	16.8	7.6	14.2	14.1	13.8	15.7
2012	12.3	12.4	12.1	12.3	12.5	12.3	12.5
2013	9.8	10.0	9.7	10.2	9.8	9.5	
2014	9.0	8.9	9.2	9.3	9.0	8.8	
2015	8.4	8.5	8.7	8.0	8.4	8.3	
2016	8.4	8.3	8.5	8.9	8.3	7.8	
2017	9.0	9.0	9.2	8.6	9.3	8.7	
2018	8.9	9.0	8.6	8.7	9.3	9.1	
2019	8.5	8.5	8.9	8.3	8.8	8.2	
2020	4.6	5.0	4.2	4.7	4.3	4.5	
2021	17.0	16.5	16.7	17.5	16.9	17.3	

9-10 年分县区城镇居民人均可支配收入发展指数

单位：%

年 份	全 市	吴兴区	南浔区	德清县	长兴县	安吉县	△市区
1986							100.0
1987							109.1
1988							135.8
1989							150.6
1990							165.1
1991							192.2
1992							232.9
1993							307.7
1994							462.1
1995							529.6
1996							592.1
1997							596.2
1998							635.0
1999							652.1
2000							720.6
2001							819.3
2002							979.1
2003							1083.9
2004							1174.9
2005	100.0	100.0	100.0	100.0	100.0	100.0	1338.2
2006	113.8	114.1	114.1	110.5	112.8	111.9	1526.9
2007	127.9	128.8	128.8	125.1	127.4	126.2	1723.9
2008	140.5	140.3	140.3	140.7	140.7	139.0	1877.3
2009	151.4	149.4	149.4	153.8	153.8	153.0	1999.3
2010	166.9	164.3	164.3	169.7	169.7	171.5	2199.2
2011	191.0	192.0	176.8	193.7	193.6	195.2	2544.5
2012	214.5	215.8	198.2	217.7	217.8	219.2	2862.6
2013	235.6	237.4	217.4	239.9	239.1	240.0	
2014	256.8	258.5	237.4	262.2	260.6	261.1	
2015	278.4	280.5	258.1	283.2	282.5	282.8	
2016	301.8	303.8	280.0	308.4	305.9	304.9	
2017	328.9	331.1	305.8	334.9	334.4	331.4	
2018	358.2	360.9	332.1	364.1	365.5	361.5	
2019	388.7	391.7	361.5	394.4	397.8	391.3	
2020	406.6	411.3	376.8	412.9	414.9	408.9	
2021	447.7	452.3	413.9	455.4	454.9	451.7	

9-11 全市城镇居民人均收入结构

单位：元

年 份	人 均 可支配 收 入	人 均 家 庭 总收入	1.工资性 收 入	2.经 营 净收入	3.财 产 净收入	4.转 移 净收入
2005	15375	17124	10559	1930	409	4226
2006	17503	18903	11090	2353	707	4753
2007	19663	21149	12952	2933	826	4437
2008	21604	23008	14414	2933	806	4855
2009	23280	24999	15283	3248	953	5514
2010	25668	27610	17249	3401	694	6266
2011	29367	31957	19485	4908	864	6699
2012	32987	35573	21292	5882	745	7654
2013	35750		19608	7874	3698	4569
2014	38959		21302	8505	3839	5313
2015	42238		23273	8949	4085	5931
2016	45794		25224	9310	4511	6750
2017	49934		27443	10030	4943	7518
2018	54393		30063	10702	5476	8152
2019	59028		32590	11738	5796	8904
2020	61743		33900	12061	5996	9785
2021	67983		37392	13341	6629	10620

9-12 历年全市城镇居民人均消费支出

单位：元

年份	生活消费支出	食品	衣着	居住	生活用品及服务	医疗保健	交通和通讯	教育文化娱乐服务	其他商品和服务
2005	11051	3830	1251	1274	654	815	1406	1457	364
2006	11685	4013	1387	1413	787	922	1203	1534	426
2007	12304	4497	1454	1129	757	946	1368	1771	382
2008	13404	4855	1536	1043	744	1098	1880	1827	422
2009	14602	4965	1508	1598	994	1049	1945	2067	477
2010	16034	5619	1822	1067	1032	993	2578	2334	589
2011	18166	6970	2128	1182	1166	936	2797	2424	563
2012	19898	7346	2300	1328	1188	1085	3566	2443	641
2013	23196	6705	2014	5789	1308	1051	3314	2382	634
2014	24875	7617	2073	5902	1395	1121	3789	2446	532
2015	26815	8158	2256	6168	1554	1175	4107	2793	605
2016	27731	8533	2094	6416	1500	1210	4276	3086	616
2017	28962	8815	2180	6726	1568	4490	3240	1290	653
2018	31829	9376	2381	7482	1728	1477	5054	3489	842
2019	34916	9756	2569	7960	1820	1985	5543	4266	1018
2020	35488	9865	2579	8741	1930	5560	3687	2097	1029
2021	41532	11487	3077	9963	2182	6309	4922	2392	1200

9-13 历年全市城镇每百户居民家庭主要耐用消费品拥有量

年 份	摩托车	助力车	家用汽车	洗衣机	电冰箱	微波炉	彩 色电视机	计算机（电脑）	其中：接 入互联网	照相机	空调	沐 浴热水器	固定电话	移动电话	其中：接 入互联网	洗碗机	吸尘器
2008	31	54	14	96	98	78	183	67		37	179	89	100	167			
2009	36	61	18	98	103	83	203	82		46	200	94	104	190			
2010	37	65	20	98	104	83	205	84		48	204	95	105	190			
2011	21	79	29	98	103	82	202	91		51	217	98	100	197			
2012	23	80	32	98	103	82	196	94		49	213	99	99	199			
2013	29	74	46	95	100	80	197	96		42	230	100	85	216			
2014	28	75	47	98	100	81	202	95		41	227	100	84	218			
2015	25	77	52	99	100	84	216	94		42	230	100	84	230			
2016	24	99	55	100	102	88	218	96		37	232	101	77	246			
2017	23	104	57	104	104	82	224	96		31	240	105	67	268			
2018	16	100	58	105	109	82	224	98	92	26	241	118	41	270	226	3	25
2019	12	99	62	104	108	81	220	96	94	24	243	114	40	270	227	4	25
2020	11	101	69	103	107	75	219	85	81	23	258	112	32	272	265	4	25
2021	9	104	74	106	109	72	217	88	86	21	262	113	28	280	275	4	29

9-14 历年全市城镇居民生活水平

年 份	人均可支配收入（元）	±%	人均消费性支出（元）	食 品	恩格尔系 数	现住房人均建筑面积（平方米）
2005	15375		11051	3830	0.35	29.9
2006	17503	13.8	11685	4013	0.34	31.1
2007	19663	12.3	12304	4497	0.37	33.8
2008	21604	9.9	13404	4855	0.36	33.1
2009	23280	7.8	14602	4965	0.34	36.0
2010	25668	10.3	16034	5619	0.35	36.6
2011	29367	14.4	18166	6970	0.38	36.6
2012	32987	12.3	19898	7346	0.37	36.9
2013	35750	9.8	23196	6705	0.29	36.5
2014	38959	9.0	24875	7617	0.31	37.3
2015	42238	8.4	26815	8158	0.30	38.1
2016	45794	8.4	27731	8533	0.31	38.5
2017	49934	9.0	28962	8815	0.30	38.7
2018	54393	8.9	31829	9376	0.29	41.0
2019	59028	8.5	34916	9756	0.28	41.2
2020	61743	4.6	35488	9865	0.28	42.1
2021	57497	11.0	41532	11487	0.28	43.2

9-15 分县区城镇居民人均收支及每百户主要耐用消费品

指标名称	全 市	吴兴区	南浔区	德清县	长兴县	安吉县
人均可收入(元)	**67983**	**70166**	**65733**	**68619**	**68444**	**65750**
#工资性收入	37392	37692	30654	39842	37305	39534
经营净收入	13341	13280	23000	12216	10602	12503
财产性收入	6629	5352	6410	5641	7324	8212
转移性收入	10620	13841	5669	10920	13212	5502
消费支出	**41532**	**43841**	**33886**	**44113**	**41172**	**44018**
食品烟酒	11487	11669	10586	12040	10780	12478
衣着	3077	3357	2542	2667	3958	3329
居住	9963	9948	6873	9969	10312	11232
生活用品及服务	2182	2684	1392	2304	2812	2414
交通通信	6309	7432	5439	8099	5162	7936
教育文化娱乐	4922	5169	4075	5431	5668	4288
医疗保健	2392	2483	2350	2912	1357	1252
其他用品和服务	1200	1099	629	691	1123	1089
每百户拥有量						
摩托车(辆)	9	5	27	18	6	1
助力车	104	112	97	108	127	91
家用汽车(辆)	74	68	71	90	73	81
洗衣机(台)	106	103	109	107	113	109
电冰箱(台)	109	119	116	104	120	115
微波炉	72	105	93	74	88	53
彩色电视机(台)	217	237	230	218	245	210
计算机(台)	88	109	90	102	90	81
其中：接入互联网	86	109	90	101	90	79
照相机(架)	21	38	16	30	21	25
空调器(台)	262	257	285	268	266	271
淋浴热水器(台)	113	108	118	108	121	118
固定电话(部)	28	63	36	35	17	26
移动电话(部)	280	281	280	310	288	271
其中：接入互联网	275	281	275	308	288	263
洗碗机	4	7	14	9	5	3
吸尘器	29	55	36	29	22	22

9-16 历年分县区农村居民人均可支配收入

单位：元

年 份	全 市	吴兴区	南浔区	德清县	长兴县	安吉县	△市区
1978	221			241	206	184	239
1979	414			476	375	336	448
1980	343			426	331	342	316
1981	358			430	331	323	361
1982	432			416	386	376	492
1983	422			449	370	391	457
1984	549			580	516	535	563
1985	629			621	511	597	721
1986	701			679	602	580	829
1987	824			808	677	761	957
1988	1104			1173	902	866	1313
1989	1210			1296	1028	963	1401
1990	1270			1377	1114	984	1454
1991	1250			1351	1163	1007	1376
1992	1406			1534	1270	1061	1572
1993	1741			1866	1581	1443	1926
1994	2393			2471	2252	2005	2620
1995	3052			3039	2982	2739	3250
1996	3440			3327	3427	3212	3572
1997	3648			3562	3622	3501	3774
1998	3865			3863	3839	3666	3981
1999	4011			4098	3986	3756	4121
2000	4335			4510	4430	4097	4422
2001	4695			4830	4753	4556	4780
2002	5052			5178	5120	4930	5113
2003	5536	5702	5652	5716	5622	5402	5521
2004	6380	6478	6416	6545	6438	6161	6443
2005	7288	7405	7346	7461	7307	7034	7372
2006	8333	8465	8396	8543	8352	8031	8426
2007	9536	9685	9612	9773	9538	9163	9646
2008	10751	10913	10838	11002	10745	10343	10873
2009	11745	11900	11836	12002	11751	11326	11865
2010	13288	13486	13360	13575	13305	12840	13418
2011	15381	15895	15471	15776	15640	14152	15672
2012	17188	17739	17246	17669	17462	15836	17480
2013	20257	20815	20249	20643	20521	19485	
2014	22404	23075	22364	22820	22685	21562	
2015	24410	25142	24342	24934	24672	23556	
2016	26508	27391	26398	27140	26909	25477	
2017	28999	29980	28865	29842	29341	27904	
2018	31767	32693	31564	32723	32114	30541	
2019	34803	35742	34489	36013	35274	33488	
2020	37244	38219	37051	38357	37813	35699	
2021	41303	42275	41146	42548	42110	39495	

9-17 历年分县区农村居民人均可支配收入增长速度

单位：%

年　份	全　市	吴兴区	南浔区	德清县	长兴县	安吉县	△市区
1979	87.3			97.5	82.0	82.6	87.4
1980	-17.1			-10.5	-11.7	1.8	-29.5
1981	4.4			0.9	0.0	-5.6	14.2
1982	20.7			-3.3	16.6	16.4	36.3
1983	-2.3			7.9	-4.1	4.0	-7.1
1984	30.1			29.2	39.5	36.8	23.2
1985	14.6			7.1	-1.0	11.6	28.1
1986	11.4			9.3	17.8	-2.8	15.0
1987	17.5			19.0	12.5	31.2	15.4
1988	34.0			45.2	33.2	13.8	37.2
1989	9.6			10.5	14.0	11.2	6.7
1990	5.0			6.3	8.4	2.2	3.8
1991	-1.6			-1.9	4.4	2.3	-5.4
1992	12.5			13.5	9.2	5.4	14.2
1993	23.8			21.6	24.5	36.0	22.5
1994	37.4			32.4	42.4	38.9	36.0
1995	27.5			23.0	32.4	36.6	24.0
1996	12.7			9.5	14.9	17.3	9.9
1997	6.0			7.1	5.7	9.0	5.7
1998	5.9			8.5	6.0	4.7	5.5
1999	3.8			6.1	3.8	2.5	3.5
2000	8.1			10.1	11.1	9.1	7.3
2001	8.3			7.1	7.3	11.2	8.1
2002	7.6			7.2	7.7	8.2	7.0
2003	9.6			10.4	9.8	9.6	8.0
2004	15.2	13.6	13.5	14.5	14.5	14.1	16.7
2005	14.2	14.3	14.5	14.0	13.5	14.2	14.4
2006	14.3	14.3	14.3	14.5	14.3	14.2	14.3
2007	14.4	14.4	14.5	14.4	14.2	14.1	14.5
2008	12.7	12.7	12.8	12.6	12.7	12.9	12.7
2009	9.2	9.0	9.2	9.1	9.4	9.5	9.1
2010	13.1	13.3	12.9	13.1	13.2	13.4	13.1
2011	15.8	17.9	15.8	16.2	17.5	10.2	16.8
2012	11.7	11.6	11.5	12.0	11.6	11.9	11.5
2013	10.8	10.7	10.5	10.8	10.8	11.2	
2014	10.6	10.9	10.4	10.5	10.5	10.7	
2015	9.0	9.0	8.8	9.3	8.8	9.2	
2016	8.6	8.9	8.4	8.8	9.1	8.2	
2017	9.4	9.5	9.3	10.0	9.0	9.5	
2018	9.5	9.1	9.4	9.7	9.4	9.5	
2019	9.6	9.3	9.3	10.1	9.8	9.6	
2020	7.0	6.9	7.4	6.5	7.2	6.6	
2021	10.9	10.6	11.1	10.9	11.4	10.6	

9-18　历年分县区农村居民人均可支配收入发展指数

单位：%

年　份	全　市	吴兴区	南浔区	德清县	长兴县	安吉县	△市区
1978	100.0			100.0	100.0	100.0	100.0
1979	187.3			197.5	182.0	182.6	187.4
1980	155.2			176.8	160.7	185.9	132.2
1981	162.0			178.4	160.7	175.5	151.0
1982	195.5			172.6	187.4	204.3	205.9
1983	191.0			186.3	179.6	212.5	191.2
1984	248.4			240.7	250.5	290.8	235.6
1985	284.6			257.7	248.1	324.5	301.7
1986	317.2			281.7	292.2	315.2	346.9
1987	372.9			335.3	328.6	413.6	400.4
1988	499.5			486.7	437.9	470.7	549.4
1989	547.5			537.8	499.0	523.4	586.2
1990	574.7			571.4	540.8	534.8	608.4
1991	565.6			560.6	564.6	547.3	575.7
1992	636.2			636.5	616.5	576.6	657.7
1993	787.8			774.3	767.5	784.2	805.9
1994	1082.8			1025.3	1093.2	1089.7	1096.2
1995	1381.0			1261.0	1447.6	1488.6	1359.8
1996	1556.6			1380.5	1663.6	1745.7	1494.6
1997	1650.7			1478.0	1758.3	1902.7	1579.1
1998	1748.9			1602.9	1863.6	1992.4	1665.7
1999	1814.9			1700.4	1935.0	2041.3	1724.3
2000	1961.5			1871.4	2150.5	2226.6	1850.2
2001	2124.4			2004.1	2307.3	2476.1	2000.0
2002	2286.0			2148.5	2485.4	2679.3	2139.3
2003	2505.0	100.0	100.0	2371.8	2729.1	2935.9	2310.0
2004	2886.9	113.6	113.5	2715.8	3125.2	3348.4	2695.8
2005	3297.7	129.8	129.9	3095.9	3547.1	3822.8	3084.5
2006	3770.6	148.4	148.5	3544.8	4054.4	4364.7	3525.5
2007	4314.9	169.8	170.0	4055.2	4630.1	4979.9	4036.0
2008	4864.7	191.3	191.8	4565.1	5216.0	5621.2	4549.4
2009	5314.5	208.6	209.4	4980.1	5704.4	6155.4	4964.4
2010	6012.7	236.3	236.4	5632.8	6458.7	6978.3	5614.2
2011	6959.7	278.6	273.8	6546.1	7592.2	7691.3	6557.3
2012	7777.4	310.9	305.3	7331.5	7658.3	8606.5	7318.8
2013	8617.4	344.3	337.5	8120.4	8482.3	9574.3	
2014	9530.8	381.9	372.5	8973.0	9372.9	10598.8	
2015	10388.6	416.3	405.3	9807.5	10197.7	11573.9	
2016	11282.0	450.9	439.3	10670.6	11125.7	12523.0	
2017	12342.5	493.7	480.2	11737.6	12127.0	13712.6	
2018	13515.1	538.6	525.3	12876.2	13266.9	15015.3	
2019	14806.9	588.8	574.0	14170.8	14572.7	16464.2	
2020	15845.3	629.6	616.7	15092.762	15621.4	17550.9	
2021	17572.0	696.5	684.8	16742.0	17396.6	19417.4	

9-19 历年全市农村居民人均可支配收入结构

单位：元

年份	人均可支配收入	1.工资性收入	2.经营净收入	3.财产净收入	4.转移净收入
1978	221				
1979	414				
1980	343				
1981	358				
1982	432				
1983	422				
1984	549				
1985	629				
1986	701				
1987	824				
1988	1104				
1989	1210				
1990	1270				
1991	1250				
1992	1406				
1993	1741				
1994	2393				
1995	3052				
1996	3440				
1997	3648				
1998	3865				
1999	4011				
2000	4335				
2001	4695				
2002	5052				
2003	5536				
2004	6380	2869	3326	110	75
2005	7288	3397	3521	240	130
2006	8333	3969	3947	271	146
2007	9536	4555	4409	370	202
2008	10751	5291	4762	440	258
2009	11745	5832	5134	518	261
2010	13288	6714	5666	614	294
2011	15381	8169	6327	460	425
2012	17188	9183	7004	505	496
2013	20257	12768	6015	660	815
2014	22404	14546	6039	740	1079
2015	24410	15950	6455	821	1184
2016	26508	17376	6848	913	1370
2017	28999	18976	7364	982	1677
2018	31767	20865	7882	1129	1891
2019	34803	22786	8639	1254	2125
2020	37244	24318	9205	1355	2366
2021	41303	26981	10256	1485	2581

9-20 历年全市农村居民人均消费支出

单位：元

年 份	生活消费支 出	食品烟酒	衣 着	居 住	生活用品及服务	医疗保障	交通通信	教育文化娱 乐	其他用品和服务
1978	204	120	13	44	12	4	5	6	
1979	282	164	19	62	17	5	7	8	
1980	316	180	22	72	18	6	9	9	
1981	330	185	23	77	20	6	9	10	
1982	389	215	28	92	23	8	11	12	
1983	398	217	29	96	25	8	11	12	
1984	506	272	37	123	32	10	15	16	1
1985	563	301	52	121	39	11	20	16	3
1986	651	358	58	136	38	12	21	26	2
1987	767	408	52	191	33	20	22	23	18
1988	1064	533	63	316	47	24	27	31	23
1989	1178	578	70	364	51	29	29	31	26
1990	1131	603	86	273	52	30	31	30	26
1991	1029	559	73	201	62	33	37	29	35
1992	1149	615	83	221	71	34	42	46	37
1993	1283	753	102	119	83	68	48	61	49
1994	1732	971	153	133	97	95	86	130	67
1995	2358	1310	198	289	107	115	97	163	79
1996	2418	1378	205	250	113	106	102	179	85
1997	2551	1409	183	308	124	116	130	184	97
1998	2516	1384	170	343	104	102	109	191	113
1999	2398	1288	149	273	127	106	142	236	77
2000	2677	1305	154	328	156	117	225	278	114
2001	2898	1366	165	306	138	186	288	321	128
2002	3226	1424	187	334	141	246	380	359	155
2003	3696	1573	230	326	210	258	490	490	119
2004	4212	1742	276	432	286	294	531	559	92
2005	4821	1848	322	556	301	668	432	601	93
2006	5327	1993	386	569	321	497	672	767	122
2007	6172	2153	437	881	342	494	907	834	124
2008	7046	2469	501	1024	379	614	1029	899	131
2009	8058	2671	562	1300	431	751	1118	1077	148
2010	9139	3004	644	1638	495	818	1188	1196	156
2011	10093	3284	706	1744	515	902	1395	1357	189
2012	11077	3583	769	1687	580	980	1699	1570	209
2013	12440	3767	796	2872	645	673	2361	1161	165
2014	14836	4548	953	3480	961	916	2579	1177	221
2015	16112	4932	1041	3687	1048	1006	2809	1336	253
2016	17609	5402	1146	3799	1130	1096	3183	1568	286
2017	18665	5732	1211	4006	1199	3383	1672	1160	303
2018	20718	6302	1316	4509	1355	1340	3738	1786	374
2019	22613	6942	1326	4913	1392	1401	4252	1966	420
2020	22984	7033	1378	5254	1491	4237	1617	1509	465
2021	27134	8295	1721	6145	1815	4707	2095	1779	578

9-21 历年全市农村每百户居民家庭主要耐用消费品拥有量

年 份	摩托车	助力车	家用汽车	洗衣机	电冰箱	微波炉	彩色电视机	家用电脑	其中：接入互联网	照相机	空调	沐浴热水器	固定电话	移动电话	其中：接入互联网	洗碗机	吸尘器
1985	1			0			2			0							
1986	1			3	1		4			0							
1987	1			4	1		6			0							
1988	1			9	2		10			0							
1989	3			10	4		8			1							
1990	4			18	5		14			2							
1991	6			26	12		20			4							
1992	6			30	14		37			4							
1993	7			34	19		45			5							
1994	15			36	21		46			6	1						
1995	21			37	23		46			6	1						
1996	27			48	26		59			9	2						
1997	28			54	27		61			8	2						
1998	30			52	28		64			10	2						
1999	36			56	33	1	79			12	3	15	43	11			
2000	46			72	37	1	91	1		13	8	16	62	26			
2001	60			75	44	2	101	4		13	15	22	81	44			
2002	70			79	50	3	115	5		15	26	27	91	72			
2003	81		1	83	52	9	122	8		16	38	29	96	103			
2004	90		1	84	53	10	131	8		17	51	33	99	127			
2005	106		2	91	64	13	147	11		18	70	46	115	147			
2006	111		3	95	71	17	155	15		18	84	51	116	168			
2007	115		4	99	78	20	162	22		18	94	61	113	180			
2008	119	56	5	100	83	23	166	28		19	100	65	114	195			
2009	122	66	7	101	90	32	175	35		20	113	70	109	210			
2010	123	75	9	106	95	35	181	46		21	122	79	105	227			
2011	80	80	21	93	101	35	184	44		17	147	82	96	236			
2012	80	89	22	94	103	39	188	54		22	159	85	97	248			
2013	70	89	28	94	103	40	188	57		16	159	90	97	236			
2014	70	91	30	98	100	43	190	60		15	162	92	94	242			
2015	66	97	38	99	100	46	201	70		20	173	95	83	246			
2016	63	101	42	100	101	52	218	80		18	190	98	75	255			
2017	60	105	46	104	104	54	225	84		16	200	105	55	265			
2018	44	114	47	104	105	54	225	84	79	13	202	108	50	275	235	1	10
2019	41	117	51	105	107	54	217	81	68	12	211	109	42	281	236	2	12
2020	41	105	60	106	112	55	218	74	72	13	220	111	35	296	281	2	12
2021	40	108	65	107	114	57	220	72	71	10	224	113	32	303	291	3	13

9-22 历年全市农村居民生活水平

年 份	人均可支配收入（元）	±%	人均消费性支出（元）	食品	恩格尔系数	人均年末住宅面积（平方米）
1978	221		204	120	0.59	15.8
1979	414	87.3	282	164	0.58	16.9
1980	343	-17.1	316	180	0.57	18.1
1981	358	4.4	330	185	0.56	19.1
1982	432	20.7	389	215	0.55	20.3
1983	422	-2.3	398	217	0.55	21.3
1984	549	30.1	506	272	0.54	22.4
1985	629	14.6	563	301	0.53	23.5
1986	701	11.4	651	358	0.55	23.5
1987	824	17.5	767	408	0.53	24.6
1988	1104	34.0	1064	533	0.50	26.4
1989	1210	9.6	1178	578	0.49	28.8
1990	1270	5.0	1131	603	0.53	29.2
1991	1250	-1.6	1029	559	0.54	30.5
1992	1406	12.5	1149	615	0.54	30.6
1993	1741	23.8	1283	753	0.59	30.7
1994	2393	37.4	1732	971	0.56	28.4
1995	3052	27.5	2358	1310	0.56	28.2
1996	3440	12.7	2418	1378	0.57	33.2
1997	3648	6.0	2551	1409	0.55	38.1
1998	3865	5.9	2516	1384	0.55	38.9
1999	4011	3.8	2398	1288	0.54	39.6
2000	4335	8.1	2677	1305	0.49	39.8
2001	4695	8.3	2898	1366	0.47	40.3
2002	5052	7.6	3226	1424	0.44	45.0
2003	5536	9.6	3696	1573	0.43	45.7
2004	6380	15.2	4212	1742	0.41	48.2
2005	7288	14.2	4821	1848	0.38	49.8
2006	8333	14.3	5327	1993	0.37	50.6
2007	9536	14.4	6172	2153	0.35	51.8
2008	10751	12.7	7046	2469	0.35	52.1
2009	11745	9.2	8058	2671	0.33	53.9
2010	13288	13.1	9139	3004	0.33	58.0
2011	15381	15.8	10093	3284	0.33	64.0
2012	17188	11.7	11077	3583	0.32	67.9
2013	20257	10.8	12440	3767	0.30	67.9
2014	22404	10.6	14836	4548	0.31	68.1
2015	24410	9.0	16112	4932	0.31	68.7
2016	26508	8.6	17609	5402	0.31	69.0
2017	28999	9.4	18665	5732	0.31	69.0
2018	31767	9.5	20718	6302	0.30	69.0
2019	34803	9.6	22613	6942	0.31	69.0
2020	37244	7.0	22984	7033	0.31	68.5
2021	41303	10.9	27134	8295	0.31	69.2

9-23 分县区农村居民人均收支及每百户主要耐用消费品

指标名称	全市	吴兴区	南浔区	德清县	长兴县	安吉县
人均可收入(元)	**41303**	**42275**	**41146**	**42548**	**42110**	**39495**
#工资性收入	26981	31107	26169	30315	27084	21801
经营净收入	10256	8148	13017	9115	11387	12807
财产性收入	1485	1750	919	2039	259	1420
转移性收入	2581	1271	1041	1078	3381	3468
消费支出	**27134**	**26726**	**26017**	**28678**	**25681**	**27101**
食品烟酒	8295	8179	7151	7785	7397	8152
衣着	1721	2319	1581	1708	1553	2030
居住	6145	4915	4270	6076	6858	4998
生活用品及服务	1815	2314	1180	2005	1567	1711
交通通信	4707	4160	4579	6575	3339	5645
教育文化娱乐	2095	1904	4079	2083	3229	2456
医疗保健	1779	2109	2712	1770	1474	1553
其他用品和服务	578	825	465	676	264	556
每百户拥有量						
摩托车(辆)	40	40	55	55	6	21
助力车	108	111	105	124	139	110
家用汽车(辆)	65	62	72	80	64	61
洗衣机(台)	107	108	104	112	113	106
电冰箱(台)	114	121	106	128	123	125
微波炉	57	89	84	73	62	35
彩色电视机(台)	220	238	219	252	228	201
计算机(台)	72	91	69	87	76	69
其中：接入互联网	71	91	69	85	76	61
照相机(架)	10	13	7	22	13	11
空调器(台)	224	236	231	268	252	217
淋浴热水器(台)	113	123	106	115	120	116
固定电话(部)	32	40	29	33	10	24
移动电话(部)	303	286	314	350	299	285
其中：接入互联网	291	286	298	344	299	258
洗碗机	3	5	3	3	3	0
吸尘器	13	6	15	26	14	8

9-24　历年市区价格指数

（以上年为 100）

年　份	居民消费价格总指数	商品零售价格总指数
1985	114.9	115.2
1986	106.1	106.1
1987	109.0	109.4
1988	125.1	125.8
1989	115.7	115.7
1990	102.9	102.4
1991	106.8	106.4
1992	109.1	109.2
1993	119.2	118.6
1994	126.7	121.8
1995	116.4	112.6
1996	107.7	104.9
1997	100.3	99.2
1998	100.2	99.4
1999	99.1	98.3
2000	101.4	99.7
2001	100.8	100.3
2002	99.4	99.7
2003	100.0	100.0
2004	104.8	104.4
2005	101.2	101.4
2006	100.0	100.2
2007	104.0	103.8
2008	105.1	106.5
2009	99.2	100.2
2010	104.0	104.1
2011	104.8	105.1
2012	102.0	101.8
2013	102.1	101.7
2014	102.3	100.8
2015	101.0	99.6
2016	101.6	100.5
2017	101.8	101.4
2018	102.2	102.3
2019	103.0	102.9
2020	102.3	101.4
2021	102.1	103.2

9-25 主要年份市区居民消费价格指数（一）

（以上年为100）

指标名称	1985年	1990年	1995年	2000年	2005年	2010年	2011年	2012年	2013年	2014年	2015年
居民消费价格总指数	114.9	102.9	116.4	101.4	101.2	104.0	104.8	102.0	102.1	102.3	101.0
一、食品	123.1	101.8	117.9	98.7	104.0	105.6	109.1	105.2	103.7	101.5	101.7
1.粮食		101.1	114.6	77.1	91.2	114.9	113.1	104.5	103.6	100.9	103.6
#大米（粳米）		100.0	114.0	75.9	89.7	116.4	113.5	106.7	102.9	100.5	103.8
面粉		124.4	118.9	100.0	100.8	113.7	108.5	101.7	109.9	101.3	104.9
2.油脂		107.8	108.4	76.4	93.1	102.6	111.9	104.7	98.1	93.6	94.8
#食用植物油		105.5	107.6	75.3	94.9	100.2	114.3	105.3	100.2	92.0	94.1
3.肉禽及其制品		98.4	122.6	98.9	105.0	101.9	117.6	102.9	105.1	101.1	104.7
#猪肉		94.2	128.8	98.1	102.3	101.8	128.1	97.4	99.7	97.5	107.7
鸡		104.8	111.9	100.3	104.9	103.3	108.9	102.4	111.8	105.1	109.2
4.蛋			114.1	84.2	109.2	107.7	112.5	99.5	102.8	111.1	99.4
5.水产品	155.6	106.6	110.8	110.7	111.9	107.0	108.3	110.8	103.2	100.0	98.6
#淡水鱼					104.8	106.5	115.4	110.8	103.0	96.9	98.3
6.鲜菜	180.1	97.4	125.9	109.3	105.0	112.1	106.8	115.7	108.7	96.4	110.8
7.干菜及菜制品					102.5	106.1	103.3	99.9	107.8	104.4	101.4
8.调味品		128.0	114.8	100.1	104.2	102.4	102.6	101.6	103.2	100.5	100.7
9.糖			128.8	100.9	102.3	112.3	107.7	102.4	101.6	101.9	101.2
#食糖		106.5	127.5	101.6	108.4	142.2	115.2	103.8	100.5	104.3	100.0
糖果		114.0	129.5	100.5	100.0	104.8	105.0	101.4	100.0	100.0	102.3
10.茶及饮料					100.5	102.5	99.9	104.7	100.7	101.2	99.8
#饮料					100.6	102.7	99.6	106.1	100.9	103.2	100.1
11.鲜瓜果		98.5	131.6	85.5	115.0	112.2	121.0	105.1	104.9	115.8	97.0
12.干果		103.6	133.9	101.1	91.0	102.2	112.3	104.8	107.0	103.5	103.3
13.糕点饼干面包		117.0	106.4	103.3	97.0	103.9	106.0	100.5	100.8	103.7	100.4
14.液体乳及乳制品		103.0	135.1	100.7	98.1	101.7	104.4	100.8	101.8	102.8	98.2
15.在外用膳食品			132.9	105.5	104.5	101.5	103.0	101.2	102.0	100.4	101.1
二、烟酒及用品					98.3	101.0	102.4	101.8	99.8	100.2	102.5
#烟草		100.4	89.7	94.9	96.9	100.1	100.0	100.0	100.0	100.0	103.4
酒					101.5	103.4	109.6	106.7	99.4	100.7	100.3
三、衣着	102.4	106.7	119.8	100.8	96.9	101.3	103.3	100.0	108.1	106.2	101.0
1.服装			127.9	100.3	94.9	103.1	104.0	100.5	110.1	105.3	100.8

9-25 主要年份市区居民消费价格指数（一）

续1　　　　（以上年为100）

指标名称	1985年	1990年	1995年	2000年	2005年	2010年	2011年	2012年	2013年	2014年	2015年
2.衣着材料			104.7	106.9	103.7	112.8	114.1	100.8	104.4	105.7	99.1
3.鞋袜帽			109.2	99.2	100.0	95.0	99.9	98.0	101.3	109.5	101.9
#鞋		112.5	106.3	98.9	100.0	94.1	99.1	97.8	101.3	109.7	101.9
4.衣着加工服务					100.0	100.0	103.7	101.8	102.5	115.8	105.6
四、家庭设备用品及维修服务		104.2	103.4	100.2	98.0	101.1	103.0	102.1	103.1	102.9	101.4
#1.耐用消费品			101.2	99.8	95.7	99.3	100.3	101.3	103.4	101.9	100.4
2.床上用品			117.8	101.0	100.0	102.6	107.2	104.7	105.2	100.2	99.8
3.家庭日用杂品	105.0	124.4	115.7	100.1	100.2	103.1	101.3	100.2	102.2	100.2	102.9
4.家庭服务及加工维修服务					100.0	105.0	115.1	107.0	102.3	114.2	103.3
五、医疗保健及个人用品					99.4	105.4	105.0	102.1	101.4	102.0	102.1
1.医疗保健		98.5	119.9	101.8	98.9	106.9	105.3	102.6	101.9	102.7	103.3
#医疗保健服务		109.4	100.0	100.0	110.3	101.8	100.0	100.3	100.7	113.1	100.0
2.个人用品及服务					100.6	101.6	103.9	100.1	99.9	99.8	97.9
六、交通及通讯					98.1	102.4	101.2	99.0	98.7	101.1	98.6
1.交通					100.9	103.6	101.8	98.7	98.3	101.6	98.4
#交通工具			99.9	98.9	97.8	100.7	97.9	96.1	97.7	102.1	104.9
2.通信					95.6	100.9	99.5	99.6	99.7	99.7	99.3
#通信工具			96.3	98.6	83.5	102.4	92.4	96.1	97.5	97.2	93.4
通信服务					100.1	100.6	100.5	100.0	100.0	100.0	100.0
七、娱乐教育和文化用品及服务		94.9	118.1	97.3	98.9	102.3	100.1	99.4	100.4	100.7	102.4
1.文娱用耐用消费品及服务		92.4	101.5	93.4	97.5	101.3	97.0	93.6	95.2	93.3	103.0
2.教育					100.0	100.0	100.0	100.1	100.8	102.4	104.1
#教材及参考书			106.0	107.3	100.2	100.3	100.9	101.3	100.5	99.9	97.9
学杂托幼费		119.3	131.1	139.8	100.0	100.0	100.0	100.1	100.9	102.5	104.4
3.文化娱乐类	100.7	94.9	139.5	99.9	100.0	103.1	101.9	100.9	100.4	99.9	101.2
#文娱费		116.6	133.8	105.5	100.0	104.9	100.0	100.1	100.6	100.0	100.0
4.旅游及外出					96.3	108.5	101.7	100.2	102.3	100.2	96.8
八、居住			123.4	109.6	107.5	106.8	105.9	102.1	101.0	104.0	99.7
#建筑及装修材料		95.5	96.3	99.5	99.9	103.0	102.3	100.3	100.9	100.4	98.7
房租		100.0	192.2	100.0	100.0	106.7	110.3	103.9	101.4	106.1	103.1
水、电、燃料		101.6	110.8	114.0	113.7	109.2	104.3	100.6	100.1	102.7	96.1

9–25 主要年份市区居民消费价格指数（二）

（以上年为 100）

指标名称	2016 年	2017 年	2018 年	2019 年	2020 年	2021 年
居民消费价格总指数	101.6	101.8	102.2	103.0	102.3	102.1
一、食品烟酒	103.5	100.3	101.8	105.7	107.8	102.4
1.食品	103.8	99.7	101.9	107.3	109.4	102.5
（1）粮食	101.8	99.9	102.3	99.6	99.4	102.1
大米	101.3	100.0	100.0	100.0	100.0	100.6
面粉	101.5	104.2	112.8	100.2	100.0	102.0
其他粮食	113.5	99.7	97.9	97.2	104.4	102.8
粮食制品	101.1	99.2	109.8	98.7	96.5	107.0
（2）薯类	104.0	101.6	102.8	102.2	105.5	102.4
薯类	104.0	101.6	102.8	102.2	105.5	102.4
（3）豆类	99.5	102.9	104.5	107.3	110.3	104.7
干豆	101.5	100.0	100.0	100.0	102.4	105.7
豆制品	99.1	103.5	105.4	108.7	111.7	104.6
（4）食用油	100.4	102.5	100.8	101.4	103.8	109.5
食用植物油	99.6	102.7	101.2	100.2	100.6	110.7
食用动物油	122.2	98.4	92.6	129.0	159.8	85.2
（5）菜	116.6	93.5	106.7	101.4	107.9	106.3
鲜菜	118.6	92.2	107.4	101.7	109.4	108.1
干菜及菜制品	102.0	104.1	101.2	99.0	96.0	92.6
（6）畜肉类	109.4	97.4	97.1	123.9	139.9	82.8
猪肉	113.4	96.0	95.4	130.9	150.7	73.3
牛肉	101.3	99.8	100.2	109.2	111.7	104.1
羊肉	95.6	100.3	103.8	125.3	97.4	106.3
畜肉副产品	109.8	100.4	95.4	126.4	158.1	80.3
其他畜肉及制品	104.1	98.7	101.4	103.9	106.9	98.7
（7）禽肉类	97.1	97.9	104.2	108.4	104.6	95.5
鸡	97.7	97.5	101.3	109.6	106.5	91.2
鸭	96.7	95.0	110.3	107.6	94.3	97.6
其他禽肉及制品	96.4	102.0	103.2	107.2	112.3	100.9
（8）水产品	103.9	107.3	101.8	97.2	102.4	118.3
淡水鱼	103.9	108.7	101.3	97.4	108.6	135.1
海水鱼	108.5	100.7	98.8	103.4	103.4	98.9
虾蟹类	104.9	109.7	101.3	92.0	94.7	118.4
其他水产品及制品	98.7	103.7	106.7	103.3	102.9	106.6
（9）蛋类	97.8	97.4	107.6	103.9	93.4	107.4
鸡蛋	98.2	97.8	106.3	104.2	91.8	109.1
其他蛋及制品	96.8	96.7	110.7	103.2	97.2	103.2
（10）奶类	98.2	100.2	102.9	102.4	104.0	104.0
鲜奶	95.9	99.5	104.5	101.7	99.4	105.7
酸奶	100.7	93.6	97.3	105.7	102.0	99.6
奶粉	100.0	103.2	102.6	99.6	111.9	103.6
其他奶制品	99.0	103.1	104.1	108.2	102.4	103.8
（11）干鲜瓜果类	95.3	101.0	101.4	117.2	91.6	111.3
鲜瓜果	94.8	101.1	100.3	121.5	90.7	114.5
坚果	96.7	100.8	107.5	103.1	95.6	97.8
瓜果制品	97.9	100.4	100.2	104.3	94.2	107.6

9-25 主要年份市区居民消费价格指数（二）

续 1　　　　（以上年为 100）

指标名称	2016 年	2017 年	2018 年	2019 年	2020 年	2021 年
（12）糖果糕点类	99.2	101.0	99.5	100.7	100.7	100.4
食糖	92.6	114.0	109.3	99.9	99.3	93.0
糖果	102.4	101.2	100.8	103.6	99.9	102.2
糕点	97.3	99.2	97.5	100.9	99.7	101.2
其他糖果糕点	103.0	100.7	99.0	98.4	103.9	99.0
（13）调味品	101.4	102.7	102.9	100.8	98.5	103.8
食用盐	100.1	100.3	100.0	100.0	96.5	102.6
酱油	100.9	113.9	107.8	99.9	99.6	104.3
食醋	102.9	87.6	102.0	100.0	95.0	101.9
调味酱	95.2	98.4	96.8	101.0	95.6	102.2
味精	105.5	99.6	100.0	99.7	99.2	
其他调味品	104.0	104.7	104.2	104.8	101.7	105.2
（14）其他食品类	102.6	99.4	103.9	100.9	99.9	98.4
方便食品	102.7	100.3	105.7	100.3	100.1	97.6
淀粉及制品	102.2	101.7	100.4	100.3	101.8	100.8
膨化食品	102.5	96.0	100.9	103.0	98.3	
2.茶及饮料	100.6	100.1	102.6	99.3	100.8	102.3
茶叶	100.2	100.2	101.5	100.4	105.4	104.5
固体咖啡	95.4	93.7	99.9	100.5	99.9	99.9
其他固体饮料	102.3	108.4	108.7	94.8	91.6	115.2
饮用水	104.4	96.1	101.0	97.8	99.6	100.1
果汁饮料	102.1	97.5	105.4	103.6	105.4	98.0
其他液体饮料	99.4	101.8	102.0	98.3	97.8	99.9
3.烟酒	100.6	99.8	100.2	100.2	101.4	100.0
（1）烟草	101.6	100.0	100.0	100.0	100.2	100.4
烟草	101.6	100.0	100.0	100.0	100.2	100.4
（2）酒类	98.5	99.2	100.7	100.7	104.0	99.2
白酒	97.3	100.1	99.8	103.2	103.3	98.9
葡萄酒	100.8	95.3	104.2	96.2	114.6	102.0
啤酒	97.1	100.4	100.2	100.0	95.9	100.0
其他酒类	100.0	100.0	100.0	100.0	103.1	96.8
4.在外餐饮	103.9	102.2	101.9	104.1	106.2	103.2
正餐	102.8	102.5	104.1	105.1	108.0	103.9
快餐	104.1	101.9	99.0	101.2	103.9	100.1
地方小吃	112.0	106.4	102.9	109.2	111.0	102.6
其他在外餐饮	101.9	98.5	101.6	105.4	101.1	103.5
二、衣着	102.5	101.1	101.6	102.2	99.5	102.2
1.服装	102.9	101.1	102.3	102.5	98.9	101.2
（1）男式服装	105.0	105.7	102.7	103.1	101.1	101.8
男式西服	107.8	108.5	101.8	101.0	99.7	
男式冬衣	102.6	118.8	112.7	103.3	99.5	
男式夹克衫	99.1	110.6	99.4	102.1	105.4	
男式毛线衣	121.7	98.1	107.0	101.9	98.8	103.7
男式运动装	99.5	90.9	89.2	100.7	102.3	
男式衬衫 T 恤	106.4	103.4	100.0	105.8	100.0	98.0
男式裤子	105.4	110.8	108.0	102.5	101.2	104.2
男式内衣	105.4	101.4	108.4	105.6	103.1	101.8

9-25 主要年份市区居民消费价格指数（二）

续 2 （以上年为 100）

指标名称	2016 年	2017 年	2018 年	2019 年	2020 年	2021 年
（2）女式服装	102.1	98.8	100.6	102.6	97.1	100.7
女式外套	101.5	99.1	98.3	104.5	94.8	101.0
女式冬衣	104.1	105.7	102.7	103.4	96.0	
女式毛线衣	105.7	107.0	103.6	100.9	103.1	107.6
女式运动装	99.6	92.7	90.0	98.9	99.8	
女式衬衫 T 恤	100.6	93.6	102.6	101.4	98.4	97.4
女式裤子	102.7	101.9	101.3	103.5	91.5	100.2
女式裙子	101.6	86.5	95.2	99.1	101.9	99.6
女式内衣	101.5	103.4	108.9	104.5	97.3	96.7
（3）儿童服装	99.6	95.4	109.0	99.5	98.1	101.2
婴幼服装	116.9	103.6	110.4	98.6	105.8	102.5
儿童上衣	94.3	94.7	108.4	97.9	95.7	104.3
儿童裤子	96.5	88.3	108.5	104.4	96.0	98.3
儿童裙子	91.7	93.8	108.2	97.6	91.3	96.0
2.服装材料	100.9	99.4	102.1	118.6	100.0	
服装材料	100.9	99.4	102.1	118.6	100.0	
3.其他衣着及配件	101.2	99.7	98.7	100.6	100.0	100.6
袜子	100.8	100.1	100.0	100.0	100.3	100.4
帽子	97.3	107.9	103.4	99.9	99.8	98.6
其他衣着配件	102.3	97.7	96.6	101.2	99.8	101.4
4.衣着加工服务费	103.6	104.5	101.9	103.5	100.1	104.2
衣着洗涤保养	100.5	105.9	100.5	100.0	100.0	104.4
衣着加工	112.3	101.0	105.8	112.3	100.2	
5.鞋类	101.0	100.9	99.1	100.5	101.7	106.5
（1）鞋	101.0	100.9	99.1	100.4	101.4	106.7
男鞋	96.7	106.0	102.0	102.0	103.1	112.4
女鞋	103.2	97.4	97.1	98.8	100.0	103.4
童鞋	102.8	107.9	101.7	105.1	104.0	106.9
（2）鞋类加工服务	100.0	100.0	100.0	106.6	118.6	100.0
鞋类加工服务	100.0	100.0	100.0	106.6	118.6	100.0
三、居住	101.1	105.1	104.0	100.9	100.0	100.1
1.租赁房房租	102.6	106.3	104.9	100.0	99.3	99.9
公房房租	100.0	100.0	100.0	100.0	100.0	100.0
私房房租	102.7	106.6	105.1	100.0	99.2	99.9
2.住房保养维修及管理	99.9	102.7	103.5	105.9	103.5	101.6
（1）住房装潢材料	99.8	103.6	105.9	103.8	100.1	102.3
木地板	95.5	103.7	111.2	103.9	101.5	103.3
瓷砖	98.9	98.1	100.5	106.5	100.0	102.5
水泥	97.7	114.0	119.0	99.8	95.1	106.6
涂料	100.0	100.1	100.0	100.0	100.0	102.8
板材	100.0	102.4	112.5	108.3	100.0	101.5
管材	100.0	102.6	109.3	100.0	100.0	105.9
厨卫设备	99.5	104.0	101.2	102.9	100.0	100.0
门窗	104.6	108.4	98.8	100.0	99.9	101.3
其他住房装潢材料	100.7	102.5	111.5	108.7	100.4	103.3
（2）物业管理费	100.0	100.0	100.0	100.0	113.0	100.0
物业管理费	100.0	100.0	100.0	100.0	113.0	100.0

9-25 主要年份市区居民消费价格指数（二）

续 3　　（以上年为 100）

指标名称	2016 年	2017 年	2018 年	2019 年	2020 年	2021 年
（3）住房装潢维修	100.0	102.7	101.7	113.0	103.9	101.6
装潢维修费	100.0	103.3	102.0	115.8	104.7	100.9
其他住房费用	100.0	100.0	100.0	100.0	100.0	100.0
3.水电燃料	98.6	103.8	101.9	100.5	99.0	100.6
（1）水	102.5	113.1	105.0	100.0	100.0	100.0
水	102.5	113.1	105.0	100.0	100.0	100.0
（2）电	100.0	100.0	100.0	100.0	100.0	100.0
电	100.0	100.0	100.0	100.0	100.0	100.0
（3）燃气	92.9	107.5	104.3	102.0	96.2	102.1
管道燃气	100.0	100.0	100.0	100.0	100.0	100.0
液化石油气	86.7	115.0	108.1	103.5	93.3	105.7
（4）取暖费	100.0	100.0	100.0	100.0	100.0	
取 暖 费	100.0	100.0	100.0	100.0	100.0	
（5）其他燃料	100.0	101.2	101.6	100.0	100.0	101.4
其他燃料	100.0	101.2	101.6	100.0	100.0	101.4
4.自有住房	101.9	105.9	104.5	100.0	99.6	99.7
自有住房	101.9	105.9	104.5	100.0	99.6	99.7
四、生活用品及服务	100.0	100.5	101.3	102.1	101.9	102.6
1.家具及室内装饰品	100.3	99.8	100.4	101.0	99.9	100.2
（1）家具	100.3	100.2	100.5	100.8	99.9	100.1
柜	103.0	101.2	101.6	100.4	99.5	99.8
床	100.0	100.0	99.9	100.0	100.2	101.3
桌	100.2	100.5	102.9	100.6	100.0	100.0
椅	98.3	100.1	99.8	100.0	99.8	96.5
沙发	99.2	99.7	99.1	101.6	99.7	100.4
其他家具	101.3	99.6	100.0	102.8	100.5	100.6
（2）室内装饰品	99.8	97.0	100.1	102.6	100.2	101.0
灯具	101.1	98.9	98.6	99.1	102.8	101.5
其他室内装饰品	99.1	95.9	100.9	104.6	98.8	100.6
2.家用器具	100.0	100.6	100.7	100.8	99.9	104.3
（1）大型家用器具	100.0	100.5	101.1	100.6	99.7	104.8
洗衣机	99.6	101.3	100.1	105.2	103.5	106.7
电冰箱（柜）	98.7	100.6	100.8	101.4	101.1	108.3
抽油烟机	97.8	101.0	102.7	101.7	100.3	103.8
空调器	102.5	100.8	102.1	100.9	97.4	104.4
热水器	105.9	103.5	98.1	98.2	101.0	106.0
炉具灶具	95.7	103.9	104.6	100.7	100.2	101.9
微波炉	101.4	100.8	100.5	99.9	103.4	
其他大型家用器具	94.5	96.0	99.8	95.7	99.2	100.6
（2）小家电	99.9	101.0	99.0	101.7	101.0	102.3
厨房小家电	100.3	103.2	99.5	101.0	101.7	103.2
生活小家电	99.4	98.3	98.3	102.7	100.1	101.0
3.家用纺织品	96.4	95.3	101.7	107.2	108.3	102.7
（1）床上用品	96.9	94.3	101.6	108.4	110.6	103.1
被子	95.1	93.4	102.4	116.6	114.8	100.0
床单被套	97.4	94.0	101.1	100.5	104.7	111.0
其他床上用品	101.9	97.6	100.0	100.6	109.0	95.4

9-25　主要年份市区居民消费价格指数（二）

续 4　　　　（以上年为 100）

指标名称	2016 年	2017 年	2018 年	2019 年	2020 年	2021 年
（2）窗帘门帘	94.5	98.1	100.1	101.1	100.7	98.9
窗帘门帘	94.5	98.1	100.1	101.1	100.7	98.9
（3）其他家用纺织品	93.4	103.8	105.4	103.4	92.8	102.2
其他家用纺织品	93.4	103.8	105.4	103.4	92.8	102.2
4.家庭日用杂品	101.4	102.1	102.0	101.6	101.4	102.9
（1）洗涤卫生用品	102.3	104.9	102.6	101.3	101.7	102.6
清洗用品	99.2	104.3	101.3	103.9	108.3	100.3
清洁用具	99.1	99.2	96.3	98.7	98.8	101.1
清洁用纸	109.3	109.0	107.5	98.8	93.3	105.9
（2）厨具餐具茶具	101.0	102.2	103.2	101.4	101.1	100.3
厨具	101.2	104.5	105.7	100.5	102.8	102.7
餐具	101.4	99.3	100.0	101.4	99.8	96.1
茶具	98.4	101.8	102.5	105.1	97.7	101.6
（3）家用手工工具	100.8	102.4	110.2	102.4	100.4	
家用手工工具	100.8	102.4	110.2	102.4	100.4	
（4）其他家庭日用杂品	100.5	98.6	100.2	102.1	101.3	104.5
配电附件	98.2	103.8	106.4	100.4	101.2	109.9
雨具	100.0	96.3	98.4	100.0	97.6	98.5
其他日用杂品	102.1	95.9	96.5	103.9	102.3	103.1
5.个人护理用品	98.7	97.2	97.7	101.6	101.7	99.6
（1）化妆品	99.2	98.5	96.7	100.0	102.0	99.7
清洁化妆品	97.4	99.2	100.3	101.2	100.7	96.8
护肤化妆品	99.5	98.0	94.4	99.4	102.7	101.9
彩妆化妆品	100.0	99.8	99.9	100.5	101.2	96.7
化妆器具	100.0	95.5	97.8	99.1	101.3	100.0
（2）其他护理用品类	98.0	95.5	99.0	103.9	101.4	99.3
清洁类护理用品	95.7	99.3	100.5	108.6	106.1	104.5
护发美发用品	100.2	100.7	100.5	100.4	98.6	100.8
护理器具	100.8	101.3	99.8	100.0	100.9	99.1
其他护理用品	98.8	82.2	94.4	99.6	93.6	90.4
6.家庭服务	103.2	109.5	107.9	104.4	104.8	105.1
家政服务	104.4	112.8	110.4	105.6	106.1	107.6
家庭维修服务	100.0	100.0	100.0	100.0	100.1	107.3
五、交通和通信	98.1	100.1	101.9	99.9	96.7	104.7
1.交通	98.1	101.9	104.3	99.5	96.2	105.1
（1）交通工具	96.3	99.4	100.4	100.7	98.8	100.0
小型汽车	96.1	99.3	100.4	100.4	98.7	100.2
电动自行车	99.2	101.7	102.0	110.0	101.7	100.5
自 行 车	100.0	98.3	99.7	103.1	104.8	102.2
其他交通工具	100.0	100.0	100.0	100.0	97.1	98.4
（2）交通工具用燃料	95.8	109.0	112.3	94.2	86.2	116.9
汽油	95.5	109.3	112.8	94.0	85.8	117.5
柴油	98.8	108.5	114.1	93.7	84.5	119.4
其他车用能源	100.0	100.0	100.0	100.0	100.0	100.0
（3）交通工具使用和维修	102.4	99.8	108.5	105.8	102.3	100.9
停车费	100.0	100.0	113.1	112.1	102.4	100.0
车辆使用费	100.0	100.0	100.0	100.0	109.8	102.9
交通工具零配件	100.0	97.3	99.5	103.5	99.8	101.8
车辆修理与保养	106.4	101.3	117.0	107.4	100.7	99.6

9-25 主要年份市区居民消费价格指数（二）

续 5　　（以上年为 100）

指标名称	2016 年	2017 年	2018 年	2019 年	2020 年	2021 年
（4）交通费	102.7	101.1	100.4	99.5	98.1	103.9
市内公共交通	100.0	100.0	100.0	100.0	100.0	100.0
出租汽车	100.0	100.0	100.0	100.0	100.0	100.0
飞机票	111.9	104.1	99.0	95.4	91.9	112.4
火车票	100.5	100.0	103.3	103.2	100.3	103.1
长途汽车	100.0	100.4	100.0	100.0	100.1	106.7
其他交通费	98.2	100.0	100.0	100.0	100.0	101.2
2.通信	98.1	96.8	97.2	100.8	97.8	102.9
（1）通信工具	93.2	93.6	98.3	104.3	100.3	110.4
固定电话机	98.8	99.1	97.0	101.5	100.4	
移动电话机	92.9	93.2	98.3	104.5	100.5	
通信工具零配件	100.1	100.2	100.0	100.0	94.9	98.2
（2）通信服务	99.7	97.8	96.2	99.7	97.0	100.0
固定电话费	97.7	99.2	100.0	100.0	100.0	
移动通信费	100.0	100.0	94.7	100.0	100.0	
上 网 费	100.0	90.6	98.7	98.6	85.7	100.0
其他通信服务	100.0	100.0	100.0	100.0	100.0	100.0
（3）邮递服务	99.9	100.0	115.1	100.0	98.2	99.4
邮政邮寄	100.0	100.0	100.0	100.0	100.0	
快递服务	99.8	100.0	118.8	100.0	97.8	
六、教育文化和娱乐	102.2	101.8	101.9	104.1	102.0	103.9
1.教育	103.1	102.0	102.4	104.9	103.3	103.8
（1）教育用品	99.7	99.2	100.7	100.8	99.6	101.8
工具书	100.0	100.0	101.4	102.0	100.0	100.4
教材	100.0	100.0	100.9	102.2	100.7	101.1
参考资料	100.0	100.0	101.4	103.7	100.1	102.9
其他教育用品	98.1	95.1	97.8	90.1	95.4	100.8
（2）教育服务	103.2	102.1	102.5	105.1	103.4	103.8
学前教育	108.2	108.1	106.4	104.8	110.3	111.1
小学初中教育	100.0	101.7	104.5	104.3	105.7	104.7
高中中职教育	100.0	101.9	103.7	102.6	105.6	102.2
高等教育	102.6	100.0	100.0	100.0	100.0	100.0
课外教育	104.0	101.3	102.0	114.1	100.9	106.9
专业技能培训	105.1	101.4	100.0	105.9	101.1	100.0
2.文化娱乐	101.1	101.5	101.3	102.9	100.2	104.2
（1）文娱耐用消费品	98.6	98.3	101.7	99.4	100.4	109.1
电视机	109.1	93.0	104.8	101.1	101.5	117.8
照相机	92.4	100.2	91.1	103.1	101.3	99.0
台式计算机	98.5	98.3	95.9	98.5	99.3	100.2
笔记本平板	94.8	103.1	105.7	96.3	99.9	98.5
乐器	100.0	100.0	100.6	106.5	94.7	112.0
音响	100.4	99.6	97.2	93.6	106.1	98.5
其他文娱耐用消费品	85.5	98.1	101.2	101.0	100.3	100.6
（2）其他文娱用品	98.7	99.6	102.8	102.5	99.3	99.7
书报杂志	100.0	102.6	109.9	110.1	101.0	100.0
纸张文具	99.8	97.1	102.3	100.2	98.7	96.9
体育户外用品	99.7	100.0	100.1	100.0	99.7	99.6

9–25 主要年份市区居民消费价格指数（二）

续 6　　（以上年为 100）

指标名称	2016 年	2017 年	2018 年	2019 年	2020 年	2021 年
游戏用品和玩具	100.0	99.6	99.6	100.0	100.0	100.2
园艺花卉及用品	93.5	90.8	100.0	100.0	97.5	98.1
宠物及用品	90.4	105.8	102.6	95.4	99.3	101.7
其他文化娱乐用品	100.1	99.9	101.2	101.7	94.1	101.9
（3）文化娱乐服务	100.6	103.7	100.7	100.0	100.2	101.1
电影票	100.0	100.0	100.0	100.0	102.4	105.5
景点门票	102.6	112.6	100.0	100.0	100.0	100.0
有线电视	100.0	100.0	100.0	100.0	100.0	100.0
健身活动	100.4	100.1	100.0	100.0	99.8	99.8
其他文娱服务	99.5	104.1	105.4	99.9	99.7	100.0
（4）旅游	103.4	102.6	100.9	105.8	100.3	105.5
旅行社收费	103.7	102.9	101.0	106.3	100.3	105.3
其他旅游	100.0	100.0	100.0	100.0	100.0	108.2
七、医疗保健	101.2	102.8	101.5	104.9	99.1	102.6
1.药品及医疗器具	103.0	106.9	103.0	106.8	97.9	100.8
（1）中药	103.9	106.6	102.5	101.2	100.4	101.2
中药材	99.5	100.0	100.0	100.0	105.6	104.2
中成药	105.7	109.3	103.4	101.6	98.6	99.9
（2）西药	99.6	104.1	102.3	100.4	94.7	103.0
抗微生物药	90.4	100.0	93.4	94.2	94.1	
消化系统用药	113.8	107.8	93.1	97.7	97.8	98.9
呼吸系统用药	100.0	110.0	120.7	101.1	93.1	99.0
解热镇痛药	99.3	100.8	100.3	102.4	100.3	98.5
抗肿瘤药	95.4	118.6	109.7	106.8	100.4	98.6
激素及影响内分泌药	109.9	103.9	105.3	99.6	100.3	100.2
心血管系统用药	107.2	102.0	94.2	96.9	65.0	99.1
血液系统用药	75.8	100.0	157.1	112.2	101.7	108.4
治疗精神障碍药	97.9	108.5	117.6	114.2	104.8	112.7
神经系统用药	129.1	99.9	99.9	100.2	102.9	103.8
消毒防腐及创伤外科用药	100.8	100.0	98.3	99.6	101.9	87.8
泌尿系统用药	98.6	100.4	94.3	97.7	97.2	103.1
维生素、矿物质类药	100.6	103.6	112.7	110.7	107.9	99.6
调节水、电解质及酸碱平衡药	88.6	100.3	100.0	99.8	99.8	103.8
（3）滋补保健品	111.9	115.5	105.5	122.1	99.7	94.6
滋补保健品	111.9	115.5	105.5	122.1	99.7	94.6
（4）医疗卫生器具	99.8	99.9	101.1	103.4	103.3	102.6
医疗卫生器具	99.8	99.9	101.1	103.4	103.3	102.6
（5）保健器具	94.7	100.3	100.0	100.0	96.0	99.5
保健器具	94.7	100.3	100.0	100.0	96.0	99.5
2.医疗服务	100.0	100.2	100.5	103.5	100.0	103.4
（1）综合医疗类	100.0	100.8	101.4	106.2	100.0	116.0
一般医疗服务	100.0	101.1	102.4	114.1	100.0	100.0
一般治疗操作	100.0	100.4	100.4	100.0	100.0	149.6
护理	100.0	100.7	100.7	100.0	100.0	110.4
其他综合医疗服务	100.0	100.0	100.0	100.0	100.0	100.0

9-25 主要年份市区居民消费价格指数（二）

续7　　（以上年为100）

指标名称	2016年	2017年	2018年	2019年	2020年	2021年
（2）诊断类	100.0	100.0	100.2	102.7	100.1	100.0
病理学诊断	100.0	100.0	100.0	100.0	100.0	118.3
实验室诊断	100.0	100.0	99.7	96.6	100.2	94.9
影像学诊断	100.0	100.0	99.6	95.7	100.0	96.8
临床诊断	100.0	100.0	103.6	138.5	100.0	121.6
（3）治疗类	100.0	100.0	100.4	104.0	100.0	100.0
临床手术治疗	100.0	100.0	100.9	110.0	100.0	100.0
临床非手术治疗	100.0	100.0	100.0	100.0	100.0	100.0
（4）康复类	100.0	100.0	100.0	100.0	100.0	100.0
康复医疗	100.0	100.0	100.0	100.0	100.0	100.0
（5）中医医疗服务类	100.0	100.3	100.3	100.0	100.0	102.2
中医治疗	100.0	100.3	100.3	100.0	100.0	102.2
（6）其他医疗服务	100.0	100.0	100.0	100.0	100.0	100.0
其他医疗服务	100.0	100.0	100.0	100.0	100.0	100.0
八、其他用品和服务	101.4	100.6	99.3	102.3	103.9	96.2
1.其他用品类	102.6	100.5	99.3	104.7	108.8	97.9
（1）首饰手表	104.8	100.2	98.4	107.5	114.3	96.4
金饰品	109.9	100.8	95.9	112.9	122.3	92.9
银饰品	106.5	100.6	106.9	100.4	100.2	100.2
铂金饰品	93.3	100.9	102.2	97.5	99.7	104.2
手表	100.0	95.3	101.3	100.8	100.4	101.7
（2）其他杂项用品	99.4	101.1	100.7	100.6	100.2	100.0
箱包	100.0	100.8	101.1	100.7	99.1	101.0
母婴用品	98.7	102.3	100.5	101.0	102.0	99.6
眼镜	99.1	100.0	100.1	99.8	100.0	97.8
2.其他服务类	100.6	100.6	99.2	100.7	100.3	94.7
（1）旅馆住宿	100.2	100.7	100.4	100.1	104.2	101.9
宾馆住宿	99.8	97.1	100.0	102.0	103.5	101.4
其他住宿	100.9	105.9	101.0	97.4	105.1	104.3
（2）美容美发洗浴	101.6	102.7	99.0	102.3	105.2	101.1
美容	100.0	102.3	97.8	100.0	100.0	100.0
美发	100.4	101.5	100.7	104.7	108.9	101.8
洗浴	112.5	109.1	95.7	99.3	105.3	101.9
（3）养老服务	100.0	100.0	100.0	100.0	100.0	100.0
养老服务	100.0	100.0	100.0	100.0	100.0	100.0
（4）金融保险	100.0	98.6	98.0	100.0	96.2	87.6
金融服务	100.0	100.0	100.0	100.0	100.0	97.3
车辆保险	100.0	97.7	96.8	100.0	93.8	80.2
旅行保险	100.0	100.0	100.0	100.0	100.0	100.0
其他保险	100.0	100.0	100.0	100.0	100.0	100.0
（5）其他服务类	101.9	105.3	104.1	100.0	99.7	99.7
中介服务	102.3	106.4	104.9	100.0	99.6	99.6
其他服务	100.0	100.0	100.0	100.0	100.0	100.0

9-26 主要年份市区商品零售价格指数（一）

（以上年为 100）

指标名称	1985年	1990年	1995年	2000年	2005年	2010年	2011年	2012年	2013年	2014年	2015年
商品零售价格总指数	115.2	102.4	112.6	99.7	101.4	104.1	105.1	101.8	101.7	100.8	99.6
一、食品	123.1	101.8	119.9	97.4	104.2	105.5	108.9	105.1	103.8	101.4	101.6
#1.粮食		101.1	114.6	77.8	91.1	114.9	113.1	104.5	103.7	100.9	103.6
2.油脂		107.8	108.4	76.4	93.1	102.6	111.9	104.7	98.1	93.6	94.8
3.肉禽及其制品					104.9	101.9	117.6	102.8	105.1	101.1	104.7
4.蛋					109.2	107.7	112.5	99.5	102.8	111.1	99.4
5.水产品	155.6	106.6	110.8	110.7	109.5	106.4	106.3	110.7	103.3	99.7	98.3
6.鲜菜	180.1	97.4	126.5	108.7	105.0	112.1	106.8	115.7	108.7	96.4	110.8
7.干菜及菜制品		99.5	104.5	101.8	102.5	106.1	103.3	99.9	107.8	104.4	101.4
8.鲜瓜果		98.5	132.4	88.1	115.0	112.2	121.0	105.1	104.9	115.8	97.0
9.干果		103.6	133.9	101.1	91.0	102.2	112.3	104.8	107.0	103.5	103.3
10.其他食品			120.4	101.1	99.3	101.2	109.8	104.6	101.5	101.0	94.8
11.在外用膳食品			132.9	105.5	104.5	101.3	103.1	101.2	102.0	100.4	101.1
(1)主食			131.4	100.0	100.2	100.5	105.8	101.8	101.4	100.2	101.0
(2)炒菜			131.4	109.1	103.6	100.2	100.1	98.8	101.5	98.6	100.4
(3)地方小吃			137.5	100.0	109.0	107.2	113.0	105.3	101.7	105.2	103.9
二、饮料、烟酒			97.1	96.5	98.1	101.4	102.6	102.7	100.1	100.4	101.7
1.茶及饮料					100.2	102.5	99.8	104.7	100.7	101.3	99.8
#饮料			115.5	98.1	100.7	102.6	99.6	106.1	100.9	103.2	100.1
2.烟草					96.5	100.1	100.0	100.0	100.0	100.0	103.1
3.酒					101.6	103.3	109.2	106.6	99.9	100.7	100.3
三、服装、鞋帽			123.8	99.9	96.6	101.0	103.1	99.9	108.0	106.1	101.0
1.服装			128.7	100.3	94.9	103.0	104.0	100.5	110.1	105.3	100.8
2.鞋袜帽					100.0	95.9	100.0	98.1	101.3	109.4	101.9
#鞋		112.5	106.2	98.9	100.0	94.9	99.1	97.8	101.3	109.7	101.9
3.其他衣着		98.0	144.1	100.3	98.7	100.0	102.7	99.2	97.5	100.4	100.0
四、纺织品			109.6	105.5	101.5	107.3	109.4	103.6	105.1	101.9	99.8
#1.棉布		113.5	135.6	106.2	102.2	113.3	129.4	103.8	100.0	122.1	100.0
2.棉花化纤混纺布		118.5	122.1	141.0	103.4	106.1					
3.化纤布		107.7	99.8	110.0	104.0	121.1	112.2	97.3	104.2	100.5	98.0
4.毛织品		104.2	107.7	91.0	99.7						
5.丝织品		99.8	105.7	101.8	109.8						

9–26　主要年份市区商品零售价格指数（一）

续 1　　（以上年为 100）

指标名称	1985 年	1990 年	1995 年	2000 年	2005 年	2010 年	2011 年	2012 年	2013 年	2014 年	2015 年
五、家用电器及音像器材					95.4	98.9	99.2	99.2	101.3	99.4	100.7
#1.家庭设备					92.9	99.3	100.5	101.2	103.1	101.5	100.6
#洗衣机		96.3	101.2	100.0	93.4	101.5	101.7	101.5	98.5	98.0	99.6
电冰箱（柜）		78.1	96.5	100.0	93.5	100.0	99.8	101.9	105.0	101.8	101.1
抽排油烟机			133.1	97.9	100.5	107.3	99.7	102.5	103.6	104.2	103.3
空调器			94.3	100.4	92.1	95.4	99.5	98.0	102.6	102.2	98.9
热水器					88.0	95.6	100.5	101.8	107.3	102.9	101.4
2.文娱用耐用消费品					98.6	97.5	96.2	95.1	97.9	93.7	103.8
#彩电		86.8	97.7	86.0	99.8	98.1	95.2	92.2	97.0	84.8	102.9
六、文化办公用品					98.4	100.9	99.0	97.6	98.1	99.4	102.1
七、日用品	105.0	104.2	113.6	100.2	99.2	103.0	103.7	101.4	101.1	100.4	101.2
#1.日用百货		107.1	115.2	99.9	98.6	100.3	106.3	101.3	101.0	100.6	100.8
2.日用杂品		124.4	114.1	101.3	100.0	110.8	100.9	100.4	102.7	100.6	104.3
八、体育娱乐用品					98.7	97.9	101.6	100.5	100.8	99.8	98.9
九、交通、通信用品					97.0	101.0	98.1	97.6	98.7	100.9	101.5
1.交通运输机械					98.3	100.9	98.7	97.6	98.7	101.3	102.5
2.通讯器材					84.9	101.7	94.5	97.4	98.4	98.3	95.5
十、家具		99.6	103.8	99.8	99.7	99.4	98.9	100.6	104.0	102.8	99.1
十一、化妆品			101.9	100.3	100.0	100.7	104.8	101.2	102.6	101.1	100.0
十二、金银珠宝			97.0	104.3	101.9	108.7	114.9	96.8	88.9	91.2	92.4
十三、中西药品及医疗保健用品	97.6	98.5	120.2	102.2	97.1	108.3	106.7	103.1	101.6	98.8	103.1
#1.医疗器具及用品			134.4	100.0	103.3	102.1	102.9	102.9	100.0	100.0	100.0
2.中药材及中成药		95.6	127.9	105.5	97.7	125.7	114.8	106.4	100.0	97.0	100.0
3.西药		110.1	111.7	98.6	92.4	100.3	99.3	98.4	101.4	96.4	102.3
十四、书报杂志及电子出版物					100.1	100.1	103.8	100.4	100.1	100.2	102.6
#1.教材及参考书					100.2	100.3	100.9	101.3	100.5	100.0	98.1
2.书报杂志	110.3	100.0	109.7	101.6	100.0	100.0	107.9	100.0	100.0	100.4	107.0
十五、燃料	106.0	124.4	113.0	122.8	120.7	114.1	111.8	103.8	99.6	99.5	84.4
十六、建筑材料及五金电料		95.5	101.0	100.3	101.8	104.3	103.7	98.5	99.9	100.9	97.3

9–26 主要年份市区商品零售价格指数（二）

（以上年为 100）

指标名称	2016 年	2017 年	2018 年	2019 年	2020 年
商品零售价格指数	100.5	101.4	102.3	102.9	101.4
一、食品	103.8	100.3	101.9	106.4	108.4
二、饮料、烟酒	100.6	99.9	100.8	100.0	101.2
三、服装、鞋帽	102.5	101.0	101.5	102.0	99.4
四、纺织品	97.8	95.4	101.7	110.8	108.0
五、家用电器及音像器材	100.2	98.7	100.8	100.2	100.4
六、文化办公用品	97.2	100.0	101.7	98.8	99.0
七、日用品	100.5	101.8	101.6	103.1	102.2
八、体育娱乐用品	98.4	99.4	100.4	100.8	98.1
九、交通、通信用品	96.5	98.3	99.8	101.4	99.5
十、家具	100.3	100.2	100.5	100.8	99.9
十一、化妆品	98.6	99.0	97.9	101.8	102.5
十二、金银饰品	105.8	100.8	97.9	108.7	116.5
十三、中西药品及医疗保健用品	103.4	107.4	103.2	107.1	97.8
十四、书报杂志及电子出版物	105.4	100.9	103.9	103.9	100.1
十五、燃料	96.0	108.8	109.3	96.7	90.1
十六、建筑材料及五金电料	99.7	103.5	106.4	102.9	100.2

9-27　主要年份市区居民消费价格分月指数

（以上年为100）

月　份	1990年	1995年	2000年	2005年	2010年	2011年	2012年	2013年	2014年	2015年	2016年	2017年	2018年	2019年	2020年	2021年
一　月	103.4	120.8	102.2	100.6	103.3	104.3	104.9	101.5	102.2	100.5	101.2	102.9	101.2	102.3	103.9	101.7
二　月	108.6	121.0	103.9	103.1	103.6	104.7	103.4	102.1	102.1	101.0	101.8	101.5	103.0	101.7	104.0	101.3
三　月	104.2	119.2	103.0	101.6	103.6	104.5	103.9	101.5	102.3	101.0	101.4	101.4	102.1	102.6	103.3	102.1
四　月	101.3	118.0	103.8	101.0	103.9	104.6	102.6	102.3	101.6	101.2	101.1	101.7	102.4	102.5	102.3	102.8
五　月	101.7	118.1	102.0	101.0	104.8	106.5	102.9	102.8	101.9	101.2	100.9	102.1	102.1	103.4	101.2	103.0
六　月	98.8	118.9	102.0	99.9	104.3	105.0	101.4	103.2	102.0	101.2	101.0	101.5	102.5	103.0	101.8	102.7
七　月	98.1	117.7	101.6	100.3	104.5	105.0	100.8	102.8	102.7	100.8	101.3	101.6	102.2	103.2	102.1	102.4
八　月	102.8	113.7	100.1	100.7	104.2	104.8	101.0	101.7	102.9	101.1	101.4	101.6	102.2	103.5	101.9	101.9
九　月	103.1	110.5	97.7	101.8	103.8	105.6	100.3	101.9	102.5	100.9	101.8	101.8	102.3	103.3	102.2	101.5
十　月	102.2	112.6	99.0	102.7	104.4	104.9	100.2	102.2	102.5	100.6	102.3	101.8	102.0	103.6	101.5	102.2
十一月	103.7	111.2	99.9	102.2	105.4	103.6	101.2	101.7	102.6	100.9	102.5	101.7	101.9	104.0	100.9	102.8
十二月	105.5	115.2	101.8	101.9	102.7	104.5	102.0	101.3	102.4	101.3	102.2	101.8	102.1	103.4	102.2	101.7
全　年	102.9	116.4	101.4	101.4	104.0	104.8	102.0	102.1	102.3	101.0	101.6	101.8	102.2	103.0	102.3	102.1

9-28 主要年份市区商品零售价格分月指数

（以上年为100）

月 份	1990年	1995年	2000年	2005年	2010年	2011年	2012年	2013年	2014年	2015年	2016年	2017年	2018年	2019年	2020年	2021年
一 月	102.9	116.5	100.0	100.8	105.1	103.4	104.3	102.1	100.7	99.2	99.5	102.3	101.5	101.8	103.9	101.5
二 月	108.4	116.3	102.2	103.3	105.0	103.9	103.9	101.9	100.9	99.1	100.5	101.4	101.8	101.9	103.9	101.7
三 月	103.7	115.6	101.3	101.2	104.4	104.0	104.7	101.3	101.0	99.2	99.8	101.6	101.4	103.0	102.2	102.9
四 月	100.6	114.1	101.1	100.7	104.4	104.5	103.2	101.9	100.2	99.6	99.6	101.9	101.7	102.9	100.9	103.7
五 月	101.0	114.1	99.4	100.4	104.9	104.6	102.1	102.4	100.5	99.9	99.2	102.3	101.7	103.6	99.7	103.8
六 月	97.9	115.7	99.2	99.9	103.9	106.2	100.5	103.0	100.4	100.2	99.6	101.3	102.6	102.8	100.8	103.7
七 月	97.1	114.6	98.7	100.2	103.5	106.4	100.0	102.8	101.5	99.6	100.1	100.7	103.2	102.7	101.2	103.5
八 月	102.3	110.3	98.2	100.6	103.2	106.7	100.3	101.5	101.3	99.9	100.5	100.9	103.1	103.1	101.2	102.6
九 月	102.6	109.3	97.5	101.7	103.4	106.8	100.1	101.0	101.1	99.4	101.2	100.9	103.2	103.0	101.1	102.7
十 月	101.7	110.0	98.5	102.4	104.1	105.8	100.2	101.4	101.0	99.4	101.7	101.3	103.3	102.8	100.5	103.8
十一月	103.4	108.7	99.3	102.0	105.1	104.3	101.0	100.9	100.9	99.9	101.8	101.1	102.8	103.3	99.9	104.7
十二月	105.3	111.5	100.5	101.7	102.8	104.2	102.0	100.4	100.4	100.3	101.9	101.5	101.7	104.0	101.2	103.2
全 年	102.4	112.6	99.7	101.2	104.1	105.1	101.8	101.7	100.8	99.6	100.5	101.4	102.3	102.9	101.4	103.2

9-29 工业品出厂价格指数（一）

（以上年为100）

项目名称	2005年	2007年	2008年	2010年	2011年	2012年	2013年	2014年	2015年
全部工业品	**102.5**	**101.8**	**104.9**	**105.1**	**104.1**	**98.1**	**98.5**	**99.0**	**96.6**
1. 按轻重工业分									
#轻工业	102.0	100.7	104.5	103.7	103.7	99.1	98.9	99.6	97.9
以农产品为原料	102.7	98.6	102.2	105.0	104.0	99.5	99.5	100.9	98.6
以非农产品为原料	101.0	105.1	109.1	102.6	103.0	98.4	97.9	97.2	96.5
#重工业	103.2	103.7	105.5	107.3	104.4	97.3	98.1	98.5	95.6
采掘	118.9	101.2	112.1	101.9	106.8	107.2	104.0	109.0	97.9
原料	98.8	105.1	105.2	103.9	102.8	100.4	99.5	99.7	98.8
加工	104.8	103.0	102.7	109.4	104.8	96.1	97.6	97.8	94.5
2. 按生产生活资料分									
#生产资料	103.2	101.4	104.6	106.3	104.5	96.9	98.0	98.2	95.9
采掘	118.9	101.2	112.1	101.9	106.8	107.2	104.0	109.0	97.9
原料	109.3	102.8	101.1	104.6	103.4	98.2	98.3	98.2	97.7
加工	100.8	101.1	104.7	107.0	104.8	96.3	97.8	98.0	95.2
#生活资料	100.5	104.2	106.8	101.8	102.9	101.4	99.9	101.1	98.6
食品	99.2	113.8	113.2	103.3	104.7	102.1	100.8	102.0	98.5
衣着	102.3	100.6	108.3	101.8	102.7	99.8	99.4	102.1	96.9
一般日用品	98.9	100.9	103.2	101.4	102.1	101.6	100.6	101.1	100.1
耐用消费品	103.1	102.5	100.5	101.1	103.1	103.4	98.8	99.0	99.1
3. 按工业部门分									
冶金工业	104.8	108.2	86.1	105.6	104.0	93.3	95.6	96.8	90.6
电力工业	113.6	100.9	105.1	101.2	100.5	100.6	100.6	98.5	98.8
煤炭及炼焦工业	138.2	102.7	103.2	109.6	106.5	101.7	90.4	85.5	84.0
石油工业	112.2		110.4	112.2	106.2	99.5	95.8	102.0	99.6
化学工业	102.5	102.5	105.3	102.5	101.6	98.2	98.5	97.4	96.0
机械工业	103.4	118.9	81.4	106.6	105.0	96.5	97.3	97.1	94.9
建筑材料工业	88.5	106.6	119.6	107.9	108.5	97.3	99.6	100.9	93.9
森林工业	101.1	107.0	99.4	103.0	104.4	102.6	101.0	101.8	101.0
食品工业	97.2	116.4	94.5	104.1	103.5	102.7	101.4	101.9	98.0
纺织工业	103.8	103.7	100.8	109.8	106.3	95.8	99.1	98.9	97.8
缝纫工业	102.3	99.7	104.6	101.9	102.3	99.7	99.4	102.0	96.8
皮革工业	103.3	103.5	110.4	100.2	104.1	101.3	97.9	102.0	103.6
造纸工业	98.7	102.4	94.3	102.8	103.3	100.0	97.0	99.3	99.6
文教艺术用品工业	99.0	100.8	100.3	100.9	100.7	100.9	100.3	100.7	100.1
其他工业	109.2	104.0	104.9	102.1	106.8	100.7	99.7	102.2	100.8
4. 按工业行业大类分									
煤炭开采和洗选业	138.2	104.6	106.4	109.6	106.5	101.7	90.4	85.5	84.0
石油和天然气开采业									

9-29 工业品出厂价格指数（一）

续 1

（以上年为 100）

项目名称	2005 年	2007 年	2008 年	2010 年	2011 年	2012 年	2013 年	2014 年	2015 年
黑色金属矿采选业									
有色金属矿采选业									
非金属矿采选业	96.9	101.0	112.4	100.6	106.8	108.2	106.3	112.7	100.2
其他采矿业									
农副食品加工业	90.7	123.1	123.9	108.2	105.3	103.9	101.8	102.5	96.1
食品制造业	105.0	98.4	98.4	101.5	102.0	100.8	101.2	99.9	100.7
饮料制造业	104.3	104.0	104.1	100.1	100.6	101.8	100.5	103.4	99.4
烟草制品业									
纺织业	103.3	94.6	99.3	108.8	106.2	96.8	99.8	99.7	97.9
纺织服装、鞋、帽制造业	104.4	99.2	112.5	100.7	99.8	99.9	98.0	102.1	95.8
皮革、毛皮、羽毛（绒）及其制品业	103.5	103.6	105.2	100.0	104.1	101.3	97.9	102.0	103.6
木材加工及木、竹、藤、棕、草制品业	101.1	103.5	104.1	103.1	104.4	102.6	101.0	101.8	101.1
家具制造业	103.7	103.2	100.3	101.3	100.4	100.4	101.2	99.8	100.0
造纸及纸制品业	98.7	102.3	102.8	102.8	103.3	100.0	97.0	99.3	99.6
印刷业和记录媒介的复制	99.4	100.0	99.7	100.0		98.5	100.0	100.0	100.0
文教体育用品制造业	98.0	102.7	98.8	101.5	100.7	100.9	100.3	100.7	100.1
石油加工、炼焦及核燃料加工业	112.2	111.3	101.4	115.5	108.6	99.1	90.8	99.1	99.9
化学原料及化学制品制造业	107.2	102.1	120.7	100.3	98.6	100.1	100.4	100.6	97.1
医药制造业	99.9	96.4	99.0	99.0	100.4	98.9	99.8	100.1	100.1
化学纤维制造业	94.9	101.6	96.7	109.2	103.4	90.3	95.6	91.2	88.7
橡胶制品业	100.4	102.1	103.7	99.0	104.2	102.3	98.8	96.8	97.1
塑料制品业	109.4	104.5	102.8	101.0	102.1	102.5	98.9	99.3	99.9
非金属矿物制品业	87.4	105.2	115.7	108.4	109.3	95.0	98.3	98.8	93.4
黑色金属冶炼及压延加工业	101.5	115.6	116.4	106.2	102.4	88.3	87.7	95.8	87.5
有色金属冶炼及压延加工业	112.6	99.1	93.5	109.7	106.0	99.1	99.5	98.4	95.2
金属制品业	105.3	105.3	116.8	100.9	102.2	91.6	96.3	95.3	87.9
通用设备制造业	100.0	101.2	115.4	102.8	103.9	98.8	98.4	99.3	97.5
专用设备制造业	102.0	100.4	103.9	100.5	100.6	100.1	98.5	102.5	96.3
交通运输设备制造业	99.8	99.7	111.0	104.3	105.5	101.5	97.5	97.6	98.0
电气机械及器材制造业	105.1	104.0	99.2	114.0	108.0	89.7	95.2	94.1	89.0
通信设备、计算机及其他电子设备制造业	97.4	101.0	107.3	106.9	100.3	98.8	99.1	95.7	100.6
仪器仪表及文化、办公用机械制造业	97.1	98.6	98.8	100.1	102.0	100.8	99.5	104.4	102.9
工艺品及其他制造业	102.2	104.4	102.2	101.0	108.9	104.2	100.0	101.4	100.5
废弃资源和废旧材料回收加工业				103.4	114.1	82.7	95.8	99.0	91.0
电力、热力的生产和供应业	113.6	102.1	99.6	101.2	100.5	100.6	100.6	98.5	98.8
燃气生产和供应业				102.9	101.1	100.0	106.7	107.4	99.0
水的生产和供应业	118.0	102.8	100.3	113.2	111.8	94.7	98.6	106.0	104.5

9-29 工业品出厂价格指数（二）

（以上年为 100）

项目名称	2016 年	2017 年	2018 年	2019	2020 年	2021 年
全部工业品	**98.7**	**105.2**	**103.9**	**99.2**	**97.7**	**105.0**
1.按轻重工业分						
#轻工业	99.4	105.3	102.2	97.3	95.3	102.7
以农产品为原料	99.8	104.8	102.7	99.4	97.6	104.0
以非农产品为原料	99.1	105.9	101.8	95.1	92.9	101.9
#重工业	98.1	105.1	105.2	100.8	99.5	106.6
采掘	97.6	102.5	110.7	111.4	106.5	109.1
原料	98.4	100.5	103.0	101.1	98.5	100.4
加工	98.0	106.9	105.6	99.9	99.4	108.6
2.按生产生活资料分						
#生产资料	97.8	106.2	104.9	98.7	96.8	105.8
采掘	97.6	102.5	110.7	111.4	106.5	109.1
原料	97.9	104.6	103.3	97.1	93.9	101.9
加工	97.8	106.9	105.1	98.5	97.2	107.1
#生活资料	101.1	102.2	100.9	100.7	100.1	101.8
食品	102.3	102.3	100.8	101.2	100.1	101.2
衣着	100.3	104.2	100.6	100.1	97.7	100.9
一般日用品	99.8	100.3	103.2	99.0	100.3	101.7
耐用消费品	101.2	102.2	100.1	101.5	101.0	102.4
3.按工业部门分						
冶金工业	96.1	116.3	105.3	98.4	99.4	115.5
电力工业	99.0	100.4	99.5	99.5	98.8	99.0
煤炭及炼焦工业						
石油工业	84.8	98.6	102.0	108.0	91.7	97.8
化学工业	97.0	105.3	106.8	94.6	91.5	103.9
机械工业	98.9	104.3	101.9	98.0	97.8	106.6
建筑材料工业	98.8	109.8	118.0	106.8	101.8	104.5
森林工业	100.1	99.3	99.5	101.0	99.3	101.1
食品工业	101.7	102.4	100.9	102.1	100.8	101.1
纺织工业	97.6	106.5	105.7	98.6	95.0	105.7
缝纫工业	100.0	104.3	101.5	100.5	97.6	101.3
皮革工业	103.6	103.0	92.5	95.6	100.1	96.8
造纸工业	102.8	111.7	103.2	91.3	98.2	104.9
文教艺术用品工业	100.8	102.4	102.2	102.9	100.0	99.8
其他工业	101.5	102.4	100.6	99.8	99.3	102.1
4.按工业行业大类分						
煤炭开采和洗选业						
石油和天然气开采业						

9-29 工业品出厂价格指数（二）

续 1　　　　（以上年为 100）

项目名称	2016 年	2017 年	2018 年	2019	2020 年	2021 年
黑色金属矿采选业						
有色金属矿采选业						
非金属矿采选业	97.6	102.5	110.7	111.4	106.5	109.1
其他采矿业						
农副食品加工业	99.2	102.8	100.9	103.3	104.4	103.5
食品制造业	103.3	102.7	101.4	101.7	98.8	98.8
酒、饮料和精制茶制造业	101.8	101.3	99.7	100.8	99.6	100.3
烟草制品业						
纺织业	97.6	106.9	105.4	98.0	94.7	105.5
纺织服装、服饰业	101.2	101.7	100.6	103.6	100.0	100.0
皮革、毛皮、羽毛及其制品和制鞋业	102.8	102.6	93.5	96.8	100.0	96.8
木材加工和木、竹、藤、棕、草制品业	100.4	98.9	99.3	101.1	99.2	101.1
家具制造业	100.4	101.7	98.5	101.1	101.8	102.2
造纸和纸制品业	102.8	111.7	103.2	91.3	98.2	104.9
印刷和记录媒介复制业	98.7	100.3	100.6	101.6	96.8	102.3
文教、工美、体育和娱乐用品制造业	101.2	102.7	102.5	103.1	100.5	99.3
石油加工、炼焦及核燃料加工业			102.0	108.0	91.7	
化学原料和化学制品制造业	97.0	104.0	106.9	93.6	94.0	102.0
医药制造业	101.1	97.7	106.4	101.4	102.6	99.7
化学纤维制造业	95.7	115.7	107.9	89.5	79.1	104.2
橡胶和塑料制品业	93.6	94.8	104.6	98.3	96.8	109.3
塑料制品业						
非金属矿物制品业	99.5	113.2	121.0	103.7	99.2	103.9
黑色金属冶炼和压延加工业	96.2	120.1	108.5	99.4	98.4	116.1
有色金属冶炼和压延加工业	95.7	108.3	101.3	97.5	100.3	118.3
金属制品业	96.4	109.8	109.5	100.3	99.9	111.2
通用设备制造业	98.4	100.2	100.6	100.8	99.7	101.7
专用设备制造业	102.2	99.8	101.1	101.7	99.4	99.8
汽车制造业	100.4	100.0	100.3	100.6	98.0	100.0
铁路、船舶、航空航天和其他运输设备制造业	101.6	101.6	104.6	104.4	101.2	96.6
电气机械和器材制造业	97.4	109.8	101.9	91.2	93.6	112.7
计算机、通信和其他电子设备制造业	98.8	102.9	101.5	100.8	99.7	105.2
仪器仪表制造业	104.4	99.9	102.2	102.0		
其他制造业	99.8	102.7	101.3	99.0	102.1	100.6
电力、热力生产和供应业	99.5	100.2	99.6	100.6	98.6	99.0
燃气生产和供应业	84.8	98.6	102.0	108.0	91.7	97.8
水的生产和供应业	100.4	108.6	105.0	100.2	96.3	102.7

9-30 工业品出厂价格分月指数（一）

（以上年为100）

月　份	2005年		2008年		2010年		2011年		2012年		2013年		2014年	
	当月	累计	当月	累计	当月	累计	当月	累计	当月	累计	当月	累计	当月	累计
一　月	103.3	103.3	102.7	102.7	104.8	104.8	104.2	104.2	100.0	100.0	98.7	98.7	98.9	98.9
二　月	102.2	102.7	104.9	103.8	105.2	105.0	105.4	104.8	99.6	99.8	98.5	98.6	98.3	98.6
三　月	101.4	102.3	107.0	104.9	106.6	105.6	105.6	105.1	98.8	99.4	98.2	98.4	98.2	98.5
四　月	101.9	102.2	105.5	105.0	106.6	105.8	105.3	105.1	98.1	99.1	98.0	98.3	98.8	98.6
五　月	102.7	102.3	105.8	105.2	106.8	106.0	105.6	105.2	97.6	98.8	98.0	98.3	99.3	98.7
六　月	103.6	102.5	106.2	105.4	105.8	106.0	105.8	105.3	97.0	98.5	98.4	98.3	99.6	98.9
七　月	103.2	102.6	107.5	105.7	105.4	105.9	105.7	105.4	96.6	98.2	98.5	98.3	100.1	99.0
八　月	102.8	102.6	106.8	105.8	104.1	105.7	104.7	105.3	96.8	98.1	98.9	98.4	99.5	99.1
九　月	101.6	102.5	106.9	105.9	103.9	105.5	103.8	105.1	97.3	98.0	98.8	98.4	99.1	99.1
十　月	102.3	102.5	104.5	105.8	103.7	105.3	102.0	104.8	98.5	98.0	98.6	98.5	98.7	99.1
十一月	102.6	102.5	101.6	105.4	105.0	105.3	100.8	104.4	98.2	98.0	98.6	98.5	98.8	99.0
十二月	103.3	107.6	99.0	104.9	103.7	105.1	100.0	104.1	98.7	98.1	98.7	98.5	98.4	99.0

9-30 工业品出厂价格分月指数（二）

（以上年为 100）

月 份	2015 年		2016 年		2017 年		2018 年		2019 年		2020 年		2021 年	
	当月	累计	当月	累计	当月	累计	当月	累计	当月	累计	当月	累计	当月	累计
一 月	97.4	97.4	96.3	96.3	103.9	103.9	105.6	105.6	100.5	100.5	98.2	98.2	99.7	99.7
二 月	97.3	97.3	96.8	96.5	104.6	104.3	104.6	105.1	100.2	100.4	98.7	98.4	99.9	99.8
三 月	97.6	97.4	97.4	96.8	104.7	104.4	103.6	104.6	100.3	100.3	98.1	98.3	102.1	100.6
四 月	97.6	97.5	97.5	97.0	104.1	104.3	104.0	104.4	100.8	100.5	96.5	97.9	104.8	101.6
五 月	97.3	97.4	97.4	97.1	104.1	104.3	104.9	104.5	100.5	100.5	95.8	97.5	106.3	102.5
六 月	96.8	97.3	97.7	97.2	104.4	104.3	105.3	104.7	99.4	100.3	96.4	97.3	105.9	103.1
七 月	96.1	97.2	98.1	97.3	104.9	104.4	104.8	104.7	99.1	100.1	96.9	97.2	106.2	103.5
八 月	95.9	97.0	99.0	97.5	105.7	104.6	104.2	104.6	98.3	99.9	98.1	97.3	106.1	103.8
九 月	95.9	96.9	99.2	97.7	106.9	104.8	103.5	104.5	97.9	99.7	97.8	97.4	106.6	104.1
十 月	95.9	96.8	100.3	98.0	106.8	105.0	103.2	104.4	97.5	99.5	97.9	97.4	107.6	104.5
十一月	95.8	96.7	101.4	98.3	106.5	105.2	102.1	104.1	97.8	99.3	98.3	97.5	108.2	104.8
十二月	95.5	96.6	103.4	98.7	105.4	105.2	101.2	103.9	98.3	99.2	99.3	97.7	106.9	105.0

9–31 原材料、燃料、动力购进价格指数（一）

（以上年为 100）

行业分类	2005 年	2007 年	2008 年	2010 年	2011 年	2012 年	2013 年	2014 年	2015 年
全部原材料	**106.0**	**104.4**	**111.0**	**108.6**	**108.5**	**97.8**	**98.1**	**97.9**	**91.7**
1. 按类别分									
燃料、动力类	107.9	104.2	113.0	109.1	103.3	101.2	99.6	100.3	97.2
黑色金属材料类	109.5	106.8	125.6	105.2	105.8	98.0	98.0	95.0	87.7
# 钢材	102.7	106.1	122.8	105.2	105.8	97.8	98.0	95.0	87.7
其他	123.8	115.0	133.6	105.4	108.5	105.1	95.9	96.7	88.8
有色金属材料和电线类	114.2	107.4	85.8	124.7	109.6	92.6	94.2	94.6	91.1
化工原料类	108.0	108.8	110.2	107.4	106.8	94.1	100.8	97.6	91.2
木材及纸浆类	101.1	101.2	104.4	106.9	108.6	105.8	102.1	101.7	102.9
建筑材料及非金属矿类	90.8	104.7	105.7	101.4	107.3	93.8	97.0	103.4	83.3
其他工业原材料及半成品类	104.7	102.8	104.0	107.5	114.6	96.9	96.1	97.1	90.3
农副产品类	103.5	103.1	110.3	110.5	109.4	101.0	99.5	98.3	98.7
纺织原料类	102.1	100.4	102.3	110.2	112.7	98.3	100.8	99.3	96.5
2. 按行业分									
农业					106.1	101.6	100.0	100.8	100.3
林业					108.3	107.0	103.5	102.4	99.7
畜牧业					114.3	102.5	102.6	95.5	97.2
煤炭开采和洗选业	101.8	100.0	115.9	103.0	106.6	100.3	90.6	94.8	90.0
石油和天然气开采业									
黑色金属矿采选业									
有色金属矿采选业	100.3				101.5	92.6	96.3	91.2	87.6
非金属矿采选业	109.5	103.1	114.3	108.4	113.8	102.1	95.6	101.1	101.7
其他采矿业	100.0								
农副食品加工业	101.2	106.7	119.7	108.8	104.7	100.9	101.0	98.5	98.0
食品制造业	104.4	105.2	108.4	108.8					
饮料制造业	105.3	98.5	106.2	107.0					
纺织业	102.6	102.2	104.1	111.4	112.7	98.3	100.8	99.3	96.5
纺织服装、鞋、帽制造业	107.7								

9-31 原材料、燃料、动力购进价格指数（一）

续 1　　　　（以上年为 100）

行业分类	2005 年	2007 年	2008 年	2010 年	2011 年	2012 年	2013 年	2014 年	2015 年
皮革、毛皮、羽毛（绒）及其制品业	109.0	102.7	105.6	103.4	112.5	101.8	101.3	102.4	94.3
木材加工及木、竹、藤、棕、草制品业	111.5	102.9	107.9	103.9	110.1	105.4	101.0	101.3	105.4
家具制造业	102.1								
造纸及纸制品业	104.1	106.5	111.8	110.8	104.4	99.7	98.1	98.7	99.7
印刷业和记录媒介的复制	105.5	101.2	99.9	104.9					
文教体育用品制造业	106.5	99.5	96.7	109.2					
石油加工、炼焦及核燃料加工业	112.5	107.6	106.7	121.7	112.5	103.3	100.6	96.0	77.6
化学原料及化学制品制造业	110.9	114.4	113.4	107.7	106.1	95.6	102.3	98.3	91.3
医药制造业	105.8	103.0	109.0	115.9					
化学纤维制造业	100.6	99.1	98.3	115.8	110.3	87.0	93.4	93.7	90.6
橡胶制品业	104.0	99.4	103.9	111.7					
塑料制品业	102.6	106.1	101.8	105.7	106.9	100.6	100.0	100.0	100.0
非金属矿物制品业	106.1	102.2	111.3	106.3	104.7	90.4	97.6	104.2	75.9
黑色金属冶炼及压延加工业	114.3	113.1	97.6	111.2	105.8	98.0	98.0	95.0	87.7
有色金属冶炼及压延加工业	110.2	99.6	89.8	117.3	110.7	92.6	93.9	95.0	91.5
金属制品业	109.0	103.6	115.2	113.9	108.9	87.6	92.1	91.7	85.1
通用设备制造业	102.6	104.7	106.8	105.5	108.8	98.4	98.3	98.2	94.2
专用设备制造业	103.0								
交通运输设备制造业	106.8	106.3	126.1	107.8					
电气机械及器材制造业	111.7	103.3	102.0	107.7	112.8	89.2	95.9	93.5	87.9
通信设备、计算机及其他电子设备制造业	102.3	110.6	114.6	103.6	103.2	100.7	101.5	99.0	98.8
仪器仪表及文化、办公用机械制造业	111.9	105.5	101.9	102.8					
工艺品及其他制造业	102.3								
废弃资源和废旧材料回收加工业				112.2	110.5	85.6	89.2	93.4	77.2
电力、热力的生产和供应业	107.7	105.5	125.7	116.6	101.3	101.4	100.9	100.6	100.6
燃气生产和供应业				107.9	105.3	100.9	107.2	108.4	97.6
水的生产和供应业	108.0	101.8	100.8	109.6	120.8	106.7	100.0	100.1	100.1

9-31 原材料、燃料、动力购进价格指数（二）

（以上年为100）

行业分类	2016年	2017年	2018年	2019年	2021年	2021年
全部原材料	**99.2**	**115.0**	**106.6**	**94.5**	**95.2**	**115.4**
1. 按类别分						
燃料、动力类	98.1	98.5	100.3	101.5	98.4	104.4
黑色金属材料类	109.6	136.8	110.5	94.5	95.6	122.2
#钢材	110.0	137.2	110.6	94.5	95.5	122.1
其他	85.5	113.9	104.7	99.8	99.8	129.6
有色金属材料和电线类	96.8	121.0	102.8	92.6	96.8	120.8
化工原料类	96.4	119.5	109.7	82.8	85.9	129.1
木材及纸浆类	97.9	104.0	101.7	96.6	99.7	102.5
建筑材料及非金属矿类	100.6	117.8	127.3	109.5	101.8	102.3
其他工业原材料及半成品类	98.0	105.3	106.8	99.6	97.5	110.2
农副产品类	99.6	99.0	105.0	136.4	101.2	102.9
纺织原料类	99.0	104.2	102.1	98.8	97.2	103.2
2. 按行业分						
农业	99.6	99.0	105.0	136.4	101.2	103.7
林业						
畜牧业						
煤炭开采和洗选业						139.16
石油和天然气开采业						
黑色金属矿采选业						
有色金属矿采选业						115.4
非金属矿采选业	100.0	105.7	109.9	110.6	104.1	106.1
其他采矿业						
农副食品加工业	101.0	100.6	97.8	91.8	104.0	100.7
食品制造业						101.3
饮料制造业						
纺织业	99.0	104.2	102.1	98.8	97.2	103.2
纺织服装、鞋、帽制造业						

9-31 原材料、燃料、动力购进价格指数（二）

续 1　　（以上年为 100）

行业分类	2016 年	2017 年	2018 年	2019 年	2021 年	2021 年
皮革、毛皮、羽毛及其制品和制鞋业	94.8	101.7	90.3	86.8	97.7	
木材加工和木、竹、藤、棕、草制品业	97.9	101.6	100.9	99.5	99.2	100.1
家具制造业						
造纸和纸制品业	97.9	111.4	103.9	87.9	101.0	108.0
印刷业和记录媒介的复制						
文教体育用品制造业						
石油加工、炼焦及核燃料加工业	93.9	102.6	117.1	91.7	83.6	
化学原料和化学制品制造业	96.6	122.8	110.9	81.2	87.9	131.2
医药制造业						
化学纤维制造业	96.3	113.2	106.1	84.9	79.1	120.4
橡胶和塑料制品业	95.1	103.8	107.6	97.7	94.6	100.8
塑料制品业						
非金属矿物制品业	101.1	126.4	138.6	107.5	98.7	101.4
黑色金属冶炼及压延加工业	109.5	136.4	110.4	94.6	95.7	122.1
有色金属冶炼及压延加工业	96.8	121.0	102.8	92.6	96.8	120.8
金属制品业	100.4	117.8	105.4	94.1	100.6	121.0
通用设备制造业	96.1	101.1	104.3	94.7	99.3	101.6
专用设备制造业						
交通运输设备制造业						
电气机械及器材制造业	98.3	102.7	101.0	98.3	98.5	103.5
计算机、通信和其他电子设备制造业	99.1	99.3	120.4	108.8	90.1	99.6
仪器仪表及文化、办公用机械制造业						
工艺品及其他制造业						
废弃资源综合利用业	84.5	115.0	122.2	103.8	101.6	123.9
电力、热力的生产和供应业	99.1	98.5	99.9	100.8	99.1	100.4
燃气生产和供应业	85.2	97.9	101.7	112.2	92.5	97.2
水的生产和供应业	101.7	101.5	102.5	102.3	96.0	98.9

主要统计指标解释

从业人员劳动报酬 指各单位在一定时期内直接支付给本单位全部从业人员的劳动报酬总额。包括在岗职工工资总额、劳务派遣人员劳动报酬总额和其他从业人员劳动报酬总额。

在岗职工工资总额 指各单位在一定时期内直接支付给本单位全部在岗职工的劳动报酬总额。工资总额的计算应以直接支付给职工的全部劳动报酬为根据。各单位支付给职工的劳动报酬以及其他根据有关规定支付的工资，不论是计入成本的还是不计入成本的，不论是以货币形式支付的还是以实物形式支付的，均应列入工资总额的计算范围。工资总额包括计时工资、计件工资、奖金、津贴和补贴、加班加点工资、特殊情况下支付的工资。在岗职工工资总额从构成角度分解 为四部分：基本工资、绩效工资、工资性津贴和补贴、其他工资。工资总额不包括人员的病假、事假等情况扣款，单位在填报在岗职工工资总额四项构成时，应根据实际情况调整对应项目；如不能确定调整项，可扣减基本工资项。

保险福利费总额 指各单位在工资以外实际支付给在职职工和非在职职工个人以及用于集体的劳动保护和职工福利的费用总额。不包括用于职工的劳动保护费用。从企业来讲，不仅包括由职工福利基金支出的部分，而且还包括由企业营业外支出，企业基金或利润留成，工会文教费，企业管理费支出的部分。预算单位包括由职工福利费、公务费、差额补助费等支出的部分。

非私营单位 指中央和地方各级国家机关、政党机关和社会团体，以及中央和地方所属的各级企业、事业单位。包括国有经济、城镇集体经济、联营经济、股份制经济、外商和港、澳、台投资经济、其他经济单位。不包括个体和私营经济单位。具体鉴定口径为在法人单位基本情况库中同时满足下列条件：①登记注册类型除了私营独资（代码 171）、私营合伙（代码 172）、私营有限责任公司（代码 173）和私营股份有限公司（代码 174）；②行业中不包括寺庙等宗教场所；③从业人员大于 3 人。

可支配收入 指调查户在调查期内获得的、用于支付最终消费支出和储蓄的总和，即调查户可以用来自由支配的收入。

可支配收入 = 工资性收入 + 经营净收入 + 财产净收入 + 转移净收入。其中：

经营净收入 = 经营收入 - 经营费用 - 生产性固定资产折旧 - 生产税

财产净收入 = 财产性收入 - 财产性支出

转移净收入 = 转移性收入 - 转移性支出

工资性收入 指就业人员通过各种途径得到的全部劳动报酬和各种福利，包括受雇于单位或个人、从事各种自由职业、兼职和零星劳动得到的全部劳动报酬和福利。

经营净收入 指住户或住户成员从事生产经营活动所获得的净收入，是全部经营收入中扣除经营费用、生产性固定资产折旧和生产税之后得到的净收入（包括一、二、三产净收入）。

财产净收入 指住户或住户成员将其所拥有的金融资产、住房等非金融资产和自然资源交由其他机构单位、住户或个人支配而获得的回报并扣除相关的费用之后得到的净收入。财产净收入包括利息净收入、红利收入、储蓄性保险净收益、转让承包土地经营权租金净收入、出租房屋净收入、出租其他资产净收入和自由住房折算净租金等。

转移净收入 指国家、单位、社会团体对住户的各种经常性转移支付和住户之间的经常性收入转移等费用后扣除相关费用得到的净收入。转移性收入包括养老金或退休金、社会救济和补助、政策性生产补贴、政策性生活补贴、救灾款、经常性捐赠和赔偿、报销医疗费、住户之间的赡养收入，以及本住户非常住成员寄回带回收入等。

消费支出 指住户用于满足家庭日常生活消费需要的全部支出，包括用于消费品的支出和用于服务性消费支出和用于服务型消费的支出。根据用途不同，消费支出可划分为食品烟酒、衣着、居住、生活用品及服务、交通通信、教育文化娱乐、医疗保健、其他用品及服务八大类。

居民消费价格指数 是反映一定时期内城乡居民所购买的生活消费品价格和服务项目价格变动趋势和程度的相对数。是综合了城市居民消费价格指数和农民消费价格指数计算取得。利用居民消费价格指数，可以观察和分析消费品的零售价格和服务价格变动对城乡居民实际生活支出的影响程度。

商品零售价格指数 是反映城乡商品零售价格变动趋势的一种经济指数。零售物价的调整变动直接影响到城乡居民的生活支出和国家的财政收入，影响居民购买力和市场供需平衡，影响消费与积累的比例。因此，计算零售价格指数，可以从一个侧面对上述经济活动进行观察和分析。

工业品出厂价格指数 是反映全部工业产品出厂价格总水平的变动趋势和程度的相对数。其中除包括工业企业售给商业、外贸、物资部门的产品外，还包括售给工业和其他部门的生产资料以及直接售给居民的生活消费品。通过工业生产价格指数能观察出厂价格变动对工业总产值的影响。

十、科技、教育、文艺、体育、卫生、广电

10-1 主要年份科技事业基本情况

项 目	单位	2005年	2009年	2010年	2014年	2015年	2016年	2017年	2018年	2019年	2020年	2021年
1. 本年获市级以上政府奖的科技成果	项	37	61	72	100	67	76	79	27		24	
#省级奖	项	6	17	30	18	22	23	27	27		24	
市级奖	项	31	43	41	82	45	51	50				
2. 年末拥有省级以上高新技术企业	家	110	132	160	377	450	683	969	758	938	1144	1379
#国家级	家	24	132	160	377	450	683	969	758	938	1144	1379
年末拥有省级高新技术研发中心	家	26	73	88	188	223	258	297	352	419	485	485
3. 本年列入国家级火炬项目	项	24		42	38	45						
#重点火炬项目	项											
4. 本年经认定登记的技术成交项目	项	778	338	9761	389	240	197	877	847	810	1319	1906
经认定登记的技术成交金额	万元	4914	4059	3231	19804	28394	180000	417734	659693	739762	772822	331319
5. 本年新增专利申请受理量	项	1774	6030	7221	19886	21822	23271	28808	37284	23359	29288	
#发明	项	161	867	1254	5705	6193	6662	10662	15725	6821	10057	
实用新型	项	467	1682	2185	7767	10232	12424	14280	18039	13431	16294	
外观设计	项	1146	3481	3782	6414	5397	4185	3866	3520	3107	2939	
本年新增专利申请授权量	项	482	5165	6630	12679	16653	13695	12025	18672	16419	17711	20254
#发明	项	8	92	214	700	1647	2544	2190	1831	1256	1352	2041
实用新型	项	130	1042	2093	6645	9064	8350	7155	13688	12322	12990	15377
外观设计	项	344	4031	4323	5334	5942	2801	2680	3153	2841	3370	2836
6. 县级以上政府部门所属研究与开发机构												
年末机构数	个		6	10	15	15	15	13	14		15	21
年末职工总数	人		157	209	327	339	437	420	352		669	1116
#科学家和工程师	人		103	126	231	260	255	244	232		557	986
本年经费收入	万元		2885	4563	7845	9098	8911	7953	9850		19264	37171
#政府拨款	万元		1621	3226	3459	6310	4155	5522	9315		15436	28888

10-2 分县区科技事业基本情况

项　目	单位	全 市	吴兴区	南浔区	德清县	长兴县	安吉县	南太湖新 区	△市区
1. 本年获市级以上政府奖的科技成果	项	17	9	1	1	1	2	2	4
#省级奖	项	17	9	1	1	1	2	2	4
市级奖	项								
2. 年末拥有省级以上高新技术企业	家	1379	185	191	327	318	261	97	473
#国家级	家	1379	185	191	327	318	261	97	473
年末拥有省级高新技术研发中心	家	485	89	81	119	108	112	43	213
3. 本年列入国家级火炬项目	项								
#重点火炬项目	项								
4. 本年经认定登记的技术成交项目	项	1906	258	138	264	233	370	1039	
经认定登记的技术成交金额	万元	1331319	56708	209016	224805	324393	193323	588799	
5. 本年新增专利申请授权量	项	20254	3272	2279	5005	3942	4048	1670	7221
#发明	项	2041	341	154	501	516	286	238	733
实用新型	项	15377	2651	1831	4003	3109	2444	1314	5796
外观设计	项	2836	280	294	501	317	1318	118	692
6. 县级以上政府部门所属研究与开发机构									
年末机构数	个	21	3		8			7	13
年末职工总数	人	1116	24		406			502	710
#科学家和工程师	人	986	24		372			435	614
本年经费收入	万元	37171	2033		11358			16595	25813
#政府拨款	万元	28888	2000		9903			10748	18985

10-3 主要年份科技活动情况

项 目	单位	2010年	2012年	2013年	2014年	2015年	2016年	2017年	2018年	2019年	2020年	2021年
一、研究机构和R&D活动人员情况												
研究机构	个	338	447	474	518	649	749	751	821	904	1318	1524
研究与试验发展人员	人	8666	14681	16327	17529	21872	23721	24168	29004	32952	39316	39535
研究与试验发展人员折合全时当量	人年	6812	10553	12941	14057	16982	18963	18807	23470	27053	31085	29986
二、研究与试验发展经费情况												
研究与试验发展经费内部支出	亿元	21.35	36.53	43.64	48.22	53.20	59.18	65.57	76.14	87.01	91.82	106.05
#规上工业企业	亿元	20.66	35.89	42.96	47.29	52.37	57.45	63.23	74.51	80.98	91.95	103.87
#企业资金	亿元	19.88	34.44	41.57	45.41	51.07	56.27	62.15	73.66	80.46	93.03	102.76
三、委托外单位研究开发经费情况												
委托外单位研究开发经费支出	万元	7106	6216	6782	11050	9349	9706	12236	10276	12154	24746	82752
#对境内高等院校支出	万元	3240	2668	2355	3304	2752	2275	2436	2394	4244	4101	4452
对境内研究机构支出	万元	2230	2628	2665	3455	1830	5314	5954	1153	1075	6012	4166
对境外支出	万元	200	312	773	2123	2166	430	541	704	975	1756	5602
四、本年度工业企业R&D项目情况												
#研究与试验发展项目数	项	1026	2113	2465	2691	3275	4131	4672	5567			
五、科技活动成果情况												
专利申请量	件	2873	4203	5492	5814	6603	5553	5678	7081	7286	8957	9581
发明专利授权量	件	214	506	521	700	1647	2544	2190	1831			
六、技术改造与技术获取情况												
技术改造经费支出	万元	112038	84033	69728	62831	61134	81245	63114	45102	45709	97601	74088
引进境外技术经费支出	万元	9467	285	724	3122	1106	1111	1485	561	17	2300	173
消化吸收经费支出	万元	7264	1446	845	1992	2173	3275	3479	1459	23	82	
购买境内技术经费支出	万元	5906	1813	3490	3193	1717	2024	2915	4129	2814	3268	4223

10-4 工业企业办研发机构人员情况

单位：人

行业分类	机构人员合计（人）	#博士毕业	硕士毕业
总　计	**35578**	**391**	**1548**
一、按登记注册类型分组			
内资企业	29137	323	1324
有限责任公司	3153	32	113
股份有限公司	4253	97	266
私营企业	21726	194	944
港、澳、台商投资企业	2512	40	67
外商投资企业	3929	28	157
二、按国民经济行业大类分组			
采矿业	176	1	7
非金属矿采选业	176	1	7
制造业	35053	387	1534
农副食品加工业	194	8	17
食品制造业	410	10	23
酒、饮料和精制茶制造业	144	1	23
纺织业	2235	12	94
纺织服装、服饰业	399	8	16
皮革、毛皮、羽毛及其制品和制鞋业	25		1
木材加工和木、竹、藤、棕、草制品业	846	30	27
家具制造业	2616	8	43
造纸和纸制品业	280		11

10-4 工业企业办研发机构人员情况

续 1　　　　　　　　　　　　　　　　　　　　　　　　　　单位：人

行业分类	机构人员合计（人）	#博士毕业	硕士毕业
造纸和纸制品业	280		11
印刷和记录媒介复制业	132	1	4
文教、工美、体育和娱乐用品制造业	797	2	12
化学原料和化学制品制造业	2209	46	145
医药制造业	1284	40	192
化学纤维制造业	2002	12	7
橡胶和塑料制品业	830	8	33
非金属矿物制品业	3268	28	107
黑色金属冶炼和压延加工业	998	6	25
有色金属冶炼和压延加工业	622	9	11
金属制品业	1445	10	48
通用设备制造业	4191	33	141
专用设备制造业	1579	16	192
汽车制造业	1608	12	72
铁路、船舶、航空航天和其他运输设备制造业	126		3
电气机械和器材制造业	4384	57	175
计算机、通信和其他电子设备制造业	1757	26	95
仪器仪表制造业	451	4	11
其他制造业	79		2
废弃资源综合利用业	96		2
电力、热力、燃气及水生产和供应业	349	3	7
电力、热力生产和供应业	280	1	2
水的生产和供应业	15	2	3

10-5　规上工业企业研究与试验发展人员和经费支出情况

行业分类	R&D 人员合计（人）	R&D 人员折合全时当量合计（人年）	R&D 经费内部支出合计（万元）
总　　计	**39023**	**29601**	**1038671**
一、按登记注册类型分组			
内资企业	32370	24515	821647
国有企业			0
有限责任公司	2991	2258	88749
股份有限公司	4090	3286	134680
私营企业	25289	18971	598218
港、澳、台商投资企业	2576	1980	79592
外商投资企业	4077	3106	137432
二、按国民经济行业大类分组			
采矿业	156	122	5685
非金属矿采选业	156	122	5685
制造业	38571	29246	1023068
农副食品加工业	220	152	5392
食品制造业	441	371	6062
酒、饮料和精制茶制造业	143	102	3601
纺织业	2762	2049	41834
纺织服装、服饰业	441	298	7166
皮革、毛皮、羽毛及其制品和制鞋业	47	30	351
木材加工和木、竹、藤、棕、草制品业	1175	902	30296
家具制造业	5649	4245	99494
造纸和纸制品业	407	299	7442

10-5 规上工业企业研究与试验发展人员和经费支出情况

续 1

行业分类	R&D 人员合计（人）	R&D 人员折合全时当量合计（人年）	R&D 经费内部支出合计（万元）
印刷和记录媒介复制业	121	95	3107
文教、工美、体育和娱乐用品制造业	844	677	11962
化学原料和化学制品制造业	2232	1776	57895
医药制造业	1008	764	36147
化学纤维制造业	1853	1244	96728
橡胶和塑料制品业	888	662	23188
非金属矿物制品业	3148	2247	63460
黑色金属冶炼和压延加工业	692	584	20666
有色金属冶炼和压延加工业	618	458	19173
金属制品业	1404	1121	42916
通用设备制造业	4619	3554	133265
专用设备制造业	1376	1046	36901
汽车制造业	1986	1525	64121
铁路、船舶、航空航天和其他运输设备制造业	79	57	1418
电气机械和器材制造业	4178	3208	141224
计算机、通信和其他电子设备制造业	1664	1345	58067
仪器仪表制造业	381	277	5922
其他制造业	49	40	811
废弃资源综合利用业	106	85	4068
金属制品、机械和设备修理业	25	18	243
电力、热力、燃气及水生产和供应业	296	233	9918
电力、热力生产和供应业	221	176	8565

10-6 历年各类学校数

单位：个

年 份	普通高校	普通中专	中等技工学校	职业中学	普通中学	小 学	幼儿园	特殊教育
1978	1				364	2147		
1979	1				275	2071		
1980	1				246	2027	497	
1981	1				226	2024	312	
1982	1	4			205	1964		
1983	1	5	10		208	1902		
1984	1				191	1831		
1985	1	8	8	9	188	1798	1094	
1986	1	8	8	11	183	1767	769	
1987	1	8	8	9	181	1753	807	
1988	1	7	8	10	180	1755	791	1
1989	1	7	8	10	180	1759	684	1
1990	1	7	8	9	179	1740	279	3
1991	1	7	8	11	175	1717	431	3
1992	1	7	8	11	175	1687	451	3
1993	1	8	7	14	176	1665	407	3
1994	1	8	7	14	178	1639	479	3
1995	1	8	7	19	176	1618	467	3
1996	1	8	7	21	175	1582	130	4
1997	1	8	7	22	177	1526	146	4
1998	1	8	7	23	173	1106	155	4
1999	1	8	7	27	166	827	230	3
2000	2	7	4	26	163	678	171	2
2001	2	6	2	19	155	515	189	2
2002	2	7	2	17	153	392	193	2
2003	4	3	4	17	151	343	180	2
2004	3	3	4	19	141	290	171	2
2005	3	3	2	21	141	262	163	2
2006	3	3	2	22	142	223	174	2
2007	3	3	2	18	134	185	176	2
2008	3	3	2	18	133	167	173	2
2009	3	4	2	14	130	150	175	2
2010	3	4	2	14	130	141	175	5
2011	3	4	2	10	126	133	176	5
2012	3	4	2	8	125	136	180	5
2013	3	4	2	8	125	130	175	5
2014	3	4	2	8	123	128	184	5
2015	3	4	1	8	118	129	185	5
2016	3	4	1	8	120	126	193	5
2017	3	4	1	8	124	127	207	5
2018	3	4	1	8	120	128	216	5
2019	3	4	1	9	119	128	229	5
2020	4	4	1	9	117	131	237	5
2021	4	4	1	9	117	126	252	5

10-7 历年各级学校在校学生数

单位：人

年份	普通高校	普通中专	中等技工学校	职业中学	普通中学	小学	幼儿园	特殊教育
1978		453	367		129242	298176		
1979	922	668	1211	97	102944	282866		
1980	1067	750	1551	233	95445	271836		
1981	999	850	1149	189	85594	246629		
1982	972	872	725	65	80855	219748		
1983	971	769	552	658	83516	197654		
1984	1027	901	1177	1311	90328	181583		
1985	1100	1477	1347	3332	97455	168785		
1986	1126	2160	1622	4399	98505	163560	47439	
1987	1105	2485	1565	5428	95127	161059	55625	15
1988	878	2816	1534	4751	83967	173503	49461	30
1989	974	2837	1589	4176	70725	193393	41486	48
1990	956	3040	1545	4315	71502	194444	43085	80
1991	921	3091	1781	3348	79648	187778	55826	122
1992	977	3284	2061	3571	90880	184058	65808	490
1993	1240	3894	2216	4626	92593	192781	67031	697
1994	1587	4700	2487	5743	99514	199783	61945	1164
1995	1559	7854	2670	7065	109705	202101	63912	1389
1996	1379	7922	2998	6252	113130	212146	60346	1711
1997	1396	9400	3853	11534	104259	228050	57534	1833
1998	1633	9942	3401	13323	97927	231334	59457	1853
1999	2373	9671	2824	12734	109511	225224	62408	1898
2000	3991	7759	2010	12101	129171	216005	61934	1569
2001	6723	7112	1908	15409	142434	207078	64804	1412
2002	9975	6588	2530	21137	149729	201540	60122	1226
2003	12051	7556	2258	27201	155774	192462	56612	850
2004	14269	9077	2466	29122	155353	190770	57572	703
2005	16406	10770	3005	29346	152551	182604	58503	591
2006	18795	10644	2815	29814	149561	183458	60217	475
2007	21096	10857	2647	28364	149587	178962	61775	470
2008	23468	10372	2726	24489	152523	172028	64946	497
2009	24409	10543	2897	21712	149313	163058	66946	484
2010	24768	11886	2694	19691	146311	160116	72369	519
2011	25329	13332	4055	19390	137321	161634	73316	346
2012	26153	14121	3627	17633	131374	156915	74654	381
2013	26673	13345	2143	18994	125947	156668	75051	686
2014	26988	12249	1794	19538	122014	156102	76658	382
2015	26947	11726	1658	19758	116360	155762	80198	397
2016	26668	11894	1211	16096	110937	157896	82285	415
2017	26383	11880	1515	28732	112452	160299	88878	415
2018	26941	11496	1265	28306	114295	166550	90134	415
2019	28834	10639	1384	17444	116167	172757	89975	428
2020	33770	10973	1564	18860	116898	180744	93131	424
2021	37405	11383	1751	20907	119544	188779	95885	442

10-8　历年各级学校专任教师数

单位：人

年　份	普通高校	普通中专	中等技工学校	职业中学	普通中学	小　学	幼儿园	特殊教育
1978					6326	10215	557	
1979					5348	9844	519	
1980					4905	9489	994	
1981					4623	8942	940	
1982					4512	8740	1014	
1983					4666	8332	1099	
1984					4709	7875	1399	
1985	178	163	144	146	4685	7611	1781	
1986	175	207	152	183	4780	7398	1900	
1987	182	243	171	245	4960	7508	2099	
1988	169	296	174	260	5059	7772	2156	8
1989	167	280	180	240	4955	8271	2144	11
1990	165	258	185	222	4661	7290	2195	15
1991	146	278	194	204	4742	7378	2288	26
1992	140	270	208	211	4880	7301	2453	32
1993	135	304	216	231	4952	7306	2520	37
1994	136	341	221	250	5067	7338	2452	41
1995	138	321	203	309	5431	7459	2540	42
1996	145	334	205	344	5980	7815	2579	53
1997	152	361	221	438	6197	8168	2623	57
1998	177	383	194	516	6266	8343	2887	62
1999	274	344	149	491	6646	8699	2859	46
2000	333	271	145	496	7122	8759	3014	38
2001	524	176	84	631	7544	8530	2537	33
2002	569	179	92	899	8012	8498	2240	35
2003	724	264	76	825	8435	8284	2134	32
2004	819	305	76	1070	8895	8744	2217	36
2005	943	322	96	1189	9173	8654	2241	36
2006	1052	338	113	1291	9371	8935	2381	37
2007	1102	337	97	1231	9401	8914	2442	39
2008	1526	347	96	1115	9591	8860	3328	40
2009	1583	387	111	1019	9755	8874	3508	42
2010	1224	409	116	967	9894	8752	3747	64
2011	1258	540	132	1024	9937	8543	3943	78
2012	1354	735	188	1014	10040	8533	4368	97
2013	1422	772	109	1116	10101	8558	4506	97
2014	1466	779	118	1314	10078	8556	4717	112
2015	1483	772	105	1412	10083	8607	3466	119
2016	1511	780	105	1307	10097	8800	5236	124
2017	1628	784	101	2109	10141	9079	5758	136
2018	1653	778	104	2077	10133	9248	5991	136
2019	1778	772	105	1345	10175	9562	6378	148
2020	1920	774	103	1450	10306	10047	6657	154
2021	1918	795	112	1550	10521	10430	7347	138

10–9 历年各级学校招生数

单位：人

年 份	普通高校	普通中专	中等技工学校	职业中学	普通中学	小 学	幼儿园	特殊教育
1978					50423	55395		
1979					40043	41695		
1980					37297	38366	14941	
1981					33367	29599	13846	
1982					31211	27420		
1983	364	252		113	33399	29712	14733	
1984					32236	29822		
1985	450	912	561	2170	33427	27925		
1986	343	901	474	2235	33575	30835		
1987	384	858	601	2901	30867	27279	23515	
1988	494	1028	501	2126	23812	35100	13611	16
1989	471	996	546	1894	19762	35713	19438	19
1990	480	1048	560	2047	29496	27712	21863	34
1991	440	1129	749	1443	32379	23042	29379	43
1992	503	1191	814	1428	33189	27611	32793	32
1993	599	1742	808	2628	31535	37629	33299	50
1994	640	2125	1043	2798	39055	41948		134
1995	616	3536	1248	2966	42615	38842	31689	92
1996	578	3267	1351	1760	34439	39165	30405	141
1997	588	3568	1465	5425	30159	38926	28734	102
1998	527	3090	1051	5466	35935	31267	29207	129
1999	1321	3017	773	4209	46490	32133	28535	85
2000	2227	1562	706	4619	49928	32395	27563	107
2001	3312	1751	811	7728	48802	31192	28971	222
2002	4100	2070	1118	11060	53108	33241	26212	134
2003	4147	3764	1667	11057	55447	29604	24348	109
2004	5175	3729	1259	10230	47933	27325	23600	74
2005	5462	3981	1191	11275	50303	23816	22047	57
2006	6222	3967	1225	10974	51505	25792	20333	38
2007	6968	3724	1036	9102	49124	27099	22131	34
2008	7688	3517	932	7824	53436	26776	23024	65
2009	7070	4192	1220	7565	49097	24944	22141	52
2010	7088	4687	416	6773	46605	25359	24344	81
2011	7591	5250	1087	7311	44167	28287	25466	60
2012	7869	4713	1154	6241	42822	25936	25412	64
2013	7617	4366	645	7070	40983	26332	24350	103
2014	7740	3924	448	6785	38906	26548	25752	54
2015	7816	4069	532	6633	37376	26393	26872	104
2016	7301	4420	504	5849	36493	27859	29371	66
2017	7757	3930	434	9737	38974	28623	32322	167
2018	8493	3531	459	9024	38206	32053	31028	60
2019	9737	3594	571	6424	39193	32154	26716	56
2020	12338	4511	659	7398	40193	33672	32823	51
2021	12593	4044	456	7551	40670	32378	30432	35

10-10 历年各级学校毕业生数

单位：人

年份	普通高校	普通中专	中等技工学校	职业中学	普通中学	小学	幼儿园	特殊教育
1978					47921	48122		
1979					45295	43351		
1980					26767	43116		
1981					27635	48255		
1982					22852	47373		
1983					20484	49169		
1984					20083	44892		
1985					20811	40811		
1986					26516	36230		
1987					27499	29629		
1988					28039	22418		
1989					27412	15947		
1990	494	831	567	1746	25351	27558	20817	
1991	475	1066	517	1520	21533	29978	17543	
1992	430	982	520	942	18197	30991	23510	
1993	330	1123	621	1120	25350	28648	31778	31
1994	485	1201	822	1342	28064	35067		45
1995	719	1247	935	1225	29887	37205		128
1996	589	1576	765	2309	28335	29417		49
1997	555	2077	856	3030	36175	23214		89
1998	274	2521	1207	3204	39780	27787		214
1999	576	3176	1350	3950	31500	38070		221
2000	593	3360	1261	4442	27617	41990		228
2001	483	2433	841	3864	33462	39352		258
2002	986	2556	619	3861	44134	39467	31097	254
2003	2037	2603	776	3950	47762	39348	27951	245
2004	2802	1936	998	6008	46953	31804	26535	130
2005	3309	1806	623	9732	51785	32887	22971	115
2006	3568	3374	887	9190	53820	33415	22978	53
2007	4574	3147	841	8883	47143	34018	23352	40
2008	5291	3353	849	10034	48314	36164	22810	52
2009	5983	3661	939	8928	49465	32739	22478	54
2010	6544	2858	879	7330	47033	29867	21958	55
2011	6912	3279	1180	6188	50291	26849	25086	44
2012	6825	3545	1229	5592	46764	27149	24240	42
2013	6909	4825	992	6251	44205	27477	25132	90
2014	7193	4654	725	6572	42132	26435	24592	62
2015	7703	4186	651	6604	40836	24718	26096	89
2016	7374	3892	475	6020	39314	24054	26261	58
2017	7782	3678	343	8816	36602	26449	26544	106
2018	7728	3631	377	9119	35589	25049	29617	45
2019	7675	3951	409	5529	35957	25150	30233	48
2020	7470	3582	388	5558	38642	25461	32003	69
2021	8354	3201	304	5136	37156	26418	29816	37

10-11　全市教育事业基本情况

项　目	学校数 (所)	招生数 (人)	毕业生数 (人)	在校学生数 (人)	教职工人数 (人)	#专任教师
合　计	**519**	**132824**	**115499**	**490133**	**41380**	**33403**
1.高等教育	5	17258	13431	51442	3501	2528
普通高校	4	12593	8354	37405	2718	1918
成人高校	1	1167	1482	4473	0	0
网络教育		3498	3595	9564	783	610
2.普通中学	117	40670	37156	119544	12829	10521
初中	88	26637	23611	76677		6425
高中	29	14033	13545	42867		4096
3.中等职业学校	13	11595	8337	32290	2508	2327
普通中专	4	4044	3201	11383	853	795
成人中专						
职业高中	9	7551	5082	20907	1527	1550
其他机构						
4.小学	126	32378	26418	188779	9226	10430
5.幼儿园	252	30432	29816	95885	13022	7347
6.特殊教育	5	35	37	442	173	138
7.技工学校	1	456	304	1751	121	112

10-12 市区教育事业基本情况

项　目	学校数 (所)	招生数 (人)	毕业生数 (人)	在校学生数 (人)	教职工人数 (人)	#专任教师
合　计	**227**	**66492**	**55596**	**240267**	**19973**	**15813**
1.高等教育	5	17258	13431	51442	3501	2528
普通高校	4	12593	8354	37405	2718	1918
成人高校	1	1167	1482	4473	0	0
网络教育		3498	3595	9564	783	610
2.普通中学	51	16284	14377	47242	5519	4280
初中	39	11489	9774	32670		2746
高中	12	4795	4603	14572		1534
3.中等职业学校	4	3772	2841	10402	809	753
普通中专	3	3343	2535	9160	885	765
成人中专						
职业高中	1	420	288	1177	1623	1550
4.小学	45	14960	11370	86396	4068	4803
5.幼儿园	120	14202	13564	44563	5990	3384
6.特殊教育	2	16	13	222	86	65
7.技工学校						

10-13 分县区基础教育普及情况

指 标	单位	全 市	市直属	吴兴区	南浔区	德清县	长兴县	安吉县	△市区
1.小学情况									
入学率	%	100	100	100	100	100	100	100	100
#女	%	100	100	100	100	100	100	100	100
巩固率	%	100	100	100	100	100	100	100	100
#女	%	100	100	100	100	100	100	100	100
小学升初中比例	%	100	100	100	100	100	100	100	100
2.初中情况									
入学率	%	100	100	100	100	100	100	100	100
#女	%	100	100	100	100	100	100	100	100
巩固率	%	100	100	100	100	100	100	100	100
#女	%	100	100	100	100	100	100	100	100
3.高中情况									
初中毕业生人数	人	23611	1974	4466	3334	3794	5726	4317	9774
#升学人数	人	23454	1964	4438	3313	3775	5673	4291	9715
普通中学	人	12354	1152	2200	1572	2099	3007	2324	4924
中等职业技术学校	人	11100	812	2238	1741	1676	2666	1967	4791
职业高中	人	7566	121	391	1415	1433	2304	1902	1927
普通中专	人	3051	688	1810	39	107	362	45	2537
成人中专	人	14	0		0	14		0	0
技工学校	人	377	1	37	200	122		17	238
其他	人	93	2		88	0		3	90
升学比例	%	99.34	99.49	99.37	99.37	99.50	99.07	99.40	99.40
#普通高中	%	52.32	58.36	49.26	47.15	55.32	52.51	53.83	50.38
职业类学校	%	47.01	41.13	50.11	52.22	44.18	46.56	45.56	49.02
4.十五年教育毛入学率	%	99.80		99.88	99.86	99.82	99.82	99.74	99.82

10-14 分县区普通中学基本情况

项 目	单位	全 市	市直属	吴兴区	南浔区	德清县	长兴县	安吉县	△市区
学校数	所								
完全中学	所	2	2						
高级中学	所	22	8			4	5	5	
初级中学	所	61	1	12	9	9	15	15	22
九年制	所	88	1	21	17	16	15	18	39
班级数	个								
初中	个	1864	156	359	290	295	417	347	805
高中	个	1050	354			209	254	233	345
毕业生数	人								
初中	人	23611	1974	4466	3334	3794	5726	4317	9774
高中	人	13545	4603			2883	3073	2986	
招生数	人								
初中	人	26637	2452	5209	3828	4075	5997	5076	11489
高中	人	14033	4795			2711	3257	3270	
在校学生数	人								
初中	人	76677	6986	14922	10762	11939	17462	14606	32670
一年级	人	26637	2452	5209	3828	4075	5997	5076	11489
二年级	人	25485	2379	4975	3485	3925	5832	4889	10839
三年级	人	24555	2155	4738	3449	3939	5633	4641	10342
高中	人	42867	14572			8503	10033	9759	
一年级	人	14053	4805			2719	3257	3272	
二年级	人	14688	5141			2884	3517	3146	
三年级	人	14126	4626			2900	3259	3341	
毕业班学生数	人	37156	6577	4466	3334	6677	8799	7303	9774
初中	人	23611	1974	4466	3334	3794	5726	4317	9774
高中	人	13545	4603			2883	3073	2986	
教职工人数	人	12829	2388	1792	1339	2220	2661	2429	5519
#专任教师	人	11948	2159	1655	1304	2102	2524	2204	5118

10-15　分县区小学基本情况

项　目	单位	全　市	市直属	吴兴区	南浔区	德清县	长兴县	安吉县	△市区
学校数	所	126		25	20	21	33	27	45
班级数	个	4720	50	1345	723	744	1009	849	2118
招生数	人	32378	44	10325	4591	5253	6145	6020	14960
#受过学前教育	人	32378	44	10325	4591	5253	6145	6020	14960
在校学生数	人	188779	1364	56877	28155	29363	38426	34594	86396
毕业生数	人	3205	228	314	784	395	876	608	1326
专任教师	人	8967		2639	1326	1277	2148	1577	3965

10-16 分县区中等职业教育基本情况

项 目	单位	全 市	市直属	吴兴区	南浔区	德清县	长兴县	安吉县	△市区
学校数	所	13	4			1	4	4	
毕业生数	人	8337	2841			945	2676	1875	
#获职业资格证	人	9154	3880			308	2932	2034	
招生数	人	11595	3772			1467	3166	3190	
在校学生数	人	32290	10402			3935	9293	8660	
预计毕业生数	人	9267	2855			1031	2942	2439	
教职工数	人	2508	809			244	843	612	
#专任教师	人	2345	745			239	767	594	

10-17 分县区幼儿教育基本情况

项　目	单位	全 市	市直属	吴兴区	南浔区	德清县	长兴县	安吉县	△市区
园数	所	252		84	36	44	53	35	120
班级数	个	3381	3	1097	476	574	657	574	1576
入园幼儿数	个	30432	9	9714	4479	4989	6261	4980	14202
在园幼儿数	人	95885	25	30196	14342	15654	19810	15858	44563
离园幼儿数	人	29816		9102	4462	5216	6030	5006	13564
教职工数	人	13022		4424	1566	2194	2666	2172	5990
#园长	人	253		84	36	44	53	36	120
教师	人	7341		2380	998	1224	1538	1201	3378
保育员	人	3398		1122	432	561	695	588	1554
其他	人	2030		838	100	365	380	347	938
占地面积	万平方米	182.8		53.5	25.9	31.0	36.7	35.7	79.4
校舍面积	万平方米	123.6		40.7	16.5	21.7	24.3	20.4	57.2

10-18　分县区文化、艺术事业基本情况

项　目	单位	全　市	市　区	德清县	长兴县	安吉县
一、艺术事业						
(一)艺术表演团体	个	84	22	24	26	12
(二)剧院	个	3	2		1	
1.演出场次	场	204	152		52	
2.观众人数	万人次	10	8		3	
3.总收入	千元	22181	19138		3043	
二、图书馆情况						
1.公共图书馆	个	6	3	1	1	1
2.总藏量	千册.件	4088	2316	574	691	507
#图书	千册.件	3753	2189	565	517	482
三、文化馆(艺术馆)情况						
1.文化馆.艺术馆数	个	6	3	1	1	1
2.举办展览个数	个	913	563	50	144	156
3.组织文艺活动次数	次	3751	1348	364	481	1558
4.举办训练班结业人数	人次	520749	89615	11777	48499	370858
四、其他						
1.乡镇文化站	个	72	29	13	15	15
2.博物馆(纪念馆)	个	38	17	7	7	7
3.文物保护单位	个	422	188	85	78	71
4.文物保护管理机构	个	8	3	1	2	2

10-19　历年卫生事业基本情况

年份	卫生机构数（个）	床位数（张）	#医院床位	卫生工作人员（人）	#卫技人员	#医师	#医士	#护师护士
1978	398	6574	5883	6860	5572	1347	753	700
1979	429	6670	5944	7085	5674	1347	687	649
1980	432	6789	6080	7609	6074	1495	754	820
1981	443	6492	5260	7829	6250	1597	746	879
1982	455	6668	5431	7975	6431	1660	745	924
1983	459	6791	6040	8155	6589	1723	771	972
1984	467	6831	6312	8219	6668	1304	1132	1033
1985	472	6753	6380	8139	6438	1243	1117	1011
1986	471	6855	6493	8268	6499	1213	1208	1055
1987	489	7022	6671	8443	6651	1217	1266	1153
1988	493	7244	6858	8545	6728	1941	1143	1534
1989	491	7431	7041	8695	6876	2018	1067	1601
1990	492	7395	7005	9051	7201	2054	1038	1709
1991	491	7518	7128	9283	7412	2083	1087	1762
1992	489	7600	7207	9457	7516	2113	1065	1750
1993	489	7841	7361	9589	7678	2139	1157	1792
1994	486	7906	7462	9824	7915	2137	1252	1863
1995	491	7920	7512	9870	8014	2407	1258	1970
1996	490	7820	7710	10486	8654	2598	1391	2281
1997	482	8223	8103	10602	8759	2634	1474	2310
1998	405	8082	7962	10486	8536	2559	1371	2269
1999	410	7624	7514	10467	8493	2738	1301	2397
2000	392	7487	7377	10605	8634	2822	1284	2468
2001	385	7670	7560	10558	8747	2932	1244	2540
2002	364	7809	7809	10263	8620	2754	1048	2625
2003	704	8135	8055	11442	9617	3291	1090	2868
2004	718	8407	8327	11749	9737	3281	1121	3083
2005	819	8721	8641	12717	10859	3564	1140	3269
2006	1069	9005	9005	13763	12019	3659	1132	3386
2007	1288	8985	8985	14615	12703	3886	1171	3439
2008	1262	9294	8800	16040	13949	4000	1204	4052
2009	1284	9794	9304	17651	15199	4440	1250	4722
2010	1321	10129	9639	18510	15973	4683	1188	4966
2011	1359	10599	10337	19474	16240	4882	1060	5626
2012	1349	11265	10982	20613	17738	5079	1183	6148
2013	1335	12079	11694	21113	18216	5411	1158	6698
2014	1359	11632	10674	22079	19027	5665	1154	7319
2015	1377	13254	11896	23820	20556	6260	1110	8124
2016	1391	12836	12418	24932	21407	6510	1109	8657
2017	1393	15669	13962	26420	22762	6979	1101	9405
2018	1460	16873	15532	28677	24660	7573	1274	10452
2019	1506	18276	16925	30151	25830	8147	1275	10989
2020	1496	18420	17080	31484	27120	8504	1347	11685
2021	1596	20087	19258	29008	27120	9451	1537	12747

注：2002 年起按新口径统计，医师为执业医师，医士为执业助理医师，护师、护士为注册护士。

10-20 历年分县区卫生技术人员数

单位：人

年 份	全 市	吴兴区	南浔区	德清县	长兴县	安吉县	△市区
1978	5572			775	1262	927	2608
1979	5674			793	1262	928	2691
1980	6074			858	1359	100	2857
1981	6250			898	1364	1047	2941
1982	6431			914	1389	1104	3024
1983	6589			937	1423	1134	3095
1984	6668			935	1433	1122	3178
1985	6438			900	1326	1061	3151
1986	6499			903	1363	1080	3153
1987	6651			944	1383	1098	3226
1988	6728			956	1381	1133	3258
1989	6876			969	1460	1141	3306
1990	7201			1025	1495	1226	3455
1991	7412			1046	1550	1257	3559
1992	7516			1060	1573	1264	3619
1993	7678			1105	1616	1268	3689
1994	7915			1187	1663	1289	3776
1995	8014			1237	1572	1315	3890
1996	8654			1273	1974	1356	4051
1997	8759			1329	1945	1342	4143
1998	8536			1361	1859	1353	3963
1999	8493			1369	1789	1365	3970
2000	8634			1380	1767	1352	4135
2001	8747			1424	1782	1351	4190
2002	8620			1454	1632	1444	4090
2003	9617	964	1208	1546	2129	1513	4429
2004	9737	1129	1212	1587	2141	1464	4545
2005	10859	1656	1239	1677	2360	1536	5286
2006	12019	1644	1715	2021	2421	1708	5869
2007	12703	1884	1576	2043	2793	1826	6041
2008	13949	1663	1925	2101	2905	2125	6818
2009	15199	5436	2090	2231	3187	2255	7526
2010	15973	5646	2131	2374	3445	2377	7777
2011	16240	6054	2133	2525	3035	2493	8187
2012	17738	6570	2144	2606	3771	2647	8714
2013	18216	6689	2256	2816	3691	2764	8945
2014	19027	7046	2318	2975	3834	2854	9364
2015	20556	7735	2507	3028	4276	3010	10242
2016	21407	8184	2510	3176	4401	3136	10694
2017	22762	8853	2578	3335	4654	3342	11431
2018	24660	9640	2683	3513	5234	3590	12323
2019	25830	10058	2764	3579	5584	3845	12822
2020	27120	10975	2795	3695	5751	3904	13770
2021	29008	11962	3060	3984	5745	4257	15022

10-21　历年分县区医院床位数

单位：张

年　份	全　市	吴兴区	南浔区	德清县	长兴县	安吉县	△市区
1978	5883			1197	1104	858	2724
1979	5944			1213	1089	801	2841
1980	6080			1229	1147	878	2826
1981	5260			693	1182	827	2558
1982	5431			700	1222	787	2722
1983	6040			1265	1211	807	2757
1984	6312			1264	1156	841	3051
1985	6380			1281	1152	845	3102
1986	6493			1339	1199	834	3121
1987	6671			1276	1256	868	3271
1988	6858			1364	1258	917	3319
1989	7041			1364	1353	917	3407
1990	7005			1356	1352	964	3333
1991	7128			1402	1379	994	3353
1992	7207			1422	1395	1018	3372
1993	7361			1369	1453	1018	3521
1994	7462			1379	1520	1133	3430
1995	7512			1379	1525	1130	3478
1996	7710			1424	1543	1190	3553
1997	8103			1727	1575	1232	3569
1998	8082			1664	1506	1369	3543
1999	7514			1290	1567	1211	3446
2000	7377			1179	1604	1200	3394
2001	7670			1248	1577	1309	3536
2002	7809			1110	1613	1357	3729
2003	8055	580	927	1123	1819	1322	3791
2004	8327	714	977	1211	1862	1282	3972
2005	8641	758	917	1420	1881	1264	4076
2006	9005	753	814	1501	1963	1366	4175
2007	8985	797	853	1477	1913	1326	4269
2008	8800	779	836	1027	1990	1281	4502
2009	9304	3851	847	1096	2212	1298	4698
2010	9639	3832	874	1171	2372	1390	4706
2011	10337	3847	920	1737	2372	1461	4767
2012	10982	4425	866	1793	2399	1499	5291
2013	11694	4748	859	1796	2506	1785	5607
2014	11632	5081	859	1367	2504	1821	5940
2015	13254	5388	1027	1895	3167	1777	6415
2016	12836	5462	1155	1467	2926	1826	6617
2017	14370	5938	1273	1559	3547	2053	7211
2018	16873	6716	1503	2331	3821	2502	8219
2019	18276	7330	1549	2371	4102	2924	8879
2020	18420	7495	1531	2192	4268	2934	9026
2020	19258	8093	1671	2309	4253	2932	9764

10-22　分县区卫生机构与卫生技术人员

项　目	单位	全 市	吴兴区	南浔区	德清县	长兴县	安吉县	△市区
一、全社会卫生单位数	个	1596	462	274	278	361	221	736
卫生院	个	67	14	9	12	16	16	23
医院	个	82	29	8	11	22	12	37
#等级医院	个							
三级医院	个	6	4			2		4
门诊部	个	121	77	17	9	11	7	94
妇幼保健院（所、站）	个	4	1		1	1	1	1
县（区）卫生所、医务室	个	581	218	89	103	119	52	307
县（区）社区卫生服务站	个	697	114	141	130	180	132	255
二、卫生工作人员	人	29008	11962	3060	3984	5745	4257	15022
#卫生技术人员	人	29008	11962	3060	3984	5745	4257	15022
#执业医师	人	9451	4030	932	1340	1765	1384	4962
执业助理医师	人	1537	378	246	257	411	245	624
注册护士	人	12747	5715	1139	1531	2608	1754	6854
药剂人员	人	1680	599	218	247	346	270	817
检验人员	人	940	374	88	158	161	159	462
三、卫生机构床位数	张	20087	8595	1677	2309	4461	3045	10272
#医院、卫生院床位数	张	19258	8093	1671	2309	4253	2932	9764
#等级医院	张							
#卫生院	张	1199	239	197	155	303	305	436
医院（含妇保院）	张	18865	8339	1474	2154	4158	2740	9813
疗养院	张							
四、全年住院总人次	人次	576980	230618	68504	61775	121882	94201	299122
病床使用率	%	81.26	82.60	81.63	70.33	89.72	72.20	82.43

10-23　历年体育运动情况

年　份	举办各级运动会(次)	参加比赛运动员(人)	省以上运动会获奖数(枚)			发展等级运动员(人)	发展等级裁判员(人)
			金牌	银牌	铜牌		
1983	50	7461	13	9	4	202	68
1984	74	12163				123	74
1985	674	103667				166	124
1986	148	17603	27	19	19	519	94
1987	123	16522	41	32	37	425	141
1988	272	25920	30	26	38	333	66
1989	247	16901	35	33	35	458	181
1990	692	65588	24	35	40	549	145
1991	637	53197	30	21	29	266	110
1992	53	10087	18	26	20	150	153
1993	132	11705	30	24	26	111	93
1994	99	11694	17	28	25	195	77
1995	153	17664	22	21	24	201	77
1996	154	14169	25	21	28	106	124
1997	155	30746	57	44	41	214	112
1998	138	22164	30	40	43	56	48
1999	177	70751	73	75	78	223	75
2000	167	44036	61	43	48	17	47
2001	171	21787	45	44	44	43	44
2002	29	28750	24	21	30	21	17
2003	67	40400	33	43	34	28	6
2004	78	170000	79	73	38	20	31
2005	65	47168	29	25	45	88	13
2006	812	165562	61	19	42	29	69
2007	691	497210	39	49	68	63	41
2008	210	56472	37	35	43	121	247
2009	139	148952	22	32	43	90	311
2010	221	110687	65	15	46	32	143
2011	177	57297	36	48	47	28	277
2012	166	72000	40	49	68	35	54
2013	176	77151	50	60	67	46	62
2014	46	12670	94	38	48	52	72
2015	141	37270	129	69	98	45	158
2016	172	73456	183	212	158	50	264
2017	191	266302	178	167	153	24	135
2018	93	46335	703	506	525	56	12
2019	402	218267	230	198	197	61	145
2020	124	42188	162	169	177	69	39
2021	133	19595	67	64	68	86	109

注：1985 年、1990 年、1991 年运动会次数、参赛运动员范围为乡镇以上,其余年份为县以上。

10-24　分县区体育运动基本情况

项　目	单位	全　市	吴兴区	南浔区	德清县	长兴县	安吉县	市　区
一、县以上体委系统举办运动会	次	133	22	18	25	40	28	40
参加比赛的运动员人数	人	19595	3588	2209	3320	6500	3978	5797
二、省级以上运动会获奖牌数	枚	199	42	5	26	89	37	47
金牌	枚	67	16	1	10	31	9	17
银牌	枚	64	11	0	5	32	16	11
铜牌	枚	68	15	4	11	26	12	19
三、等级运动员发展人数	人	86	23	0	15	28	20	23
#二级	人	86	23	0	15	28	20	23
四、等级裁判员发展人数	人	109	41	10	16	29	13	51
#二级	人	109	41	10	16	29	13	51

10-25　分县区广播、电视基本情况

项　目	单位	全　市	市　区	德清县	长兴县	安吉县
一、无线广播情况						
节目套数	套	6	3	1	1	1
平均每日播音时间	小时	85	18	19	24	24
#自办节目	小时	91.3	41	10.3	18	22
制作广播节目	时：分	18336：36	18：00	5940：00	3613：36	8765：00
二、无线电视基本情况						
平均每周播出时间	小时	674	357	84	119	114
#自办节目	小时	3826.4	3674	55.4	42	55
制作电视节目	时：分	15119：45	8342：40	288：00	594：5	5895：00
三、电视用户情况						
年末有线电视用户	户	671757	273139	97154	180283	121181
#年末数字电视用户	户	671757	273139	97154	180283	121181
年末有线电视入户率	%	76	76	72	78	78
#年末数字电视入户率	%	76	76	72	78	78
四、广播电视覆盖范围						
广播覆盖人口数	万人	268.06	112.64	44.32	63.77	47.32
电视覆盖人口数	万人	268.06	112.64	44.32	63.77	47.32

主要统计指标解释

艺术表演团体 指从事戏曲、音乐、舞蹈、杂技等专业艺术表演，有独立帐户，实行单独核算的团体。不包括半工半艺、半农半艺的业余剧团。

公共图书馆 指文化系统所属的独立举办的对社会开放的图书馆。不包括文化馆的图室，也不包括文化系统以外的图书馆。

博物馆 指搜集、保管、研究、陈列、展览有关革命、历史、文化、艺术、自然科学、技术等方面的文物或标本的机构。

艺术表演场所 指具有观众厅、舞厅、灯光设备、经常供专业艺术表演团体演出，公开售票营业的场所，但不包括茶馆、茶社等兼营艺术表演的场所。

艺术表演观众人数 指售票包场演出或民族地区免费演出的艺术表演观众人次数。不包括彩排审查和内部观摩演出的观众人次数。

等级运动员人数 指经考核正式批准授予等级运动员称号的人数。运动员等级分为国际级运动健将、运动健将、一级、二级、三级、少年级。

等级裁判员人数 指经考核正式批准授予等级裁判员称号的人数。裁判员等级分为国际裁判、国家级、一级、二级、三级。

医院 指名称为医院，设有固定床位能收容病人住院并能为病人提供医疗和护理服务的医疗机构。包括县及县以上医院、农村乡卫生院、其他医院三部分。

卫生技术人员 指卫生事业机构中现任职务为卫生技术工作的人员。包括中医师、西医师、中西医结合高级医师、护师、中药师、西药师、检验师、其他技题、中医士、西医士、护士、助产士、中药剂士、西药剂士、检验员、其他初级卫生技术人员。

医生 指经卫生部门审查合格，从事医疗工作的专业人员，分为中医医生和西医医生，包括中医师、西医师、中西医结合高级工程师医师、中医士、西医士和其他中医。

普通高等学校 指按照国家规定的审批程序批准举办，通过全国统一招生考试，招收高级中学学校毕业生和具有同等学历者，实施高等教育，培养高等专门人才的学校。包括大学、专门学院、专科学校和短期职业大学。

技工学校 指招收初中（或部分高中）毕业生或具有同等学历者，实施专业技术教育、培养中级技术工人的学校。包括中央在地方单位办、各级劳动部门办、各级其他部门办和厂矿企业办。其在校学生数不包括培训的在职职工人数。

招生数 指新学年开始时，按照国家招生计划实际招收入学的新生数。不包括留级学生和复读学生数。

在校学生数 指学年初开学以后，具有学籍的全部在校学习的学生总数。

毕业生数 指上学年度内，具有学籍的学生学完教学计划规定的全部课程，考试及格，获得毕业证书的学生数。不包括结业生和肄业生数。

教职员工数 指在学校中工作的固定教职工人数。包括校本部、科研机构、校办工厂、农（林）场和附属机构的人员。不包括下列人员：离休、退休、退职人员；学校办的集体所有制单位和学校附属机构中，属于集体所有制的职工；代课教师和各种临时工。

专任教师 指主要从事教育工作的人员。包括临时（一年以内）调去帮助做其他工作的教学人员。不包括调离教学岗位，担任行政领导工作或其他工作的原教学人员；不包括兼任教师和代课教师。

小学学龄儿童入学率 指调查范围内已入小学学习的学龄儿童占校内外学龄儿童总数(包括弱智儿童在内，但不包括盲聋哑儿童）的比重。计算公式是：

$$小学学龄儿童入学率=\frac{已入学的小学学龄儿童数}{校内外小学学龄儿童总数}\times 100\%$$

科技活动 指在自然科学、农业科学、医药科学、工程与技术科学、人文与社会科学领域（简称科学技术领域）中与科技知识的产生、发展、传播和应用密切相关的有组织的活动。为核算科技投入的需要，科技活动可分为科学研究与试验发展（R&D）、科学研究与试验发展成果应用及相关的科技服务三类活动。

科技经费投入 指科技内部支出、科研基建、外部支出、购买国内技术、引进专利、图纸、配方等经费支出；统计范围为：农业企事业单位、规模以上工业企业、民营科技企业、软件开发单位、普通高等院校、科研机构。

研究与试验发展（R&D） 指在科学技术领域，为增加知识总量，以及运用这些知识去创造新的应用而进行的系统的、创造性的活动，包括基础研究、应用研究、试验发展三类活动。

十一、城建、环保、水利、气象、林业、民政福利、社保、公积金、治安、档案、技术监督

11-1 分县区市政、公用事业情况

项　目	单位	全 市	市 区	德清县	长兴县	安吉县
一、建成区面积	平方公里	259	132	41	48	39
二、城市建设						
城市环境基础设施建设投资额	万元					
#燃气	万元	22942	10641	1829	3322	7150
排水	万元	119957	105765	2255	4570	7367
园林绿化	万元	18766	2844	7923	380	7619
市容环境卫生	万元	8113		278	6548	
三、园林绿化						
绿化覆盖面积	公顷	13076	6245	2528	2393	1910
#建成区	公顷	11835	5875	1873	2291	1796
建城区绿化覆盖率	%	46	45	46	48	46
公园个数	个	124	53	23	13	35
公园面积	公顷	1863	1072	242	177	372
公园绿地面积	公顷	3012	1791	290	460	471
人均公园绿地面积	平方米	17	18	17	15	18
四、供水和供气						
排水管道长度	公里	3893	2040	535	779	538
供水综合生产能力(包括自备水源)	万吨/日	117	72	15	15	15
供水总量	万吨	26763	14100	4088	3831	4743
售水量	万吨	23124	12403	3428	3340	3954
#居民家庭用水	万吨	11131	6013	1640	1693	1784
生产用水	万吨	6731	3764	772	909	1287
用水人口	万人	173	100	17	30	26
人均日生活用水量	升	235	223	362	220	214
用水普及率	%	100	100	100	100	100
供气总量(人工、天然气)	万立方米	71135	25378	3666	33143	8948
#家庭用量	万立方米	8211	5146	654	1517	894
液化石油气供气总量	吨	19530	10272	3379	660	5219
#家庭用量	吨	11523	6317	500	485	4221
用液化气人口	万人	18	10	1	1	6
城市燃气普及率	%	100	100	100	100	100
五、公共交通						
公共交通营运车辆	辆					
公共交通客运总量	万人次					
年末公交车路数（含城乡公交）	路					
出租车	辆					
六、环境卫生						
垃圾处理站数	个	9	2	2	3	2
污水处理厂数	个	15	7	3	3	2
生活垃圾清运量	万吨	87	45	10	23	8
垃圾无害化处理量	万吨	87	45	10	23	8
城镇生活垃圾无害化处理率	%	100	100	100	100	100
城市污水排放量	万立方米	20555	9871	2937	3521	4226
城市污水处理量	万立方米	20234	9713	2896	3477	4148

11-2 主要年份

项 目	单位	2003 年	2005 年	2007 年	2008 年	2010 年
一、城市化水平						
市域	%	44.1	48.4	52.4	54.3	58.0
市本级	%	51.0	53.5	55.4	56.8	60.0
德清	%	42.9	48.0	52.0	53.7	57.4
长兴	%	40.0	44.0	50.0	52.1	55.8
安吉	%	39.5	42.0	48.6	50.4	52.9
二、建成区面积						
中心城市	平方公里	52.9	65.0	74.4	78.8	88.0
中心城区(含织里)	平方公里	43.9	53.2	61.6	65.5	72.5
织里	平方公里	7.7	10.7	11.7	11.7	13.7
南浔区	平方公里	9.0	11.8	12.8	13.3	15.5
三、城市人口						
中心城市	万人	51.5	57.6	63.9	71.9(43.3)	83.6(50)
中心城区(含织里)	万人	42.5	46.7	52.0	59.9(36.4)	70.1(42.2)
织里	万人	6.0	9.2	13.0	18.7(3.7)	21.3(5.5)
南浔区	万人	9.0	10.9	11.9	12(6.9)	13.5(7.8)
四、道路						
1.总面积						
中心城市	万平方米	587.60	876.40	1444.89	1573.60	1711.80
中心城区(含织里)	万平方米	472.20	761.00	1258.19	1314.80	1385.80
织里	万平方米	94.20	153.20	225.00	239.10	248.20
南浔区	万平方米	115.40	115.40	186.70	258.80	326.00
2.人均面积						
中心城市	平方米	11.4	15.2	22.6(34.1)	21.9(36.3)	20.5(34.2)
中心城区(含织里)	平方米	11.1	16.3	24.2(35.3)	22.0(37.5)	19.77(32.8)
织里	平方米	15.7	16.7	17.3(64.3)	12.8(64.6)	11.65(45.1)
南浔区	平方米	12.8	10.6	15.7(27.5)	21.6(37.5)	23.7(41.8)

中心城市建设情况

2014年	2015年	2016年	2017年	2018年	2019年	2020年	2021年
61.4	62.2	62.9	63.7				
64.0	64.9	65.8	66.8				
61.4	62.2	64.7					
58.5	59.3	60.9					
58.0	59.2	60.0					
99.2	102.9	106.0			125.15	126.38	131.62
80.5	83.4	85.8					
14.9	15.5	15.9					
18.7	19.5	20.3					
88.5(52.3)	90.2（52.8）	91.5（53.5）	93.3(54.2)	95.1(55.52)	94.35（55.44）	99.74（55.42）	99.98（48.28）
73.8（44.0）	75.1（44.3）	76.2（44.9）	77.7(45.5)	70.04(37.0)			
24.1（5.7）	24.6（5.8）	25.0（6.0）	25.7(6.1)				
14.7（8.3）	15.1（8.4）	15.3（8.6）	15.6(8.7)	25.06(18.6)	14.5（8.37）	18.57（8.45）	18.59（8.46）
2172.65	2348.23	2462.19	2605.61	2675.56	2773.31	2852.18	2913.24
1749.57	1923.92	2014.29	2140.85	2194.99			
263.82	267.72	267.72	270.50	278.80			
423.08	424.31	447.90	464.76	480.49			
24.32	26.03	26.91(46.02)	27.93	28.13	29.39	28.6	29.14
23.71(39.76)	25.62(43.43)	26.43(44.86)	27.55	21.57			
17.71(46.28)	10.88(46.16)	10.71(44.62)	10.53				
28.78(50.97)	28.1(50.5)	29.27(52.08)	29.79	21.53			

11-2 主要年份

续1

项　目	单位	2003年	2005年	2007年	2008年	2010年
五、城市绿化						
1.绿化总面积						
中心城市	万平方米	1495.60	1843.80	2410.60	2684.80	3293.50
中心城区(含织里)	万平方米	1407.00	1710.00	2193.00	2441.20	3014.22
织里	万平方米	200.90	243.70	253.40	255.40	271.68
南浔区	万平方米	88.60	133.80	217.60	243.60	280.28
2.公共绿地						
中心城市	万平方米	359.20	438.20	541.15	610.90	980.47
中心城区(含织里)	万平方米	324.60	390.60	465.15	524.20	885.47
织里	万平方米	43.70	67.70	69.90	70.20	73.30
南浔区	万平方米	34.60	47.60	76.00	86.70	96.00
3.城市绿地率						
中心城市	%	28.3	28.2	32.4	34.1	37.4
中心城区	%	32.0	32.2	35.6	37.3	41.5
南浔区	%	9.9	11.3	17.0	18.3	18.1
4.绿化覆盖率						
中心城市	%	32.4	32.3	36.6	38.7	42.1
中心城区	%	37.0	37.2	40.2	42.8	47.1
南浔区	%	14.0	15.4	19.6	21.3	21.5
5.人均公共绿地						
中心城市	平方米	7.0	7.6	8.4(12.8)	8.5(14.1)	11.45(19.6)
中心城区	平方米	7.6	8.4	8.9(13.1)	8.8(14.4)	12.33(20.98)
南浔区	平方米	3.9	4.4	6.4(11.2)	7.2(12.6)	7.0(12.3)
六、城市供水						
1.供水能力						
中心城市	万吨/日	27	27	27	47	47
中心城区(含织里)	万吨/日	21	21	21	41	41
织里	万吨/日	5	5	5	5	5
南浔区	万吨/日	6	6	6	6	6

中心城市建设情况

2014年	2015年	2016年	2017年	2018年	2019年	2020年	2021年
4188.44	4418.31	4684.17	4983.67	5317.89	5442.67	6223.17	6245.08
3836.63	4054.18	4227.28	4506.30	4676.37			
282.62	296.04	305.52	323.11	341.88			
351.81	364.13	456.89	477.37	642.48			
1290.49	1345.32	1500.28	1611.32	1686.41			
1165.08	1217.03	1298.53	1408.59	1458.35			
76.01	76.51	76.51	89.09	105.47			
125.41	128.29	201.75	202.73	208.43			
42.23	42.94	44.19	42.52	42.86	42.89	43.1	41.52
47.66	48.61	49.27	46.88	45.96			
18.81	18.67	22.62	22.66	28.78			
47.26	48.06	49.31	50.98	46.36	46.38	46.33	44.64
53.57	54.57	55.23	52.84	54.51			
22.3	22.54	26.49	26.53	33.92			
14.58(24.67)	14.91(25.48)	16.40(28.04)	50.98	17.73			
15.79(26.5)	16.21(27.47)	17.04(28.92)	52.84	20.82			
8.53(15.11)	8.5(15.27)	13.19(23.46)	26.53	8.32			
47	47	56	56	56	56	78.3	72
41	41	56	56				
5	5	56	56				
6	6	56	56				

11-2 主要年份

续 2

项 目	单位	2003 年	2005 年	2007 年	2008 年	2010 年
2.日均供水量						
中心城市	万吨/日	18.60	17.15	21.45	21.60	23.15
中心城区(含织里)	万吨/日	13.50	14.45	18.15	18.50	19.65
织里	万吨/日	2.50	3.00	3.00	3.00	5.00
南浔区	万吨/日	5.10	2.70	3.40	3.10	3.50
七、污水处理						
1.处理能力						
中心城市	万吨/日	10.0	14.0	23.5	24.5	24.5
中心城区	万吨/日	10.0	11.0	20.5	21.5	21.5
南浔区	万吨/日		3.0	3.0	3.0	3.0
2.实际处理率						
中心城市	%		51.56	79.70	82.50	85.10
中心城区	%		62.18	81.60	83.80	86.18
南浔区	%			67.20	73.80	77.90
3.日综合污水处理量						
中心城市	万吨		5.66	12.08	13.90	15.16
中心城区	万吨		5.66	10.48	12.10	13.04
南浔区	万吨			1.60	1.80	2.10
八、住宅面积						
1.总面积						
中心城市	万平方米	1272.00	1493.40	1687.50	1745.22	2070.16
中心城区(含织里)	万平方米	1006.00	1204.10	1356.40	1394.12	1673.53
织里	万平方米	70.30	96.50	136.50	152.50	235.74
南浔区	万平方米	203.00	284.80	331.10	351.10	396.63
2.人均面积						
中心城市	平方米	32.0	35.9	39.8	40.3	41.4
中心城区(含织里)	平方米	29.5	34.5	38.1	38.3	39.7
织里	平方米	29.3	37.1	39.0	41.2	42.9
南浔区	平方米	29.3	42.5	49.0	50.9	50.9

注：以上数据除人均住宅面积只以常住人口计算外，其余数据以总人口和常住人口两个口径统计，括号内为常住人口。2016 年起，由于口径调整，实际处理率调整为集中式处理率。

中心城市建设情况

2014年	2015年	2016年	2017年	2018年	2019年	2020年	2021年
24.05	24.71	26.29	26.66	28.87			
20.90	21.61	23.08	23.46	25.55			
4.38	4.80	5.98	5.50	4.56			
3.15	3.10	3.21	3.20	3.33			
27.5	27.5	27.5	27.5	27.0	29	37	37
24.5	24.5	24.5	24.5	24.0			
3.0	3.0	3.0	3.0	3.0			
93.66	93.80	94.25	94.66	96.66	97.91	98.3	98.4
94.70	95.14	95.66	95.35	96.66			
86.50	89.56	89.86	93.57	96.66			
18.02	20.56	22.30	21.94	23.53	24.55		
15.84	18.20	19.76	19.35	20.52			
2.18	2.36	2.54	2.59	3.01			
2705.97	2891.80	3025.30					
2209.75	2368.69						
316.38	343.53						
496.22	535.11						
51.74	54.77	56.60					
50.22	53.47						
54.55	59.23						
59.79	63.70						

11-3 主要年份

指 标	单位	1990 年	1995 年	2000 年	2005 年	2008 年	2009 年
一、工业废水							
工业废水排放总量	万吨	8326	5519	8830	9518	10706	10518
二、工业废气							
工业废气排放总量	亿标立方米	264.00	316.00	458.00	1214.06	1398.56	1591.42
工业二氧化硫排放量	吨	53602	58813	58508	60688	48823	58695
工业烟（粉）尘排放量	万吨	94300	59600	151300	39500	33179	29290
三、工业固体废物							
工业固体废物产生量	万吨	79.90	109.02	87.19	203.01	232.61	225.52
工业固体废物综合利用量	万吨	33.45	51.74	81.95	199.70	227.90	225.30
工业固体废物利用率	%			93.99	98.37	99.00	96.36
四、工业锅炉、炉窑数							
工业锅炉数	台	1307	318	343	357	466	470
工业炉窑数	座	279	99	202	159	216	258
五、环境质量(市区)							
建成区区域环境噪声平均值	分贝			56.8	56.7	58.6	54.7
城市环境空气质量标准级别	级				2	2	2
城市水域功能区水质达标率	%				53.30	68.90	77.30
城市集中式饮用水源地水质达标率	%				96.20	97.50	98.30

环境保护情况

2010 年	2014 年	2015 年	2016 年	2017 年	2018 年	2019 年	2020 年	2021 年
10888	10020	8611	8532	8470	8280	7786	6069	20652
1647.91	1978.86	2100.89	1983.23	2497.12	2341.77	2163.86	2465.68	3324.60
50976	36521	38149	28298	22117	18757	15298	5575	4136
24082	31655	28855	19565	15039	14289	11223	8618	7566
210.94	185.93	191.50	174.01	212.43	246.04	249.59	268.20	272.46
211.28	179.60	187.44	172.70	211.35	245.32	248.91	268.18	272.64
96.49	96.59	97.87	99.25	99.25	99.64	99.69	99.97	100.00
459	552	511	518	471	439	438	368	295
288	389	408	361	338	339	553	411	474
54.3	53.2	53.0	52.9	53.7	51.5	55.3	54.8	55.8
2	未达到二级	未达到二级	未达到二级	劣二级	劣二级	二级	二级	二级
94.44	100.00	100.00	100.00	100.00	100.00	100.00	100.00	100.00
84.85	100.00	100.00	100.00	100.00	100.00	100.00	100.00	100.00

11-4 分县区

指 标	单位	全 市	吴兴区
一、水环境			
1.废水排放总量	万吨	20652.04	984.03
工业废水排放量	万吨	5793.30	984.03
城镇生活污水排放量	万吨	14858.74	
2.化学需氧量(COD)排放量	吨	6691.02	307.52
工业废水中 COD 排放量	吨	1760.73	307.52
农业 COD 排放量	吨		
城镇生活污水中 COD 排放量	吨	4930.29	
3.氨氮排放量	吨	852.33	8.96
工业废水中氨氮排放量	吨	28.72	8.96
农业废水中氨氮排放量	吨		
生活污水中氨氮排放量	吨	823.61	
二、大气环境			
1.工业废气排放总量	亿标立方米	3324.60	444.45
2.二氧化硫(SO_2)排放量	吨	4155.75	262.92
工业 SO_2 排放量	吨	4136.11	262.92
城镇生活 SO_2 排放量	吨	17.53	
集中式治理设施 SO_2 排放量	吨	2.10	
3.氮氧化物排放量	吨	10431.05	
工业氮氧化物排放量	吨	10290.69	537.12
城镇生活氮氧化物排放量	吨	68.61	
集中式治理设施氮氧化物排放量	吨	71.75	
机动车氮氧化物排放量	吨		

南浔区	德清县	长兴县	安吉县	南太湖新区
1242.19	981.59	1594.38	784.31	206.79
1242.19	981.59	1594.38	784.31	206.79
395.98	251.95	352.04	137.86	74.65
395.98	251.95	352.04	137.86	74.65
2.44	5.42	4.06	1.32	1.47
2.44	5.42	4.06	1.32	1.47
526.78	512.97	1507.70	136.92	195.80
399.47	954.50	2285.67	220.21	13.34
399.47	954.50	2285.67	220.21	13.34
				2.10
1154.60	1484.89	6667.68	361.03	85.37
				72

续 1

指　标	单位	全　市	吴兴区
4.颗粒物排放量	吨		
工业颗粒物排放量	吨	7565.89	760.66
城镇生活颗粒物排放量		55.79	
集中式治理设施颗粒物排放量	吨	1.57	
机动车颗粒物排放量	吨		
5.城市空气质量达到优良天数的比率	%	84.4	82.9
三、固体废物			
1.一般工业固体废物产生量	万吨	272.46	23.82
一般工业固体废物综合利用量	万吨	272.64	23.81
一般工业固体废物综合利用率	%	100.00	99.98
2.危险废物产生量	吨	358334.90	31531.11
危险废物利用处置量量	吨	359126.17	32053.20
危险废物利用处置率	%	99.89	99.73
危险废物本年末贮存量	吨	429.62	91.71
四、工业锅炉			
工业锅炉数	台	295	45
工业炉窑数	座	474	52
五、工业污染治理投资			
工业污染源治理投资	万元	12691.03	3742.85
#治理废水	万元	4617.00	987.00
治理废气	万元	7795.40	2748.00
治理其他	万元	278.63	7.85
完成环保验收项目环保投资	万元	323209.18	50897.61

环境保护情况

南浔区	德清县	长兴县	安吉县	南太湖新区
1187.57	3065.18	2197.08	205.83	149.57
				2
83.5	91.0	90.9	95.6	84.7
46.33	46.34	121.55	19.34	15.09
46.35	46.51	121.55	19.34	15.09
100.00	100.00	99.99	100.00	100.00
41238.29	43011.99	202953.27	21135.35	18464.89
41317.65	43135.94	202974.98	21128.78	18515.62
99.85	99.91	99.94	99.85	99.77
91.53	36.90	134.11	31.97	43.40
72	56	37	79	6
78	102	157	56	29
7658.28	801.90		488.00	
3630.00				
3860.00	787.40		400.00	
168.28	14.50		88.00	
10974.5	88303	69566.5	66289.34	37178.23

11-5 分县区

项　目	单位	全　市	吴兴区
全年水资源总量	万立方米	539200	69281
#地表水资源量	万立方米	524955	66131
地下水资源量	万立方米	112192	15559
地表水和地下水资源重复量	万立方米	97947	12409
人均水资源	立方米	1583	669
供水总量	万立方米	126149	24947
用水总量	万立方米	126149	24947
#农田灌溉	万立方米	59013	9097
林牧渔畜	万立方米	14741	3255
工业	万立方米	21834	4014
居民生活	万立方米	16573	4791
城镇公共用水	万立方米	10986	3056
生态环境补水	万立方米	3002	734
水库数量	座	155	22
#大中型水库	座	11	1
水库总库容	万立方米	89276	11158
水库蓄水量	万立方米	30516	5106
#大中型水库	万立方米	27954	4666

南浔区	德清县	长兴县	安吉县	△市区
60149	94024	110545	205201	129430
53275	89803	110545	205201	119406
14197	19396	24020	39020	29756
7323	15175	24020	39020	19732
1104	1700	1631	3449	1772
25388	25314	30547	19953	50335
25388	25314	30547	19953	50335
12676	12019	15908	9313	21773
3650	3434	2502	1900	6905
3966	4898	5724	3232	7980
2571	2747	3438	3026	7362
1666	1809	2425	2030	4722
859	407	550	452	1593
	16	35	82	22
	1	4	5	1
	15299	19966	42853	11158
	5892	6432	13086	5106
	5620	5665	12003	4666

11-6 历年气象资料

年 份	平均气温(摄氏度)	最低气温(摄氏度)	最高气温(摄氏度)	年降雨天数(天)	年降水总量(毫米)	年日照总时数(小时)
1978	16.2	-3.5	38.9	119	761.7	2137.6
1979	16.0	-9.3	36.6	125	985.5	2191.9
1980	15.1	-7.3	37.8	152	1529.4	1917.4
1981	15.4	-6.7	36.1	153	1555.3	1726.6
1982	15.7	-6.4	36.4	149	1150.0	1720.9
1983	15.7	-5.6	38.5	141	1708.4	1782.4
1984	15.3	-8.0	36.4	140	1313.3	1860.9
1985	15.7	-5.8	37.0	152	1411.5	1715.4
1986	15.7	-6.0	37.4	125	1205.1	1980.8
1987	15.9	-5.4	36.8	147	1491.2	1948.9
1988	16.0	-5.3	38.9	126	1075.7	1987.6
1989	15.9	-3.6	36.3	152	1471.5	1841.5
1990	16.7	-6.0	38.1	158	1365.1	1969.0
1991	15.8	-8.5	37.7	152	1345.2	1822.0
1992	15.9	-4.2	38.3	133	1113.0	2013.3
1993	15.7	-5.7	36.5	149	1637.5	1802.4
1994	17.1	-2.4	37.5	147	1055.1	1984.9
1995	16.1	-4.5	37.8	118	1168.7	1978.5
1996	15.9	-5.3	35.8	145	1422.1	1753.8
1997	16.6	-4.8	36.0	152	1064.3	1698.1
1998	17.3	-5.8	38.2	149	1557.3	1805.0
1999	16.3	-6.8	35.8	183	1780.6	1465.0
2000	16.9	-5.4	35.7	141	1023.3	1613.3
2001	16.9	-4.9	38.0	143	1267.4	1682.3
2002	17.0	-3.8	37.1	152	1514.3	1466.1
2003	16.8	-5.4	39.1	134	938.6	1741.8
2004	16.9	-5.7	37.7	116	1126.1	1859.0
2005	16.5	-6.6	37.7	124	1075.4	1788.3
2006	17.2	-5.7	37.5	127	1042.9	1735.8
2007	17.4	-3.9	37.9	131	1195.4	1827.6
2008	16.6	-6.5	37.8	142	1465.0	1865.6
2009	17.1	-7.1	39.2	136	1235.0	1918.1
2010	16.6	-5.5	38.9	143	1312.4	1975.3
2011	16.3	-6.9	37.8	134	930.4	1880.2
2012	16.3	-5.7	38.2	159	1608.6	1810.2
2013	17.3	-5.8	40.9	119	1075.8	2048.5
2014	16.8	-5.5	36.2	143	1443.6	1756.5
2015	16.8	-5.5	38.8	161	1548.8	1586.8
2016	17.5	-8.8	39.6	164	2115.6	1651.1
2017	17.6	-4.7	40.7	152	1267.3	1862.2
2018	17.6	-7.8	37.7	158	1496.8	1819.1
2019	17.5	-2.1	39.0	139	1448.2	1636.9
2020	17.7	-6.6	38.0	163	1798.5	1550.4
2021	18.2	-7.1	38.0	139	1348.8	1724.2

11-7 分县区林业建设情况

指 标	单位	全 市	吴兴区	南浔区	德清县	长兴县	安吉县	△市区
年末有林地面积	公顷	289269	34787	7007	41250	70793	135432	41794
#人工造林	公顷	716	82	78	136	189	231	161
森林覆盖率	%	48.23	38.20	9.97	42.90	47.44	70.30	
活立木总蓄积量	万立方米	910.36	151.70	21.42	102.95	248.42	385.86	173.13
森林蓄积量	万立方米	843.72	140.91	9.18	85.93	238.16	369.55	150.08
自然保护区个数	个	3				2	1	
#国家级自然保护区	个	2				1	1	
自然保护区面积	公顷	1650				408	1242	
生态保护小区个数	个							
生态保护小区面积	公顷							
湿地示范区个数	个							
湿地示范区面积	公顷							
本年完成营林投资额	万元	24380	1068	8859	3997	4856	5600	9927

11-8 主要年份民政与社会福利事业

指 标	单位	2005年	2010年	2014年	2015年	2016年	2017年	2018年	2019年	2020年	2021年
一、婚姻登记情况											
结婚登记	对	16463	20927	22437	21112	20326	20082	18479	16849	15622	14532
内地居民准予登记结婚	对	16421	20904	22384	21068	20287	20044	18426	16797	15593	14514
#初婚人数	人	28438	24398	34891	34967	30944	29241	28624	23590	22168	20817
再婚人数	人	4488	6354	8257	9391	7430	7809	8227	7210	9076	6095
#恢复结婚	人	298	1276	2020	1136	2843	3038	1544	2794	1274	2216
涉外及华侨.港澳台居民登记结婚	对	42	23	53	44	39	38	53	52	29	18
离婚登记	对	3326	5209	6317	6353	7197	8096	7531	7751	7408	4527
#内地居民准予离婚	对	3323	5201	6317	6353	7186	8093	7521	7739	7401	4521
二、社会救济情况											
城镇居民最低生活保障家庭数	户	4210	5663	3735	3673	4138	4190	3307	2707	2595	2754
城镇居民最低生活保障人数	人	7637	10159	5931	5687	6265	6449	5735	3621	3428	3513
城镇临时救济人数	人	8281	5288	2256	4339	5757	4327	1503	7144	4634	1067
农村居民最低生活保障家庭数	户	15278	19454	16815	15137	18577	20475	15723	15543	13593	14152
农村居民最低生活保障人数	人	29386	35585	28076	25051	30370	32884	24531	24601	22266	22067
农村临时救济人数	人	44034	16152	8651	18422	14539	12364	1699			
三、社会福利事业											
社会福利机构数	个	79	82	98	53	100	129	138	167	181	174
福利机构床位数	张	4978	10052	12110	9030	17348	20993	21957	28656	30570	30921
1.国家办光荣院数	个	2	3	2	2	3	3	3	1		
职工人数	人	3	14	5	4	4	2	2	2		
床位数	张	20	81	48	36	39	39	37	36		
年末收养人数	人	8	27	7	6	6	11	11	1		
2.社会福利院数	个	4	5	12	11	12	11	4	3	2	2
职工人数	人	55	118	233	154	193	222	112	89	78	91
床位数	张	485	1782	2109	2511	2921	2975	1538	558	544	484
年末收养人数	个	299	590	871	742	958	1050	533	238	214	194
3.城镇收养性老年福利机构	个	10	12	14	19	25	24	30	40	62	61
职工人数	人	163	179	124	456	537	704	797	993	1711	1542
床位数	张	1170	2386	1976	3935	5178	5955	6965	8423	12802	12738
年末收养人数	人	575	1020	727	1227	1986	2107	2588	2967	3589	3339
4.农村收养性老年福利机构	个	63	62	85	94	72	69	71	88	116	112
职工人数	人	277	320	379	359	448	509	643	514	3426	3371
床位数	张	3303	5803	9643	11389	10644	113423	11687	14068	17012	17699
年末收养人数	人	2400	2715	2500	2070	3014	2370	2609	2574	4890	4655
5.社区服务设施数	个	153	966	4130	2042	2237	2294	2661			

11-9 分县区民政与社会福利事业

指　标	单位	全　市	吴兴区	南浔区	德清县	长兴县	安吉县	△市区
一、婚姻登记情况								
结婚登记	对	14582	3891	1895	2134	4011	2633	5804
内地居民准予登记结婚	对	14564	3891	1895	2134	4011	2633	5786
＃初婚人数	人	20817	5591	2650	2951	6089	3536	8241
再婚人数	人	6095	1577	850	911	1467	1290	2427
＃恢复结婚	人	2216	614	290	406	466	440	904
涉外及华侨.港澳台居民登记结婚	对	18						18
离婚登记	对	4527	1283	553	655	1121	909	1842
＃内地居民准予离婚	对	4521	1283	553	655	1121	909	1836
二、社会救济情况								
城镇居民最低生活保障家庭数	户	2754	886	454	292	493	342	1627
城镇居民最低生活保障人数	人	3513	1086	558	377	626	472	2038
城镇临时救济人数	人	1067	351	123	90	74	119	784
农村居民最低生活保障家庭数	户	14152	1467	3282	1487	4181	3473	5011
农村居民最低生活保障人数	人	22067	2368	5015	2674	6377	5229	7787
农村临时救济人数	人							
三、社会福利事业								
社会福利机构数	个	174	15	19	33	48	53	40
福利机构床位数	张	30921	5088	5805	5503	7112	5582	12724
1.国家办光荣院数	个							
职工人数	人							
床位数	张							
年末收养人数	人							
2.社会福利院数	个	2			1			1
职工人数	人	91			62			29
床位数	张	484			380			104
年末收养人数	个	194			149			45
3.城镇收养性老年福利机构	个	61	11	1	13	8	23	17
职工人数	人	1542	494	29	238	325	248	731
床位数	张	12738	1935	400	3176	2331	3242	3989
年末收养人数	人	3339	1012	110	633	389	520	1797
4.农村收养性老年福利机构	个	112	4	18	19	40	30	23
职工人数	人	3371	60	171	54	2850	230	237
床位数	张	17699	3153	5405	1947	4781	2340	8631
年末收养人数	人	4655	253	771	241	2774	610	1030
5.社区服务设施数	个							

11-10 主要年份社会保险

指 标	单位	2005年	2010年	2014年	2015年	2016年	2017年	2018年	2019年	2020年	2021年
一、基本养老保险											
基本养老保险参保人数	万人	47.37	74.10	127.39	133.33	135.55	143.84	151.82	161.71	169.67	178.69
#企业	万人	25.15	43.53	62.23	65.41	68.29	73.25	79.08	84.55	89.16	99.40
机关事业	万人	6.77	7.28	8.24	8.14	10.34	9.84	10.16	10.38	10.59	10.84
其他	万人	15.45	23.29	56.91	59.78	56.93	60.75	62.58	66.78	69.92	68.45
基本养老保险缴费人数	万人	33.67	56.40	99.19	90.78	94.45	98.80	103.48	110.53	116.78	124.39
#企业	万人	18.15	36.04	53.66	56.16	58.77	63.67	69.18	74.25	78.28	87.65
机关事业	万人	4.93	5.05	5.43	5.51	6.86	6.60	6.71	6.82	6.96	7.15
其他	万人	10.59	15.31	40.09	29.12	28.82	28.53	27.58	29.47	31.55	29.60
基本养老保险金发放额	亿元	10.20	22.00	68.62	88.97	110.01	130.40	147.79	164.92	180.94	196.42
二、农村养老保险											
年末在保人数	万人	9.14	7.92	3.09							
本年保险金收入	万元	69	148	43							
本年保险金支出	万元	33	435	166							
年末积累基金总额	万元	4654	3971	1881							
三、医疗保险											
城镇职工基本医疗保险参保人数	万人	30.37	60.08	104.14	111.01	116.95	124.78	135.18	144.77	154.79	161.50
城乡居民基本医疗保险参保人数	万人			160.32	151.95	147.52	143.57	139.55	133.02	130.98	122.54
四、工伤保险											
工伤保险参保人数	万人	17.57	59.33	75.53	75.88	78.33	83.57	95.19	112.73	129.81	136.77
五、生育保险											
生育保险参保人数	万人	13.83	40.75	60.28	62.85	66.33	71.64	75.68	80.06	115.42	96.26
六、失业保险											
失业保险参保人数	万人	22.21	40.84	61.62	64.49	65.61	72.32	77.17	82.70	87.97	93.40
发放失业保险金人次	万人次	6.71	4.88	9.63	9.50	5.55	4.87	8.40	9.03	8.64	11.62
发放失业保险金额	万元	2778	3154	12367	15812	6668	5903	11590	12451	11910	17469

注：2015年起，农村养老保险停止开展,已和城乡居民养老合并。

11-11　分县区社会保险

项　目	单位	全　市	市　区	德清县	长兴县	安吉县
一、基本养老保险						
年末参保人数（含离退休人员）	人	1786929	719814	344727	390485	331903
#企业	人	994048	434413	178515	205695	175425
机关事业	人	108431	54916	16260	19420	17835
其他	人	684450	230485	149952	165370	138643
年末参保人数（不含离退休人员）	人	1249254	504389	233047	273147	238671
#企业	人	876450	367482	155201	186671	167096
机关事业	人	73643	37238	10976	13157	12272
其他	人	299161	99669	66870	73319	59303
年末缴费人数	人	1243861	503126	229550	272868	238317
#企业	人	876450	367482	155201	186671	167096
机关事业	人	71457	35975	10686	12878	11918
其他	人	295954	99669	63663	73319	59303
本年保险金发放额	万元	1964157	877590	379944	395704	310919
#企业	万元	531411	325757	96260	75112	34282
机关事业	万元	296966	150236	47078	54377	45275
其他	万元	1135780	401597	236606	266215	231362
二、被征地农民生活保障						
年末参保人数	人	74970	54662		19484	824
领取基本生活保障补助金人数	人	55852	38575		16474	803
三、城乡居民养老保险						
参保人数	万人	49.90	24.91	6.04	11.00	7.95
领取养老金人数	万人	33.09	16.66	4.47	6.94	5.02
本年养老金发放额	亿元	16.37	7.31	2.38	4.50	2.18
四、其他养老保险						
年末农民工参加城镇职工养老保险人数	万人	81.65	28.76	16.47	19.41	17.01
五、城镇职工基本医疗保险						
年末参保人数	万人	161.50	65.24	32.11	37.56	26.59
六、工伤保险						
年末参保人数	人	1367662	563446	273482	270855	259879
年末享受人数	人	11751	5003	2602	2126	2020
全年工伤认定人数	人	11911	5102	2462	2571	1776
七、生育保险						
年末参保人数	人	962604	415656	168008	198645	180295
年末享受人数(人次）	人	25296	9688	3726	4543	7339
八、其他医疗保险						
参加企业医疗保险人数	万人	161.50	65.24	32.11	37.56	26.59
九、城乡居民基本医疗保险						
年末参保人数	万人	122.54	56.21	16.41	25.88	24.05
十、失业保险						
失业保险参保人数	人	934029	397515	164349	196270	175895
发放失业保险金人次	人次	116185	51881	23649	20373	20282
发放失业保险金额	万元	17469	7967	3459	3030	3013

11-12　历年住房公积金情况

单位：亿元

年　份	年末正常缴存人数（万人）	全　年归集额	年末归集余　　额	全年贷款发 放 额	年末贷款余　　额
1998	15.94	0.95	2.16	0.13	0.12
1999	17.20	1.29	3.41	0.93	1.01
2000	14.90	1.75	4.59	1.69	2.48
2001	15.02	2.33	6.37	2.36	4.42
2002	11.59	2.98	8.45	3.06	6.66
2003	10.91	4.48	11.36	3.74	9.06
2004	11.59	6.07	14.70	5.50	12.60
2005	12.59	7.96	18.97	7.53	17.08
2006	13.63	10.12	23.95	8.29	21.28
2007	15.02	11.44	24.99	9.89	23.71
2008	16.32	13.88	33.30	9.47	28.61
2009	17.16	16.30	37.15	14.15	34.61
2010	18.65	19.65	45.77	15.00	42.10
2011	20.85	22.95	58.20	16.30	51.54
2012	22.86	27.23	70.80	16.33	60.02
2013	24.58	29.70	83.06	22.53	74.24
2014	26.38	33.36	97.64	25.79	92.98
2015	28.32	38.59	108.86	41.23	121.79
2016	30.47	43.22	121.55	57.84	142.01
2017	33.76	48.22	133.13	35.43	157.17
2018	37.79	55.37	148.40	24.32	163.66
2019	43.88	65.69	170.62	34.71	179.58
2020	47.82	83.10	198.67	51.04	197.04
2021	52.21	89.16	224.77	52.88	223.25

11-13　分县区住房公积金情况

指　标	单位	全　市	吴兴区	南浔区	德清县	长兴县	安吉县	△市区
年末正常缴存人数	万人	52.21	15.83	6.33	9.95	10.52	8.64	23.10
本年归集额	亿元	89.16	37.51	8.90	13.97	15.48	13.30	46.41
年末归集余额	亿元	224.77	90.78	22.46	38.12	40.59	32.82	113.24
本年贷款发放额	亿元	52.88	26.42	3.55	7.05	8.02	7.84	29.97
年末贷款余额	亿元	223.26	103.72	12.52	34.26	40.39	32.37	116.24
本年末公积金运用率	%	99.33		55.74	89.87	99.51	98.61	102.66

11-14　主要年份社会治安

项　目	单位	2005年	2010年	2014年	2015年	2016年	2017年	2018年	2019年	2020年	2021年
一、一般以上道路交通事故											
事故次数	次	2847	1256	941	942	865	856	839	786	744	692
死亡人数	人	484	361	301	301	300	284	272	258	242	220
受伤人数	人	3296	1329	867	862	787	781	719	655	616	608
经济损失	万元	527	254	187	137	139	138	134	116	107	102
二、公安刑事案件											
立案件数	件	21391	19816	19063	24271	17894	12277	11654	11576	11699	11715
补立年前案件数	件	702	681	951	684	508	397	543	901	726	821
破案	件	12170	11540	12144	11184	8142	5329	5307	4420	4191	4363
破案年前案件	件	2361	4120	6464	5348	3467	1895	2117	1808	897	698
破案外省区市案件	件	1594	782	862	480	202	315	632	55	60	4
直接受害人	人	19336	15259	11775	16245	12710	9161	9459	9239	8580	8713
#死亡	人	283	213	195	195	237	217	205	201	201	199
受伤	人	479	494	364	429	411	280	258	172	242	225
财物损失价值	万元	8839	7788	9281	10597	11230	8598	9017	10133	22703	26901
三、法院											
刑事案件立案数	件			4570	4669	4783	3757	4021	3879	3368	3317
犯罪人数	人			5631	5613	6449	5018	4674	5416	4294	4937
#青少年人数	人			1408	1212	1314	1018	808	846	750	
民事案件发案数	件			31430	36296	34832	38696	34999	31398	30039	30170
四、消防											
大小火灾	起	293	116	2234	1155	719	709	607	367	285	228
火灾损失折款	万元	486	408	4615	2372	2107	1797	1389	1104	898	2289
火灾死亡人数	人	5	9	2			4	1			1

注：2013年起大小火灾为全口径统计数据。

11-15　分县区社会治安

项　目	单位	全　市	吴兴区	南浔区	德清县	长兴县	安吉县	△市区
一、一般以上道路交通事故								
事故次数	次	692	200	105	110	98	114	370
死亡人数	人	220	39	40	35	50	42	93
受伤人数	人	608	200	86	88	67	101	352
经济损失	万元	102	21	23	23	17	8	55
二、公安刑事案件								
立案件数	件	11715	2369	1868	1535	2290	1906	5984
补立年前案件数	件	821	183	132	71	162	189	399
破案	件	4363	589	856	594	818	812	2139
破案年前案件	件	698	175	119	119	64	174	341
破案外省区市案件	件	4		3	1			3
直接受害人	人	8713	2045	1329	1200	1665	1375	4473
#死亡	人	199	4	32	35	42	55	67
受伤	人	225	19	95	44	8	15	158
财物损失价值	万元	26901	2576	4972	4397	7539	3074	11891
三、法院								
刑事案件立案数	件	3317	835	555	505	516	537	16
犯罪人数	人	4937	1199	807	765	765	844	63
民事案件发案数	件	30170	7181	4002	4058	6881	5092	152
四、消防								
大小火灾	起	228	51	33	37	40	38	113
火灾损失折款	万元	2289	193	180	187	1053	588	460
火灾死亡人数	人	1						

注：大小火灾为全口径统计数据。

11-16 主要年份档案馆情况

项 目	单位	2005年	2008年	2010年	2014年	2015年	2016年	2017年	2018年	2019年	2020年	2021年
一、馆藏全部档案												
全宗	个	1093	890	912	1070	1089	1102	1117	1129	1136	1166	1188
案卷	卷	256132	544112	647051	846958	592557	619322	697153	1048805	1171473	1525790	1697269
案卷排架长度	米	4623	6206	6718	8483	7599	8116	8608	10776	11511	13167	13726
以件为单位档案	件	13490	97662	131608	656397	762973	940894	1138317	1241687	1321849	1584992	1772673
以件为单位档案排架长度	米	49	194	270	1531	1727	1877	2114	2294	2577	2952	3995
录音.录像影片档案	盘	1199	1432	1425	1164	1168	1183	1241	3446	3454	4256	9671
照片档案	张	16763	32206	43583	40738	42665	52804	66599	75901	99594	120158	129573
底图	张	322	322	322	322	322	322	322	322	322	8182	8182
微缩卷片	米	13	22	13	13	13	13	13	13	13	13	13
磁带	盘	46	47	57	98	101	101	134	134	134	134	134
光盘	盘	81	390	463	1219	1229	1439	1520	1612	1987	1987	1989
二、本年进馆档案												
案卷	卷	9510	14334	88416	110080	84923	26714	75922	350965	121644	337446	171131
以件为保管单位档案	件				165614	106093	177486	180353	181283	76467	248543	191158
照片档案	卷	3778	15221	5020	555	2127	10100	11278	9302	23535	23327	5354
征集档案	卷	160	871	1065	597	16	51			2339	3698	5127
光盘	盘				7	3	59	95	18	338		2
接受寄存档案	卷	1292		16133	4441	12169	15915	21250	453	115509		2
三、本年移出档案	卷				6	12	5	7	6	7	20	26
四、馆藏资料册数	册	70843	81773	92321	108981	110597	112188	116035	117369	120581	130776	133820
五、本年利用档案资料												
利用档案人次	人次	15231	10966	13522	22033	20849	19482	19057	34908	14019	12165	24073
利用档案卷次	卷次	30428	74744	37739	114576	51134	82759	71658	132373	158785	308517	181200
六、档案馆面积												
总建筑面积	平方米	9114	15306	25132	25932	27195	42348	42348	42348	42348	42148	42148
#库房	平方米	7155	6606	7307	7337	7537	12140	12140	12140	12240	12709	12944
综合面积	平方米	1959	8700	17825	18595	19658	30208	30208	30208	30108	29808	29573

11-17　分县区档案馆基本情况

项　目	单位	全 市	吴兴区	南浔区	德清县	长兴县	安吉县	△市区
档案馆个数	个	6	1	1	1	1	1	3
一、馆藏全部档案								
全宗	个	1188	73	71	199	186	202	601
案卷	卷	1697269	200166	120291	313268	197797	224236	961968
案卷排架长度	米	13726	908	842	3167	2235	1148	7176
以件为单位档案	件	1772673	85808	204407	690285	318942	216583	546863
以件为单位档案排架长度	米	3995	150	170	1490	489	1100	916
录音.录像.影片档案	盘	9671	19	7691	682	880	11	8098
照片档案	张	129573	49	67115	13964	29909	3431	82269
底图	张	8182				8182		
微缩卷片	米	13						13
磁带	盘	134				13		121
光盘	盘	1989	96	232		919	95	975
二、本年进馆档案								
案卷	卷	171131	60239	5656	7767	1047	82651	79666
以件为保管单位档案	件	191158	961	33694	67756	47088	2163	74151
照片档案	卷	5354		4499				5354
征集档案	卷	5127		4683		421	23	4683
光盘	盘	2				1	1	
接受寄存档案	卷	2		2				2
三、本年移出档案	卷	26			26			
四、馆藏资料册数	册	133820	1979	2540	20386	35873	22302	55259
五、本年利用档案资料								
利用档案人次	人次	24073	471	1748	4746	14467	1318	3542
利用档案卷次	卷次	181200	319	1674	53739	16727	6131	104603
六、档案馆面积								
总建筑面积	平方米	42148	2048	4800	6600	7000	5200	23348
#库房	平方米	12944	890	800	1619	1235	2400	7690
综合面积	平方米	29573	1158	4000	5350	5765	2800	15658

11-18　主要年份标准计量、质量监督情况

项　目	单位	2005 年	2008 年	2010 年	2014 年	2015 年	2016 年	2017 年	2018 年	2019 年	2020 年	2021 年
一、机构与人员												
机构数	个	17	14	14	14	18	14	19	22	68	37	37
年末在职人员数	人	257	221	250	243	1093	1091	1121	1123	1918	2087	2022
二、经费收入	万元	3522	5143	7734	9749	14653	16378	42587	30050	52472	77491	73074
#财政拨款	万元	874	1787	2291	4617	25799	27500	38753	37892	51056	71941	67190
行政事业性收费	万元	449	1698	4731	4562	654	854	367		96	47	0
经营收入	万元	1069	1657	712	621	105	230	627	683	1320	1038	1082
三、固定资产总额	万元	7242	8032	9721	7180	26067	25409	39009	41467	58456	59247	61247
#仪器设备	万元	1315	1700	2939	2471	1223	1268	7238	6870	4122	5016	10090
四、业务情况												
计量器具检定总数	台件	43433	88702	129459	148884	175197	647725	202119	215743	216787	236528	290474
#长度鉴定	台件	6692	8033	9436	13127	13065	11941	11653	10511	10627	6958	12173
温度鉴定	台件	2840	11120	2910	9709	10454	11722	11145	12826	10789	9173	18103
力学鉴定	台件	28883	53807	67368	75162	122194	169500	164459	174745	188301	207128	217475
#衡器	台件	3971	9600	9200	10633	10647	12087	11407	22907	12961	11793	14948
电磁	台件	41	2174	38165	44739	1543	2411	2350	2179	2211	4901	2592
化学	台件	1001	3919	4196	1892	4671	2747	4360	3802	2547	2562	6343

11-19 分县区标准计量、质量监督基本情况

项　目	单位	全 市	吴兴区	南浔区	德清县	长兴县	安吉县	△市区
一、机构与人员								
机构数	个	37	4	3	6	8	7	8
年末在职人员数	人	2022	251	234	334	407	303	438
二、经费收入	万元	73074	7233	6066	14119	11730	12457	18131
#财政拨款	万元	67190	7233	6066	13765	11261	12457	13069
行政事业性收费	万元							
经营收入	万元	1082			438	469		175
三、固定资产总额	万元	61247	3350	2712	5439	10347	11203	27444
#仪器设备	万元	10090	663	88	505	3325	3803	1562
四、业务情况								
计量器具检定总数	台件	290474			30036	46854	35511	178073
#长度鉴定	台件	12173			799	845	1100	9429
温度鉴定	台件	18103			2394	1222	2051	12436
力学鉴定	台件	217475			22739	41614	31994	121128
#衡器	台件	14948			2200	3698	2249	6801
电磁	台件	2592				254	8	2330
化学	台件	6343			1583	1587	358	2815

十二、长三角城市主要经济指标

12–1　长三角各城市主要经济指标（一）

指　标	单位	杭州市	宁波市	温州市	嘉兴市	湖州市
土地面积	平方公里	16850	9816	12110	4223	5820
年末总人口	万人	1220.4	954.4	964.5	551.6	340.7
生产总值(GDP)	亿元	18109.4	14594.9	7585.0	6355.3	3644.9
第一产业增加值	亿元	333.5	356.2	164.3	132.0	148.6
第二产业增加值	亿元	5488.6	6997.2	3191.3	3453.8	1865.0
第三产业增加值	亿元	12287.31	7241.59	4229.39	2769.56	1631.25
人均生产总值（按常住人口计算）	元	149857	153922	78879	116323	107534
居民人均可支配收入	元	67709	65436	59588	60048	57497
城镇居民人均可支配收入	元	74700	73869	69678	69839	67983
农村居民人均可支配收入	元	42692	42946	35844	43598	41303
居民消费价格指数	%	101.3	102.1	101.4	101.6	102.1
固定资产投资额增幅	%	9.0	11.0	11.4	6.2	14.2
#工业投资	%	15.2	20.4	18.8	11.1	19.0
房地产开发增幅	%	1.5	14.1	18.3	–3.7	8.6
地方财政收入	亿元	2386.59	1723.13	657.55	674.80	413.52
财政支出	亿元	2392.56	1944.36	1066.82	793.72	524.49
金融机构本外币存款余额	亿元	61044.30	27228.87	16535.51	12060.33	6862.30
金融机构本外币贷款余额	亿元	56274.77	29045.47	15825.18	12279.56	7203.60
全社会用电量	亿千瓦时	910.33	938.41	513.83	626.25	345.02
#工业用电量	亿千瓦时	442.94	674.67	292.99	489.92	248.25
实到外资	亿美元	81.71	32.74	5.45	30.43	10.59
进出口总额	亿元	7369.00	11926.00	2411.00	3784.00	1491.00
#出口额	亿元	2722.00	4302.00	375.00	983.00	135.00
社会消费品零售总额	亿元	6743.52	4649.10	3807.67	2275.03	1556.18

12-1 长三角各城市主要经济指标（二）

指　标	单位	绍兴市	金华市	舟山市	台州市	上海市
土地面积	平方公里	8279	10942	1459	10050	6341
年末总人口	万人	533.7	712.0	116.5	666.1	2489.0
生产总值(GDP)	亿元	6795.3	5355.4	1703.6	5786.2	43214.9
第一产业增加值	亿元	227.2	150.3	158.7	303.9	100.0
第二产业增加值	亿元	3227.8	2208.7	754.2	2543.0	11449.3
第三产业增加值	亿元	3340.34	2996.41	790.71	2939.24	31665.55
人均生产总值（按常住人口计算）	元	127875	75524	146611	87089	173690
居民人均可支配收入	元	62509	55880	60848	55499	78027
城镇居民人均可支配收入	元	73101	67374	69103	68053	82429
农村居民人均可支配收入	元	42636	33709	42945	35419	38521
居民消费价格指数	%	101.4	101.4	100.9	101.7	101.2
固定资产投资额增幅	%	12.3	16.0	5.1	7.1	8.1
#工业投资	%	22.4	11.2	20.2	12.1	8.2
房地产开发增幅	%	14.0	27.6	-8.8	6.9	7.2
地方财政收入	亿元	603.80	492.32	180.70	455.43	7771.80
财政支出	亿元	714.50	792.44	336.11	734.78	8430.86
金融机构本外币存款余额	亿元	12290.58	12469.07	2773.75	12049.58	175831.08
金融机构本外币贷款余额	亿元	11716.73	11594.90	3276.61	11669.97	96032.13
全社会用电量	亿千瓦时	515.79	475.56	134.80	397.26	1749.62
#工业用电量	亿千瓦时	393.63	310.98	97.56	259.80	851.49
实到外资	亿美元	7.59	4.29	4.14	4.83	225.51
进出口总额	亿元	2993.00	5880.00	2355.00	2399.00	40610.35
#出口额	亿元	236.00	554.00	1581.00	202.00	24891.68
社会消费品零售总额	亿元	2477.06	2881.92	552.41	2605.62	18079.25

12-1 长三角各城市主要经济指标（三）

指　标	单位	南京市	无锡市	常州市	苏州市	南通市
土地面积	平方公里	6587	4627	4372	8657	8001
年末总人口	万人	931.5	746.2	527.8	1274.8	772.7
生产总值(GDP)	亿元	16355.3	14003.2	8807.6	22718.3	11026.9
第一产业增加值	亿元	303.9	130.3	166.9	189.7	485.0
第二产业增加值	亿元	5902.7	6710.5	4198.9	10872.8	5357.9
第三产业增加值	亿元	10148.74	7162.41	4441.78	11655.80	5184.00
人均生产总值（按常住人口计算）	元	175539	187634	166846	178198	142701
居民人均可支配收入	元	66140	63014	56897	68191	46882
城镇居民人均可支配收入	元	73593	70483	65822	76888	57289
农村居民人均可支配收入	元	32701	39623	35822	41487	29134
居民消费价格指数	%	101.5	101.7	101.5	102.1	101.8
固定资产投资额增幅	%	6.2	4.5	4.1	8.3	5.0
#工业投资	%	13.5	-9.9	21.1	5.0	16.2
房地产开发增幅	%	3.4	16.2	-8.0	7.3	-6.8
地方财政收入	亿元	1729.52	1200.50	688.11	2510.00	710.18
财政支出	亿元	1817.73	1357.91	771.86	2583.69	1122.23
金融机构本外币存款余额	亿元	44708.68	21345.48	13929.62	41637.29	16374.94
金融机构本外币贷款余额	亿元	43305.40	17459.50	11792.20	40810.97	14141.06
全社会用电量	亿千瓦时	683.57	838.64	588.38	1685.28	541.70
#工业用电量	亿千瓦时	350.33	620.25	449.65	1271.45	362.50
实到外资	亿美元	50.14	38.07	30.71	69.92	31.21
进出口总额	亿元	6366.83	6829.37	3017.84	25332.00	3405.80
#出口额	亿元	2376.94	2607.61	821.47	10456.24	1142.41
社会消费品零售总额	亿元	7899.41	3306.09	2911.36	9031.32	3935.48

12-1 长三角各城市主要经济指标（四）

指　标	单位	盐城市	扬州市	镇江市	泰州市	合肥市	芜湖市
土地面积	平方公里	16931	6591	3840	5787	11445	6009
年末总人口	万人	671.0	456.0	321.0	451.3	937.0	364.4
生产总值(GDP)	亿元	6617.4	6696.4	4763.4	6025.3	11412.8	4302.6
第一产业增加值	亿元	735.8	317.2	157.0	318.1	351.1	169.6
第二产业增加值	亿元	2686.1	3207.4	2319.7	2918.6	4171.2	2049.0
第三产业增加值	亿元	3195.50	3171.87	2286.67	2788.54	6890.54	2084.10
人均生产总值（按常住人口计算）	元	98618	146839	148360	133456	121802	117970
居民人均可支配收入	元	36764	42287	50360	43777	46009	40501
城镇居民人均可支配收入	元	43787	50947	59204	53818	53208	48668
农村居民人均可支配收入	元	26049	27354	31354	27401	26856	27202
居民消费价格指数	%	101.6	101.5	101.2	101.3	101.7	101.3
固定资产投资额增幅	%	3.7	1.2	8.7	8.3	3.5	15.7
#工业投资	%	5.1	16.4	22.2	24.8	9.6	19.6
房地产开发增幅	%	17.6	0.9	3.3	−29.0	−5.2	13.6
地方财政收入	亿元	451.01	344.07	327.59	420.29	844.22	361.20
财政支出	亿元	1053.48	684.87	543.40	667.61	1223.72	503.49
金融机构本外币存款余额	亿元	9137.99	8299.73	6801.48	8730.36	20605.68	5254.06
金融机构本外币贷款余额	亿元	8083.98	7141.87	6989.32	7488.52	20322.39	4716.30
全社会用电量	亿千瓦时	410.12	289.77	295.06	337.80	444.11	235.08
#工业用电量	亿千瓦时	274.61	189.62	211.64	240.15	223.28	166.89
实到外资	亿美元	12.60	17.30	8.09	18.28	37.48	31.97
进出口总额	亿元	1124.97	969.10	834.36	1222.81	3324.80	745.26
#出口额	亿元	423.80	256.88	238.25	359.68	1295.62	255.36
社会消费品零售总额	亿元	2684.34	1480.92	1346.83	1576.94	5111.68	1972.95

12-1 长三角各城市主要经济指标（五）

指 标	单位	马鞍山市	铜陵市	安庆市	滁州市	池州市	宣城市
土地面积	平方公里	4044	2992	13525	13516	8365	12313
年末总人口	万人	216.0	131.2	416.5	398.7	134.3	250.0
生产总值(GDP)	亿元	2439.3	1165.6	2656.9	3362.1	1004.2	1833.9
第一产业增加值	亿元	104.2	59.2	253.2	287.9	94.2	172.0
第二产业增加值	亿元	1206.3	577.1	1162.4	1644.8	462.2	890.7
第三产业增加值	亿元	1128.84	529.33	1241.36	1429.42	447.78	771.20
人均生产总值（按常住人口计算）	元	112934	88917	63750	84294	74861	73356
居民人均可支配收入	元	46557	32317	27098	28142	28973	33720
城镇居民人均可支配收入	元	56440	44454	39416	39025	38756	46115
农村居民人均可支配收入	元	28331	18992	16975	17400	19168	20565
居民消费价格指数	%	101.3	100.8	100.8	101.0	100.7	100.7
固定资产投资额增幅	%	19.2	12.4	13.7	16.4	16.1	16.4
#工业投资	%	12.8	22.1	9.6	16.4	14.9	14.3
房地产开发增幅	%	4.9	-2.4	11.4	15.8	6.3	14.7
地方财政收入	亿元	196.53	93.50	156.09	250.86	74.28	182.8
财政支出	亿元	287.32	194.67	482.99	461.71	172.95	315.2
金融机构本外币存款余额	亿元	3097.48	1767.63	4109.91	3591.97	1354.79	2501.0
金融机构本外币贷款余额	亿元	2558.99	1517.82	3015.48	3427.25	1017.56	2057.2
全社会用电量	亿千瓦时	235.41	105.06	136.07	248.27	95.13	172.6
#工业用电量	亿千瓦时	193.19	83.34	80.04	182.26	74.46	126.5
实到外资	亿美元	29.37	4.60	3.80	17.09	4.93	13.9
进出口总额	亿元	476.49	697.30	161.90	388.78	92.35	182.8
#出口额	亿元	276.79	627.74	42.60	67.23	70.26	14.4
社会消费品零售总额	亿元	937.85	410.52	1284.15	1495.52	477.39	757.14